"十二五"国家重点图书

叶世昌 著

近代中国经济思想史

上册

上海财经大学出版社

图书在版编目(CIP)数据

近代中国经济思想史. 上册/叶世昌著. —上海：上海财经大学出版社，2017.1

("十二五"国家重点图书)

ISBN 978-7-5642-1825-6/F·1825

Ⅰ.①近… Ⅱ.①叶… Ⅲ.①经济思想史-中国-近代 Ⅳ.①F092

中国版本图书馆 CIP 数据核字(2014)第 007925 号

□ 责任编辑　吴晓群
□ 书籍设计　钱宇辰

JINDAI ZHONGGUO JINGJI SIXIANG SHI
近 代 中 国 经 济 思 想 史
上　册

叶世昌　著

上海财经大学出版社出版发行
(上海市中山北一路 369 号　邮编 200083)
网　　址：http://www.sufep.com
电子邮箱：webmaster @ sufep.com
全国新华书店经销
江苏凤凰数码印务有限公司印刷装订
2017 年 1 月第 1 版　2018 年 4 月第 2 次印刷

787mm×1092mm　1/16　21 印张　354 千字
定价：85.00 元

上册说明

本书上册的前身是《近代中国经济思想史》，由上海人民出版社于1998年出版。将"近代"放在前面，一方面可以同笔者的《古代中国经济思想史》（复旦大学出版社版）相对应，另一方面可以避免与已有的《中国近代经济思想》著作同名。

近代的开始年份应是1840年，但有些1840年以前的重要经济思想也略有涉及。特别是王瑬的货币思想产生于1840年以前，而他的货币理论和主张在1840年以后受到一些学者的批评，所以对他的经济思想不能不予涉及。还有一些学者主要的经济思想发表在1840年以后，但他们的有些经济思想在1840年以前就有表述，因此也需要有适当的涉及。这样，1840年只是一个原则上的上限，有些经济思想要突破这个界限。同样，上册的下限是1919年五四运动时期，但廖仲恺的《再论钱币革命》发表于1920年，孙中山于1924年重新解释了三民主义，这些经济思想也只能并入上册。

上册较1998年版《近代中国经济思想史》有很大的改进，具体如下：

（一）校正了原书的一些错误。

（二）增加了研究对象，新增陈虬、汤寿潜、宋育仁三人。

(三)对原有研究对象的经济思想扩充了新内容,如马建忠由3目改为4目,钟天纬由4目改为5目,郑观应由3目改为5目,何启、胡礼垣由3目改为4目,康有为由4目改为6目,严复由6目改为7目,梁启超由7目改为9目,孙中山由5目改为6目,朱执信、廖仲恺由一节分为两节(分别为3目和4目)。

(四)改变了注释格式,便于查对引文。

(五)增加了一些新的考证。

(六)使评价更趋稳妥。

所引用的资料都重新做了校对,并有更新。例如,《马克思恩格斯全集》改引其第2版,有些译文略有变动;《大同书》改引姜义华、张荣华先生编校的《康有为全集》,此版《大同书》与原来的通行版在内容和结构上都有不同。

感谢上海财经大学出版社同意出版本书,而且时加督促,对本书的完成起了推动作用。同时感谢复旦大学"金秋项目"对本课题的支持!

叶世昌
2016年8月

目录

上册说明 ………………………………………… 1

第一章　鸦片战争前后至第二次鸦片战争时期的经济思想 ……………………… 1

第一节　中国半殖民地半封建化的开始 ………… 1
　一、两次鸦片战争和太平天国运动 …………… 1
　二、转化时期经济思想概述 …………………… 4

第二节　龚自珍的经济思想 ……………………… 5
　一、开风气之先的龚自珍 ……………………… 5
　二、平均论 ……………………………………… 8
　三、农宗论 ……………………………………… 10
　四、商业和货币论 ……………………………… 12

第三节　王瑬、徐鼒的经济思想 ………………… 14
　一、王瑬的名目主义货币论 …………………… 14
　二、徐鼒的务本论 ……………………………… 19

第四节　包世臣的经济思想 ……………………… 25
　一、好言利的包世臣 …………………………… 25

  二、本末皆富论 …………………………… 28
  三、货币论 ……………………………… 31
 第五节 魏源的经济思想 …………………… 33
  一、主张学习西方的魏源 ……………… 33
  二、奢俭论 ……………………………… 35
  三、金属主义货币论 …………………… 38
  四、通商制器论 ………………………… 40
 第六节 许楣、王茂荫的经济思想 ………… 42
  一、许楣（附许梿）的金属主义货币论 … 42
  二、王茂荫的货币论 …………………… 47
 第七节 孙鼎臣、汪士铎的经济思想 ……… 54
  一、孙鼎臣的反用银论 ………………… 54
  二、汪士铎的人口论 …………………… 57
 第八节 洪秀全、洪仁玕的经济思想 ……… 61
  一、洪秀全的田制论 …………………… 61
  二、洪仁玕的经济政策论 ……………… 63

第二章 第二次鸦片战争至甲午战争时期的经济
   思想 ……………………………………… 67
 第一节 洋务运动和学习西方思想的发展 …… 67
  一、自然经济的解体和机器工业的产生 …… 67
  二、学习西方和西方经济学的传入 …… 69
 第二节 冯桂芬、李鸿章、郭嵩焘的经济思想 …… 71
  一、冯桂芬的经济思想 ………………… 71
  二、李鸿章的经济思想 ………………… 76
  三、郭嵩焘的经济思想 ………………… 83
 第三节 陶煦、王韬的经济思想 …………… 86
  一、陶煦的重租论 ……………………… 86
  二、王韬的商本论 ……………………… 89
 第四节 马建忠的经济思想 ………………… 93
  一、精通欧文的马建忠 ………………… 93
  二、开铁道论 …………………………… 95

三、筹水师经费议 …………………………… 98
　　四、富民说 …………………………………… 99
 第五节　薛福成的经济思想 …………………… 101
　　一、出使四国大臣薛福成 …………………… 101
　　二、创开铁路论 ……………………………… 103
　　三、工基商纲论 ……………………………… 106
　　四、机器养民论 ……………………………… 108
 第六节　钟天纬的经济思想 …………………… 110
　　一、研究中西文化差异的钟天纬 …………… 110
　　二、减私租论 ………………………………… 112
　　三、创设铁路论 ……………………………… 113
　　四、挽回工商生计利权论 …………………… 117
　　五、货币论 …………………………………… 122
 第七节　陈虬的经济思想 ……………………… 124
　　一、"东瓯三杰"之一陈虬 …………………… 124
　　二、盐法论 …………………………………… 126
　　三、兴工商论 ………………………………… 128
　　四、货币论 …………………………………… 130
 第八节　郑观应的经济思想 …………………… 132
　　一、与外人商战的郑观应 …………………… 132
　　二、商战论 …………………………………… 134
　　三、货币论 …………………………………… 137
　　四、银行论 …………………………………… 140
　　五、铁路论 …………………………………… 142

第三章　甲午战争后至五四运动时期的经济思
　　　　想 ……………………………………… 145
 第一节　中国资本主义经济的发展和旧民主
　　　　主义革命的失败 ……………………… 145
　　一、帝国主义国家控制中国经济命脉和中国
　　　　资本主义经济的发展 ………………… 145

二、旧民主主义革命的失败和西方
　　　　经济学的传播 …………………………… 147
第二节　陈炽的经济思想 ……………………… 155
　　一、《续富国策》作者陈炽 ………………… 155
　　二、商业和农、矿、工业关系论 …………… 158
　　三、机器养民论 ……………………………… 160
　　四、货币银行论 ……………………………… 162
第三节　谭嗣同的经济思想 …………………… 164
　　一、为变法而流血的谭嗣同 ………………… 164
　　二、对外通商论 ……………………………… 167
　　三、奢俭论和兴机器论 ……………………… 168
　　四、惜时论和人口论 ………………………… 170
第四节　张之洞、张謇的经济思想 …………… 172
　　一、张之洞的经济思想 ……………………… 172
　　二、张謇的棉铁主义 ………………………… 178
第五节　何启、胡礼垣的经济思想 …………… 181
　　一、香港学者何启和胡礼垣 ………………… 181
　　二、通商论 …………………………………… 184
　　三、兴铁路论 ………………………………… 185
　　四、理财论 …………………………………… 187
第六节　汤寿潜的经济思想 …………………… 189
　　一、商办铁路的实践者汤寿潜 ……………… 189
　　二、任官不如任商论 ………………………… 191
　　三、对外通商论 ……………………………… 195
　　四、货币论 …………………………………… 197
　　五、铁路论 …………………………………… 200
第七节　康有为的经济思想 …………………… 202
　　一、维新派首领康有为 ……………………… 202
　　二、变法的经济纲领 ………………………… 204
　　三、"大同"空想社会的公有制 …………… 206
　　四、物质救国论 ……………………………… 211
　　五、金主币救国论 …………………………… 213

六、理财救国论 …………………………… 217

第八节　严复的经济思想 …………………… 221
　　一、资产阶级启蒙思想家严复 ……………… 221
　　二、自由贸易论 ……………………………… 224
　　三、供求价值论 ……………………………… 225
　　四、名目主义货币论 ………………………… 226
　　五、资本和三种收入论 ……………………… 228
　　六、消费论和赋税论 ………………………… 230
　　七、其他经济观点 …………………………… 231

第九节　宋育仁的经济思想 ………………… 233
　　一、经济学中国化的早期探索者宋育仁 …… 233
　　二、本农食论 ………………………………… 235
　　三、权工商论 ………………………………… 238
　　四、明士学论 ………………………………… 239
　　五、立平准论 ………………………………… 242
　　六、制泉币论（上） ………………………… 244
　　七、制泉币论（下） ………………………… 246
　　八、正权量论 ………………………………… 251

第十节　梁启超的经济思想 ………………… 252
　　一、资产阶级启蒙宣传家梁启超 …………… 252
　　二、《货殖列传》今义论 …………………… 255
　　三、生利分利论 ……………………………… 257
　　四、振兴实业论 ……………………………… 260
　　五、反土地国有论 …………………………… 265
　　六、货币论 …………………………………… 268
　　七、银行论 …………………………………… 273
　　八、财政论 …………………………………… 275
　　九、利用外资论 ……………………………… 280

第十一节　孙中山的经济思想 ……………… 282
　　一、民主革命先行者孙中山 ………………… 282
　　二、民生主义总论 …………………………… 285
　　三、平均地权论 ……………………………… 291

四、振兴实业和节制资本论 …………………… 293
　　五、利用外资论 ………………………………… 296
　　六、钱币革命论 ………………………………… 298
第十二节　章炳麟、刘师培的经济思想 …………… 302
　　一、章炳麟的田制论和货币论 ………………… 302
　　二、刘师培的废财论、悲佃论和均力论 ……… 307
第十三节　朱执信的经济思想 ……………………… 311
　　一、曾在《民报》上宣传马克思主义的朱执信
　　　　………………………………………………… 311
　　二、社会革命与政治革命并行论 ……………… 312
　　三、货币论 ……………………………………… 316
第十四节　廖仲恺的经济思想 ……………………… 318
　　一、孙中山的得力助手廖仲恺 ………………… 318
　　二、平均地权论 ………………………………… 319
　　三、人口论 ……………………………………… 321
　　四、货物本位论 ………………………………… 324

第一章　鸦片战争前后至第二次鸦片战争时期的经济思想

第一节　中国半殖民地半封建化的开始

一、两次鸦片战争和太平天国运动

道光二十年(1840年)的鸦片战争标志着中国近代社会的开始。

鸦片战争前的清代还处于封建社会,商品经济比前代更为发展,而从全国范围来看,自给自足的自然经济仍占主要地位。土地兼并严重,地主阶级占有了全国的大部分土地。乾隆年间(1736～1795)的大官僚和珅就占地 8 000余顷,他的两个家人也占地 600 余顷①。农民要负担沉重的地租和赋税,还要遭受商业资本和高利贷资本的盘剥。地主阶级与农民阶级的矛盾十分尖锐。嘉庆元年(1796 年)爆发了历时 9 年扩及 9 省的白莲教农民起义。道光三年又爆发了天理教农民起义。

在中国还处于封建社会时,欧洲的资本主义已经迅速发展起来,并积极向世界各地寻找和开拓殖民地市场。乾隆二十二年以后,中国的海外通商集中于广州一处,由官府特许的公行(或称"洋行"、"十三行")统一经营。

---

① 薛福成:《庸盦笔记》,江苏人民出版社 1983 年版,第 64 页。

在鸦片战争前的百余年间，中外贸易以英国为中心。直到19世纪初，英国经常处于入超地位，即从中国输入英国及印度的商品多于它们对中国的输出。中国的茶、丝、土布、砂糖、大黄、陶瓷器等，很适合英国及欧洲市场的需要。而英国运到中国的商品，如毛纺织品、洋布、金属制品等，都非中国人民大众所必需，在中国市场上销售有限。英国早期输入中国的洋布，在品质和价格方面都不能和中国土布竞争。

英国对华贸易长期处于不能平衡的状态，必须由英国及印度输出大量白银到中国，来平衡国际收支。英国为避免白银过多流出，曾从印度向中国输出棉花，但主要还是靠鸦片。"鸦片烟在康熙初，以药材纳税，乾隆三十年以前，每年多不过二百箱。"[①]原来主要是由葡萄牙和荷兰的商人从土耳其运来。1757年英国占领了印度鸦片产地孟加拉以后，英商就成为最大的鸦片贩子。1773年英国东印度公司取得对鸦片的专利权，从此走私输入中国的鸦片迅速增加。道光十八年输入中国的鸦片达4万余箱（其中一小部分由美国和葡萄牙输入）。鸦片的泛滥，严重摧残了中国人民的体质和精神，破坏了中国的社会生产力。

鸦片大量进口，使白银由入超变为出超。鸦片战争前10年间，中国对印度的白银出超达3 000余万两。白银大量外流，造成了中国的银贵钱贱。白银和制钱的市场比价，清前期银一两换钱一般在1 000文以内，嘉庆后期起超过了千文，鸦片战争前则达到了1 600～1 700文。白银外流造成了以下三方面的后果：

（一）形成以银荒为中心的货币危机。银贵钱贱，以银计价的物价下跌，以钱计价的物价上涨。这对以钱为日常收入的人不利。社会购买力下降，商品销售不易，导致商业的萧条。

（二）加重财政困难。清政府的财政收入分三大项目：田赋、盐税、关税。田赋征银，但可以折钱交纳。银贵钱贱后折钱数就要增加，加上地方官的有意掠取，将折钱数定得比市价高出很多，甚至达1倍以上。赋税负担加重，必然会降低人民的纳税能力，使国家的田赋收入减少，积欠增加。商业萧条则使盐课、关税的收入减少。

（三）加剧阶级矛盾。银贵钱贱，许多人收入下降，谋生难度加大，统治者又加强搜括，使阶级矛盾更加尖锐。田赋的增收造成了许多农民破产、逃亡，甚至激发民变。

---

① 《道光洋艘征抚记上》，《魏源集》上册，中华书局1983年版，第168页。

第一章　鸦片战争前后至第二次鸦片战争时期的经济思想

嘉庆元年开始禁止鸦片进口。由于统治集团的腐朽,虽屡下禁烟和禁银偷漏之令,甚至拟订治罪条例,但都无济于事。道光十八年,鸿胪寺卿黄爵滋、湖广总督林则徐等相继陈述烟祸之烈。林则徐指出:如还不认真对待,"是使数十年后,中原几无可以御敌之兵,且无可以充饷之银"①。这才使道光帝大为震动,遂以林则徐为钦差大臣前往广东禁烟。

道光二十年,英国对中国发起了第一次鸦片战争。同样是由于统治集团的腐朽,破坏了中国人民以及少数主战官员的抗英斗争,战争以失败而告终。二十二年,中英签订了中国近代史上第一个不平等条约《南京条约》。香港被割让,开放广州、厦门、福州、宁波、上海五口为商埠,赔款2 100万元,协定关税,取消公行垄断进出口贸易的制度。后来在《虎门条约》中还允许英人在五口设租界,有领事裁判权。二十四年,清政府又被迫同美、法两国分别签订了《望厦条约》和《黄埔条约》。这些条约的订立,使中国开始向半殖民地半封建社会转化。

鸦片战争的失败进一步加深了中国的社会矛盾。鸦片继续大量进口,白银继续外流,银贵钱贱更加严重。道光二十四年以后,白银一两已换制钱2 000文左右。"凡布帛菽粟庸工技艺,以钱市易者,无不受其亏损。"②人民的赋税负担更为沉重。各族农民起义更为频繁。到道光三十年末,终于爆发了由洪秀全领导的太平天国运动。太平军于太平天国三年(1853年)二月攻克南京,将它定为太平天国的首都,改名"天京"。太平军势力迅速扩展到十七省,同清廷及地主武装进行着艰苦卓绝的战斗。

英国商人既想保持对中国的鸦片贸易量,又想增加对中国的其他商品输出。但事实上市场并没有扩大多少。一是"因农业和手工制造业的直接结合而造成的巨大的节约和时间的节省,在这里对大工业产品进行了最顽强的抵抗"③。二是由于鸦片市场夺走了其他商品市场。为了进一步打开中国的大门,英、法在俄、美的支持下,于咸丰六年(1856年)至十年间进行了对中国的第二次鸦片战争。咸丰八年,清政府分别与英、法、美、俄订立《天津条约》,还同俄国签订《瑷珲条约》。十年,清政府又分别与英、法、俄订立《北京条约》。通过这些条约,资本主义国家获得了更多的特权,包括增开商埠,获得内河航行权和内地通商权,扩大领事裁判权,鸦片(改名"洋药")成为合

---

① 《钱票无甚关碍宜重禁吃烟以杜弊源片》,《林则徐集·奏稿》中册,中华书局1965年版,第601页。
② 吴嘉宾:《求自得之室文钞》卷四《钱法议》(道光二十五年)。
③ 马克思:《资本论》第3册。《马克思恩格斯全集》第46卷,人民出版社2003年版,第372页。

法贸易，一般进出口货物抽 5% 的关税和 2.5% 的子口税后就通行无阻，赔偿军费等。此外，沙俄还乘机掠夺了中国东北和西北约 150 万平方公里的领土。

二、转化时期经济思想概述

在外国资本主义的入侵下，中国社会从封建社会向半殖民地半封建社会转化。人们的思想也反映了这一转化时期的特点。

在闭关自守条件下生活的封建士大夫，根本不知道西方社会发生了什么变化。他们还把中国看成"天朝"，认为外国人来中国通商是有求于中国，允许通商是中国对外国的一种恩惠。有的人把洋货说成是"洋之人作奇技淫巧以坏我人心"的骗财玩意，主张"严加厉禁"，并将已经输入中国的洋货"一切皆焚毁不用"[①]。即使是有些主张改革的思想家，对中外通商也持怀疑态度。

鸦片战争前后，许多地主阶级思想家对社会矛盾的日益尖锐已有所认识。有些人提出了自己的政治、经济改革主张。这些改革主张大多超不出修补封建制度的范围。当时中国还没有出现新的阶级力量，因此其中有一些还具有一定的积极作用。这类思想家以龚自珍、魏源、包世臣为代表。他们在地主阶级思想家中只占极少数，大部分人不过是在重复过去的老调，在经济思想方面表现为反对言利和重农抑商等，徐鼒即是其一。

林则徐在广东禁烟期间，"日日使人刺探西事，翻译西书，又购其新闻纸"[②]，并编成《四洲志》。经过鸦片战争，少数有识之士更认识到外国有所长、中国有所短，产生了学习西方的思想。道光二十年（1840 年）八月，林则徐曾奏言："自道光元年至今，粤海关已征银三千余万两……若前此以关税十分之一制炮造船，则制夷已可裕如，何致尚形棘手。"[③]此语后来被魏源表述为："中国造船铸炮，至多不过三百万，即可师敌之长技以制敌。"[④]"至多不过三百万"源自林则徐奏中的"以关税十分之一"。"师敌之长技以制敌"则非林则徐原奏中的话，当时林则徐已经"获咎"，怎么敢将这样的话形之于奏

---

① 管同：《因寄轩文集》卷二《禁用洋货议》。
② 《道光洋艘征抚记上》，《魏源集》上册，中华书局 1983 年版，第 174 页。
③ 《密陈禁烟不能歇手片》，《林则徐集·奏稿》中册，中华书局 1965 年版，第 885 页。
④ 《道光洋艘征抚记上》，《魏源集》上册，中华书局 1983 年版，第 177 页。《道光洋艘征抚记》出于《圣武记》。《圣武记》为魏源于道光二十二年所著，但后来有修改和增订。《圣武记》道光二十六年版中，《道光洋艘征抚记》还是有目（作"道光夷艘征抚记"）无文，说明当时尚未完成。《道光洋艘征抚记下》提到的最后年份是道光二十五年。

章？所以,这是魏源按己意加上的字句,不能作为林则徐在道光二十年就说过"师敌之长技以制敌"的依据。魏源在道光二十二年提出了"师夷长技以制夷"和发展近代企业的学习西方主张,使他具有了资本主义倾向。尽管他所主张的学习西方范围还很狭小,仅限于学习资本主义国家的先进技术,但在当时的历史条件下却标志着中国经济思想的一个重大发展和变化。

鸦片战争前后的货币危机,引起了朝野对如何解决货币问题的热烈讨论。当时的许多思想家都对这一问题发表了自己的意见,王鎏和许楣则出版了论述货币问题的专著。他们的货币理论针锋相对,分别代表了中国本源的名目主义和金属主义货币理论的最高发展水平。

太平天国方面,于太平天国三年(1853年)颁布了《天朝田亩制度》。这反映了天王洪秀全企图解决农民土地问题的主张,但《天朝田亩制度》也具有反市场经济的政策。九年,干王洪仁玕发表了含有发展资本主义经济纲领的《资政新篇》,这是他受到外国资本主义的直接影响而形成的。

在太平天国运动期间,地主阶级思想家都敌视农民起义,有不少人还直接参与了镇压。有的人在参与镇压的同时,仍希望清政府实行一些改良政策,以缓和社会矛盾。如王茂荫因反对通货贬值而受申饬,他在货币理论方面提出了一些有意义的论点。汪士铎则提出了为镇压农民起义辩护的人口理论。还有一些人在该时期就已提出经济主张,因为后来有发展,所以将他们放在下一章讨论。

总之,这一时期的中国经济思想仍是对传统经济思想的继承和发展,而且达到了新的高度;同学习西方有关的经济思想仅有魏源和洪仁玕先后提出,两者相隔达17年之久。

第二节 龚自珍的经济思想

一、开风气之先的龚自珍

龚自珍(1792~1841),字璱人,号定盦,一名易简,字伯定,又名巩祚,浙江仁和(今杭州)人。出身于世代官僚家庭,年幼时曾随外祖父——著名汉学家段玉裁学习。嘉庆十七年(1812年)由副贡生考充武英殿校录。二十三年考中举人。二十四年随刘逢禄治公羊学。二十五年任内阁中书。道光九年(1829年)考中进士。十五年升宗人府主事。十七年充玉牒馆纂修官,改礼部主事祠祭司行走、补主客司主事。因官卑职小,"又才高动触时忌"①,十九年辞官南归。二十一年任江苏丹阳云阳书院讲席,暴病身亡。著作有《龚自珍全集》。

鸦片战争前后,一部分地主阶级知识分子开始摆脱占统治地位的汉学和宋学的束缚,提倡经世致用之学,面向现实的社会问题。龚自珍是开这种学术风气之先的主要代表人物之一。他对清末的思想界产生了很大的影响。梁启超曾说:"晚清思想之解放,自珍确与有功焉。光绪间所谓新学家者,大率人人皆经过崇拜龚氏之一时期。初读《定盦文集》,若受电然,稍进乃厌其浅薄。"②龚自珍的社会批判思想,客观上引起了人们对旧制度的怀疑。

龚自珍的政论,以犀利的笔触,对清王朝的腐朽统治进行了辛辣的揭露和批判。他指出当时社会尽管表面上"文类治世,名类治世,声音笑貌类治世",而实际上已是危机四伏,大乱将临的"衰世"③。在这个社会中,"生齿日益繁,气象日益隘,黄河日益为患"。"自乾隆末年以来……不士、不农、不工、不商之人,十将五六……人心惯于泰侈,风俗习于游荡,京师其尤甚者。自京师始,概乎四方,大抵富户变贫户,贫户变饿者,四民之首,奔走下贱,各省大局,岌岌乎皆不可以支月日,奚暇问年岁?"④而统治者只知道用开捐例、加赋、加盐价等办法加强搜括。由于层层贪污中饱,以致"国赋三升民一斗",这使他发出了"屠牛那不胜栽禾"⑤的浩叹!

龚自珍鞭挞了封建统治集团的庸碌无能、因循守旧。他揭露那些身居要职的官员追求的只是功名利禄、车马服饰和子孙后代的富贵。他们从做官的时候起就寡廉鲜耻。"官益久,则气愈偷(苟且);望(名望)愈崇,则谄愈固;地益近(接近皇帝),则媚亦益工。"⑥他们只顾自己的身家性命,而根本不顾国家的安危,一旦边疆有事,就会像鸠、燕一样飞走。靠这样一些人,怎么能治理好国家!

但是,龚自珍并不希望清王朝被推翻。他对清王朝的揭露和批判,只是

---

① 吴昌绶:《定盦先生年谱》,道光十九年。《龚自珍全集》,上海古籍出版社 1975 年版,第 622 页。
② 《清代学术概论》,《梁启超论清学史二种》,复旦大学出版社 1985 年版,第 61 页。
③ 《乙丙之际箸议第九》,《龚自珍全集》,上海古籍出版社 1975 年版,第 6 页。"乙丙"指乙丑年(嘉庆十年)和丙寅年。
④ 《西域置行省议》,《龚自珍全集》,上海古籍出版社 1975 年版,第 106 页。
⑤ 《己亥杂诗》,《龚自珍全集》,上海古籍出版社 1975 年版,第 521 页。
⑥ 《明良论二》,《龚自珍全集》,上海古籍出版社 1975 年版,第 31 页。

希望它"更法","仿古法以行之",成"万万世屹立不败之谋"①。他考进士的殿试对策,"大指祖王荆公上仁宗皇帝书"②,表明他想走王安石变法的道路。他指出"自古及今,法无不改,势无不积,事例无不变迁,风气无不移易"③,变法是社会发展的必然规律。他反对"拘一祖之法",指出"一祖之法无不敝",但又认为"天下有万亿年不夷(灭)之道"④,就是说他所主张的变法只是在不改变封建伦理纲常的前提下和范围内进行。他警告清王朝要吸取历史上改朝换代的教训,与其被别人所推翻,还不如"自改革"而使自己的统治重新得到巩固。

他提出要改革约束臣下使他们不能有所作为的旧法令、条例,重"内外大臣之权"⑤;主张改革科举制度,以选拔真才。他还反对以"用人论资格"来提拔官吏,认为这是"士大夫所以尽奄然而无有生气"⑥的原因所在。

嘉庆二十五年(1820年),龚自珍写了一篇《西域置行省议》,提出在新疆设行省、移民垦荒、大力进行开发的建议。招募移民对象包括京师游食非土著之民,直隶、山东、河南、陕西、甘肃之民,安徽凤阳、颍州之民,江苏淮安、徐州之民,山西大同、朔平之民,江西、福建种烟草之"奸民",以及各省驻防的八旗子弟。移民官给盘费,旗人优待。到达目的地后,发给土地若干、蒙古帐房一间及耕牛、农具、种子等。收成以十分之一交给当地政府作粮俸,20年以后再改照内地纳税标准和办法。他认为当时的屯田"有屯之名,不尽田之力",实际上很难做到兵农结合,"以私力治公田";主张将新疆的28万余亩屯田作为10万余屯丁的世业,使"公田变为私田,客丁变为编户,戍边变为土著"⑦。除上述设想以外,龚自珍对巩固西北边防的政治、军事设施也提出了具体的建议。他指出,实现他的建议,"现在所费极厚,所建极繁,所更张极大",但20年后"利且万倍"⑧。这是龚自珍的一项比较重要而且具体的改革主张,新疆设省一直到64年后才实现。

道光十八年十一月,林则徐任钦差大臣南下禁烟,龚自珍作序赠行。他向林则徐建议,"此行宜以重兵自随","如带广州兵赴澳门,多带巧匠,以便

---

① 《明良论四》,《龚自珍全集》,上海古籍出版社1975年版,第35、36页。
② 《己亥杂诗》注,《龚自珍全集》,上海古籍出版社1975年版,第513页。
③ 《上大学士书》,《龚自珍全集》,上海古籍出版社1975年版,第319页。
④ 《乙丙之际箸议第七》,《龚自珍全集》,上海古籍出版社1975年版,第5、6页。
⑤ 《明良论四》,《龚自珍全集》,上海古籍出版社1975年版,第35页。
⑥ 《明良论四》,《龚自珍全集》,上海古籍出版社1975年版,第33、34页。
⑦ 《西域置行省议》,《龚自珍全集》,上海古籍出版社1975年版,第110页。
⑧ 《西域置行省议》,《龚自珍全集》,上海古籍出版社1975年版,第111页。

修整车器",准备以武力取胜;对吸食、贩卖、制造鸦片的人都要处以死刑,对破坏禁烟、阻挠抗敌的人"宜杀一儆百"①。他甚至希望随林则徐到广东参加禁烟,充分表现出爱国主义精神。在辞官南归途中,他写下了著名诗篇:"九州生气恃风雷,万马齐喑(哑)究可哀。我劝天公重抖擞,不拘一格降人材。"②他渴望有一场变革的风雷来一扫死气沉沉的局面。另一方面,龚自珍晚年又沉醉于佛学之中,把佛学作为精神寄托之所。

在经济思想方面,龚自珍先提出反对贫富悬殊的平均论,后来又围绕土地问题提出农宗论。在这两种理论中,都有一些独到的见解,又都存在一些错误的主张。关于商业和货币也提出了一些观点。龚自珍曾在诗中表示:"何敢自矜医国手,药方只贩古时丹。"③这表明他只是从古时典籍中寻找医国的药方,虽然主观上要求经济改革,但并没有把握中国经济发展的正确方向。

二、平均论

嘉庆二十一年(1816年),龚自珍写了《平均篇》。他在这篇文章中指出:"有天下者,莫高于平之之尚(上)也。"也就是说,治国的最高理想是使人们平均地占有财富。他认为人类社会的最初君民关系就像人们相聚在一起饮酒一样。到三代极盛时期,君、臣、民之间的分配就有了差别,譬如分水,"君取盂焉,臣取勺焉,民取卮焉"。后来更上下侵夺,"贫者日愈倾,富者日愈壅",造成了财富分配上越来越严重的不平均。贫富不齐使"人心"、"世俗"败坏,形成"至极不祥之气,郁于天地之间。郁之久,乃必发为兵燧,为疫疠,生民噍类(活人),靡有孑遗,人畜悲痛,鬼神思变置(改朝换代)"。因此,他得出结论:"其始,不过贫富不相齐之为之尔。小不相齐,渐至大不相齐;大不相齐,即至丧天下。"他把这一观点引申到整个人类历史,提出一个"千万载治乱兴亡之数(规律):浮、不足之数相去愈远,则亡愈速,去稍近,治亦稍速。"④

在龚自珍之前,已经有许多人指出人民不能谋生就会造成社会的动乱。人民不能谋生的原因,有些人归之于天灾,有些人归之于赋税或地租太重,有些人归之于兼并,有些人归之于人口增多,等等。而龚自珍则将各种原因

---

① 《送钦差大臣侯官林公序》,《龚自珍全集》,上海古籍出版社1975年版,第169、170页。
② 《己亥杂诗》,《龚自珍全集》,上海古籍出版社1975年版,第521页。
③ 《己亥杂诗》,《龚自珍全集》,上海古籍出版社1975年版,第513页。
④ 本段引文均见《平均篇》,《龚自珍全集》,上海古籍出版社1975年版,第78页。

抽象为一个根本的原因，就是贫富不大相齐，并且将贫富差别的程度作为决定历代王朝兴废的普遍规律。他将《管子·国蓄》的"法令之不行，万民之不治，贫富之不齐也"的论点发展到了一个新的高度。

龚自珍虽然能够认识到"莫高于平之之尚"，却提不出任何能够实现这一社会理想的正确办法。他指出"可以虑，可以更，不可以骤"，表明他只是想走改良的道路。他希望统治者自觉地"操其本源，与随其时而剂调之"①。他提出"四挹(取)四注"的办法："挹之天，挹之地，注之民；挹之民，注之天，注之地；挹之天，注之地；挹之地，注之天。"②这是说要加强对自然力（天时、地利）的利用以补人事的不足，而又利用人力来改造自然。从四条办法看，重点在改造和利用自然。此外，还要公布严厉的法令，对兼并者施以刑法；"统之以至澹(淡泊)之心"，用所谓不求财利的思想来教育和管束人们。他认为这样不出十年就能大体上做到平均。显然这只是空想。

究竟是谁造成了"大不相齐"？龚自珍并没有将造成"大不相齐"的原因归之于地主阶级对农民的掠夺。在写《平均篇》的同时，他曾在《乙丙之际塾议三》中揭露各地刑名师爷利用办案机会对人民的敲诈勒索，指出这些人是"析四民而五，附九流而十"的特殊人物，他们占有"农夫织女之出"，因而"宫室、车马、衣服、仆妾备"③。而在《平均篇》中，他则把造成"大不相齐"的原因归之于商业，把矛头指向了大商人。

龚自珍说在尧、舜那个时代，人们"未知贸迁，未能相有无"，是没有商业的，因此也没有贫富差别。尧、舜已担心后世会发生贫富差别，认为最好是使民不识不知。但是3 000年以来，贫富差别越来越严重。有些在富贵的人看来是"至不急之物"，"贱贫者"却要用来维持生活，花"筋力以成之，岁月以靡(消费)之"，否则就"无所托命"。商业的发展，造成了"五家之堡必有肆，十家之村必有贾，三十家之城必有商"。龚自珍心目中的商业，以经营"服妖"（奇装异服）、"食妖"（鸦片）、"玩好妖"（奇技淫巧）等店铺作为代表，甚至还包括卖官、卖淫和欺世盗名等行为在内。这等于是把商业看成是国民经济的有害部门。他指出那些大商人"其心皆欲并十家、五家之财而有之"。④把他们作为兼并势力的主要代表，似乎是有了他们的兼并活动，才使社会上出现富人和穷人。

---

① 《平均篇》，《龚自珍全集》，上海古籍出版社1975年版，第78页。
② 《平均篇》，《龚自珍全集》，上海古籍出版社1975年版，第80页。
③ 《乙丙之际塾议三》，《龚自珍全集》，上海古籍出版社1975年版，第3页。
④ 本段引文均见《平均篇》，《龚自珍全集》，上海古籍出版社1975年版，第79、80页。

不可否认，社会上确实存在着商人兼并的现象，也存在着有害的商业；但因此而否定整个商业的积极作用，只看到商人兼并而看不到地主兼并，则是错误的。

三、农宗论

作《平均篇》7年以后，龚自珍又写了《农宗》，把着眼点转移到土地问题上。从这个意义上说，他的认识更为深化了。

龚自珍认为人类本来没有统治者，自从"天谷没，地谷苴"，即人们已经不能靠野生的食物过活，而要靠劳动生产粮食时，"始贵智贵力"。谁有能力使多少土地生长出粮食，谁就是多少土地的主人："有能以尺土出谷者，以为尺土主；有能以倍尺若（或）十尺、伯（百）尺出谷者，以为倍尺、十尺、伯尺主。"因此，"帝若皇，其初尽农也"，"古之辅相大臣尽农也"。总之，对农业的贡献决定了人们的社会地位，产生了大大小小的各级统治者。然后，统治者们制定礼、乐、刑法，最后才"神其说于天"。他批评了儒者所鼓吹的"天下之大分，自上而下"的说法，指出"先有下，而渐有上"。[①] 龚自珍的这一见解是对经济基础决定上层建筑规律的一个朴素的认识。但他没有区别何种情况下的出谷，有自耕农的出谷，也有地主的出谷，出谷的多少决定于出谷者占有土地的多少和为其土地耕作的劳动力的多少。龚自珍对此并没有作进一步的区分，而是将其完全当作一种个人的能力。出谷多的只能是地主，龚自珍对地主经济完全持肯定态度，他所写的《农宗》就是一个维持地主经济的改革方案。

龚自珍主张在全国农村建立一种按血缘关系组成的经济结构，按宗法关系来占有土地和组织农业生产，称之为"农宗"。他认为古代的宗法制度是从农业中开始的，因为土地所有权的继承需要有宗法制度作保证。一个100亩土地的所有者将土地传给自己的儿子时，如果"长子与余子不别，则百亩分；数分则不长久，不能以百亩长久则不智"[②]。只有长子、余子区别对待，将土地传给长子，土地才不致分散。这样就产生了以长子财产继承权为基础的宗法制度。他将农宗中的全体社会成员分成大宗、小宗、群宗和闲民四个等级，其中小宗、群宗又称为"余夫"。一家在开始立宗时，长子为大宗，次子为小宗，第三、四子为群宗，第五子以下为闲民。大宗的儿子也是这样划

---

① 本段引文均见《农宗》，《龚自珍全集》，上海古籍出版社1975年版，第49页。
② 《农宗》，《龚自珍全集》，上海古籍出版社1975年版，第49页。

分。小宗的长子为小宗,次子为群宗,三子以下为闲民。群宗的长子为群宗,其余子为闲民。闲民之子世代为闲民。他假设大宗受田 100 亩作为家业,到 60 岁时由长子(大宗)承袭;小宗向国家另请田 25 亩,到 60 岁时由长子(小宗)承袭;群宗亦向国家另请田 25 亩,到 60 岁时由长子(群宗)承袭;闲民没有土地。

龚自珍将农宗成员划分为四个等级,特别是专门划出一个闲民等级,是因为考虑到土地有限,不可能人人都有土地。他在《农宗》附图一中说:"若依古制,每夫百亩,田何以给?故立四等之目以差。"①闲民要耕种大宗和余夫的土地:"百亩之田,不能以独治,役佃五;余夫二十五亩,亦不能以独治,役佃一。"这里被役的佃农就由闲民充当,先要从同族的闲民中找,同族不够,才能找外族。龚自珍想通过农宗来解决严重的流民问题,使他们有田可耕,"以为天下出谷"。他指出一个大宗加四个小宗或群宗,"为田二百亩,则养天下无田者九人"。如果有田 10 万亩,就能使 4 500 个没有土地的人"不饥为盗"。一个有 40 万亩土地的大县,就能"为天子养民万八千人"。这样,"有天下之主,受是宗之福矣"。②

《农宗》还谈到品官的禄田,限于五品以上,六品以下则只有官俸而无禄田。禄田的数目没有提,但提出了世袭的办法:一品的世袭四代,二三品三代,四品二代,五品一代,无俸禄,也不抽税。如做了不应做的事就取消世袭,包括不辨菽粟、食妖、服妖、同姓讼等。

大宗的 100 亩田,以 10 亩造住宅,90 亩耕种。90 亩中,种粮食供大宗一家十口食用的 30 亩,供佃农食用的 10 亩,用来纳税的 10 亩,以 10 亩种植桑麻、棉花、竹漆、瓜果,以 30 亩农产品出卖后置办家具。余夫的 25 亩中,以 5 亩造住宅,以 10 亩种粮食供余夫一家五口食用,以 2.5 亩供佃农食用,以 2.5 亩纳税,以 2.5 亩种蔬菜、桑麻等,以 2.5 亩农产品出卖。在这一设计方案中,地主的占有率是很高的,每个佃农的实际所得只占总收成的极小部分,这大大超过了租佃关系中地主对农产品的一般占有率。

龚自珍又声明他的方案不是"限田之法",只是"姑举百亩以起例"。他说:"贫富之不齐,众寡之不齐,或十伯,或千万,上古而然……天且不得而限之,王者乌得而限之?"③这一说法同他的平均论发生了矛盾,表明了他思想上的变化。如果不限田(能否限田是另一回事),又怎么能实现并维持他的

---

① 《农宗》,《龚自珍全集》,上海古籍出版社 1975 年版,第 52 页。
② 《农宗》,《龚自珍全集》,上海古籍出版社 1975 年版,第 50 页。
③ 《农宗答问第一》,《龚自珍全集》,上海古籍出版社 1975 年版,第 54 页。

农宗所有制,这一点他根本没有考虑到。

农宗的实质是要在宗族关系的掩盖下维护封建地主对农民的剥削关系。根据龚自珍的"先有下,而渐有上"的理论,巩固封建土地所有制也就巩固了整个封建制度。所以他说如果在一州实行农宗,一州的老百姓就会"言必称祖宗,学必世谱牒",于是"农宗与是州长久"①。这个州也就长治久安了。

在封建制度已经没落腐朽的时候,企图用宗法关系来加强地主对农民的统治,使封建制度得以永世长存,是开错了药方。而且农宗的方案比中国历史上的复井田思想具有更严重的空想性。与复井田的空想性相同的是,土地已经私有,对土地的占有极不平均,封建王朝不可能没收地主的土地来重新分配。而农宗方案更违反常理的则是,将同为一家人的兄弟分为大宗、余夫和闲民,使血缘关系变成了阶级关系。实行这一方案必然会造成各家兄弟不和,家庭矛盾突出,根本不可能出现长治久安的局面。

四、商业和货币论

在上述平均论中已提到龚自珍对商业和商人的态度,这里再进一步说明其关于商业和货币的论述。

龚自珍的理想社会以自然经济占绝对统治地位,农业是最主要的经济部门,全国绝大多数人都要从事农业生产,商业只占非常次要的地位。他的《乙丙之际塾议第十六》②一文就是反映这一思想的代表作。他认为:"匹妇之忧,货重于食;城市之忧,食货均;人主之忧,食重于货。""人主之忧,食重于货"的意思是说,从全国范围来考虑,粮食问题比货币问题更加重要。因为货币"以家计,患其少,以域中计,尚患其多"。它解决不了饥寒问题,严重的时候,"贝专车不得一匹麻,有金一斛不籴掬粟";更严重的时候,"丐夫手珠玉,道殣(路尸)抱黄金"。人主的责任就在于关心农业生产,注意民食问题,要做到"博食之原,啬食之流,重食之权",而不必像匹妇一样为货币问题而操心。

龚自珍甚至主张物物交换,"凡民以有易无,使市官平之",使交换比例"相当"。田赋亦交纳农产品。货币不需要多,"百家之城,有银百两,十家之市,有钱十缗"就够了,至于"三家五家之堡,终身毋□畜泉货可也。畜泉货,取其稍省负荷百物者之力,便怀袌而已,不挈万事之柄。"即货币只能在一定

---

① 《农宗》,《龚自珍全集》,上海古籍出版社 1975 年版,第 51 页。
② 《龚自珍全集》,上海古籍出版社 1975 年版,第 7、8 页。

范围内起流通手段作用,不能掌握万事的权柄。他认为照此办理30年,货币就不再是人们的追求目标,贫富矛盾也会消除。显然,这种与历史发展要求背道而驰的设想,只能是一种脱离实际的空想。

在《农宗》中,大宗以30亩田的农产品出卖,余夫以2.5亩田的农产品出卖,仍以物物交换为主,生产的目的是消费,不以追求货币为目标。"百家之城,有货(银)百两,十家之市,有泉十绳(贯),裁取流通而已。则衣食之权重,则泉货之权不重,则天下之本不浊。"①这仍然是《乙丙之际塾议第十六》中的观点。

随着白银外流的加剧,龚自珍对轻视货币的观点作了修正。他在《送钦差大臣侯官林公序》中指出:"中国自禹、箕子以来,食货并重。"②《管子·山权数》中有"汤以庄山之金铸币","禹以历山之金铸币"之说,相传箕子所作的《洪范》中有"一曰食,二曰货"之说,这是龚自珍所说禹、箕子以来"食货并重"的依据。他批评那些认为"食急于货"的儒生说:"此议施之于开矿之朝,谓之切病;施之于禁银出海之朝,谓之不切病。食固第一,货即第二,禹、箕子言如此矣。"③"开矿之朝"指明万历时(1573~1619)神宗派宦官充作矿监到各地开矿,搜括金银,这时强调"食急于货"而切病的。而现在要禁银出海,提出"食急于货"就不切病了。

在作于道光十九年(1839年)的《己亥杂诗》中,有两首诗表达了龚自珍的货币政策主张。一首是:"麟趾、袅蹄式可寻,何须番舶献其琛(珍宝)。汉家《平准书》难续,且仿齐梁铸饼金。"诗后附有龚自珍的自注:"近世行用番钱(外国银元),以为携挟便也。不知中国自有饼金,见《南史·褚彦回传》,又见唐韩偓诗。"④此诗和注表明了龚自珍主张以自铸银元来抵制外国银元的流通。另一首中批评"不行官钞行私钞"⑤,私钞是指钱庄、银号等金融机构发行的各种兑换券。龚自珍主张用国家发行的纸币来取代这些私钞,并曾指出:"本朝行私钞而不行官钞,他日必有巨商亏闭,而四海为之摇动者。"⑥

---

① 《龚自珍全集》,上海古籍出版社1975年版,第50页。
② 《龚自珍全集》,上海古籍出版社1975年版,第169页。
③ 《龚自珍全集》,上海古籍出版社1975年版,第170页。
④ 《龚自珍全集》,上海古籍出版社1975年版,第520页。《汉书》卷六《武帝纪》载,太始二年(公元前95年),汉武帝下诏将黄金铸为麟趾(麒麟足趾)、袅蹄(马蹄)形状,颁赐诸侯王。《南史》卷二八《褚彦回传》:南朝宋明帝时,有人秘密用一"饼金"向吏部尚书褚彦回求官,褚拒绝收金。韩偓《咏浴》诗中有"岂知侍女帘帷外,剩取君王几饼金"句。
⑤ 《龚自珍全集》,上海古籍出版社1975年版,第521页。
⑥ 转引自《陈炽集》,中华书局1997年版,第88页。

在对外贸易方面,龚自珍主张只在广东"留夷馆一所,为互市之栖止",缩小对外贸易的范围。他说:"夫中国与夷人互市,大利在利其米,此外皆末也。"他不仅主张禁止鸦片输入,而且还主张禁止呢、羽毛、钟表、玻璃、燕窝等商品输入,只许洋米进口。这种主张有保护民族经济和防止白银外流的意义。呢、羽毛不进口,"则蚕桑之利重,木棉之利重,蚕桑、木棉之利重,则中国实"。① 进口商品少,对外贸易顺差,白银就不会外流。但另外也反映了龚自珍维护自给自足经济的一贯立场,对西方机器工业产品采取排斥的态度,根本没有想到要学习外国的长处。以狭隘的眼光看待对外贸易,采取消极防御的态度,毕竟阻挡不了资本主义国家的商品输入。

第三节　王鎏、徐鼒的经济思想

一、王鎏的名目主义货币论

王鎏(1786～1843),原名仲鎏,字子兼、亮生,晚年号荷盘山人,江苏吴县人。多次参加乡试未中。曾捐资得教职,以教书或幕僚为职业,还从事考订工作。他主张发行纸币,于道光八年(1828年)写成《钞币刍言》,十一年刊行。因其父嫌它"体例未精,必致人驳诘,遂毁其板"②。经改写为《钱币刍言》,于十七年刊行。后来又刊行《钱币刍言续刻》和《钱币刍言再续》在《墼舟园初稿》中,也有不少篇幅涉及钞法。此外,还有《墼舟园次稿》、《乡党正义》、《四书地理考》等著作。

王鎏科举失败,但又热衷功名。他企图把《钱币刍言》作为敲门砖,曾将它分送一些高级官员,要求他们"奏请行之,以一言建万世之功,使亿兆苍生胥(都)被其赐"③,而他自己的姓名"亦得附青云以不朽"④。他宣称对于货币问题"思之十年而后立说,考之十年而后成书,又讨论十年而益以自信无疑"⑤,但实际上他的理论十分荒谬。

王鎏把行钞看作是具有神奇力量的"独传之秘宝"⑥,把解决当时社会矛

---

① 本段引文均见《送钦差大臣侯官林公序》,《龚自珍全集》,上海古籍出版社1975年版,第169、170页。
② 王鎏:《钱币刍言·目录》。
③ 王鎏:《钱币刍言续刻·上冢宰汤敦甫先生书》。
④ 王鎏:《钱币刍言续刻·上何尚书仙槎先生书》。
⑤ 王鎏:《钱币刍言续刻·与陈扶雅孝廉论钞第一书》。
⑥ 王鎏:《钱币刍言续刻·上何尚书仙槎先生书》。

盾的希望建立在行钞上。他和举人陈善争论钞法时说："又思近年来每遇水旱，小民转于沟壑，散于四方。其流离颠沛之状，哀号通哭之声，目不忍见，耳不忍闻，将何以赈恤之乎？州县办公之竭蹶，胥吏舞文之情伪，不加其俸厚其禄，何以舒其困止其奸乎？河工海塘之经费，何以无绌于度支乎？""又试思舍钞而别求理财之策，田赋可以加乎？关税可以增乎？开矿可以兴乎？捐例可以恃乎？行西北之水利可以不费工本乎？用东南之海运可以不为后虑乎？"①对形势的紧迫感跃于纸上。

他把行钞说成是"理财之上策"②。认为只要一行钞，什么财源涸竭、利权旁失、洋钱耗蚀、鸦片贻祸、钱庄亏空、用银重滞、钱法滥恶、火耗③加派、胥吏侵渔、商贾诈伪、邪教逆谋、边疆起衅、币制混乱、货物壅滞、官吏勒捐、仕途拥挤、盐漕积弊、苛敛之政等等，都可一扫而空。并且"上以裕天府万年之蓄，下以盈小民百室之储。风俗可使化，礼让可使兴"④。甚至还能使"天下自无一丁不识之人"⑤。这样认识纸币的作用在中国历史上是空前的。

《钱币刍言》分四大部分：《钱钞议》、《拟钱钞条目》、《先正名言》、《友朋赠答》。《钱钞议》共10篇，《钱钞议一》提出行钞二十二大利，绝大部分出于主观幻想。《先正名言》是选录宋至清时期的有关议论，后附王鎏的按语。《友朋赠答》是和包世臣、顾莼等人来往的信件。《钱币刍言续刻》的主要内容是同包世臣辩论钞法，共32条，较有理论性。

《拟钱钞条目》所拟的行钞办法主要有：(1)钞分七等，从一贯到千贯。造钞必特选佳纸。钞上写格言。最大钞一尺高，二三丈阔，装成手卷形式。最小钞一尺见方。分省流通。税收一律收钞，一贯以下征钱。藏钞用匣，根据经济条件，以黄金或木、石等制成。(2)钱分当百、当十、当一三等。当百钱约费工本90余文，当十钱约费工本9文。(3)用钞倍价收民间铜器铸钱。禁止铜器买卖，设官铜铺打造乐器、锁、钮出售。(4)将钞与大钱发给钱庄，禁止它们再出会票、钱票。令钱庄凭钞收银，以一分之利给钱庄。另外，百姓在1年内交银易钞的给以1分之利，2年内交银易钞的给以5厘之利。百姓用钞纳税的，每钞一贯作1 100文用。5年或10年后钞法盛行，则禁银为币，但可以当作商品买卖。许商人用钞按半价向政府买银，民间遗留藏银亦

---

① 王鎏：《壑舟园初稿·与陈扶雅论钞书》。
② 王鎏：《钱币刍言·钱钞议一》。
③ 赋税征银，以弥补熔银折耗为名，在原赋额外加征若干，称为"火耗"。
④ 王鎏：《钱币刍言·自序》。
⑤ 王鎏：《钱币刍言·私拟钱钞条目》。

按半价买卖。(5)行钞初官俸加一倍,本俸用银,加俸用钞。钞法通行后官俸加数倍,一律用钞。(6)对外贸易只许以货易货,或令外人以银易钞后再买货。

王鎏的行钞主张在当时曾产生较大影响,"学士大夫往往宝藏其书"[①],"中朝(朝中)言事之臣颇采用君书以进"[②]。但清政府对行钞一直存有戒心,嘉庆十九年(1814年)侍讲学士蔡之定建议行钞,被"交部议处,以为妄言乱政者戒"[③]。不到万不得已,清廷是不会贸然实行这一政策的,所以王鎏终于未能敲开仕途大门。他的某些论点曾被后人所吸收,如咸丰二年(1852年)花沙纳建议行钞的奏折中就有脱胎于王鎏论点的文句。

对王鎏的行钞主张和论点进行批评的有陈善、包世臣、魏源、许楣、许桂等。陈善,字扶雅,钱塘人,嘉庆六年举人。他没有什么货币理论留下来。其余几人将在之后各节中论述。

王鎏的货币理论是典型的名目主义货币理论,其完整性和彻底性远远超过前人。他是中国封建时期名目主义货币理论的集大成者。名目主义理论可以起不同的历史作用,而王鎏的理论则是鼓吹滥发纸币的理论。

纸币是金属货币的符号,用传统的说法就是钞虚而银实。王鎏不承认这一点,他说:"至谓钞虚而银实,则甚不然。言乎银有形质,则钞亦有形质;言乎其饥不可食,寒不可衣,则银钞皆同。"[④]南宋的辛弃疾曾说过:"世俗徒见铜可贵而楮可贱,不知其寒不可衣,饥不可食,铜楮其实一也。"[⑤]辛弃疾只是说铜钱和纸币都没有直接作为衣食之用的使用价值,王鎏则进一步从银、钞都有一定的自然形态,都没有直接作为衣食之用的使用价值立论,来否认虚与实的区别。

既然"银钞皆同",那当然用银和用钞都无所不可了。王鎏认为纸币是更理想的货币,因为它取之不尽:"凡以他物为币皆有尽,惟钞无尽,造百万即百万,造千万即千万,是操不涸之财源"[⑥]。明末钱秉镫说纸币"命百则百,命千则千"[⑦],王鎏将数字增加了万倍。纸币流通确实能够根据流通需要随时增加发行数量,不像金属货币那样要受本身数量的限制。但是纸币虽然

---

① 许楣:《钞币论·序》。
② 张履:《积石文稿》卷一七《王君亮生传》。
③ 《清仁宗实录》卷二八六,嘉庆十九年闰二月辛未。
④ 王鎏:《钱币刍言续刻·与包慎伯明府论钞币书》。
⑤ 《历代名臣奏议》卷二七二。
⑥ 王鎏:《钱币刍言·钱钞议一》。
⑦ 钱澄之(秉镫):《田间文集》卷七《钱钞议》。

不受本身数量的限制,却要受客观流通需要的限制,它本身也不是财富。而在王鎏看来,纸币却是取之不尽的财富,国家发行多少纸币,就等于创造了多少财富。这是把名目主义货币理论发挥到了极点。

取之不尽的钞,用什么来保证它的购买力的稳定呢?从王鎏的议论中可以找到两点。

(一)国家的权力。他说:"且国家之行钞,与富家之出钱票亦异。国家有权势以行之,而富家无权势,故钱票有亏空而行钞无亏空也。百姓信国家之行钞,必万倍于信富家之钱票矣。若谓民乐用钱票,反不乐行钞,则是王者之尊崇,反不敌一富家之权势,岂有此不通之情理哉!"①钱票的流通能力在于它能够兑现,而不在于"权势"。王鎏所说的纸币,虽然名义上可以兑换铜钱,但这是不可能的。一张千贯的纸币,要兑钱100万文,哪里有那么多钱来维持兑现?即使要兑钱,至多也只能兑不足值的大钱(王鎏主张提高铸大钱的工本费,但这并不能增加大钱的实际价值),兑现比不兑现好不了多少。这种纸币实际上绝大多数不能兑现,正如他自己所说的:"若行钞,则竟以之代银代钱矣"②。不兑现纸币确是要靠国家的"权势以行之",但只有在纸币发行量不超过流通的需要量时,这"权势"才能起作用。"国家固然可以把印有任意的铸币名称的任意数量的纸票投入流通,可是国家的控制同这个机械行为一起结束。价值符号或纸币一旦进入流通,就受流通的内在规律的支配。"③王鎏却无限夸大了国家权力的作用。

(二)"收敛有术"。王鎏反对宋孝宗纸币"少则重,多则轻"④的说法,宣称:"然亦不患其出之多,而第患其入之少。苟收敛有术,流转于上下而无穷,奚至于多而轻哉?"⑤收敛有术也确是维持纸币正常流通的重要条件之一,可是王鎏所说的"收敛有术",不过是指"国赋皆令纳钞"⑥。当纸币流通量大大超过流通需要量时,国赋只占纸币发行量的一个极小部分。要想依靠对这一小部分的回收,来维持已经大大超过流通需要量的纸币的购买力,是不可能的。

---

① 王鎏:《钱币刍言续刻·与包慎伯明府论钞币书》。
② 王鎏:《钱币刍言续刻·与包慎伯明府论钞币书》。
③ 马克思:《政治经济学批判》第一分册。《马克思恩格斯全集》第31卷,人民出版社1998年版,第514页。
④ 《皇宋中兴两朝圣政》卷六〇,淳熙十年正月辛卯,孝宗说:"大凡行用会子,少则重,多则轻。"
⑤ 王鎏:《钱币刍言·钱钞议五》。
⑥ 王鎏:《钱币刍言·先正名言》,袁燮《上便民疏》按。

金属货币超过流通需要时能退出流通而被贮藏,而纸币则不一定。王鎏却要让纸币无条件地发挥贮藏手段的职能,他说:"富家因银为币而藏银,今银不为币,富家不藏钱则藏钞矣。此自然之理也,藏钞以待用耳。"①因此,他主张把大钞制得像文物一样,认为这样就会被人当作文物宝藏,以至流传千古。也因此,他还主张官库和富户用黄金做匣藏钞,以免钞毁于火。王鎏曾引宋孝宗时所谓"楮币重于黄金"②的话,在这里,他真要使"楮币重于黄金"了。

王鎏力图把中国历史上纸币流通的失败归之于技术方面的原因,而否认它同通货膨胀的关系。他说:"从来钞法难行易败者……并不关取之不尽也。"③"若夫物价之腾踊,原不关于行钞。"④物价上涨当然不一定由于纸币流通,但不能说任何物价上涨都同纸币流通无关。纸币流通而又"取之不尽",物价就非上涨不可了。

王鎏还把纸币比作井田,说"钞法与井田实同……然井田可行于田多人少之时,而不能行于田少人多之日,惟钞法则取之无尽,可以通井田之穷"⑤。他宣称"行钞则天地间顿增此一种大利,不行钞则此利遂亡"⑥。以纸币代替金属货币流通,可以游离出大量原来湮没在流通中的金属货币,可以在流通手段不足的束缚下得到解放,国家还可以通过发行纸币取得一笔财政收入。从这个角度看,确是"天地间顿增此一种大利"。然而他却将它极度夸大,认为无论发行多少都可以"化为百千万亿之金钱"⑦。这样,真理就变成了谬误。

行钞为什么能解决各种社会矛盾?王鎏作了很多解释。例如消除鸦片贻祸,他说因为用钞以后,"外洋虽载烟来,易我钞去,而不为彼国所用,则彼将不禁而自止"⑧。不仅如此,他还说用钞以后,白银也不会流向外国。"洋人欲得中国之货,必先以银买钞。彼之银有尽,我之钞无穷,则外洋之银将尽入中国,何为银反入于洋乎?"⑨又如消除边疆起衅,他说"边疆起衅,每因

---

① 王鎏:《钱币刍言续刻·与包慎伯明府论钞币书》。
② 《皇宋中兴两朝圣政》卷五四,淳熙二年四月留正等曰:"自发内帑所积以易之(会子),而后楮币重于黄金。"
③ 王鎏:《钱币刍言续刻·与包慎伯明府论钞币书》。
④ 王鎏:《钱币刍言·钱钞议四》。
⑤ 王鎏:《钱币刍言续刻·与陈扶雅孝廉论钞第一书》。
⑥ 王鎏:《钱币刍言·先正名言》,李纲《应诏条陈七事奏状》按。
⑦ 王鎏:《钱币刍言续刻·上何尚书仙槎先生书》。
⑧ 王鎏:《钱币刍言·友朋赠答·除鸦片烟议寄张亨甫》。
⑨ 王鎏:《钱币刍言续刻·与包慎伯明府论钞币书》。

抢夺银币而然,今易以钞,彼此无所觊觎,则弭边界之生衅"①。至于行钞可以扫除文盲,则是因为纸币上面印有格言。诸如此类违反常识的无稽之谈,触目皆是。

王鎏还为行钞建立了一个"足君尤先"的理论前提,说三代以后"必君足而后民足,犹父母富而子孙亦免于贫焉……欲足君莫如操钱币之权"②。欲操钱币之权只有行钞,那么用纸币来搜括民间藏银和其他财富也就是理所当然的事了。给行钞加上这样冠冕堂皇而又这样露骨的理论前提,是中国经济思想史上所仅见的。

发行多少纸币才算是达到了"足君"的标准呢?王鎏说:"造钞约已足天下之用,则当停止。"③"足天下之用"可以作不同的解释。他又说:"造钞之数,当使足以尽易天下百姓家之银而止,未可悬拟。若论国用,则当如《王制》'以三十年之通制国用',使国家常有三十年之蓄可也。"④这里说的足用有两个标准:一是尽易百姓之银;一是套用《礼记·王制》。但《王制》中的意思是通计30年应有9年之蓄,他却解释为要有30年之蓄。《王制》指的是粮食,他却应用于纸币。无论按照哪一个标准,都不是指足流通之用。不是根据流通需要,而只是根据封建国家的财政需要无限制地发行纸币,就是王鎏整个理论的实质。

王鎏本是学者,对历史掌故极为熟悉,对宋至明时期的纸币流通历史进行了深入的研究。然而,他的主观主义的研究方法使他不能客观地对待历史,不能正确地总结中国历史上的纸币流通经验和教训,形成了这种一相情愿的货币理论。

二、徐鼒的务本论

徐鼒(1810~1862),字彝舟,号亦才,江苏六合人。道光十五年(1835年)考中举人,中举前后都以教书为业。二十五年考中进士,选庶吉士。二十七年授翰林院检讨。三十年任实录馆协修官。次年任实录馆纂修兼国史馆协修官。咸丰二年(1852年)冬为了借钱捐外官请假离京,回家后,适值太平军沿江东下。他同六合知县温绍原募乡勇办团练,与太平军对峙,"五载

---

① 王鎏:《钱币刍言·钱钞议一》。
② 王鎏:《钱币刍言·钱钞议一》。
③ 王鎏:《钱币刍言·拟钱钞条目》。
④ 王鎏:《钱币刍言续刻·与包慎伯明府论钞币书》。

之中,无役不从"①。由于镇压太平军有功,六年以知府用,两年后授福建福宁府(治今霞浦)知府。同治元年(1862年)死于任上。著作有《未灰斋文集》、《小腆纪年附考》、《小腆纪传》等。

徐鼒的经济思想集中表现在写于道光二十一年的《拟上开矿封事》和写于二十九年的《务本论》中,基本观点就是要重农抑商,贵粟帛贱金银,宣扬的完全是中国封建社会中的陈词滥调。

《拟上开矿封事》②针对开银矿的主张而作。徐鼒反对开矿,将它斥之为"言利",批评说:"自古金丹之药,无不戕生,言利之臣,无不病国。"他罗列了反对开矿的六条理由:济军务而转妨军务,裕国帑而实耗国帑,广盗贼之数,扰闾阎之业,肥贪猾之橐,泄山川之灵。因为他所说的是政府开矿,所以其中的一、二、四、五条也不是没有道理。他写这篇文章的目的不仅在于反对开矿,而且还提出了一个根本问题,即当时中国社会的病源究竟是什么以及如何对症下药的问题。徐鼒说:"夫治病者贵知病源,治国者贵知国本。"他认为病源就在于以银为币,国本则在于重农桑。他把用银致贫说成是一个普遍规律:"盖自古国家未有恃银以为用而国不贫者,银愈多则贫愈甚。"其理由是:"银者,非耕之能生、织之能成者也。农人贱卖其粟帛而易银入官,有数石之粟、数捆之布不足完数两之银者,银愈贵而农愈困矣。"

农民贱卖粟帛换取白银以缴纳赋税,"银愈贵而农愈困"的现象确实存在,这并不是什么新的观点。而问题的实质在于:当时究竟应不应该用白银作货币? 只要有商品生产和货币流通,只要不是用粟帛作货币,那么无论哪种货币商品都不是"耕之能生、织之能成"的,都存在着用粟帛交换货币时所能发生的矛盾。粟帛与白银的矛盾实际上就是商品与货币的矛盾,商品与货币的矛盾在商品生产的社会中总是存在的。因为有这个矛盾,就把矛头指向"恃银为用",完全是因噎废食。银价上涨的确加剧了清王朝的财政危机和加深了农民的贫困,但这是暂时起作用的因素。造成财政危机和农民贫困的根本原因是地主、高利贷者对农民的残酷剥削和外国资本主义的侵略。不谈这个根本原因,却只是把病源归之于以银为货币,似乎一取消白银的货币地位,就可以富国富民,天下哪有这样的事!

对于当时的银价上涨和银荒,很多人指出是由于白银外流,徐鼒却认为是"恃银为用"的必然结果。他说:"百物皆利害兼权,藏银则有利而无害,于

---

① 徐鼒:《未灰斋文集》卷五《赠布政使衔防堵六合候补道温公祠碑》。
② 徐鼒:《未灰斋文集》卷一。

是商贾之人多而耕织之人少矣。耕织之人少,则谷帛亦为难得之物,而乘时射利者又得逐谷帛之短而囤积以居奇。谷帛愈短,银价亦愈高。""商贾之人多而耕织之人少"(在封建社会总是农民占人口的绝大多数,就算这句话是指商贾相对地多吧)是商品经济发展的结果,而商品经济的发展则植根于生产力的提高,这同货币之发挥贮藏手段职能并无因果关系。谷帛生产少就要涨价,谷帛涨价相对于货币来说就是货币的购买力降低,"谷帛愈短"怎么会"银价亦愈高"呢?这说法显然不能成立。接着他又说:"银价愈高,而藏银者愈深闭而不肯轻出。如是,则虽如今日议者之说,无矿不开,开必获银。而一人采之,十户藏之,一州冶之,天下藏之。银之出也有穷,而人之藏也无数,银乌得而不日少哉?"货币的贮藏手段职能对货币流通发挥调节器的作用,虽然在前资本主义社会中这种作用还不是很灵活,但绝不会发生如徐鼒所说的银矿开出多少就被贮藏多少的情况。事实恰恰相反,倒是流通的需要量制约着白银的贮藏量。鸦片战争前后的银价上涨和银荒是由鸦片大量输入而造成的,徐鼒把它说成是用银的普遍规律,完全脱离了当时的具体历史条件。

既然病源在于以银为货币,国本在于重农桑,那当然还是要实行重本抑末的传统政策。徐鼒认为这是当时中国的唯一救世良方。他说东南虽然人多,然而"东南之地未尝无余利也,一尺之地皆可耕,一寸之丝皆可织",不愁"地不足以给"。农业固然重要,但不管如何重要,也不能要求"人人耕"和"人人织"。这种主张同历史的要求完全背道而驰。在他看来,货币的作用只是为了解决饥寒问题,因此又说:"第(但)令人人耕而天下无饥者矣,人人织而天下无寒者矣。不饥不寒,而金银复何用哉?"

怎样做到重农桑?徐鼒提出:"重农桑必先贵谷帛,贵谷帛必先禁淫侈。"他认为这样就能引起如下的连锁反应:"淫侈禁而后商贾之利微,商贾之利微而后耕织之人众,耕织之人众而后谷帛之所出多,谷帛之所出多而后金银之价贱,金银之价贱而后私家之藏滞出,私家之藏滞出而后泉货之源通。"对这几句话,徐鼒在《务本论·自叙》中改为:"重农桑必先贵粟帛,贵粟帛必先禁淫侈。淫侈禁而后商贾之利微,商贾之利微而后耕织之人众,耕织之人众而后粟帛之所出多,粟帛之所出多而后银价贱,银价贱而后泉货之源通。"并在《务本论》的《馨辨篇》中作了进一步的解释,在《条法篇》中提出了务本的具体办法。

徐鼒说:"夫求衣于银,不如求衣于衣之为得矣;求食于食之为得矣。"①根据这一理论,则应该需要什么就生产什么,根本取消货币才算彻底。但他知道货币是取消不了的,因此主张用谷帛作为货币,宣称:"今诚能朝廷之租赋,民间之交易,一出于谷帛,则农不至有余粟,女不至有余布,人人知谷帛之利,而农桑之事将不劝而自兴矣。"②他又知道完全取消白银的货币地位也是不可能的,因此又后退一步,提出"今以谷帛代银之用,即以谷帛分银之权"。他认为:"银之权既轻,则银之价自贱。如是则用谷帛不用银之处,固不患银之少;且用银不用谷帛之处,亦不苦银价之昂。以谷帛为主,以银为辅,银不至于腾踊,而谷帛借以流通,吾见银之便民而不见其病民矣。"③这就是他所说的"银价贱而后泉货之源通"。在中国历史上以谷帛为货币时,曾发生过很多弊病,如将谷浸湿,将布帛的质量降低等。谷帛和白银同时作为货币流通,只能扰乱商品流通,妨碍生产,并造成人们生活的不便。

徐鼒在解释"淫侈禁而后商贾之利微"时说:"今试适五都(繁盛之处)之市,值一二而索十者,奇技淫巧之属也;值三四而索十者,锦文珠玉也;值五六而索十者,铜锡竹木之器也;值七八而索十者,皮币酒食也;值九而索十者,粟米布帛也。缓急无用之物其值必贵,日用必需之物其值反平者,何哉?人人必需之物,人人知其情伪,无所容其欺诈也。"④欺诈在商业中是存在的,奢侈品的利润也确实可能比必需品高。但把商品分成几类,作出价值和价格之间有等级差距的结论,根本不承认等价交换原则,则不过是他的主观臆断。

务本的具体办法分重农桑、贵谷帛、禁淫侈三个方面。重农桑有广开垦、开西北水利、讲树艺、广教习、设爵赏、节烟酒六法;贵谷帛有酌征收、定支销、立市法、易关税、核奸伪五法;禁淫侈有辨尊卑、抑奇巧二法。各法的要点如下:

(一)广开垦。"无主之地听贫民开垦为业。"⑤开垦 5 年后,达到沟浍成、阡陌开、收获多的为上农,上农有赏,子孙定籍参加考试,有犯罪的降一等治罪。开垦 8 年达到同样要求的为中农,子孙定籍参加考试,有犯罪的如律治罪。开垦 10 年还沟浍不成、阡陌不开、收获不多的为下农,下农有罚,子孙居住 30 年后定籍参加考试,有犯罪的加一等治罪。种五谷的上地 10 年后开征

---

① 徐鼒:《未灰斋文集》卷三《务本论·罄辨篇第二》。
② 徐鼒:《未灰斋文集》卷三《务本论·罄辨篇第三》。
③ 徐鼒:《未灰斋文集》卷三《务本论·罄辨篇第九》。
④ 徐鼒:《未灰斋文集》卷三《务本论·罄辨篇第五》。
⑤ 徐鼒:《未灰斋文集》卷三《务本论·条法篇第二》。

田赋,中地 15 年后按收获量开征,下地永不开征。

(二)开西北水利。黄河以北产稻之地不到十分之一二,京仓之米靠东南供给,以致"水性逆而河患兴,漕政繁而民力竭"①。西北土厚壤美,可以河工岁修之款兴西北水利,大开稻田。去水太远不宜稻田地区,则开浚池塘,以灌溉旱种,收成必倍。西北农功既大,东南之民力亦苏,故为今日之急务。

(三)讲树艺。古农书有的已失传,《齐民要术》等书虽存,但不能家有其书。于是知其义者不习其事,习其事者不知其义。广种薄收,难以获利,遂舍本以趋末。讲树艺的办法是"缀辑古法,刊示农民"②。

(四)广教习。以古为师,尤不如以人为师。"比年江浙大水,贫民失业,转徙四方。宜厚其值募之,分布各省以为教习,稽其勤惰以为赏罚,第其远近以相传授,不过十年而海内享农桑之利矣。"③

(五)设爵赏。凡力田加倍收获的,按其高下设爵职,给顶戴;力田而又能考取功名的,"则别注册籍,加等录用,以示优异"④。

(六)节烟酒。徐鼒指出:"鸦片、鼻烟之耗银,智愚共知也。习见而群不以为非者,莫如烟、酒。长老言数十年前,吸烟者十人之二三,今则山陬海澨(涯),男女大小,莫不吸烟。"吃酒也很普遍,酿黄酒 1 石耗米 7 斗,酿烧酒三四十斤,高粱、大小麦均耗 1 石。中人饮量,黄酒三四斤,烧酒不到 1 斤,一人已耗数人之食。"今欲骤禁之,则势不行,宜立法以节之。"如咸丰元年以前 20 岁的人吸烟不治罪,不到 20 岁的罪之,按年递减,"宽已往而禁将来,如此则十年后吸烟者渐少矣"。除庆贺宴会外,士大夫群饮者罢职,庶民群饮者罚谷帛,"歌哭笑骂斗狠于街衢者严以刑,如此则中才自好,耽于酒者少矣"。对于禁鸦片,徐鼒只有一句话:"淡巴菰之始入中国,吸者有刑,皆成宪也。"⑤

(七)酌征收。国家税收征银之数几乎 10 倍于征谷,穷乡僻壤商贾不通之处,民肩负其谷以买银,银已不得不贵,谷已不得不贱。酌改的办法是根据纳税对象的不同,分别征银、征米、征谷和酌征钱或布帛。"法以银为准,谷一石准银若干,布帛一端准银若干,钱一缗准银若干。准物产之宜以定额准,数岁之通以定价额。必酌物之盈虚而间阎便输将,价不随市为升降而吏胥无侵冒,则便民而不损于国之法也。"⑥

---

① 徐鼒:《未灰斋文集》卷三《务本论·条法篇第三》。
② 徐鼒:《未灰斋文集》卷三《务本论·条法篇第四》。
③ 徐鼒:《未灰斋文集》卷三《务本论·条法篇第五》。
④ 徐鼒:《未灰斋文集》卷三《务本论·条法篇第六》。
⑤ 本段引文均见徐鼒:《未灰斋文集》卷三《务本论·条法篇第七》。
⑥ 徐鼒:《未灰斋文集》卷三《务本论·条法篇第八》。

（八）定支销。财政开支逐步扩大支谷帛和支钱的比重。"其始也，谷帛可以代银之项十不过二三。久之谷帛流通，银币日绌，因递减支销之银，而酌改征收之谷帛。"①

（九）立市法。民间交易"以钱为准"，"价之贵贱升降听民定之，而官不为之制"。仿古均输法，在京师及省城支销多款之地各设一官店。京师由户部司员、外省由藩司属吏二人负责会计。民间谷帛如滞销，官店按市价籴入，愿买者按市价粜给。"如此，则谷帛可以流通，而奸商无居奇之权矣。"这样会不会造成官与民争利？徐鼒回答说："官肆所出入，谷帛与银而已，百物之行于市者，不与也。"②

（十）易关税。民间交易乐于用银而不乐于用谷帛，因谷帛有舟车之费，关税之征。应改为银征税而谷帛不征税。谷帛过关，无夹带私货即放行。持银过关百两则计银纳税，税关发给路引，无路引以偷漏论，银入官。"如此，则谷帛有舟车之费，而无关税之输，银有关税之输，而不能尽无舟车之费；银有耗而谷帛无耗，银之利屈而谷帛之利伸矣。"③

（十一）核奸伪。吏胥征收支销之间易起奸伪，宜以法核之。核米之法按仓场验收之法实行。核布帛之法，规定其轻重长短标准，符合则验收，不合则调换，收不合标准者罪其经办吏胥。支销定某项用布，某项用帛，某地用布、某地用帛。分其高下，定其成数，有搀杂及偷换者，准许受者告经办吏胥论罪。

（十二）辨尊卑。徐鼒认为从卿大夫到工商皂隶，在衣服玩好上没有区别，不仅无以明等威，而且不能节省物力。他提出要裁之以礼，对庶人、生监至八品官员、七品至三品官员的服饰标准分别作了具体的规定，违反这一规定的要按僭侈律论罪。

（十三）抑奇巧。徐鼒说："洋布之易朽败，羽毛、大呢之易蠹蚀，不逮吾中国布帛之坚久也，而人争衣之者，厌故而喜新也。黑色之耐污浣，不似朱绿之易败也，而人少衣之，好贵而恶贱也。"他提出"法在因民好恶以抑之"，只许庶民以下的人穿"洋布、羽毛、大呢之属"，匹妇以下的人穿"洋货、花绣及一切艳冶之色"，认为凭此就能将这些东西贬为下贱服饰，从而使"苏杭之花绣，夷舶之洋货，不禁而自不行，而吾中国布帛之物贵矣，蚕桑之利兴

---

① 徐鼒：《未灰斋文集》卷三《务本论·条法篇第九》。
② 本段引文均见徐鼒：《未灰斋文集》卷三《务本论·条法篇第十》。
③ 徐鼒：《未灰斋文集》卷三《务本论·条法篇第十一》。

焉"。①

以上 13 条,前 6 条是重农桑的措施,虽然实行起来有困难,但方向还可以肯定。接下来的 5 条要推行重钱和重谷帛,企图以谷帛为币,则比一般的重钱轻银思想更进了一步,完全是违反经济规律的空想。至于最后 2 条,一条鼓吹恢复和加强封建等级制,一条认为将洋货、花绣等贬为下贱服饰就会改变人们对这些商品的观感,就可以抵制洋货和花绣,提出这种主张简直如同儿戏。对洋货采取一概排斥的态度,也是错误的。

第四节 包世臣的经济思想

一、好言利的包世臣

包世臣(1775～1855),字慎伯,号倦翁、小倦游阁外史,安徽泾县人。幼年随父在南京读书。乾隆五十七年(1792 年)其父回家养病,18 岁的包世臣曾租地种植蔬菜瓜果,靠出售种植作物养家。次年开始收徒教书。后来常为大臣幕僚。嘉庆十三年(1808 年)考中举人。十五年移家扬州。道光十四年(1834 年)移家南京。次年以大挑②一等分江西。十九年任新喻(今新余)知县,一年后被劾去官。二十一年结案,二十二年回南京,从此"裹足不出城阃(门),惟以卖文字自给"③。著作有《中衢一勺》、《艺舟双楫》、《管情三义》、《齐民四术》、《说储》、《小倦游阁集》等。前四种编为《安吴四种》,"安吴"是东汉时县名,泾县在古安吴境内,故以此为书名。《中衢一勺》是关于河、漕、盐的文集。《艺舟双楫》论文和书法。《管情三义》是赋、诗、词集。《齐民四术》指治民的四个基本方面:农,礼,刑,兵。"农以养之,礼以教之,不率教则有刑,刑之大则为兵。"④《说储》作于嘉庆六年,分上、下篇,上篇的前、后序、序目和下篇已编入《安吴四种》中,上篇论基本国策,"多改制之言,嘉、道之际,文网尚密,故未刊行"⑤。清末刘师培、邓实将其列入《国粹丛书》出版。1991 年,黄山书社出版《小倦游阁集》和《说储》上篇的合订本,书名标为《包

---

① 本段引文均见徐鼐:《未灰斋文集》卷三《务本论·条法篇第十四》。
② 乾隆以后定制,会试三科以上不中的举人,经考试一等的以知县用,二等的以教职用,称为"大挑"。
③ 姚莹之:《书〈安吴四种〉后》。包世臣:《齐民四术》,中华书局 2001 年版,第 444 页。
④ 包世臣:《安吴四种总目叙》。
⑤ 刘师培:《说储跋》,《包世臣全集》,黄山书社 1991 年版,第 119 页。

世臣全集》。

包世臣自称"自十二三岁时,即概然有志于用世"①。为此,他"潜心研究兵、农、名、法,治人之术",又"游学四方……体察人情之所极,风土之所宜"②,以熟悉社会。他同情民间疾苦,又对实际社会问题有较深入的了解,因此提出的改革主张能切中时弊。"东南大吏,每遇兵、荒、河、漕、盐诸巨政,无不屈节咨询"③,请他代为筹划。道光年间实行的海运漕粮和票盐制度④都是由他首先提出的。

包世臣对清王朝的腐朽统治极为不满,他指出:"古之为治也,民与官相恤;今之为治也,官与民相嫉。古之为治也,抚良以化莠;今之为治也,结莠以虐良。"⑤所谓"古之为治",只是反映了包世臣的政治理想,借以表现今之官对人民的残酷迫害。他认为,之所以造成这种状况,根本原因在于无耻:"吏无耻则营私而不能奉令,士无耻则苟且而不畏辱身,民无耻则游惰而敢于犯法";这几种无耻中,官吏的无耻是关键,因为"民化于士,士化于吏,吏治污则士习坏,士习坏则民俗漓"⑥。为了改变不顾廉耻的社会风气,他主张善治国者,应使趋义的人"既有令名,而又得行义之利;骛利者,其名既不义,而复得不利之实"⑦。此外,还要取消捐官制度和改革科举制度以选拔真正有用的人材。包世臣多次考试失败,对科举制度的腐败深有所感。道光十二年会试未中,主持会试的刑部尚书戴敦元曾去探望包世臣,在其离京时又去送行。回扬州后,包世臣写信给戴敦元谈当时科举的弊端,其中说,自己已参加11次会试,连他在内只有四人没有夹带细字小本,而这四人"皆在被屏之列"⑧。虽然如此,他仍希望为清廷效力。他预感到"百为废弛,贿赂公行,吏治污而民气郁"的清室江山"殆将有变",因此学习兵家为"禁暴除乱"⑨做好准备。他的目标就是要在维护封建统治的前提下来减轻民间的疾苦。他认为"举事骇众则败成",所以"常求顺人情,去太甚",尽量做到"默运转移

---

① 包世臣:《安吴四种》卷四《与秦学士书》。
② 包世臣:《答钱学士书》,《齐民四术》,中华书局2001年版,第183页。
③ 《清史稿》卷四八六《包世臣传》。
④ 清代海运漕粮由江苏巡抚陶澍在道光六年试行。由于既得利益集团的反对,试行1年即停止。道光二十八年再恢复。清代原来实行纲盐制度,由盐商世袭垄断食盐的收购和运销。票盐制度则由盐商领票买盐,自由运销,不能世袭。道光十一年两江总督陶澍实行于淮北。以后推广到淮南、浙江、福建等地。
⑤ 包世臣:《答钱学士书》,《齐民四术》,中华书局2001年版,第183页。
⑥ 包世臣:《庚辰杂著一》,《齐民四术》,中华书局2001年版,第150页。
⑦ 包世臣:《庚辰杂著一》,《齐民四术》,中华书局2001年版,第151、152页。
⑧ 包世臣:《却寄戴大司寇书》,《齐民四术》,中华书局2001年版,第187页。
⑨ 包世臣:《安吴四种》卷八《再与杨季子书》。

而不觉","稍有窒碍则不惜详更节目"①。这一方面表明他提出的改革建议比较切实可行,另一方面又表明他所主张的改革范围必然是很狭小的。

包世臣反对不义之利,但又以"好言利"自诩,说自己"所学大半在此"②。他强调"理财为古人致治之大端,尤此时当务之最急"③。"未有既贫且弱而可言王道者也,故谓富强非王道之一事者,陋儒也。"④他的言利原则是反对"奸人之中饱","主于收奸人之利,三归于国,七归于民"⑤。这必然要引起中饱者的强烈反对。嘉庆十六年他为两江总督百龄幕僚,两个月后即离开,就是因为百龄受到亲信的挑拨而对他不满,后来竟发展到百龄"遍致书中外三品以上"⑥对他进行攻击。他在江西新喻任上,清除漕政积弊,却换来了"擅变旧章,迹涉科敛"的罪名。经过多次碰壁以后,他深有感慨地说:"上利国下利民,则中必不利于蚕蠹渔牟者,故百言而百不用;上病国而下病民,中必大利于蚕蠹渔牟者,故说一出而万口传播,终得达于大有力者。"⑦这说明他的言利主张在当时是根本行不通的。

清代每年要从江、浙等省运漕米近400万石去北方,由于层层贪污中饱,漕赋负担特重的苏州一带,民户要纳相当于四石米的钱才能抵一石的漕额。包世臣认为这是一个很大的祸根。他指出:"从前闹漕皆棍徒,近年则皆力农良民。"⑧如果不改革,"浮收勒折,日增一日,竭民力以积众怒,东南大患终必在此矣"⑨。他除了主张漕粮改由沙船商人海运北上以革除中饱、降低运费外,还提出在北京附近屯田种水稻以代替南漕,使江、浙"民气得苏,官困亦解","上裕国而下足民"⑩。

包世臣坚决主张抗击侵略者。早在道光八年,他就预见到实行烟禁后,那些从鸦片贸易中得利的富商以及洋商"势必怂恿英夷出头恫喝"⑪,写信给新任广东按察使姚祖同做好反侵略战争的准备。鸦片战争爆发时他身在江西,但十分关心战局的发展,积极提出自己的建议。二十一年正月,果勇侯

---

① 包世臣:《安吴四种》卷八《读亭林遗书》。
② 包世臣:《答族子孟开书》,《齐民四术》,中华书局2001年版,第85页。
③ 包世臣:《安吴四种》卷七下《〈说储〉上篇序目》。
④ 包世臣:《安吴四种》卷八《再与杨季子书》。
⑤ 包世臣:《答族子孟开书》,《齐民四术》,中华书局2001年版,第85页。
⑥ 包世臣:《上百节相书》,《齐民四术》,中华书局2001年版,第81页。
⑦ 包世臣:《安吴四种》卷首《〈中衢一勺〉附录目录叙》。
⑧ 包世臣:《安吴四种》卷七上《畿辅开屯以救漕弊议》。
⑨ 包世臣:《安吴四种》卷三《庚辰杂著三》。
⑩ 包世臣:《安吴四种》卷七上《畿辅开屯以救漕弊议》。
⑪ 包世臣:《致广东按察姚中丞书》,《齐民四术》,中华书局2001年版,第376页。

杨芳为参赞大臣赴广东督办禁烟,取道江西,访问包世臣。因重听,两人进行笔谈。包世臣说:"英夷之长技,一在船只之坚固,一在火器之精巧,二者皆非中华所能。"他提出一个分别对待的"以夷攻夷之策",建议用以下外交辞令来孤立英国:"仁(康熙)皇帝所为开海者,知各夷非大黄、茶叶不生……故仰体昊天好生之德,设关通商,以全各夷民性命,并非为榷税起见……如各夷国效顺求生,集众强以为强,共剪英夷于海中,叩关内请,自当论功行赏,仍准通商,并分别功能高下,减免各该国赋税云云。"①二十二年英军进犯南京时,包世臣已回到南京。他目睹侵略军的暴行和媚敌官员的丑态,义愤填膺,于七月二十四日作《歼夷议》,以"江东布衣"身份向当局献战胜英军的计策,然而根本无人采纳。

《清史稿·包世臣传》说包世臣"有经济大略",《清史列传》说他"善经济之学"。这里的"经济"都是指传统意义上的经济,即经世济民,不是经济学意义上的经济。当然,包世臣确实是一位经济专家,不过不能将它同《清史稿》、《清史列传》的原意混淆。

二、本末皆富论

包世臣认为"天下之富在农而已"②。他的"齐民四术",农即占其一。《齐民四术·农》中有总结农业生产技术的著作(《农政》,初名《郡县农政》),有关于救荒的条例(《救荒总略》、《劝捐事例》、《采买事略》、《平粜事略》、《粥赈事略》),也有对于货币的议论,甚至还有介绍他在江西被劾经过的信件等。可见他把"农"的含义看得很广,除了农业本身外,还包括同农业有关的其他经济内容。《齐民四术》中的"农"实际上成了经济的代称。由此也反映出包世臣对农业的重视。

包世臣重农而不抑商。他在《〈说储〉上篇前序》中指出:"夫无农则无食,无工则无用,无商则不给。三者缺一,则人莫能生也。"农、工、商业都是人们所必需。他认为士之所以居四民之首,是因为"生财者农,而劝之者士;备器用者工,给有无者商,而通之者士"。这就是说,士要对经济的发展起推动作用。为了有效地"劝农",他强调士必须懂得农业生产知识和技术,批评当时的士平日"鄙夷田事",一旦做官就"兼并农民"。"故农民终岁勤动,幸不离于天灾,而父母妻子已迫饥寒;又竭其财以给贪婪,出其身以快惨酷。

---

① 包世臣:《与果勇侯笔谈》,《齐民四术》,中华书局 2001 年版,第 380、381 页。
② 包世臣:《安吴四种》卷七下《〈说储〉上篇前序》。

岁率为常,何以堪此!"①到道光二十四年(1844年),他再一次批评做官的掠夺农民:"近者农民之苦极矣。为其上者,莫不以渔夺牟侵为务,则以不知稼穑之艰难,而各急子孙之计故也。"②表现了对农民疾苦的深切同情。

包世臣反对把民穷的原因归之于"生齿日繁,地之所产,不敷口食",认为这是"小儒不达理势之言"。他说:"夫天下之土,养天下之人,至给也。人多则生者愈众,庶为富基,岂有反以致贫者哉?"③他只强调人是生产者,也有片面性。他估计全国可耕土地数说:"截长补缺,约方三千六百里,为田六十八万六千八百八十万亩。山水、邑里五分去二,为田四十一万二千一百二十八万亩。"④如果按7亿余人计算,每人可得5亩以上。每20人中按6个劳动力计算,其中1人以"三民"(士、工、商)为业,5人从事农业,"则地无不垦,百用以给"。他估计全国有41亿余亩可耕地,但当时的已耕土地还只约8亿亩⑤,他的估计显然大为偏高。他还完全撇开了生产关系方面的问题,似乎在封建制度下农民都能够有自己的土地。

嘉庆二十五年(1820年),包世臣在《庚辰杂著二》中提出了本富和末富的问题。本富固然要靠农业,但本富不能离开末富而独立发展。他说:"今法为币者惟银与钱,小民计工受值皆以钱,而商贾转输百货则以银。其卖于市也,又科银价以定钱数,是故银少则价高,银价高则物值昂。又民户完赋亦以钱折,银价高则折钱多,小民重困。"银价高就应该物价低,但因为零售要折钱计算,以钱计算的物价则上涨,这是"银价高则物值昂"的意思。银贵钱贱增加了农民的困难,势必影响农业生产。因此,包世臣得出结论说:"是故银币虽末富,而其权乃与五谷相轻重。本末皆富,则家给人足,猝遇水旱,不能为灾。此千古治法之宗,而子孙万世之计也。"⑥这是重农而不抑商思想的进一步发展。

包世臣分析了当时"本末并耗"造成民穷而不能御灾的三方面的原因:"一曰烟耗谷于暗;二曰酒耗谷于明;三曰鸦片耗银于外夷。""烟、酒耗本富,鸦片耗末富"。⑦

---

① 包世臣:《农政》,《齐民四术》,中华书局2001年版,第1、2页。
② 包世臣:《齐民四术》,中华书局2001年版,《叙》第1页。
③ 包世臣:《庚辰杂著二》,《齐民四术》,中华书局2001年版,第56页。
④ 包世臣:《安吴四种》卷七下《〈说储〉上篇后序》。
⑤ 嘉庆十七年的全国耕地面积是7 913 939顷。《中国近代农业史资料》第1辑,三联书店1957年版,第60页。这是纳税田亩数,实际数要更大些。
⑥ 包世臣:《庚辰杂著二》,《齐民四术》,中华书局2001年版,第55、56页。
⑦ 包世臣:《庚辰杂著二》,《齐民四术》,中华书局2001年版,第56、59页。

烟即烟草。包世臣指出,数十年前抽烟的人有十之二三,现在则男女大小无不吃烟。烟叶田和粮棉田争地,争肥料,争人工。一亩烟叶的肥料可以用于水田 6 亩,旱田 4 亩。一亩烟叶的人工也可抵水田 6 亩,旱田 4 亩。烟袋的头尾大多用销毁铜钱的办法制造,"沮坏钱法,此宗最大"①。做工的人吃烟时坐田头闲谈,10 工只得 8 工之力。这些都是烟耗谷于暗。他主张陆续禁绝:"假如甲年下令,则乙年禁种,丙年禁卖……禁绝之后,以种烟之土种谷,又分其粪与人工以治他亩,谷之增者无算矣。"②

关于酒,包世臣以苏州为例。苏州以中等年成计算,每年可产米(麦 7 斗折米 5 斗)二千二三百万石,每年食米一千四五百万石,加上完粮七十万石,每年还可余米五六百万石。但由于酿酒耗米大半,每年还需购买客米数百万石。这是酒耗谷于明。他主张严禁民间私酿。

关于鸦片,包世臣估计仅苏州一城吸食的就有十几万人。"牵算每人每日至少需银一钱,则苏城每日即费银万余两,每岁即费银三四百万两。统各省名城大镇,每年所费不下万万。"③这是鸦片耗银于外夷,也是近来银价日高,市银日少的原因所在。鸦片来自国外,"但绝夷舶,即自拔本塞源"④。嘉、道年间的白银外流,清政府起初根本没有认识到是由于鸦片输入,包世臣是最早指出这一原因的中国人,可见其观察经济问题的深入。

为了禁鸦片而"绝夷舶",这是因噎废食。包世臣在对外贸易上的观点历来保守,在嘉庆六年就曾提出:"永禁东南开洋,闽、粤各处洋行鬼子,皆给檄罢归本国。禁大呢、阿登绸、羽毛哔叽等物不许入关。非出给赐,不准服用,犯者与僭用黑狐龙凤绣文同罪。禁出洋贸易及漏米下洋,犯者不分首从,与私通外国同罪,枭示,产籍没,家发为奴。禁一切奇器(原注:如自行人、吹气皮人、自鸣钟表、自行车,一切用机巧、水法、重法之类),其逾制工匠人坐奇技淫巧惑世律,立决,产籍没,迁家屯田。"⑤在这方面,包世臣同当时的顽固派没有什么区别。因此,他在《庚辰杂著二》中提出"绝夷舶",并且认为"一切洋货皆非内地所必须,不过裁撤各海关,少收税银二百余万两而已",也就没有什么奇怪的了。

到道光二十六年,包世臣已深感资本主义国家的商品输入对中国民族

---

① 包世臣:《庚辰杂著二》,《齐民四术》,中华书局 2001 年版,第 57 页。
② 包世臣:《庚辰杂著二》,《齐民四术》,中华书局 2001 年版,第 59 页。
③ 包世臣:《庚辰杂著二》,《齐民四术》,中华书局 2001 年版,第 58、59 页。
④ 包世臣:《庚辰杂著二》,《齐民四术》,中华书局 2001 年版,第 60 页。
⑤ 《说储》,《包世臣全集》,黄山书社 1991 年版,第 141 页。

经济的打击,指出:"松(江)、太(仓)利在棉花、梭布……近日洋布大行,价才当梭布三之一。吾村专以纺织为业,近闻已无纱可纺。松、太布市消减大半,去年棉花客大都折本,则木棉亦不可恃,若再照旧开折,必无瓦全之理。"①他想不出什么有效的对策。

三、货币论

包世臣的货币理论和主张,大多是在同王瑬讨论时提出来的。他原来不认识王瑬。道光十二年(1832年)张履将王瑬的《钞币刍言》寄给他。他写信给张履,说自己"力持此论三十年",但和王瑬的观点"稍有异同"②,希望张履介绍他们认识。两年后包世臣就和王瑬直接通信了。道光十七年王瑬完成《钱币刍言》后,曾将稿本寄给包世臣。包世臣在《再答王亮生书》中提出了很多商榷意见,进一步表明了两人的分歧。

包世臣一方面认为白银成为货币是大势所趋,"非人力所能轻重之";另一方面又认为"近世以钱为国宝,而银以便总统之用","惟一切以银起数,而钱反听命于银,未免太阿倒持耳"。他主张扭转"太阿倒持"的局面,做到"专以钱为币,一切公事皆以钱起数,而以钞为总统之用,辅钱之不及"。③"专以钱为币"就是"以钱起数"的意思,也就是要以钱为价值尺度。王瑬主张禁银为币,包世臣则主张"亦不废银,而不以银为币,长落听之市人"④。"不以银为币"就是不以银起数,也就是不以银为价值尺度。但政府不必禁银,银可以继续流通,"长落听之市人",只要做到"专重钱币,使银从钱"⑤就可以了。这种货币政策主张可以概括为重钱轻银。在鸦片战争前后,重钱轻银是一种最有代表性的主张,由包世臣发其端。

一般地说,专以钱为币、使银从钱的主张,是违反历史发展趋势的。特殊地说,却又不失为救弊的一种可行办法。如果清政府的财政收支改以钱起数,对改变银贵钱贱的趋势确能起相当的作用。但是问题在于:第一,国家的权力绝不可能根本改变银、钱的地位而做到使银从钱,正如包世臣自己所说的,"非人力所能轻重之"。第二,清政府也绝不可能下以钱起数的决心,因为为了改变银贵钱贱的趋势,包世臣主张钱对银的法定比价要高于市

---

① 包世臣:《答族子孟开书》,《齐民四术》,中华书局2001年版,第86页。
② 包世臣:《与张渊甫书》,《齐民四术》,中华书局2001年版,第61页。
③ 包世臣:《再答王亮生书》,《齐民四术》,中华书局2001年版,第64页。
④ 包世臣:《与张渊甫书》,《齐民四术》,中华书局2001年版,第61页。
⑤ 包世臣:《银荒小补说》,《齐民四术》,中华书局2001年版,第68页。

价(事实上也必须如此),这样就使原来以银为计算标准的财政收入暂时有所减少;而把银折成钱来支付官吏、兵丁的俸饷,也会引起这些人的不满或反抗。

由于铜钱的单位价值低,用钱必须"以钞为总统之用"。包世臣主张纸币的发行量以相当于岁入钱粮的一倍为限。他认为纸币流通后,"富民见行钞之便,知银价必日减,藏镪必出。镪出益多,而用银处益少,银价必骤减"①。

包世臣从嘉庆十八年起就力主发行纸币。道光二十六年他又指出如不及早施行,"将有欲行而不得"②的时候,因此曾引王鎏为同志。实际上他们除了都主张发行纸币外,无论在纸币发行数量、办法及纸币流通理论上,两人都不是"同志"。

包世臣主张发行兑现纸币,他说:"轻重相权不相废,为古今之至言。行钞则以虚实相权者也,银钱实而钞虚……且行钞而废银,是为造虚而废实,其可行乎哉?"③他指出纸币可以兑现,但不一定都来兑现,并举捐官为例说:"统计捐班得缺者,不过什之二三。然有此实际,则能以实驭虚,而捐生奔走恐后而无怨。行钞能求实,何不行之有?"④这对兑现纸币流通来说是正确的,比喻很形象。但他不知道在一定条件下不兑现纸币也可以正常流通。

包世臣认为钞法只是"救弊之良策",而不是什么"理财之大经"。他反对王鎏将纸币的最高面值定为千贯,而主张以五十贯为限,并批评王鎏说:"如尊说至千贯以便藏者,原行钞之意,以代钱利转移耳,非以教藏富也。"这是说纸币不过是代表金属货币执行流通手段职能,它不是人们的贮藏对象。他一针见血地指出:"尊议云'造百万即百万,造千万即千万,是操不涸之[财]源'云云,从来钞法难行而易败,正坐此耳。"这确实是抓住了王鎏理论的要害。他还批评王鎏的行钞禁银主张非但不能禁烟,而且适得其反,白银将被用来购买鸦片,以致"驱银尽入外夷"。⑤

对于禁铜和铸大钱,包世臣也指出历史已经证明它们不可能成功。王鎏说钞上印格言可以教民识字,包世臣尖锐地批评这一浮夸大言说:"至于钞纸上写格言、选书手之说,以为富而寓教,则尤为隔膜。教亦多术矣,古书

---

① 包世臣:《再答王亮生书》,《齐民四术》,中华书局2001年版,第65页。
② 包世臣:《答族子孟开书》,《齐民四术》,中华书局2001年版,第86页。
③ 包世臣:《再答王亮生书》,《齐民四术》,中华书局2001年版,第64页。
④ 转引自王鎏:《钱币刍言续刻·与包慎伯明府论钞币书》。此段应是包世臣《再答王亮生书》中的内容,但已被包世臣删去,仍保留在王鎏的著作中。
⑤ 本段引文均见包世臣:《再答王亮生书》,《齐民四术》,中华书局2001年版,第65~67页。

具在,何必此? 若谓珍藏佳书,试问藏钞者为藏钱耶? 为藏书耶? 唐之开通(钱)、宋之大观(钱)皆精书,世固有一二人宝玩之者,岂可通之齐民乎?"①

《再答王亮生书》写于道光十七年六月,二十四年八月包世臣在录稿后附记,指出行钞"大要总在损上以益下……损上愈多,则下行愈速。下行既速,次年上即可不损,以后则上之益也,遂至不可究诘。然益上之指总在利民,乃可久而无弊。若一存自利之见,则有良法而无美意,民若受损,亦未见其必能益上也。"②王鎏鼓吹"足君尤先",包世臣则强调先损上益下,然后才能益上,反映了两人对行钞的不同理念。包世臣估计初行钞时上之所损达千余万,以一半益民,以一半益官,这样才能使纸币顺利推行,从而得到纸币流通之益。但他的主张很难被当权者所接受,咸丰年间行钞的失败就是明证。

第五节　魏源的经济思想

一、主张学习西方的魏源

魏源(1794~1857),字汉士、默深,湖南邵阳人。童年时因邵阳发生严重饥荒,加上赋重,家庭一度中落。嘉庆十五年(1810年)他开始授徒。十九年父亲调任京官,魏源随往。从刘逢禄治公羊学,并同龚自珍结识。道光二年(1822年)考中举人。五年受江苏布政使贺长龄的聘请,代为编辑《皇朝经世文编》,还协助江苏巡抚陶澍和布政使贺长龄于六年试行海运漕粮。九年参加会试未中,捐官内阁中书,使他有机会阅读各种典籍,熟悉清代历史掌故。十一年因父亲在苏州病危,请假回苏州。丁忧期间,协助两江总督陶澍改革盐法,实行淮北票盐制度。十五年移家扬州。二十一年一度入监督浙江防务的钦差大臣裕谦幕府。二十五年考中进士,以知州代理江苏东台知县。次年因丁母忧去官。二十九年代理江苏兴化知县。次年两江总督陆建瀛在淮南实行票盐制度,将他派往海州(今属江苏连云港市)代理盐运使分司运判,增加淮北盐税收入以补淮南的不足。三十年任高邮州知州。咸丰三年(1853年)他在高邮办团练,准备抵抗太平军。因迟误驿报,被劾罢职。四年又入钦差大臣周天爵幕府,直接参与镇压太平军的活动。同年辞官,侨居兴化。六年游杭州,次年病死于杭州。著作有《圣武记》、《海国图志》、《古

---

① 包世臣:《再答王亮生书》,《齐民四术》,中华书局2001年版,第66页。
② 包世臣:《再答王亮生书》附记,《齐民四术》,中华书局2001年版,第67页。

微堂内集》、《古微堂外集》、《古微堂诗集》、《元史新编》等多种。其中短篇论著和诗篇编有《魏源集》。

魏源肯定行是知的前提，不行就不能知。他说："披五岳之图，以为知山，不如樵夫之一足；谈沧溟之广，以为知海，不如估客之一瞥；疏八珍之谱，不如庖丁之一啜。"①他还指出"天下物无独必有对……有对之中必一主一辅……相反适以相成"②。他所说的一主一辅，既指自然现象，如阴阳、寒暑、昼夜、春冬等，也包括君令臣恭、父命子宗、夫唱妇从等封建纲常以及中国统四夷的对外关系观。他认为除"道"不变外，事物都处在不断发展变化中："三代以上，天皆不同今日之天，地皆不同今日之地，人皆不同今日之人，物皆不同今日之物。"因此，既不能"执古以绳今"，也不能"执今以律古"；而"变古愈尽"，则"便民愈甚"。③

魏源强调"天下无数百年不弊之法，无穷极不变之法，无不除弊而能兴利之法，无不易简而能变通之法"④。他的变法主张同包世臣的相似，即要除中饱以利民利国。他说："利出于三孔者民贫，利出于二孔者国贫，利出于一孔者国与民交利。"⑤国与民交利以利民为前提。他说："治不必同，期于利民。"⑥"专主于便民者，民便而国亦利"；如果"专主于利国"，不仅"民不便"，而且由于"利归中饱，国乃愈贫"⑦。所以他又说"帝王利民，即所以利国也"⑧。

魏源还主张"利商"。他在谈到海运漕粮和票盐制度对谁有利时都谈到了利商，如说海运"优于河运者有四利：利国，利民，利官，利商"⑨。"票盐特尽革中饱蠹弊之利，以归于纳课请运之商，故价减其半而利尚权（相当）其赢也。"⑩他认为发挥商人的积极性要比由官衙来办优越。虽然在主观上他只是想除积弊，在客观上却支持了对封建制度起瓦解作用的商业资本的发展。

鸦片战争的失败，使魏源受到很大的震动。道光二十二年《南京条约》订立的时候，他完成了记述清开国以来历朝武功和军事制度的《圣武记》14

---

① 《默觚上·学篇二》，《魏源集》上册，中华书局1983年版，第7页。
② 《默觚上·学篇十一》，《魏源集》上册，中华书局1983年版，第26页。
③ 《默觚下·治篇五》，《魏源集》上册，中华书局1983年版，第47、48页。
④ 《筹鹾篇》，《魏源集》下册，中华书局1983年版，第432页。
⑤ 《淮南盐法轻本敌私议自序》，《魏源集》下册，中华书局1983年版，第443页。
⑥ 《默觚下·治篇五》，《魏源集》上册，中华书局1983年版，第48页。
⑦ 魏源：《元史新编》卷八八《食货志中·盐法》。
⑧ 《默觚下·治篇十》，《魏源集》上册，中华书局1983年版，第64页。
⑨ 《道光丙戌海运记》，《魏源集》上册，中华书局1983年版，第416页。
⑩ 《淮北票盐志叙》，《魏源集》下册，中华书局1983年版，第439页。

卷,这是受鸦片战争的刺激而动笔的。其中的《军储篇》(共4篇)提出了他对解决当时经济问题的看法。他指出:"有以除弊为兴利者,有以节用为兴利者,有以塞患为兴利者,有以开源为兴利者。"①除弊指除漕运、盐法的中饱之弊,节用指取消普免钱粮、欠赋的做法和取消军饷虚额,塞患指禁烟以防止白银外流,开源指开粮食源和货币源。

对于开食源,魏源说:"阜食莫大于屯垦,屯垦莫急于八旗生计。"八旗人数在顺治时只有8万,现在已增加到数百万,"聚数百万不士、不农、不工、不商、不兵、不民之人于京师,而莫为之所,虽竭海内之正供,不足以赡"。他主张"因地因人而徙",京师满洲余丁徙东三省,蒙古余丁徙开平(今属河北)、兴和(今属内蒙古),汉军则在驻防地安家,"各因其地,各还其俗"。满人和蒙古人在屯垦时还可以"雇汉农以为之助"。②

鸦片战争也扩大了魏源的眼界,使他产生了进一步了解外国情况的迫切要求。他在林则徐编的《四洲志》的基础上扩充编写,于道光二十二年成《海国图志》50卷,二十七年增为60卷,咸丰二年又增加到100卷。《海国图志》前二卷为《筹海篇》,共4篇,每卷两篇。在《海国图志叙》中,魏源说:"是书何以作?曰:为以夷攻夷而作,为师夷长技以制夷而作。"③他大声疾呼地要求统治者了解并研究外国情况,做到知己知彼,从而制定正确的对外政策。为了了解外国的情况,他强调"必先立译馆翻夷书"④,翻译和出版外国书籍。毛泽东指出:"自从一八四○年鸦片战争失败那时起,先进的中国人,经过千辛万苦,向西方国家寻找真理。"⑤魏源是中国近代最先提出向西方学习的人。继魏源而起研究西方情况的姚莹(1785~1853)曾说过:对于外国的情况,"举世讳言之,一魏默深独能著书详求其说,已犯诸公之忌"⑥。可见在当时敢于提出向西方学习,是需要有相当勇气的。

二、奢俭论

魏源的奢俭论见其所著《默觚下·治篇十四》。其论点显然受到明人李豫亨所著《推篷寤语》⑦的影响,连文句都非常接近。已有的中国古代经济思

---

① 《军储篇一》,《魏源集》下册,中华书局1983年版,第469页。
② 本段引文均见《军储篇四》,《魏源集》下册,中华书局1983年版,第484~487页。
③ 《海国图志叙》,《魏源集》上册,中华书局1983年版,第207页。
④ 《筹海篇三》,《魏源集》下册,中华书局1983年版,第868页。
⑤ 《论人民民主专政》,《毛泽东选集》第4卷,人民出版社1991年版,第1469页。
⑥ 姚莹:《东复堂全集·东溟文后集》卷八《与余小坡言西事书》。
⑦ 李豫亨,字元荐,松江(今属上海)人。《推篷寤语》刊行于明隆庆五年(1571年)。

想史著作都没有收录李豫亨的经济思想,故在魏源的奢俭论中一并介绍李豫亨的相关论点,从中可反映出魏源奢俭论的思想资料来源及其发展。

魏源认为"俭"是"美德","禁奢崇俭"是"美政",但俭"可以励上,不可以律下;可以训贫,不可以规富"①。也就是说,节俭虽然是好事,但要针对不同的对象,对帝王和穷人应该要求节俭,对富人则不必提倡。

消费的根本作用是什么?《推篷寤语》卷六《还奉养之真》中说:"凡事须究本原。衣服御寒,不必文绣。食取充腹,不必刍豢。宫室期于容身,不必高广。榱题(椽的前端)、器皿期于适用,不必华美雕镂。既得其初,复事美观,抑末矣。君子求其本,不眩观,不侈美,不耀饰,诸事俱易简矣。易简天下之理得矣。"消费的本意在于维持人的生命,如御寒、充腹、容身等。李豫亨赞成消费要"求其本",不作享乐性的消费。并指出如果于"适用之外"还求"更加美观悦目",就会使"天地间增却无数工商,增却无数费用,废却无限日力"。因此他说:"今之士大夫肯于器物上只求适用,不求美观,则天下省费几何?何忧醇风不回,富庶不致!"这些论点表明了李豫亨的崇俭思想。

魏源也指出:"万事莫不有其本,守其本者常有余,失其本者常不足。宫室之设,本庇风雨也;饮食之设,本慰饥渴也;衣裳之设,本御寒暑也;器物之设,本利日用也。"如果造房子"求轮奂"、"竞雕藻",则"栋宇之本意亡";吃东西"求甘旨"、"错山海",则"饱腹之本意亡";穿衣服"辨章服"、"尚珍奇",则"裘葛之本意亡";备器物"贵精丽"、"尚淫巧",则"制器之本意亡"。但魏源不像李豫亨那样要求士大夫崇俭,而是将笔锋一转,把崇俭的要求指向封建帝王。因为帝王的消费不只是个人行为,他的崇奢会引起上行下效:"主奢一则下奢一,主奢五则下奢五,主奢十则下奢十,是合十天下为一天下也。"上下都奢侈十倍,就等于合十个天下的消费品供一个天下消费,也等于以一个天下养十个天下,那自然会不可避免地造成严重的"不足之势"。"不足生觊觎,觊觎生僭越,僭越生攘夺,王者常居天下可忧之地矣。"②

帝王过奢侈的生活,就要加强对人民的搜括,横征暴敛,所以魏源反对帝王奢侈的直接目的也就是反对加重赋税。他说:"使人不暇顾廉耻,则国必衰。使人不敢顾家业,则国必亡。善赋民者,譬植柳乎,薪(伐)其枝叶而培其本根。不善赋民者,譬则剪韭乎,日剪一畦,不罄不止。"③他希望征收赋税像种柳树一样,只剪去它的枝叶,而不要像剪韭菜一样一直剪到根。这比

---

① 《默觚下·治篇十四》,《魏源集》上册,中华书局1983年版,第73页。
② 本段引文均见《默觚下·治篇十四》,《魏源集》上册,中华书局1983年版,第71页。
③ 《默觚下·治篇十四》,《魏源集》上册,中华书局1983年版,第72页。

喻也是李豫亨提出来的。《推篷寤语》卷八《毗间阁之政》中说:"善役民者,譬如植柳,薪其枝叶,培其本根。不善役民者,譬如剪韭,日剪一畦,九日复剪,不尽其根不止也。"

李豫亨接着指出:"每见江南差役,率先富民。今年如此,明年复然。富民不支,折为贫窭。复遣中户,中户复然。遂致村落成墟,廛市寥寂。语曰:富民国之元气。为人上者当时时培养,如公家有大征发、大差遣亦有所赖,大兵燹、大饥荒亦有所借。不然,富民尽亡,奸顽独存,亦何利之有焉!"这一保富思想也为魏源所承袭,他说:"《周官》保富之法,诚以富民一方之元气,公家有大征发、大徒役皆倚赖焉,大兵燹、大饥馑皆仰给焉。"他批评"贪人为政","专朘富民,富民渐罄,复朘中户,中户复然,遂致邑井成墟"。并由此得出结论:"故土无富户则国贫,土无中户则国危,至下户流亡而国非其国矣。"①

《毗间阁之政》又把富民分为有田和无田,指出:"天下有有田而富之家,有无田而富之家。有田而富者,其利虽自田而得,然每岁输官,兼之差遣,一遇饥馑则租耗力乏矣。无田而富者,其利自商贩中而得,既无输官,亦无差遣,虽或征税,所伤几何?贫富之分,无所稽验,差发多致隐蔽,是无田而富犹不若有田而富者之可悯也。"魏源也说:"天下有本富有末富,其别在有田无田。有田而富者,岁输租税,供徭役,事事受制于官,一遇饥荒,束手待尽。非若无田富民,逐什一之利,转贩四方,无赋敛徭役,无官吏挟制,即有与民争利之桑(弘羊)、孔(仅),能分其利而不能破其家也。是以有田之富民可悯更甚于无田。"②保富或安富主张,宋以后常有人提出。李豫亨和魏源则进一步将富民分为有田(地主)和无田(商人),认为有田富民比无田富民更可怜。他们都生活在重赋地区,自必有深切的体会。但由此也反映了他们的地主阶级立场,主要关心民间地主与封建国家之间的矛盾。

魏源把富民崇俭的动机分为两种。一种是为了对他人有好处,"如大禹之菲食恶衣"是"为四海裕衣食",晏子之节用是因为有"待举火者七十家"需要他资助,墨子之节用是因为有"待寝攻者数十国"。这种目的的节用是应该肯定的。另一种节用则只是"以俭守财",也就是吝啬。他认为绝大多数"富而俭"的人都抱着后一目的,他们"俭则俭矣,彼贫民安所仰给乎"?因此,对这种人来说,不应要求他们崇俭。

魏源解释《周礼》保富的意义说:"《周礼》保富,保之使任恤其乡,非保之

---

① 《默觚下·治篇十四》,《魏源集》上册,中华书局1983年版,第72页。
② 《默觚下·治篇十四》,《魏源集》上册,中华书局1983年版,第72、73页。

使各啬于一己也。"就是说,保富不是为了富民自身,而是为了要他们发挥赈恤乡里的作用。为了赈恤乡里,就不能以消费生活必需品为界限,而要违反如他所说的消费本意去消费非生活必需品,在车马、衣裳、酒食、鼓瑟等方面扩大消费对象。他认为这样做就能够使"巨室与贫民所以通工易事,泽及三族",好比"同室博弈而金帛不出户庭,适足损有余以益不足"。如果对这种奢要禁,那就会"富者益富,贫者益贫"。[①]

魏源的富人崇奢主张是对明人陆楫反禁奢论[②]的继承。他对陆楫论点的了解也可能是通过《推篷寤语》。该书《毗闾阁之政》中有一段肯定富人的奢侈有利于贫民谋生的话,最后说是"闻诸长老云然,为笔识于此",很像是对陆楫观点的摘录。从魏源同《推篷寤语》的关系中可以想见,魏源如果没有读过陆楫的原著,则是从《推篷寤语》中受到了这段文字的启发。

三、金属主义货币论

魏源对当时的货币问题非常重视,他说:"语金生粟死之训[③],重本抑末之谊(义),则食先于货;语今日缓本急标之法,则货又先于食。"[④]这比龚自珍的"食固第一,货即第二"进了一步。他把开货币源作为开源的内容之一,指出"货源莫如采金与更币"[⑤],"开矿以浚银之源,更币以佐银之穷"[⑥]。

采金、开矿都是指开银矿。魏源认为"中国银矿已经开采者十之三四,其未开采者十之六七"[⑦]。他的《军储篇二》专为驳斥认为开矿"聚众则难散,边夷则易衅,税课将滋弊"[⑧]的保守思想而作。他主张听民自采,"官特置局,税其十之一二,而不立定额",认为这样"将见银之出不可思议,税之人不可胜用,沛乎若泉源,浩乎如江河",不会像官采那样"得不偿失"[⑨]。

更币包括两方面的内容:一是"官铸银钱以利民用,仿番制以抑番饼(洋钱)";一是兼行玉币和贝币以"佐银币之穷"[⑩]。后者违反了历史发展的要

[①] 以上两段引文均见《默觚下·治篇十四》,《魏源集》上册,中华书局1983年版,第73页。
[②] 陆楫(1515~1552),字思豫,上海人。他的反禁奢论见《兼葭堂稿》卷六,又见《兼葭堂杂著摘抄》。
[③] 《商君书·去强》:"金生而粟死,粟死而金生。"学者或校为:"金生而粟死,粟生而金死。"
[④] 《军储篇一》,《魏源集》下册,中华书局1983年版,第471页。
[⑤] 《军储篇一》,《魏源集》下册,中华书局1983年版,第471页。
[⑥] 《军储篇三》,《魏源集》下册,中华书局1983年版,第484页。
[⑦] 《军储篇一》,《魏源集》下册,中华书局1983年版,第473页。
[⑧] 《军储篇二》,《魏源集》下册,中华书局1983年版,第473页。
[⑨] 《军储篇二》,《魏源集》下册,中华书局1983年版,第474页。
[⑩] 《军储篇三》,《魏源集》下册,中华书局1983年版,第483、484页。魏源主张兼用玉币和贝币,玉、贝不是金属,但从他的货币理论性质体系而言,仍可称为金属主义货币理论。

求,是根本行不通的。

魏源反对纸币流通,他在《军储篇三》中指名批驳了王瑬(他误"瑬"为"鎏")的《钞币刍言》。

关于货币的起源,魏源说:"《管子》言禹、汤铸历山、庄山之金为币,以救水旱。珠、玉为上币,黄金为中币,刀、布为下币,以权衡万物,以高下而御人事。此制货币之始。"①他虽然说这是《管子》说的,但实际上《管子》中并无"以权衡万物"等字。他加上这句话恰恰表明他同《管子·轻重》对货币的职能有不同的观点。后者认为货币就是流通手段,而魏源则强调货币的价值尺度职能。他又说:"货币者,圣人所以权衡万物之轻重,而时为之制。"②这里仍说"以权衡万物之轻重",可见加这句话绝不是偶然的。强调货币的价值尺度职能,正是金属主义者的特点之一。

"权衡万物之轻重"的货币,本身必须具有一定的价值。魏源不知道价值是什么,只是从数量的多少来说明商品价值的高低。他说:"万物以轻重相权,使黄金满天下而多于土,则金土易价矣。"③因此,他指出历史上用作货币的材料虽然有过变动,但有一点却是共同的,它们都是"五行百产之精华,山川阴阳所炉鞴(意谓熔铸),决非易朽易伪之物,所能刑驱而势迫"④。不是任何一种商品都可以作为货币,魏源指出这点是正确的。但这里也含有货币拜物教的思想,把货币商品的自然属性同货币的社会属性相混淆,好像这些货币材料在出世以前,就在自然界具有独特的地位。

纸币不是"五行百产之精华",而是"易朽易伪之物",它没有资格取代金属货币。这就是魏源的结论。王瑬引明末省臣的议行钞十便,说是:"一曰造之本省;二曰行之途广;三曰赍(携带)之也轻;四曰藏之也简;五曰无成色之好丑;六曰无称兑之轻重;七曰革银匠之奸偷;八曰杜盗贼之窥伺;九曰钱不用而用钞,其铜尽铸军器;十曰钞行而银不行,其银尽实内帑。"⑤魏源针锋相对地指出:"如欲复行,窃恐造之劳,用之滞,敝之速,伪之多,盗之易,禁之难,犯之众,勒之苦,抑钱而钱壅于货,抑银而银尽归夷,有十不便而无一便矣。"⑥他说行钞比"行冥镪于阳世,陈明器于宾筵"⑦还不如,根本否定有正常

---

① 《军储篇二》,《魏源集》下册,中华书局1983年版,第475页。
② 《军储篇三》,《魏源集》下册,中华书局1983年版,第483页。
③ 魏源:《元史新编》卷八七《食货志上·钞法》。
④ 《军储篇三》,《魏源集》下册,中华书局1983年版,第484页。
⑤ 王瑬:《钞币刍言·钱钞十议》第一。魏源引用时作了简化,意思有出入。
⑥ 《军储篇三》,《魏源集》下册,中华书局1983年版,第480页。
⑦ 《军储篇三》,《魏源集》下册,中华书局1983年版,第484页。

的纸币流通的可能性。

关于历史上的纸币流通,魏源指出:"唐之飞钱,宋之交、会,皆以官钱为本,使商民得操券以取货,特以轻易重,以母权子。其意一主于便民,而不在罔利"。但"蔡京改行钞法①,则无复官钱,而直用空楮,以百十钱之楮,而易人千万钱之物"。这种不兑现纸币就像"无田无宅之契,无主之券,无盐之引,无钱之票,不堪覆瓿,而以居奇",所以一经发行,就"奸伪竞起,影射朋生,不旋踵而皆废"。金、元、明代的纸币流通也都归于失败,"重以帝王之力,终不能强人情之不愿"。他还举出一些中国货币史料来论证纸币的六不可行,指出纸币"流落民间,即同见(现)锢,其究必有最后受累之人"。②

这些议论揭露了宋至明时期的历代封建统治者利用纸币的发行对人民进行了掠夺,同时也揭露了王鎏行钞主张的欺骗性。在这里,魏源指出了政权力量改变不了广大人民的意志,实际上是说国家权力改变不了货币流通规律。但他并没有完全懂得这些规律。他把不兑现纸币比作"无田无宅之契"等,这比喻并不恰当。"无田无宅之契"当然是一种毫无用处的废契,因为田契、房契的作用就在于具体代表若干土地或房屋。纸币却不是这样,它的作用是在流通中代替金属货币以媒介商品的买卖。商品易手以后退出流通,纸币却继续流通下去。因此,它不一定代表某一具体的金属货币。就拿"以官钱为本"时的交子、会子为例,也不需要有十足的现金准备,必定有相当数量的纸币是空楮。而且,即使是有现金准备的交子和会子,发行的目的也不只是为了便民,发行者是有利可图的。纸币的失败不在于空楮本身,空楮并不一定在任何情况下都非失败不可。

四、通商制器论

《海国图志·筹海篇》分议守、议战、议款三方面,讨论了对待西方的策略,其中提出了学习西方的具体主张。

魏源主张开展正常的对外贸易。他认为林则徐在广东禁烟时,清政府决定停止对英的一切贸易是一个重大的失策,因为"激变绝不由缴烟,而由于停贸易"③。这固然表明他对资本主义国家的侵略本性还缺乏足够的认识,但将鸦片贸易与正常的对外贸易区分开来则是正确的。

他具体地分析了道光十七年(1837年)广东的进出口贸易,指出如果没

---

① 蔡京改的"钞法"是盐钞法,不是纸币,魏源的理解有误。
② 本段引文均见《军储篇三》,《魏源集》下册,中华书局1983年版,第479~481页。
③ 《筹海篇四》,《魏源集》下册,中华书局1983年版,第884页。

有鸦片贸易,中国是出超,英国商人要补给中国价银700余万元,各国商人一共要补给中国价银14 945 000元。由此他得出结论:"使无鸦片之毒,则外洋之银有入无出,中国银且日贱,利可胜述哉!"①可见,他对于正常的对外贸易充满信心。他主张同外商约定,只要不向中国输出鸦片,他们卖给中国的洋米可以免税,其他商品除征正税外,裁去一切浮费;外国还可以增加对华贸易的出入口税,"以补鸦片旧额。此外铅、铁、硝、布等有益中国之物,亦可多运多销"。他认为这样照顾外国的利益,"夷必乐从"②。这些办法中,让外国提高关税的办法是没有什么积极意义的,它会对中国的对外贸易造成不利的影响。资本主义国家也绝不会为了停止向中国输出鸦片而提高对华贸易的其他商品的关税。

魏源还指出,他主张的不停止对外贸易与世俗所说的不停止对外贸易根本不同。后者只是求"不生衅,至于鸦片烟竭中国之脂"则在所不计,这实际上是"养痈";他则是为了"自修自强"③。

他所说的西洋长技有三,即战舰、火器和养兵练兵之法,都属于军事方面,这是他"师夷长技"的主要内容。他提出在广东虎门外的沙角、大角二处设造船厂和火器局各一,聘请法国、美国(另一处还加上葡萄牙)头目各一两人,带来工匠,在厂内帮助中国造船造枪炮。同时选福建、广东的巧匠进厂学习制造技术,选精兵向他们学习驾驶和攻击技术。他说这样进行一两年后,在技术上就可以"不必仰赖于外夷"④。此外,还可以直接向外商购买洋船、洋炮、火箭、火药等。"不惟以货易货,而且以货易船,易火器,准以艘械、火药抵茶叶、湖丝之税,则不过取诸商捐数百万,而不旋踵间,西洋之长技,尽成中国之长技"⑤。这些就是他所说的开展正常的对外贸易能够使中国"自修自强"的意思。虽然他把"自修自强"估计得太容易,却表明了他希望中国以很快的速度赶上先进国家的迫切心情。

为了鼓励制造新式武器的积极性,魏源又主张福建、广东两省的武试增设水师一科,对于能够制造西洋战舰、火轮舟、飞炮、火箭、水雷等奇器的人,给以科举出身。

魏源的"师夷长技"主张并不限于学习外国的军事技术。船厂除造船舰

---

① 《筹海篇四》,《魏源集》下册,中华书局1983年版,第881页。
② 《筹海篇四》,《魏源集》下册,中华书局1983年版,第886页。
③ 《道光洋艘征抚记上》,《魏源集》上册,中华书局1983年版,第187页。
④ 《筹海篇三》,《魏源集》下册,中华书局1983年版,第870页。
⑤ 《道光洋艘征抚记上》,《魏源集》上册,中华书局1983年版,第186页。

外,还可以造商船卖给商人在沿海或内河航行;火器局除造军火外,"量天尺、千里镜、龙尾车、风锯、水锯、火轮机、火轮舟、自来火、自转碓、千斤秤之属,凡有益民用者,皆可于此造之"①。他指出:"有用之物,即奇技而非淫巧。今西洋器械,借风力、水力、火力,夺造化,通神明,无非竭耳目心思之力以前民用,因其所长而用之,即因其所长而制之。风气日开,智慧日出,方见东海之民,犹西海之民。"②

官办厂以外,还容许设立民办厂。魏源认为官办厂只要设在广东一处就够了,"专设一处则技易精,纷设则不能尽精;专设则责成一手,纷设则不必皆得人"。因此他提出:"沿海商民,有自愿仿设厂局以造船械,或自用,或出售者听之。"③主张发挥商人的积极性以发展中国的近代工业。魏源认为"西洋以商立国"④,他让商人自由设厂的主张,可能与这一认识有关。这反映了他的资本主义倾向。

中国关于发展机器工业的思想,追本溯源,由魏源开其端。魏源既提出官办,又提出民办;既主张办军事工业,又主张办民用工业。因此从他的这种主张出发,可以走向洋务派,也可以走向资产阶级改良派。事实上,后两者都把魏源作为自己的先驱。但比较起来,魏源更倾向于民办,从他对开银矿的主张中也可以看出。严格地说,中国近代的经济思想是从魏源开始的。

第六节　许楣、王茂荫的经济思想

一、许楣(附许梿)的金属主义货币论

许楣(1797~1870),字金门,号辛木,浙江海宁人。嘉庆二十三年(1818年)考中举人。道光十三年(1833年)考中进士,授户部贵州司主事。"在官数年,搜剔积弊,胥吏畏惮。性伉直,持正不阿,兼以重听,引疾归里。"⑤咸丰年间,因避太平军战事,遂迁萧山,后到江苏如皋其兄许梿处居住。同治元年(1862年)许梿去世,许楣子诵敦在东台任盐官,遂移居东台,直至病逝。著作有《钞币论》、《删订外科正宗》、《真意斋诗存》等。

---

① 《筹海篇三》,《魏源集》下册,中华书局1983年版,第873页。"火轮舟"原误作"火轮车",据《海国图志》光绪二年平庆泾固道署重刊本订正。
② 《筹海篇三》,《魏源集》下册,中华书局1983年版,第874页。
③ 《筹海篇三》,《魏源集》下册,中华书局1983年版,第876页。
④ 《海国图志》卷八三《夷情备采下》,咸丰二年重刊本。
⑤ 程晛:《啸云轩文集》卷六《许先生家传》。

《钞币论》刊行于道光二十六年，专为批驳王瑬的《钱币刍言》而作。内分《通论》八篇和《钞利条论》、《造钞条论》、《行钞条论》、《禁铜条论》、《铸大钱条论》、《杂论》等方面。书中有许梿的《叙》和按语，支持他的论点。

许梿（1787～1862），初名映涟，字叔夏，号珊林。嘉庆二十四年考中举人。与许楣同科进士。历任山东平度州知州，江苏徐州、镇江知府，江苏粮道等职，"服官垂三十年"[①]。著作有《洗冤录详义》、《刑部比照加减成案》、《古均（韵）阁遗著》等。

许楣的货币理论是典型的金属主义货币理论。他认为货币必须是一种本身具有较高价值的商品，白银是最理想的货币。他强调"银之为币久矣，特未若今日之盛耳；上之用银亦久矣，特未以当赋耳"，银的货币地位是国家权力所动摇不了的。他说："如欲尽废天下之银，是惟无银。有则虽废于上，必不能废于下也。"[②]他用"凡物多则贱，少则贵"[③]来解释商品的价值，说贵金属有较高的价值是因为数量有限："天下之物，惟有尽故贵，无尽故贱。淘沙以取金，金有尽而沙无尽也。凿石以出银，银有尽而石无尽也。"[④]以此来批判王瑬关于纸币是取之不尽的财源的谬论。

许梿的说法稍有不同，他说："多出数百千万之钞于天下，则天下轻之；多散数百千万之金银于天下，天下必不轻也。亦可见物之贵贱，皆其所自定，而非人之所能颠倒矣。"[⑤]指出商品价值非人的主观因素所能上下，这是正确的。但他把价值看成商品的自然属性，并且认为金银的价值永远不变："凡以他物为币，皆有轻重变易，惟金银独否……时代有变迁，而此二物之重亘古不变，锱铢则以为少，百千万不以为多。"[⑥]其实，金银的价值也有轻重变易，许梿的这一说法过于绝对化。

"银，银也；钞，纸也。"[⑦]"钞法之必不可行"[⑧]，是许楣批判王瑬的根本理论出发点。中国是使用纸币最早的国家，从北宋至明朝，政府都发行纸币，清顺治八年（1651 年）至十七年也有过少量发行。宋至明时期的纸币都以失败而告终，但也有短时期的成功。如宋孝宗用金银收兑会子，减少了会子的

---

① 谭廷献（即谭献）：《许府君家传》。《续碑传集》卷七九。
② 许楣：《钞币论・通论六》。
③ 许楣：《钞币论・行钞条论十》。
④ 许楣：《钞币论・钞利条论一》。
⑤ 许梿：《钞币论・造钞条论七》按。
⑥ 许梿：《钞币论・钞利条论一》按。
⑦ 许楣：《钞币论・通论八》。
⑧ 许楣：《钞币论・钞利条论十八》。

流通量,使已贬值的会子重新升值。商人外出经商,用会子可免商税,又节省了运钱的费用,所以乐意用会子。这种情况,被臣下称为"楮币重于黄金"①。元初的中统元宝交钞以金银为准备,"诸老讲究扶持……行之十七八年,钞法无稍低昂"②。许楣对宋至明的纸币流通作了总结,指出钞法的初意是"以纸取钱"(兑现纸币),不是"以纸代钱"(不兑现纸币)③。飞钱(唐朝的汇票)、交子原是以纸取钱。"交子无钱而法一弊,变为会子","会子无钱而法再弊,变为孤钞"。元代直接继承了宋、金时期的纸币,"其欺民也久,民之受其愚也亦久,因恬然为罔民之政,而民亦安之。至明崛起承元后,弊法与时代俱绝矣,复欲续之,则民皆知其为欺人之物。故虽多为厉禁,其极至于断胆(颈)、戍边而终不可愚。"④这一历史分析意在说明宋至明时期的封建统治者通过发行纸币来掠夺人民财富,上欺下愚使纸币长期流通,最后人民终于不再受愚,纸币也不能再流通。但这一分析并不完全符合历史实际,在货币理论上也不正确。纸币失败与否的条件,在任何朝代都一样。元代纸币失败,明代又可以从头来起。大明宝钞确实一开始发行就贬值,其根本原因在于管理不善,同元代钞法的已经失败并无必然联系。

对于银贵钱贱,许楣将它分为"由银贵而钱贱"和"由钱贱而银贵"两种。钱贱而银贵是因为钱太多,而银不加多,可以用官府收钱来解决。银贵而钱贱是由于银漏于外国,而钱不加多,收钱并不能解决问题。他批评王鎏企图用"以钞易银"的办法来解决银的漏卮问题,"是犹以尘饭涂羹疗饥渴也"⑤。

从"钞法之必不可行"这一基本观点出发,许楣对王鎏所说的行钞二十二大利予以全盘否定。他认为发行的纸币除了用来向政府支付外,其他都是废纸:"假令行交、会之始,即多出虚纸以易民钱,而第令分其什之三四以输税,则民皆知输税之外尽为虚纸,谁复肯以现钱易虚纸哉?"⑥他认为"使民以钞纳粮税",政府"左手收银于钞局,右手收钞于税局,钞仍在官而不在民,民仍纳银而非纳钞"⑦,不过是多此一举,对保证纸币的正常流通并无作用。实际情况当然并非如此。政府收受纸币是维持币信的首要条件。在纸币发行量不超过流通需要的情况下,用来纳税的纸币虽只占发行量的一小部分,

---

① 《皇宋中兴两朝圣政》卷五四,淳熙二年四月壬子,臣留正等曰。
② 吴澄:《吴文正集》卷八八《刘忠宪公行藏》(四库全书本)。
③ 许楣:《钞币论·通论一》。
④ 许楣:《钞币论·通论三》。
⑤ 许楣:《钞币论·通论八》。
⑥ 许楣:《钞币论·通论二》。
⑦ 许楣:《钞币论·行钞条论三》。

但却保证了其余纸币的流通,用纸币纳税绝不是什么多此一举。

许楣弟兄还从货币贮藏者的利益来反对纸币流通。许梿用点石成金的传说,借吕洞宾因考虑到"三千年后还复为石","可惜误三千年后得金人"①,而不取成金之石的故事,以讽喻纸币流通最后总有受害者。许楣则说"富室积银巨万,而计产完粮不过百两",以银易钞后,"徒令巨万之银悉化为纸"②。强调货币的贮藏手段职能也是金属主义货币理论的应有之义。

许楣对封建统治者利用纸币实行通货膨胀政策的必然性作出了一个总的概括:"自古开国之君,量天下土地山泽之所入以制用,其始常宽然有余。至其后嗣非甚不肖也,然水旱耗之,兵革耗之,宗禄庆典及诸意外冗费耗之,用度稍不足矣,势不得不于常赋之外,诛求于民。而行钞之世,则诛求之外,惟以增钞为事。然不增则国用不足,增之则天下之钞固已足用,而多出则钞轻而国用仍不足。宋、金、元之末,流弊皆坐此。"③这一概括正确地说出了财政赤字与通货膨胀的恶性循环关系,是很有见地的。人们不难从此得出结论:如果清王朝发行纸币,也只能走上这一条道路,这是不以人们意志为转移的客观规律。

王瑬提出了许多荒谬的论点,许楣逐一对它们进行了批驳。例如,王瑬说"国赋一皆收钞,则无火耗之加派",许楣反驳说:"钞可当钱,则岂但无火耗之加派而已,'造百万即百万,造千万即千万',虽尽蠲(除)天下之赋可矣,如不能何!"④王瑬说"钞文书明定数,虽欲上下其手而不能,则绝胥吏之侵渔",许楣反驳说:"夫舞文之吏,上下无方,彼固有明目张胆以取之者矣,岂一点一画之所能缚其手乎?"⑤王瑬说"钞直(值)有一定,商贾不得低昂之",许楣反驳说:"前代之钞直,未尝不一定也,商贾犹今之商贾也,然物重钞轻,史不绝书,非低昂而何?"⑥王瑬说"宋孝宗以金帛易楮币藏于内库,一时楮币重于黄金",许楣反驳说:"楮币重于黄金,民间何不宝藏楮币,而甘易金帛也。"⑦王瑬说官库和富家用黄金匣藏钞,许楣反驳说:"千贯大钞,长尺而阔二三丈,卷之盈握。函(匣)加大焉,长过其卷,厚以分计,一函之费约黄金三四十两。以近时金价计之,可值千贯。以千贯之函,藏千贯之钞。钞而可

---

① 许梿:《钞币论·叙》。
② 许楣:《钞币论·行钞条论四》。
③ 许楣:《钞币论·造钞条论七》。
④ 许楣:《钞币论·钞利条论八》。
⑤ 许楣:《钞币论·钞利条论九》。
⑥ 许楣:《钞币论·钞利条论十》。
⑦ 许楣:《钞币论·杂论二》。

用,是函与钞同价也。钞而不可用,则以黄金藏废楮矣。"①王鎏说"大小钞皆书印格言,俾民识字",许楣反驳说:"吾游京师,见钱票多有取《陋室铭》、《朱柏庐家训》作细楷刻印其上者。尝试举以问车夫,则皆瞠目不知何语,至有并钱铺之名号不识者,乌在其识字也?"②诸如此类的反驳,都是相当有力的。

许楣指出王鎏主张的实质是企图用纸币"尽易天下百姓之财"③,实行这一主张将会造成严重恶果,如:驱银出洋;迫使钱庄亏空;民间藏银都化为纸;引起商品流通混乱和物价波动;官兵胥吏以钞强买,导致商人罢市;为不肖官吏、蠹役、地棍借机勒索搜括开方便之门;纸币分省发行,困天下行旅;等等。

鸦片战争中,"满族王朝的声威一遇到英国的枪炮就扫地以尽,天朝帝国万世长存的迷信破了产"④。这一情况,在许楣的头脑中也有所反映。王鎏鼓吹君权,许楣则对君权表示了藐视的态度。王鎏说行钞"利无穷而君操其权",许楣则说:"君操其权而民受其害"⑤。王鎏说"万物之利权,收之于上,布之于下,则尊国家之体统",许楣则反问:"绝天下之利源而垄断于上,何体统之有?"⑥许楣还以不利于民为理由来说明纸币的必然失败:"而其不行也,以不利故也。非不利于上,而不利于下故也。"⑦

恶性通货膨胀会造成人民的深重灾难,从这个意义说,许楣的主张反映了广大人民的要求。由于王鎏主张以纸币收民间的藏银,侵犯了藏银者的利益,从这个意义上说,许楣的主张又代表了不当权的地主和商人们的利益。在《钞币论》中,许楣在谈到王鎏行钞主张对民的害处时,其中有许多是所谓"富民"、"富室"、"富户"、"富商"、"豪商大贾",为这些人鸣不平。许楣的金属主义货币理论是商业资本家的理论武器。这样明确维护商人的利益,在鸦片战争前后的思想家中是最突出的。金属主义货币理论虽然也不是完全正确的货币理论,但由于王鎏宣扬的是恶性通货膨胀的理论,这就使许楣的货币理论中的错误部分相对地居于不重要的地位。

许楣并没有提出克服货币危机的办法。他认为"银之流布于天下者,已

---

① 许楣:《钞币论·行钞条论十二》。
② 许楣:《钞币论·钞利条论十六》。
③ 许楣:《钞币论·通论一》。
④ 马克思:《中国革命和欧洲革命》,《马克思恩格斯全集》第12卷,人民出版社1998年版,第114页。
⑤ 许楣:《钞币论·行钞条论十八》。
⑥ 许楣:《钞币论·钞利条论二》。
⑦ 许楣:《钞币论·行钞条论十一》。

足天下之用……向使无漏卮之耗,虽长此不废可也"①。对于其势未已的白银外流有找不到出路的苦闷,认为"事又有非变法所能尽",因而"不能不叹息痛恨于漏卮之始也"②。这苦闷具有时代的特点。

二、王茂荫的货币论

王茂荫(1798~1865),字椿年、子怀,安徽歙县人。道光十一年(1831年)考中举人。次年考中进士,官户部主事。二十七年升贵州司员外郎。次年丁父忧。咸丰元年(1851年)升监察御史。三年先后任太常寺少卿、太仆寺卿、户部右侍郎兼管钱法堂事务。四年调兵部右侍郎。八年开缺。同治元年(1862年)署理左副都御史,改授工部侍郎。二年调吏部侍郎,三年因丁母忧去官。著作有《王侍郎奏议》,汇集了任监察御史后历年所写的奏折。

王茂荫担任重要官职是在太平天国运动期间,因此他的奏折中有许多筹划镇压太平天国和其他农民起义的内容。他既鼓吹用严刑对待起义的农民,又主张帝王注意"修省",减轻一些民间的疾苦。他指出:"民心一去,天下将谁与守?"③建议咸丰帝严降谕旨饬带兵诸将,务必使兵与民秋毫无犯,同太平天国争夺民心。

在第二次鸦片战争期间,王茂荫在提出加强守备的同时,还向咸丰帝推荐魏源的《海国图志》,建议"重为刊印,使亲王、大臣家置一编,并令宗室、八旗以是教,以是学,以是知夷难御而非竟无法之可御……是书之法出,而凡法之或有未备者,天下亦必争出备用,可以免无法之患"④。不久他即告病开缺,所以反侵略斗争方面的内容,在他的奏折中不占重要地位。

王茂荫重视人才问题。他反对以字体工拙取士,指出由于取士专重小楷,以致"合天下之聪明材力尽日而握管濡毫",根本不能"济实用"⑤。他主张改革科举考试的内容,"勿论字体工拙,笔画偶疏,专取学识过人之卷"⑥。另外,还主张通过保举的途径来选拔真才。

咸丰三年,为了筹措镇压太平天国的经费,刑部侍郎、帮办扬州军务雷以諴创办"厘捐"(或名"厘金"),税率1%,先在扬州里下河一带施行。四年

---

① 许楣:《钞币论·通论七》。
② 许楣:《钞币论·通论八》。
③ 《条陈军务事宜折》,《王侍郎奏议》,黄山书社1991年版,第33页。
④ 《请刊发〈海国图志〉并论求人才折》,《王侍郎奏议》,黄山书社1991年版,第151页。
⑤ 《振兴人才以济实用折》,《王侍郎奏议》,黄山书社1991年版,第7、8页。
⑥ 《振兴人才以济实用折》,《王侍郎奏议》,黄山书社1991年版,第10页。

三月奏准推广,在长江南北各设一局对来往的商品征收厘捐。但实际上江苏"自二三月来,扬州以下沿江各府州县,三四百里之内有十余局拦江设立,以敛行商过客……且其间有官者,有私者,有名官而实私者"。王茂荫揭露了"局愈多而民愈困"的情况。他指出:从泰州等处运米到苏州,每石成本2 000文,经十余局捐厘,被抽厘捐多达1 000文。"商力因此而疲,民食由此而匮。他如杂货有税,银钱有税,空船有税。至于烟土、私盐,久干例禁,今则公然贩运,止须照数捐厘,便可包送出境,伤国体而厉商民,莫甚于此!"甚至有局与局之间"互图吞并,大肆争杀,居民、商贾无不受害之事"。① 他主张将多设的局裁撤、禁止,只在江南北各设一局。这主张自然不可能实现。后来各省相继仿行,厘捐成为全国性的制度,是清末直到北洋政府时期束缚民族工商业发展的一项重要弊政。

王茂荫的经济思想主要表现在货币问题上。咸丰元年九月,他鉴于清政府的财政困难,上奏《条议钞法折》。他比较了铸大钱和行钞币两种办法,指出:"钞之利不啻十倍于大钱,而其弊则亦不过造伪不行而止。"②所拟钞法共10条,择要分述于下:

(一)推钞之弊。中国古来行钞之弊有10条:禁用银而多设科条,未便民而先扰民;谋擅利而屡更法令,未信民而先疑民;有司喜出而恶入,适以示轻;百姓以旧而换新,不免多费;纸质太轻而易坏;真伪易淆而难识;造钞太多则壅滞,而物力必贵;造钞太细则琐屑,而诈伪滋繁;官吏出纳,民人疑畏而难亲;制作草率,工料偷减而不一。

(二)拟钞之值。钞以银两为计算单位,分10两和50两二种。

(三)酌钞之数。每年先造钞10万两,其中10两钞5 000张,50两钞1 000张。试行一两年,能流通则每年加倍制造,以1 000万两为限。"盖国家岁出岁入不过数千万两,以数实辅一虚,行之以渐,限之以制,用钞以辅银,而非舍银而从钞,庶无壅滞之弊。"③

(四)精钞之制。由户部设立制钞局,选织造处工人,以上等熟丝织成部照样式,分为方1.5尺和1.2尺两种,四周花纹,中横嵌"大清通行宝钞"满文于额,直嵌"大清宝钞天下通行"汉文于两旁。币值文字分别为"库平足色纹银五十两"和"库平足色纹银十两",用满汉文双行书写,字上钤大清宝印。钞前填某字某号,票后写"伪造者斩,告捕者赏"等相关内容,都用汉文。特

---

① 本段引文均见《江南北捐局积弊折》,《王侍郎奏议》,黄山书社1991年版,第122、123页。
② 《条议钞法折》,《王侍郎奏议》,黄山书社1991年版,第1页。
③ 《条议钞法折》,《王侍郎奏议》,黄山书社1991年版,第3页。

派一两人在密室暗设标识数处,按年更换。

(五)行钞之法。如每年制钞 10 万,先以 1 万颁给五城御史,令其将钞发给所属殷实银号。"银号领钞,准与微利,每库平五十两者,止令缴市平五十两;库平十两者,止令缴市平十两。"①于领钞次月将银缴库。银号领钞后,于钞背面加字号图记、花字,可在各处行用,或兑与捐生作捐项,与银各半上兑。另有 9 万分交各督抚,发交钱粮银号,无钱粮银号的州县可发交官盐店和典铺。准与微利、加字号图记及在各处行用等与京师办法相同,不同的是次月将银交各州县库,并许办解钱粮,与银各半解司。

(六)筹钞之通。部库通过捐项收回的钞可以在每月应放款项中酌量搭放,藩库通过钱粮收回的钞可在每年应拨放款项中酌量以银钞各半发给。领钞者可根据钞上的图记向原银号兑银。各银号之钞既可在各处行用,也可为捐生上兑捐项或办解钱粮。如银号不肯兑换或不如数兑换,许民人指控,治之以罪。"凡民畏与官吏交,而不畏与银号交,如此而疑畏之弊益除矣。"②

(七)广钞之利。如行钞数年,有州县无钞解充地丁者,是该州县办理不善,使钞不能在该州县流通,该督抚查明,即行参处。各州县解藩库之钞,于正面注明年月日及某州县恭解。民间辗转流通,在钞背面记明年月、收自何人,或加图记花字。遇有伪钞,只追究钞之来源,使民无用钞之苦。

(八)换钞之法。部库令一人专管钞的出纳,如钞背面注写文字将满,即送交制钞局。各省有此情况,作解项解部,亦送交制钞局。制钞局查对后注明某年月日销,将钞截角另贮。遇有伪钞,可以按钞背面图记追究由来,伪造无不破案。

(九)严钞之防。法行之后,不得另有更张。造钞之制,不得渐减工料。有伪造者,不得轻纵以坏法。

(十)行钞之人。从来法立弊生,非生于法,实生于人。生弊之人,商民为轻,官吏为重。州县得人则商民奉法,督抚得人则官吏奉法。"行钞尤贵称提有法。称提之法,则在经国大臣相时之轻重而收发操纵之,庶几可以经久。"③

王茂荫主张钞用丝织,以提高钞的质量,但这样又增加了制钞成本。钞在流通中会不断增加钞背面的文字图记,写满后钞即作废,又缩短了每张钞

---

① 《条议钞法折》,《王侍郎奏议》,黄山书社 1991 年版,第 4 页。
② 《条议钞法折》,《王侍郎奏议》,黄山书社 1991 年版,第 5 页。
③ 《条议钞法折》,《王侍郎奏议》,黄山书社 1991 年版,第 6、7 页。"称提"一词产生于北宋,南宋已很流行。称提意指提高,原来适用的范围较广,后来多指防止纸币贬值的措施。

的使用期限。他主张行钞要"以数实辅一虚",对钞的发行数量作了严格的规定,不像有些行钞主张者那样头脑发热,与王鎏的行钞主张和理论更是绝对对立。但王茂荫设计的钞的兑现办法却是前无古人的。户部或各省藩司将钞发给银号,给银号一点"微利"(名义币值单位为库平,银号交银按市平计算,市平较库平轻),但以后钞的兑现责任却归领钞的银号了。即使银号可以搭一半捐项或钱粮,但户部或藩司仍可将搭回的钞重新发出,负责兑现的还是原来领钞的银号。这种发行办法对政府来说,只是一种取款凭证,凭它向银号收取一笔不需要归还的现银。而银号方面,在交银后还要另存银两以准备应付兑现之用。显然,王茂荫设计的行钞办法只有利于政府而大不利于领钞的银号。当时清王朝还不想靠行钞来解决财政困难,王茂荫的奏请被大学士会同户部议驳。

咸丰二年又有福建巡抚王懿德、左都御史花沙纳、江苏巡抚杨文定等奏请行钞,亦被议驳。到三年正月十九日,大学士管理户部事务祁寯藻会同户部堂官终于奏请行钞,并推荐王茂荫会同办理。其中说:"惟事属创始,并无成例可循,须于钞法素深讲求熟悉情形者总司其事,加以群策群力办理,方能有济。该御史前奏行钞十条,臣等覆加酌核,似于行钞之法曾经深究,得其要领。该御史本系臣部司员出身,于理财之道向所熟悉。相应请旨派令陕西道监察御史王茂荫会同臣部办理钞法,以期互相考订,详筹妥办,庶几试行有效,可济时艰。"①同日咸丰帝谕:"着左都御史花沙纳、陕西道御史王茂荫,会同户部堂官速议章程,奏明办理。"②会议结果,决定发行以银两为单位的户部官票,规定各衙门在领到官票时,可向银钱号兑换银、钱或钱票,毋许克扣。这虽有点像王茂荫的主张,但总的来说,王茂荫的主张并未被采纳。咸丰三年三月,户部又奏准铸造当十、当五十两种大钱。

咸丰三年十一月初,王茂荫任户部右侍郎兼管钱法堂事务。十四日,巡防王大臣绵愉等奏请铸造当百、当五百和当千三种大钱。二十一日,王茂荫上《论行大钱折》表示反对。他针对"大钱虽虚,视钞票则较实,岂钞可行而大钱转不行"的论点指出:"不知钞法以实运虚,虽虚可实;大钱以虚作实,似实而虚。故自来行钞可数十年,而大钱无能数年者。""以实运虚"指纸币能兑现,所以"虽虚可实";而大钱是不足值的,所以"似实而虚"。他又批评"国家定制,当百则百,当千则千,谁敢有违"的论点说:"然官能定钱之值,而不

---

① 中国第一历史档案馆藏,录副奏折 03—4463—023,咸丰三年正月十九日祁寯藻等奏。
② 《中国近代货币史资料》第 1 辑上册,中华书局 1964 年版,第 349 页。

能限物之值。钱当千,民不敢以为百;物值百,民不难以为千。"①根本否定国家政权力量能使价值符号的名义价值变成实际价值。他还批评了大钱轻重错出的情况:当五十比前铸的忽然大轻,当百比前铸的当五十还轻,"且当五百、当千纷见错出,民情必深惶惑,市肆必形纷扰,而一切皆不敢信行"②。咸丰帝不听劝谏,批准了户部对王大臣所请的议奏。另在朱批中对王茂荫作了含蓄的批评:"现今大钱初行,即过虑后时,虽为谋国久裕之计,独不计及朝堂聚议,小民更增疑也。但伊亦老成之见,王等不可先存成见,秉公定议。"③十二月又发行以制钱为单位的纸币大清宝钞。

大钱的发行立即引起了私铸盛行。大钱和纸币流通的共同结果是物价上涨,市场混乱。于是,王茂荫于咸丰四年正月再上《再论加铸大钱折》,提出官票、宝钞其省远过大钱,其利亦远过大钱,大钱似可以停止。如必不得已,则请将当百以上大钱加嵌银点,以示贵重。"当千者十点,当五百者五点,当百者一点,每点嵌银不过一二分,而可使辨者较易,造伪较难。"④他还建议将户局铸造的当十、当五钱减重,使与工局所铸的一致,以免造成市肆行用的混乱。

咸丰四年三月初五日,王茂荫又上《再议钞法折》,提出对官票、宝钞贬值的补救办法。他虽是咸丰朝行钞的最早创议者,但他是金属主义者,认为纸币只能不得已而行之,决不能在整个流通领域中取代金属货币。如果非发行纸币不可,其发行量应比国家的岁入小得多。财政收支大部分用金属货币,小部分用钞,这叫做"以实辅虚"。他说:"伏维自来钞法无传,然由唐、宋之飞钱、交子、会子,循名而思其义,则似皆有实以运之。独元废银钱不用,而专用钞,上下通以此行,为能以虚运,然闻后亦少变。至明专以虚责民,而以实归上,则遂不行。历代之明效如此,故臣元年所上,皆以实运虚之法。"⑤元代纸币没有"以实运虚",但能够"以虚运",即专用钞,注意对纸币的管理,故也曾取得某些成功。明代既不能"以实运虚",又不能"以虚运实",就完全失败。"以实运虚"和"虚实相权"的概念是有区别的。后者只是指明纸币和金属货币之间可以兑换的关系,并未说明流通以何者为主;而前者则把流通的重点放在金属货币上,纸币只处于陪衬的地位。"以实运虚"

---

① 《论行大钱折》,《王侍郎奏议》,黄山书社1991年版,第92页。
② 《论行大钱折》,《王侍郎奏议》,黄山书社1991年版,第93页。
③ 《中国近代货币史资料》第1辑上册,中华书局1964年版,第210页。
④ 《再论加铸大钱折》,《王侍郎奏议》,黄山书社1991年版,第99页。
⑤ 《再议钞法折》,《王侍郎奏议》,黄山书社1991年版,第102页。

新概念的提出,表明王茂荫对纸币流通所加的限制要更严一些。

王茂荫指出当时实行的钞法,专于收上设法,"京城放多而收少,军营有放而无收,直省州县有收而无放,非有商人运于其间皆不行,非与商人以可运之方、能运之利,亦仍不行"①。他提出四条补救措施的建议:

(一)拟令钱钞可取钱。宝钞准交官项,而人总以不能取钱,用多不便。若于准交官项外又准取钱,自必更见宝贵。户部在半年内可积钱30余万串,出示许民于半年以后以钞取钱,似无困难。或有人担心30万串不够兑现,对此王茂荫指出:"一则有钱可取,人即不争取……一则有钱许取,人亦安心候取"。"此法每年虽似多费数十万之钱,而实可多行百余万之钞"。②

(二)拟令银票可取银。行远以银票为宜。"欲求行远,必赖通商;欲求通商,必使有银可取。"州县征收钱粮,必有几家银号将钱统易为银,将银统易为银锭,以便解省。今准商人持钞至倾熔银锭的银号兑取现银,则商人用钞便,银号以钞解省亦便。钞能兑银则更贵重。"处处可取银,即处处能行用而不必取银。"现在时势多阻,能在一处行,则一处银路通;数处行,则数处银路通。"京城之中,凡商人之来者皆货物,而往者皆银。使银票得随处兑银,则京城之银可以少出,而各路之银亦可得来,此又通筹全局之所宜加意也。"③

(三)拟令各项店铺用钞可以易银。"查银钱周转,如环无端,而其人厥分三种:凡以银易钱者,官民也;以钱易银者,各项店铺也;而以银易钱,又以钱易银,则钱店实为之枢纽焉。"④令店铺以市票向钱店买银者必准搭钞,各店铺就不怕用钞;各店铺不怕用钞,则向钱店开票者亦可搭钞;各钱店开票可搭钞,则以银买各店铺之票者也不怕用钞。疏通这三层关节,使银钱处处扶钞而行。虽似强民,而非病民,似不至有大害。

(四)拟令典铺出入均令搭钞。现在典铺取赎,用钞不敢不收,而当物者给钞多不要。为使典铺不致失业,应令以后出入均许按成搭钞。

以上四条,王茂荫说:"前二条是以实运法,而不必另筹钞本;后二条是以虚运法,而不至甚为民累。虚实兼行,商民交转,庶几流通罔滞。"⑤

在《再议钞法折》中,王茂荫还声明自己虽在户部,但实际权力掌握在军

---

① 《再议钞法折》,《王侍郎奏议》,黄山书社1991年版,第102页。
② 《再议钞法折》,《王侍郎奏议》,黄山书社1991年版,第102、103页。
③ 本段引文均见《再议钞法折》,《王侍郎奏议》,黄山书社1991年版,第103页。
④ 《再议钞法折》,《王侍郎奏议》,黄山书社1991年版,第104页。
⑤ 《再议钞法折》,《王侍郎奏议》,黄山书社1991年版,第104页。

机大臣祁寯藻和户部尚书文庆手中。现行官票、宝钞不是他的原拟之法,而言钞实由他始,所以对行钞不满的人多归咎于他,主张行钞而欲其畅行的人又莫不责望于他。最后提出:"相应请旨,将臣交部严加议处,以谢天下而慰人心,庶几浮言稍息。臣虽废黜,不敢怨悔。"①

咸丰帝看折后,即于当日以朱批进行斥责:"王茂荫身任贰卿,顾专为商人指使,且有不便于国而利于商者,亦周虑而附于条款内,何漠不关心于国事至如是乎?并自请严议以谢天下,明系与祁寯藻等负气相争。读圣贤书,度量顾如是乎……看伊奏折,似欲钞之通行;细审伊心,实欲钞之不行……此折着军机大臣详阅后,专交与恭亲王、载铨速行核议,以杜浮言。"②三天后恭亲王奕䜣、军机处王大臣载铨合议复奏,最后总结说:"臣等详阅所奏,尽属有利于商而无益于饷。且该侍郎系原议行钞之人,所论专利商而不便于国,殊属不知大体,所奏均不可行。"③咸丰帝又于同日谕内阁:"王茂荫由户部司员,经朕洊(荐)擢侍郎,宜如何任劳任怨,筹计万全。乃于钞法初行之时,先不能和衷共济,只知以专利商贾之词率行渎奏,竟置国事于不问,殊属不知大体。复自请严议以谢天下,尤属胆大……王茂荫着传旨严行申饬。"④再过四天,王茂荫即被调离户部,改任兵部右侍郎。马克思在《资本论》第1册的一个注释中说:"清朝户部右侍郎王茂荫向天子[咸丰]上了一个奏折,主张暗将官票宝钞改为可兑现的钞票。在1854年4月的大臣审议报告中,他受到严厉申斥。"⑤此注所指的就是这件公案。

王茂荫强调纸币流通必须发挥商人的积极性,用兑现的办法打通官票、宝钞的流通渠道,而且指出如果纸币能兑现,人们就不一定都来兑现,这是从国家利益考虑的。但咸丰帝却给他加上"专为商人指使"、"专利商贾"、"实欲钞之不行"等莫须有的罪名。咸丰四年九月二十六日,王茂荫因官员、兵丁打杖受伤应给粮俸条例有不一致之处,对此作出了避免矛盾的解释上奏。咸丰帝令兵部议奏,同时指出:"王茂荫于本部事宜,并不会同各堂官商议具奏……着交部察议。"⑥十月初六日,吏部尚书柏葰、贾桢等复奏:"应请将兵部右侍郎王茂荫照违令笞五十公罪律,罚俸九个月。系公罪例准抵销,

---

① 《再议钞法折》,《王侍郎奏议》,黄山书社1991年版,第105页。
② 《中国近代货币史资料》第1辑上册,中华书局1964年版,第393页。
③ 中国第一历史档案馆藏,录副奏折03—9508—039,咸丰四年三月初八日奕䜣、载铨奏。
④ 《清文宗实录》卷一二三,咸丰四年三月丁未。
⑤ 马克思:《资本论》第1册。《马克思恩格斯全集》第44卷,人民出版社2001年版,第149页注83。资料来源为《帝俄驻北京公使馆关于中国的著述》。
⑥ 《王侍郎奏议》,黄山书社1991年版,第118页。

可否准其抵销之处,恭候钦定。"咸丰帝朱批:"着改为罚俸四个月,不准抵销。"①可见他对王茂荫还耿耿于怀。五年二月二十五日,王茂荫又奏请咸丰帝暂缓临幸圆明园,再一次激怒了咸丰帝。咸丰帝派军机大臣追查"临幸圆明园"之说闻自何人,王茂荫回答"得自传闻"。咸丰帝谕:"王茂荫身任大员,不当以无据之词登诸奏牍,着交部议处,原折掷还。"②

第七节　孙鼎臣、汪士铎的经济思想

一、孙鼎臣的反用银论

孙鼎臣(1819~1859),字子馀、芝房,湖南善化(今长沙)人。道光十五年(1835年)考中举人。二十一年考选内阁中书舍人。二十五年考中进士,选庶吉士。散馆授翰林院编修。三十年任宣宗实录馆纂修官。咸丰二年(1852年)升翰林院侍读。先后上疏反对复用获罪大臣琦善、赛尚阿、徐广缙。三年请假回家。七年补原官。次年因母死归家,一年后去世。著作有《苍筤初集》、《畚塘刍论》、《河防纪略》、《史臆》等。前三种合编为《苍筤集》。"筤"或写作"筤"。

咸丰三年孙鼎臣回家后,"筑室深山中,且耕且读,以养其母。益取古今言理道治术诸书,钩择奥秘,所当施设何如",成《畚塘刍论》等书③。《畚塘刍论》中有《论治》、《论盐》、《论漕》、《论币》等文④。孙鼎臣的经济思想以货币理论最具有特点,对以银为货币完全持否定的态度。

孙鼎臣说:"乱由于民穷,民穷由于不务本。"而不务本的原因则在于以银为货币:"农桑之所得者,粟与帛也,而天下之所用者银。银重而谷帛贱,谷帛贱而农桑轻,自然之势也。"⑤

以银为货币是历史进步的表现,是商品经济发展的必然结果。但孙鼎

---

① 中国第一历史档案馆藏,朱批专折 04—01—12—0483—088,咸丰四年十月初六日柏葰等奏。
② 《王侍郎奏议》,黄山书社 1991 年版,第 130 页。
③ 邵懿辰:《孙芝房墓志铭》,见孙鼎臣《苍筤诗初集》。"苍筤"是孙鼎臣家乡地名,由此亦可见《畚塘刍论》作于咸丰三年孙鼎臣请假回家后。
④ 从有些文中可以找出作于咸丰时的证据,如《论盐三》有"自咸丰五至七年七月"文字,《论治三》提到宣宗,《论兵三》有"四五年来,贼纵横如故"等。本书中的《畚塘刍论》引文据盛康:《皇朝经世文续编》。
⑤ 孙鼎臣:《论治五》。盛康:《皇朝经世文续编》卷五八。

臣认为用银是统治者的个人好恶所造成的。明英宗时开放用银,是因为英宗"专务封殖","专取多藏","好恶失其本心";"银之见用于世,由好货之君与夫笼利之臣为之也。"①弘治初,户部尚书李敏将边饷改征银两;弘治五年(1492年)户部尚书叶淇又废开中法②,使盐商以银代粟买盐,从此军饷尽改为发银。对于明代用银的历史,孙鼎臣作了如下的总结:"自正统至嘉靖,数十年间,银之积重,其势已成。粟日轻,农日贱,国计日虚。军饷舍粟而放银,而所食非银也。民赋舍粟而征银,而所产非银也。故无事之时则赋重而民困,有事之时则饷重而军困,昔之交便者卒乃交病。论者知明季之贫弱,而不知贫弱之故在舍粟而用银。使由太祖之制,守而不变,何遽至是哉?"③这是把明亡的原因主要归于用银,而用银的责任则是统治者的政策失误。实际上明代的开放用银正是上层建筑适应了经济基础的表现,是执行了顺应历史发展要求的政策。

孙鼎臣认为"总天下之万货而制之于银……于是银为天下之大利,而天下之大奸集焉,迄为天下之大害"。他列举用银之害,达11条之多:"仓庾之敝,出谷纳银,中饱于官,而州县无储偫,一也。富人争蓄黄白,田野之入,今日收而明日粜,而闾阎无盖藏,二也。以银输赋,一石之赋,数石而不足,征敛重困,三也。军食积谷为先,以银给饷,银匮军饥士哗,四也。苞苴(贿赂)潜行,可任(担)可辇(载运),增墨吏之溪壑,五也。色有高下,价有赢缩,奸商豪贾窥时操纵,锢齐民之利,而阴操国家之泉币之权,六也。桀黠之民,舞其巧智,家无一亩,比于封君,长游惰之风,开奸利之涂,七也。不耕而饱,不织而温,民忘其勤,纵欲僭礼,习俗淫侈,八也。富连阡陌,居子为母,膏腴并兼于豪强,九也。椎埋(杀人埋尸)攻剽(抢劫),逃轻匿便,散财结党,千里可通,十也。又有甚害者,岛夷番酋艳中国之藏,作为奇技淫巧至毒之物,蛊我民而窃我财,而洋为银之尾闾,塞之不能止,天下之银日益贵,民之为生之计日益穷,而乱由斯起也。"④

明代以来的反对用银思想,主要理由是田赋征银使农民为了获得银子纳税,不得不贱卖其农产品,以及用银有利于官吏贪污、豪强兼并、盗贼偷盗抢劫等,从未有多达11条的。孙鼎臣在这方面大大超过了历史上任何一位反对用银论者。实际上孙鼎臣所举的用银之害,除第六条的"色有高下"是

---

① 孙鼎臣:《通论唐以来银币》。盛康:《皇朝经世文续编》卷五八。
② 开中法是商人运粮食(或布、马等)至边塞以换取盐的制度,洪武三年(1370年)开始实行。
③ 孙鼎臣:《通论明赋饷之计》。盛康:《皇朝经世文续编》卷三四。
④ 孙鼎臣:《论治五》。盛康:《皇朝经世文续编》卷五八。

白银作为秤量货币所特有的弊病外,其余各条即便不以银为货币也同样存在,用银只不过是使原有的社会矛盾进一步激化而已。只要存在货币,就会有同货币有关的种种社会矛盾,而不管由何者充当货币的角色。孙鼎臣把商品经济同自然经济的矛盾仅仅看作是用银的结果,把一切的罪过都归于用银。

孙鼎臣又分析说:"古之民衣食于农桑,皆取于地而成于人,故用之不穷。今之民衣食于银,银非地之所岁出也,非人之所能为也,用之久而穷,固其理矣。"并比喻说:"饥食而渴饮,人之情也。必玉山之禾然后食焉,中泠之泉然后饮焉。玉山之禾、中泠之泉非世之所必无也,然饥渴之患至切,而限此二物救之,则其所取者狭而其所恃者仅矣。"①"今之民衣食于银"是夸大之词,但反映了商品社会中人们对货币的追求。追求目标的集中是商品经济发展的结果,除非取消商品生产,这自然是不可能的。谷帛等物经一次或多次消费以后终归消灭,而银却继续处于流通中,不能以"用之久而穷"来解释。即使真的到了白银"用之久而穷"的时候,也应该从货币形态本身求得解决,而不是退回到不要货币的社会中去。

孙鼎臣强调富民"莫如重农,重农必先贵谷,贵谷非废银不可"。他知道货币是废除不了的,因此又提出:"农用粟帛,商用货财,以钱为货,而通谷帛之穷"②,取消一种货币而保留另一种货币。他说钱也是"圣人"所重的:"圣人之治天下也,不贵难得之货,使其民衣帛食粟而尽力于农桑,粟与帛之所不通,于是乎以钱为币。粟与帛生于地,而成于人力之所为,可恃者也。铸金(铜)以为钱,出于天子之所自为,亦可恃者也,故圣人重之。金银珠玉出于山海之藏,不可恃,故虽至贵而圣人弗宝焉。"③金银珠玉出于山海之藏,铜也同样如此,为什么铜就可恃呢?如果说铜钱由国家铸造,为什么国家不可以铸造银钱呢?所以孙鼎臣的反用银论在逻辑上是难以贯彻到底的。肯定一种货币而否定另一种货币,在理论上必然会陷于自相矛盾。

在对待铜钱问题上,孙鼎臣持金属主义观点,主张名义价值与实际价值相当。他认为铸足值大钱可以杀银之势,提出铸当五和当十大钱。他强调铸钱必须名实相应说:"十之为十,百之为百,铢之为铢,两之为两,市之三尺童子皆知之。名实不相应,变其自然之分而紊之,以寡为多,以轻为重,欲以愚天下之民,是不信也。利者天下之所同欲,以轻省之工收不訾之利,徒出

---

① 孙鼎臣:《论治五》。盛康:《皇朝经世文续编》卷五八。
② 孙鼎臣:《论治五》。盛康:《皇朝经世文续编》卷五八。
③ 孙鼎臣:《论币一》。盛康:《皇朝经世文续编》卷五八。

而不入,上贱而独欲下贵之,是不恕也。不恕,故民不从;不信,故民不服。"①又批评咸丰年间铸造的大钱说:"(当十钱)欲以二三钱之工,取十钱之利。至当五十、当百,工费与当十不甚悬绝,而所当十倍以上,民虽愚,岂可欺哉!钱出于官,钱粮税课官不肯收,而责民以必行,又何说也!"②

二、汪士铎的人口论

汪士铎(1802③~1889),原名鏊,字振庵、晋侯、梅村,号无不悔翁,简称悔翁,江苏江宁(今南京)人。曾祖父是大商人,"以资雄于时"④,到祖父时破落。父亲为乡间塾师。汪士铎年轻时因家贫曾为商店学徒,不久即回家读书。道光二十年(1840年)考中举人,主考官是胡林翼。咸丰三年(1853年)太平军占领江宁,汪士铎仍在城中。住了9个月后,逃亡到安徽绩溪居住,以授徒为生。九年被署湖北巡抚胡林翼招为幕僚,代为辑《读史兵略》、《大清中外一统舆地全图》,并为胡林翼、曾国藩镇压太平军出谋划策。十一年胡林翼死后,他又参加新巡抚严树森的幕府。同治三年(1864年)冬回江宁,受到历任两江总督曾国藩、刘坤一等人的重视。光绪十一年(1885年)江苏学政黄体芳将他荐于朝廷,授国子监助教衔。著作有《汪梅村先生集》、《悔翁笔记》、《南北史补志》、《水经注图》、《梅村剩稿》等。在绩溪时,于咸丰五年(乙卯)和六年(丙辰)写有断续日记,经邓之诚整理,于1936年刊行,书名为《汪悔翁乙丙日记》。

面对声势浩大的太平天国运动,汪士铎深感孔孟之道已不足以巩固封建统治,因此企图乞灵于先秦法家的严刑峻法,鼓吹"不用孔、孟","不言道学","不用六经"⑤。他说:"孔子之弊过仁(原注:酿乱),过文(原注:无用),不善用所短而讳言兵,又不善用其长而不服善。好驳人,妄议论人,长于修己,短于治世,不自服其迂腐,浮夸大言,高自标致。综练名实,始知其尽属想象之空谈。"⑥"盖仲尼不知兵,故不言兵以自藏其短。后儒效之,真荒唐哉!""孟氏讳所短(言兵),即不能行所长。故滕文(公)笃信,几至灭亡……

---

① 孙鼎臣:《论币二》。盛康:《皇朝经世文续编》卷五九。
② 孙鼎臣:《苍莨初集》卷一三《复方桐芗书》。
③ 汪士铎的生年有些书曾有误记。据多数史料,可以确定他生于嘉庆七年,即1802年。特别是邓之诚《骨董琐记》卷四《汪悔翁自书纪事》中明确说"嘉庆七年壬戌六月十五日子时予生",更无疑义。
④ 《汪梅村先生集》卷一二《先考妣述》。
⑤ 《汪悔翁乙丙日记》卷三。
⑥ 《汪悔翁乙丙日记》卷二。

孟氏真不识时务哉!""'孔子成《春秋》而乱臣贼子惧',此孟轲荒唐之大言也。《春秋》既成,乱贼十倍于前,果何说也?"汪士铎指责孔、孟对后世造成了消极的影响:"故今日之失,与宋、明末之失,皆笃信孔、孟之祸也。"①他一反儒家对历史人物的传统评价,说"周(姬旦)、孔贤于尧、舜一倍,申(不害)、韩(非)贤于十倍,韩(信)、白(起)贤于百倍"。他的理由是:"盖尧、舜以德,不如周、孔之立言,然失于仁柔,故申、韩以惩小奸,韩、白以定大乱,又以立功胜也。"这是以现实的需要作为衡量标准。他对"讳富强之至计"而尚"空谈"的宋儒更是深恶痛绝,认为"崇宋儒之言以为儒",就使"申、韩、孙(武)、吴(起)之论皆从略",以致天下大乱,从而有人"并孔子而摈斥之"。他认为辅孔子之道的是法家、兵家,而不是宋儒:"故败孔子之道者,宋儒也;辅孔子之道者,申、韩、孙、吴也。"②指出"儒者"虽然对管、商、申、韩、孙、吴"尤不屑置齿颊",实际上不过是"阴用其术而阳斥其人尔"③。

出于对农民起义的恐惧,汪士铎对重本抑末的传统思想也提出了批评。他说:"古人重农轻逐末,于今较其利害何如?盖农不可少,而真不可重也。""士、商机巧(原注:心不一也),无能为(原注:重之);农、工愚很(狠),能为乱而心齐(原注:轻之)。"④这里的轻重,只是从政治态度上考虑,同经济政策上的轻重无关。实际上,历代封建统治者的所谓重农,重的只是农业,又何尝是重农民呢!

汪士铎提出一个十分荒谬的人口理论。他把发生农民起义的原因归之于人多:"世乱之由,人多(原注:女人多,故人多),人多则穷(原注:地不足养)"。"女多,故生人多,而生祸乱。"他根据徐光启的《农政全书》,说"天下人丁三十年加一倍",由顺治元年(1644年)1人到当时已发展到128人。他又认为安徽徽州(治今歙县)由于早婚,人口"二十年即加一倍",由顺治元年1人到当时已发展到2 048人。⑤这估计并不符合实际。徐光启的人口30年加一倍的观点是根据明宗室的增长率得出来的,并不具有普遍性。清代从乾隆六年(1741年)开始有全国人口统计数字⑥。乾隆以后的人口增长率确

---

① 《汪悔翁乙丙日记》卷三。"孔子成《春秋》而乱臣贼子惧"见《孟子·滕文公下》。
② 《汪悔翁乙丙日记》卷二。
③ 萧牧:《敬孚类稿》卷一二《汪梅村先生别传》。
④ 《汪悔翁乙丙日记》卷三。
⑤ 《汪悔翁乙丙日记》卷三。
⑥ 清代的人口数字,梁方仲的《中国历代户口、田地、田赋统计》(上海人民出版社1980年版)有汇编。笔者逐年计算了乾隆六年至道光二十年每30年的人口增长率,这里只是述其主要计算结论。

实高于前代,但也没有达到30年加一倍的程度。按30年计算,清代人口增长率最高的是乾隆十二年至四十二年的30年,为57.6%。乾隆后期的人口增长率就逐渐下降,乾隆四十七年至道光元年之间的每30年,人口增长率只达百分之十几。乾隆五十四年至嘉庆二十四年的30年,增长率低到1.2%。

汪士铎将人口增长率估计得这样高,而将生活资料增长的可能性完全抹煞。他说:"人多之害,山顶已殖黍稷,江中已有洲田,川中已辟老林,苗洞已开深箐(竹林),犹不足养,天地之力穷矣。种植之法既精,糠覈(粗糠屑)亦所吝惜,蔬果尽以助食,草木几无子遗,犹不足养,人事之权殚(尽)矣。"这是说能利用的土地都已经利用了,又做到了精耕细作,生产的发展已达到了极限。"驱人归农,无田可耕。驱人归业,无技须人。"人满为患,简直到了要以"百农治一亩,千人治一店"的程度。"天不以刀兵消息之,何法处此?"①因此就发生了战乱。谋生手段已经穷尽,生活资料的生产无法满足迅速增长的人口的需要,这就是汪士铎的结论。

这个结论把人口过剩绝对化了。我们并不否认封建社会有相对人口过剩的问题。所谓相对人口过剩,是指在一定生产关系和生产力水平下的人口过剩。汪士铎看不到腐朽的封建生产关系对生产力的严重束缚,以为生产力的发展已经到顶,中国所能容纳的人口数量已经发展到了极限。这是绝对人口过剩的观点。汪士铎记述了他同农民的一次谈话,其中说:"曰:'汝田乃田主之田,何以不交粮?'曰:'交则吾不足也。吾几子几女,如何能足?'曰:'佃人之田,交人之粮,理也。安问汝不足?且汝不足,当别谋生理。'曰:'人多,无路作生理,无钱作生理也。'呜呼,岂非人多之患哉?"②从这段话中可以看出,农民的难以谋生是因为他们丧失了生产资料。离开了生产资料所有制和生产力发展水平,抽象地说生活资料无法满足人口增长的需要是错误的。

汪士铎还用他的人口理论来解释资本主义国家的对外侵略。他在一首诗中说:"地球鸡子黄,万古无消长。生齿日亿兆,山泽力难养。远夷航梯来,弊固在利网。闻亦因人满,幸遂非非想。度其果饱温,未忍去乡党。"③这说明他对西方的经济、政治制度还毫无了解。

汪士铎认为人口的数量与质量成反比,说"人多而气分,赋禀遂薄"④。

---

① 本段引文均见《汪梅翁乙丙日记》卷三。
② 《汪梅翁乙丙日记》卷二。
③ 《梅村剩稿》卷上《杂言》。
④ 《汪梅翁乙丙日记》卷三。

也就是说，人多就会"愚"，而愚也是"作乱"的原因。多子女的家庭确实会影响对子女的教养，但这不是什么"气分"或"赋禀"厚薄的问题。本来，剥削阶级总是认为劳动人民是"愚"的，而汪士铎所说的"愚"则更多地用作对劳动人民的革命要求的贬词。例如，他说绩溪"人多于他邑，而愚于他邑，贫于他邑，企望长毛之来亦殷于他邑"①。"愚"和拥护太平军，在汪士铎的心目中是一回事。

汪士铎认为防止"作乱"的办法只能是大量减少人口。他说："使减其民十之七八，则家给民足，驱之为乱亦顾恋而不愿矣，有他道哉？"②他提出了许多减少人口的办法，其中只有"广施不生育之方药"③属于正常的节制生育的范围，其他都是残暴的手段。他主张晚婚，但他鼓吹用极刑来对待早婚的人。残暴手段计有：(1)用溺女的办法减少女人，穷人不准生女，富人只准生一女。还要对妇女征丁赋，家有两女的加倍征赋。减少女人可以使"天下之贫者、以力相尚者、不才者，皆不得取(娶)而人少矣"④。(2)"生子而形体不端正，相貌不清秀，眉目不佳者，皆溺之。即皆佳矣，亦可留一子，多不可过二子，三子即溺之。"(一说"生三子者倍其赋")⑤(3)尽量减少婚配，如鼓励作僧尼，禁止有子的鳏夫、寡妇再婚，广设清节堂、童贞女院等。(4)大量采取死刑，"复族诛之法，推广连坐之条"。"刑法宜以十三岁为成人，十三岁以下犯罪，罪坐其亲。"⑥被他定为"斩立决"的罪名达20条左右，如"禁赌博、洋烟、性理、鬼神、巫祝、星卜、盗贼、私斗、光棍、游荡、硝磺、邪教十二事"⑦；男子25岁(又说30岁)以内娶妻，女子20岁(又说25岁)以内出嫁；"男子有子而续取，妇人有子而再嫁"；对犯"七出"⑧之条的妇女"容忍"和"溺爱"；"巫蛊祝诅迕逆家长"；会试时"虚文论理"；吃空额的军官；"僭逾"等等都是。此外，他还提出在士、农、工、商四民之外，增加"武"和"僧"，成为"六民"。武是镇压人民的需要，僧是减少人口的需要。"游手者为仆隶，不齿于六民。"⑨他说推行这些政策，"行之三十年而民可渐减，行之六十年而天下皆富矣"⑩。

---

① 《汪悔翁乙丙日记》卷二。
② 《汪悔翁乙丙日记》卷二。
③ 《汪悔翁乙丙日记》卷二。
④ 《汪悔翁乙丙日记》卷三。
⑤ 《汪悔翁乙丙日记》卷三。
⑥ 《汪悔翁乙丙日记》卷三。
⑦ 《汪悔翁乙丙日记》卷二。
⑧ "七出"是指中国封建社会休妻的七种理由。
⑨ 《汪悔翁乙丙日记》卷三。
⑩ 《汪悔翁乙丙日记》卷二。

这是要用屠夫的凶残来换取清王朝的"长治久安"。

汪士铎的人口论从总体上来说是荒谬的。但他注意到人口数量要与生活资料的生产相适应,提出了节制生育的主张,这点仍能给后人以有益的启示。

第八节 洪秀全、洪仁玕的经济思想

一、洪秀全的田制论

洪秀全(1814～1864),原名仁坤,广东花县(今广州花都)人,出身于农民家庭。约16岁时因家贫失学,在家参加农业劳动。18岁受聘为本村塾师。道光十六年(1836年)到广州应试时,得到了一部基督教徒梁发编写的《劝世良言》。由于先后3次考秀才失败,其科举功名的幻想破灭,终于决心走推翻清朝的道路。他利用《劝世良言》中的一些基督教义,根据中国农民革命的要求加以改造和解释。二十三年创立拜上帝会,利用宗教来动员和组织群众。他编造了一个天堂异梦,借"皇上帝"的名义来"鞭挞"孔丘,指出"推勘妖魔作怪之由,总追究孔丘教人之书多错","连尔(洪秀全)读之,亦被教坏了"①。他同最早入会的冯云山、洪仁玕一起捣毁了私塾中的孔子牌位。

道光二十五年至二十六年间,洪秀全写出《原道醒世训》、《原道觉世训》和《原道救世歌》三篇文章,为太平天国运动奠定了理论基础。他说"皇上帝"是"天下凡间大共之父",指出:"天下多男人,尽是兄弟之辈,天下多女子,尽是姐妹之群,何得存此疆彼界之私,何可起尔吞我并之念。"②接着还引孔子所说的"大道之行也,天下为公……是谓大同"③一整段话作为理想社会的标准。他要大家丢掉私念,变"乖离浇薄之世"为"公平正直之世",变"陵夺斗杀之世"为"强不犯弱,众不暴寡,智不诈愚,勇不苦怯之世",实现"天下一家,共享太平"④。他把农民和封建统治者的对立抽象为"皇上帝"和"阎罗妖"的对立,把"阎罗妖"作为清朝皇帝的象征。他宣称"皇上帝之外无神","世间所立一切木石泥团纸画各偶像"都是"阎罗妖之妖徒鬼卒"⑤。这实际

---

① 洪仁玕:《太平天日》。罗尔纲:《太平天国文选》,上海人民出版社1956年版,第139、140页。
② 洪秀全:《原道醒世训》。罗尔纲:《太平天国文选》,上海人民出版社1956年版,第4页。
③ 见《礼记·礼运》。其中"是故谋闭而不兴",引作"是故奸邪谋闭而不兴"。
④ 洪秀全:《原道醒世训》。罗尔纲:《太平天国文选》,上海人民出版社1956年版,第4、5页。
⑤ 洪秀全:《原道觉世训》。罗尔纲:《太平天国文选》,上海人民出版社1956年版,第14、15页。

上是把封建社会划分为两个营垒,号召人们起来打倒以清皇帝为首的大大小小的统治者。

利用经过改造的外国宗教来动员和组织群众进行反清斗争,一时间可能起很大的作用。但它不符合中国的传统文化,终究会受到国人的强烈反对。

道光三十年六月,洪秀全建立反清武装。次年在广西桂平金田村起义,建立太平天国,洪秀全称天王。太平天国三年(1853年)定都天京后颁布了《天朝田亩制度》,这可以看作是反映了洪秀全的理想。《天朝田亩制度》是一个以解决土地问题为中心,包括政治、经济、军事、文化、教育等方面的纲领性文件。

《天朝田亩制度》提出:"凡天下田,天下人同耕,此处不足,则迁彼处,彼处不足,则迁此处。凡天下田,丰荒相通,此处荒则移彼丰处,以赈此荒处,彼处荒则移此丰处,以赈彼荒处。务使天下共享天父上主皇上帝大福,有田同耕,有饭同食,有衣同穿,有钱同使,无处不均匀,无人不饱暖也。"[①]并规定了详细的分田办法。它把土地按产量划分为9等:上上田每亩年产量1 200斤;上中田每亩年产量1 100斤,以1.1亩折上上田1亩;上下田每亩年产量1 000斤,以1.2亩折上上田1亩;中上田每亩年产量900斤,以1.35亩折上上田1亩;中中田每亩年产量800斤,以1.5亩折上上田1亩;中下田每亩年产量700斤,以1.75亩折上上田1亩;下上田每亩年产量600斤,以2亩折上上田1亩;下中田每亩年产量500斤,以2.4亩折上上田1亩;下下田每亩年产量400斤,以3亩折上上田1亩。分配土地按人口,不分男女、好丑各半搭配,15岁以下的比16岁以上的减半。

这种平均分配的原则还推广到对其他一切财产的处理上。收成以后,每家留足口粮,"余则归国库"。其他农产品、家畜及银钱等也一样。每25家为一基层组织,设国库一。"凡二十五家中所有婚娶弥月喜事,俱用国库,但有限式,不得多用一钱。如一家有婚娶弥月事,给钱一千,谷一百斤,通天下皆一式。总要用之有节,以备兵荒。凡天下婚姻不论财。"[②]鳏寡孤独废疾者,皆颁国库以养。

《天朝田亩制度》所设想的生产仍然是一家一户为单位的小农经济的生产。农民"力农者有赏,惰农者有罚"。妇女要各自纺纱织布,以供自给。

---

① 《天朝田亩制度》。罗尔纲:《太平天国文选》,上海人民出版社1956年版,第45页。
② 《天朝田亩制度》。罗尔纲:《太平天国文选》,上海人民出版社1956年版,第46页。

"凡天下,每家五母鸡,二母彘,无失其时。"①手工业生产利用农隙进行。没有商业。社会成员除了做官的,就是农民。凡做官的违犯《十款天条》、贪污舞弊、滥保举人和做礼拜不虔诚的都要"黜为农"。"民或违条命及惰农者,则为恶为顽,或诛或罚。"②

《天朝田亩制度》规定兵农结合、军政结合的社会组织形式。"每年每家设一人为伍卒,有警则首领统之为兵,杀敌捕贼;无事则首领督之为农,耕田奉尚(上)。"③5家为"伍",设伍长一人;5伍为"两",设两司马一人;4两为"卒",设卒长一人;5卒为"旅",设旅帅一人;5旅为"师",设师帅一人;5师为"军",设军帅一人。两司马至军帅既是军事长官,又是地方行政长官。一切政治、经济、文化、宗教等方面的基层社会活动,都在"两"的范围内进行。

《天朝田亩制度》谈的不仅是土地问题,但以"土地制度"名之,突出了无地、少地农民最关心的问题,适应了发动农民、壮大太平军的需要。《天朝田亩制度》在当时并未付诸实施,但太平军所到之处,佃农不再向地主交租,上述汪士铎所记同农民的一次谈话,就反映了无地农民对土地的企盼。

《天朝田亩制度》有些内容抄自中国的儒家经典。"凡天下,每家五母鸡,二母彘,无失其时"原于《孟子·尽心上》:"五母鸡,二母彘,无失其时,老者足以无失肉矣。"军事编制和军官的名称则采自《周礼·夏官司马上》。其整个社会构想反映的是绝对平均主义的农业社会主义思想,具有明显的空想性。它所描绘的完全是一幅古老的男耕女织的自然经济图景,同发展市场经济的时代要求完全背道而驰。复杂的人类社会不可能被纳入这样简单的社会模式,它的不可能付诸实施具有必然性。

二、洪仁玕的经济政策论

洪仁玕(1822~1864),字益谦(一作谦益),号吉甫,广东花县人,洪秀全的族弟。多次考秀才未中,在农村当了几年塾师。道光二十三年(1843年)和冯云山一起参加拜上帝会,因将私塾中孔子牌位除去,一度被逐出家门。次年到清远教书。金田起义后,他因来不及赶上太平军而中途折回。咸丰二年(1852年)逃到香港,不久潜回广东东莞教书。次年又到香港,接受瑞典人巴色会教士韩山文(T. Hamburg)的洗礼,在西洋牧师处任教。一年后曾

---

① 《天朝田亩制度》。罗尔纲:《太平天国文选》,上海人民出版社1956年版,第46页。
② 《天朝田亩制度》。罗尔纲:《太平天国文选》,上海人民出版社1956年版,第47页。
③ 《天朝田亩制度》。罗尔纲:《太平天国文选》,上海人民出版社1956年版,第45页。

到上海,想去天京没有成功。他在香港期间,学习西方文化,逐步具有资产阶级思想倾向。1858年离港,经过了许多艰险,于次年到达天京。洪秀全封其为军师、干王,总理朝政。太平天国十四年(1864年)天京陷落,洪仁玕迎突围而出的幼天王到江西,在石城被俘,于南昌英勇就义。著作有《资政新篇》、《英杰归真》、《军次实录》、《诛妖檄文》及《自述》等。

《资政新篇》是洪仁玕总理朝政后作为施政纲领而提出的。洪秀全看后,多处批上"此策是也"、"是也"、"是"等赞语,并用诏旨颁行。

《资政新篇》包含四个方面的内容:一是"用人察失类",提出"禁朋党之弊"[1],以加强太平天国内部的团结和中央权力;二是"风风类",通过"以风风之,自上化之"[2]来改变旧习俗;三是"法法类",关于政治、经济、文化的立法主张,这是全篇的重点;四是"刑刑类",主要是对于罪犯的判刑问题。

洪仁玕在《资政新篇》中提出"因时制宜,审势而行"[3]的施政原则。他简略地介绍了世界各国的大势,供"因时制宜,度势行法"[4]参考。他所说的"因时"、"审势",其实就是因资本主义之时,审世界潮流之势,走发展资本主义的道路。

洪仁玕把"天父上帝、天兄基督、圣神爷之风(圣灵)"三位一体称为"上宝",而把中国的"诗画美艳,金玉精奇"称为"宝之下者"。"上宝"属于意识形态领域,他之所以提出"宝之下者",本意是要与被他称为"中宝"的作比较。他指出:"中宝者,以有用之物为宝。如火船、火车、钟镖(表)、电火表、寒暑表、风雨表、日晷表、千里镜、量天尺、连环枪、天球、地球等物,皆有夺造化之巧,足以广闻见之精。此正正堂堂之技,非妇儿掩饰之文,永古可行者也。"[5]既然有用之物都是西方的机器工业产品,中国自然应该努力仿效。自魏源提出学习西方制造机器工业产品后,直到洪仁玕才再次提出,时间已经相隔了17年。由此可见当时中国经济思想发展的缓慢。

洪仁玕提出应兴、应禁的项目共29项。应兴的项目中,关于经济建设的有兴车马之利、兴舟楫之利、兴银行、兴器皿技艺、兴宝藏、兴保险等。这些都是学习西方发展资本主义经济的措施,主要采取两项政策,一是民办,一是专利。

---

[1] 洪仁玕:《资政新篇》。罗尔纲:《太平天国文选》,上海人民出版社1956年版,第117页。
[2] 洪仁玕:《资政新篇》。罗尔纲:《太平天国文选》,上海人民出版社1956年版,第118页。
[3] 洪仁玕:《资政新篇》。罗尔纲:《太平天国文选》,上海人民出版社1956年版,第117页。
[4] 洪仁玕:《资政新篇》。罗尔纲:《太平天国文选》,上海人民出版社1956年版,第124页
[5] 本段引文均见洪仁玕:《资政新篇》。罗尔纲:《太平天国文选》,上海人民出版社1956年版,第119页。

兴车马之利。"倘有能造如外邦火轮车,一日夜能行七八千里者,准自专其利,限满准他人仿做。若彼愿公于世,亦禀准遵行,免生别弊。"①先在 21 省造 21 条大路为全国脉络,通省城的阔 3 丈,通郡城的阔 2.5 丈,通县城及市镇的阔 2 丈,通大乡村的阔丈余。每 20 里设一书信馆,寄到某地的书信先束成一捆,"至即互相交讫,不能停车俄顷,因用火用气用风之力太猛也"②。洪仁玕所说的"火轮车",按其速度来说应是火车,但按其车道来说又只能是汽车。因他只到过香港,没有见过火车,对火车的高速运行仅得之于传闻,故有此不符合实际的说明。

兴舟楫之利。"以坚固轻便捷巧为妙。或用火用气用力用风,任乎智者自创。首创至巧者,赏以自专其利,限满准他人仿做。若愿公于世,亦禀明发行。兹有火船气船,一日夜能行二千余里者,大商则搭客运货,国家则战守缉捕,皆不数日而成功,甚有裨于国焉。"③

兴银行。"或三四富民共请立,或一人请立,均无不可也。"④如有 100 万家财,先将家资契约禀报入库,准其发行 150 万代银的纸币。在银、货相易,或纸币兑银时,均准每两取息 3 厘。兴银行大利于商贾士民,便于携带,身有万金而人不知。沉于江河,则损于一己而益于银行。

兴器皿技艺。有能造精奇利便的器皿,准其自售,他人仿造有罪。器小者赏专利 5 年,器大者赏专利 10 年,益民多者增加年数。无益之物则有责无赏。限满允许他人仿做。

兴宝藏。"凡金、银、铜、铁、锡、煤、盐、琥珀、蚝(牡蛎)壳、琉璃、美石等货"⑤,由探出的人申请招民开采,自己任总领,产品的分配总领得两成,国库得两成,其余归开采者。

兴保险。"凡屋宇、人命、货物船等,有防于水火者,先与保人议定,每年纳银若干,有失则保人赔其所值,无失则赢其所奉。"⑥洪仁玕还没有使用"保险"及"保险公司"的名称。

在应禁项目中,洪仁玕说"外国有禁卖子为奴之例",提出"准富者请人雇工,不得买奴",以免"贻笑外邦"⑦。这表明他赞成发展资本主义的雇佣关

---

① 洪仁玕:《资政新篇》。罗尔纲:《太平天国文选》,上海人民出版社 1956 年版,第 124 页。
② 洪仁玕:《资政新篇》。罗尔纲:《太平天国文选》,上海人民出版社 1956 年版,第 125 页。
③ 洪仁玕:《资政新篇》。罗尔纲:《太平天国文选》,上海人民出版社 1956 年版,第 125 页。
④ 洪仁玕:《资政新篇》。罗尔纲:《太平天国文选》,上海人民出版社 1956 年版,第 125 页。
⑤ 洪仁玕:《资政新篇》。罗尔纲:《太平天国文选》,上海人民出版社 1956 年版,第 126 页。
⑥ 洪仁玕:《资政新篇》。罗尔纲:《太平天国文选》,上海人民出版社 1956 年版,第 127 页。
⑦ 洪仁玕:《资政新篇》。罗尔纲:《太平天国文选》,上海人民出版社 1956 年版,第 127、128 页。

系。他也主张禁酒及一切生熟黄烟、鸦片,先要禁做官的人,逐渐严禁在下的人。"绝其栽植之源,遏其航来之路,或于外洋入口之烟,不准过关。走私者杀无赦。"①

洪仁玕主张同外国通商,"但不得擅入旱地,恐百姓罕见多奇,致生别事";只许牧师、教技艺之人等入内地教导我民,"准其为国献策,不得毁谤国法"②。他指出与西方通商,应制定"一定之章程,一定之礼法,方不至妄生别议"③。洪仁玕主张维护国家的主权,但他对于资本主义国家的侵略本质是认识不足的,认为用"信义"就能维持邦交。他还向洪秀全推荐了和自己"相善"的一些英、美、德等国的传教士,以为他们能帮助太平天国。他认为通过经济竞争就可以抵制西方的经济侵略,举例说:"如开店二间,我无租值,彼有租值;我工人少,彼工人多;我价平卖,彼价桂(贵)卖。是我受益而彼受亏,我可永盛,彼当即衰,彼将何以久居乎?"④这一估计是太乐观了。

后来在一系列事实教训下,洪仁玕终于逐步纠正了对外国侵略者的某些错误认识。当侵略者公然以武力干涉太平天国内政时,他坚决同他们作斗争。他在就义前写的《自述》中说:"我朝祸害之源,即洋人助妖之事……但如洋人不助敌军,则吾人断可长久支持。"⑤这是从血的教训中取得的认识。

《资政新篇》中关于经济的部分是中国近代最先出现的具有资本主义色彩的经济纲领。它的目的是要把西方资本主义的经济制度移植到中国社会中来,在中国建立和发展新式工业。太平天国当时并不具备实现这一纲领的条件,《资政新篇》只能作为中国近代经济发展思想的一座重要的里程碑而被载入史册。

---

① 洪仁玕:《资政新篇》。罗尔纲:《太平天国文选》,上海人民出版社1956年版,第128页。
② 洪仁玕:《资政新篇》。罗尔纲:《太平天国文选》,上海人民出版社1956年版,第121页。
③ 洪仁玕:《资政新篇》。罗尔纲:《太平天国文选》,上海人民出版社1956年版,第130页。
④ 洪仁玕:《资政新篇》。罗尔纲:《太平天国文选》,上海人民出版社1956年版,第130页。
⑤ 《干王洪仁玕自传》。罗尔纲:《太平天国文选》,上海人民出版社1956年版,第213、214页。

第二章　第二次鸦片战争至甲午战争时期的经济思想

第一节　洋务运动和学习西方思想的发展

一、自然经济的解体和机器工业的产生

太平天国运动给封建势力以沉重的打击。咸丰十年(1860年)春夏之交,太平军大破清江南大营,并占领苏州、嘉兴等地,准备进军上海。为了挽救危局,虽然第二次鸦片战争还在进行,上海的官绅(包括江、浙各地逃来的地主)就迫不及待地要求清政府借助外国侵略势力镇压太平军。第二次鸦片战争一结束,清王朝就确定了这一方针。在中外反动势力的联合进攻下,太平天国终于失败。太平天国和捻军等农民起义以及回民、苗民等少数民族的起义先后被镇压,中国的农民运动转入了低潮。

第二次鸦片战争失败以后,资本主义国家对中国的商品输出迅速增加,光绪二十年(1894年)比同治三年(1864年)增加了2.5倍,而同期中国的出口商品只增加了1.6倍。绝大部分年份都是入超,光绪二十年的入超值达3 400万海关两。进口商品以棉织品增长最快,到光绪十一年超过鸦片而占第一位,该地位一直维持到20世纪20年代。中国的出口商品主要是农产品,以丝、茶为大宗,还有棉花、豆类、糖类等。洋货的大量进口使中国的手

工棉纺织业和其他手工业受到严重的打击。而农产品出口的增加,则刺激了中国商品性农业的发展。这样,中国的自然经济就进入了解体的过程。农民同市场发生越来越密切的联系,丧失土地的农民也就越来越多。土地兼并更加剧烈。

鸦片战争前后的白银外流问题,由于形势的变化,已经自然地得到了解决。咸丰五年以后银价渐平。七年江浙一带银一两换制钱跌至1 100余文,且无换处①。19世纪70年代以后,主要资本主义国家(除英国已实行外)相继实行金本位制,在此以前即已经注意贮备黄金。因此,中国用来抵补国际收支差额的,由原来的白银而逐渐变为以黄金为主,白银反而从国外流入。国际银价的下跌又产生了一个新的问题——镑亏,即金涨银跌在对外支付上所造成的亏损。

除商品输出外,资本主义国家也加强了对中国的资本输出,在中国办银行、保险、工矿企业、交通运输等。到甲午战争前,外商在中国的投资总额约2亿多美元。外商银行在中国吸收存款,发行纸币,控制进出口贸易和外汇市场,其中以英商汇丰银行(1865年开业)势力最为雄厚。外商的航运业,如英商怡和洋行、太古洋行和美商旗昌轮船公司等,垄断了中国的沿海和长江航运。到光绪二十年,中国共建造铁路360多公里,其中近80%是外资控制的。外国侵略势力还控制了中国的海关,英人赫德(R.Hart)从同治二年起担任了海关总税务司的要职,成为英国干涉中国内政的重要代表人物。

外国资本主义"不仅对中国封建经济的基础起了解体的作用,同时又给中国资本主义生产的发展造成了某些客观的条件和可能。因为自然经济的破坏,给资本主义造成了商品的市场,而大量农民和手工业者的破产,又给资本主义造成了劳动力的市场"②。

19世纪60年代开始,清政府的一部分官员主张采用一些资本主义国家的先进技术以巩固封建统治。这些人被称为"洋务派",他们所开展的上述活动被称为"洋务运动"。洋务派购买外国机器,先后创办了江南制造总局、金陵机器制造局、福州船政局、天津机器制造局、湖北枪炮厂等近代军事工业。军事工业是官办的。清政府不可能拿出很多资本来办企业,因此从70年代开始又采用官督商办的形式,利用和控制民间资本,陆续创办了一些企业,如轮船招商局、开平矿务局、天津电报总局、上海机器织布局、汉阳铁厂

---

① 王茂荫:《请酌量变通钱法篇》,《王侍郎奏议》,黄山书社1991年版,第145页。
② 《中国革命和中国共产党》,《毛泽东选集》第2卷,人民出版社1991年版,第626、627页。

等。到 90 年代又开始办官商合办的企业。

19 世纪 70 年代,民间资本共创办了 20 多个工业企业,到甲午战争时发展到 100 多个。这些企业大部分投资较少,规模较小,最大的资本也只有 20 多万银两;分布很集中,上海最多,广州次之。除自己办厂外,有些人还投资于洋务派的官督商办企业。民族资本对外国侵略势力和国内封建势力都具有依赖性,但又受到这两种势力的压迫,不能自由发展。在甲午战争前还没有形成独立的政治力量。

鸦片战争前在中国流通的外国银元主要是各种西班牙银元,中国人称之为"本洋",本洋铸于西班牙属地墨西哥。1821 年墨西哥独立,1823 年开始铸造新银元。鸦片战争后墨西哥银元大量流入中国,取代了本洋的地位。因币面图形为一衔蛇的鹰,中国人称之为"鹰洋",或讹称"英洋"。外国银元的流通,促使中国产生自铸银元。先是用手工制造,有多种品种。光绪时吉林首先向外国购入铸钱机器,于光绪十年铸造以两为单位的银元,因数量少,影响不大。十三年两广总督张之洞奏请自铸银元,当时未被批准,但他仍向国外订购铸钱机器,建立厂房,于十五年试铸大小银元 5 种。大银元的重量仿鹰洋,重库平 7 钱 2 分(初铸重库平 7 钱 3 分)。因银元背面为蟠龙图,故称"龙洋"。十六年四月,新任两广总督李瀚章主持正式开铸广东龙洋。龙洋的产生标志着中国的货币文化开始正式走上了接受西方货币文化影响的道路。

二、学习西方和西方经济学的传入

第二次鸦片战争的失败对中国起了进一步惊醒的作用,"自强"成了朝野较普遍的呼声,更多的人提出了学习西方的主张。

咸丰十年(1860 年)十一月,钦差大臣、两江总督曾国藩在一个奏折中提出了"师夷智以造炮制船,尤可期永远之利"[1]的主张。同治二年(1863 年),中国近代最早的留学生、毕业于美国耶鲁大学的容闳谒见曾国藩,向曾提出发展机器工业的建议。他指出中国"欲立各种之机器厂,必先有一良好之总厂以为母厂,然后乃可发生多数之子厂"。这母厂"当有制造机器之机器",用它来"造出各种根本机器,由此根本机器,即可用以制造枪炮、农具、钟表及其他种种有机械之物"。他还指出中国幅员广大,"必须有多数各种之机器厂,乃克敷用"。[2] 曾国藩接受了他的建议,派他到美国购买机器,筹建江

---

[1] 《曾文正公全集·奏稿》卷一五《覆陈洋人助剿及采米运津折》。
[2] 容闳:《西学东渐记》,商务印书馆 1915 年版,第 88 页。

南制造总局。同治六年他又通过江苏巡抚丁日昌,向清政府提出四条建议:用华股组织合资汽船公司,公司中的经理、职员也完全用中国人;选派12至14岁的幼童出国留学;开矿,造铁路;"禁止教会干涉人民词讼,以防外力之侵入"[①]。轮船招商局的成立,由这个建议开其端。派遣留学生的制度也于同治十一年开始实行,容闳任留美学生副监督。

洋务运动时期主张学习西方的人有洋务派与早期资产阶级改良派之分。从产生的时间看,洋务派早于早期改良派。他们共同反对顽固派,思想上有许多共同点,而且往往有直接的人事关系。但双方也存在着深刻的分歧。在学习西方的内容上,洋务派开始时主要是学习西方的军事生产技术,19世纪70年代后扩大到民用生产技术方面,始终反对学习西方的政治制度。改良派一方面认为向西方学习的是器不是道,而器本来也是从中国传到西方的;另一方面又认为道也应该有所变化。他们要求政府实行扶助商人的政策,提高商人的社会地位。有的还提出了设立议院的主张,要给商人以参政权。他们从对外通商的角度讨论经济问题,认为发展经济以振兴商务为中心,具有不同程度的重商倾向。他们把改革的希望寄托于洋务派,但随着矛盾的逐步暴露,对洋务派的批评日益增多。

资本主义国家在对中国进行军事、政治和经济侵略的同时,还积极在中国传播西方文化。它们派传教士来中国传教,办刊物,办学校,出版书籍。它们的目的是要在中国建立半殖民地文化,以便在思想上统治中国人民。但另一方面,西学的传播也使中国的一些有志于改革的知识分子获得了初步的西学知识,激发起资产阶级改良思想。

在传播的西方文化中也包括经济学。但这一时期西方经济学在中国的传播还很初步,翻译出版的经济学著作只有以下几种:

(一)《富国策》(*A Manual of Political Economy*,直译为《政治经济学指南》),英国经济学家福塞特(H. Fawcett,当时译为"法斯德")著。同治元年北京设同文馆,初为翻译学校,四年改为高等学堂。所设课程中有"富国策"(经济学),在第八年开,第一次开课应在同治十一年。教师是美国传教士丁韪良(W. A. P. Martin),教材即用法斯德的《富国策》。此书由同文馆毕业生、副教习汪凤藻翻译,总教习丁韪良校订,呈请总理各国事务衙门批准,于光绪六年(1880年)首次出版。

(二)《佐治刍言》(*Political Economy*),英国钱伯斯兄弟(W. &

[①] 容闳:《西学东渐记》,商务印书馆1915年版,第103页。

R. Chambers)编辑,无原作者名①。由江南制造局翻译馆译员、英人傅兰雅(J. Fryer)口译,应祖锡笔述,光绪十一年出版。此书第 14 章至第 31 章是经济学的内容。

(三)《富国养民策》(*Primer of Political Economy*,直译为《政治经济学入门》),英国经济学家杰文斯(W. S. Jevons,当时译"哲分斯")著,英国传教士艾约瑟(J. Edkins)译,光绪十二年总税务司署出版。又编入赫德辑、艾约瑟译的《西学启蒙》16 种之一,光绪十二年出版。

(四)《西学略述·经济》。《西学略述》是上述《西学启蒙》的第一种。《西学略述》卷八为《经济》,分富国、租赋、英征麦税始末、英征百货税则、富民、国债、钱制、河防、海防、法国经济始末、意国经济始末、筑路、船制、火车铁路、户口等节。《富民》中提到:"当中朝乾隆年间,英人斯米得,为英格兰地方书院中之性理教习,著有一书,内专详论富国之本,甚为时人称许。"《法国经济始末》和《意国经济始末》,可以说是微型的法国和意大利的经济思想史。

(五)《生利分利之别》,含《生利分利之别论》和《生利分利之别再论》两篇,不到 4 000 字,讨论生产劳动和非生产劳动问题。英国传教士李提摩太(T. Richard)著,蔡尔康译,光绪十九年广学会出版。

上述"富国策"、"富国养民策"(或作"富国养民学")是经济学的最早中译名,"富国策"尤为流行。日本的"经济学"译名在这一时期已传入中国。《西学略述·经济》中的"经济"即指经济学的"经济"。

早期改良派的西学知识,一方面来自书本(主要是看西书的中译本,有些人还懂外文),另一方面也来自实地的考察,有的人到过香港,有的人到过外国。可是他们都没有深入研究过西方经济学,所以对资本主义经济的内部关系还缺乏深刻的了解。虽然如此,他们的理论对当时的中国来说却已经是一种新理论了。

第二节 冯桂芬、李鸿章、郭嵩焘的经济思想

一、冯桂芬的经济思想

冯桂芬(1809~1874),字林一、景庭,江苏吴县人,家有千亩土地。道光十二年(1832 年)考中举人,以文章受知于江苏巡抚林则徐。中举后协助林

---

① 叶斌:《点校说明》,《佐治刍言》,上海书店出版社 2002 年版。

校书,并先后参加江苏巡抚陶澍和裕谦的幕府。二十年考中榜眼,授翰林院编修。太平军攻克南京时,冯桂芬丁父忧刚期满,即奉诏在籍办团练,抵抗太平军。因参加镇压小刀会起义有功,于咸丰六年(1856年)升为右春坊右中允。由于"获罪权要"①,一年后告病回家。十年太平军占领苏州,冯桂芬逃亡上海,与一些江浙官绅共同鼓吹借英、法"夷兵"镇压太平军。十一年冬,上海官绅向曾国藩(时驻安庆)求救兵,由冯桂芬起草乞援书。曾国藩看后大为感动,就派李鸿章出兵上海。冯桂芬又力主成立会防局,"以联中外之势"②。李鸿章到上海后,他参加李的幕府,"襄筹防剿,动中机宜"③。同治三年(1864年)他曾去南京面谒曾国藩,曾国藩回顾往事,称赞他说,"东南大局,不出君一书也。"④在李鸿章镇压捻军时,他虽未随行,但"函牍往返,咨度军事,多所匡救"⑤。同治九年经李鸿章力荐,得三品衔。此外,还曾主讲江宁惜阴,上海敬业,苏州紫阳、正谊等书院。著作有《显志堂稿》、《校邠庐抗议》、《说文解字段注考证》等。

《校邠庐抗议》迟至光绪九年(1883年)刊行,有些篇先在《显志堂稿》刊出,故两书有重复。《校邠庐抗议》的绝大部分文章都是冯桂芬逃亡上海期间所作。所谓"抗议",是"位卑言高之意"。冯桂芬把克服封建社会危机的希望寄托在复"古法"和师"蛮貊"上。他说,古法要"去其不当复者,用其当复者",只要是当复的,则不管难易都要复。他声明他的"私议,不能无参以杂家,佐以私臆,甚且羼以夷说,而要以不畔于三代圣人之法为宗旨"。⑥ 所谓"羼以夷说",也就是学习西方。他说:"法苟不善,虽古先吾斥之。法苟善,虽蛮貊吾师之。"⑦他主张采西学,指出:"如以中国伦常名教为原本,辅以诸国富强之术,不更善之善者哉?"⑧"以中国伦常名教为原本,辅以诸国富强之术"是冯桂芬提出的一个学习西方的原则,这是后来所说"中学为体,西学为用"的先声。"羼以夷说"标志着冯桂芬到上海后的思想变化,这在他19世纪50年代所写的文章中是看不到的。

冯桂芬主张复宗法,立宗子。他说:"宗法者,佐国家养民、教民之原本

---

① 冯桂芬:《显志堂稿》卷五《覆许滇生师书》。
② 冯桂芬:《显志堂稿·吴序》。
③ 《李文忠公全集·奏稿》卷一六《冯桂芬请加三品卿衔片》。
④ 冯桂芬:《显志堂稿·墓志铭》(黄彭年代李鸿章作)。
⑤ 《李文忠公全集·奏稿》卷一六《冯桂芬请加三品卿衔片》。
⑥ 冯桂芬:《校邠庐抗议·自序》。
⑦ 冯桂芬:《校邠庐抗议·收贫民议》。《校邠庐抗议》分上下两卷,但不同版本各篇所在的卷别有不同,故本书所注该书的篇目不标明上下卷。
⑧ 冯桂芬:《校邠庐抗议·采西学议》。

也。""牧令所不能治者,宗子能治之,牧令远而宗子近也。父兄所不能教者,宗子能教之,父兄多从宽而宗子可从严也。"他主张人们都聚族而居,"有一姓即立一庄","逾千人者分一支庄","无可附者,则合数百人为一总庄","期于亿万户皆有所隶而止"。他认为这样就不会有"盗贼"、"邪教"以及"争讼械斗之事",并且"保甲、社仓、团练一切之事可行"。① 他企图利用宗族血缘关系来加强农民对地主的封建隶属关系,以巩固封建统治。

冯桂芬对清王朝的腐朽统治表示了不满。《校邠庐抗议》中有许多揭露时弊的内容。如他指出外官自督抚以下都要讲肥缺,"扬扬然习于人口,不以为怪。骤闻之,几疑官名为市肆之名"②。他认为当时的"天下之乱"是官、吏造成的,"而吏视官为甚"③。他还指出:"今天下之大害,大都在上下两损而归于中饱。"④"大抵田赋之数,民之所出者二三,而国之所入者一;关税之数,民之所出者十,而国之所入者一。"⑤针对所揭露的时弊,冯桂芬提出了改革的建议。这些建议范围广泛,大部分属于调整封建社会内部的关系,包括整顿吏治,减轻赋税,崇尚节俭,兴修水利,发展农桑,种茶开矿等。

漕运的成本很高。嘉庆时协办大学士刘权之的疏中称,南漕每石费银18两。冯桂芬主张停止东南各省漕运,折解银两,每石折银1两4钱,而在天津、通州、京仓三处招商贩运米麦杂粮。待有成效,并停东豫粮运。"但令市中有米,即不必官中有米。"⑥这比海运南漕又进了一步。

对于盐法,明末李雯主张盐"一税之后,从其所之","盖天下皆私盐,则天下皆官盐也"⑦。清初顾炎武将其归纳为"一税之后,不问其所之,则国与民两利","天下皆私盐,则天下皆官盐也",认为"此论凿凿可行"⑧。冯桂芬说自己少时曾认同此说,后来修《盐法志》于扬州,又亲至盐场,始知李雯之说是书生之见。淮南盐价每斤约银五六厘,盐税约银1分;淮北官定盐价每斤1.5厘,盐税约银6厘。"是所谓一税,直俄顷而举盐价三倍之五倍之也。谁则愿经此一税者?利之所在,人人趋之,灶户、商户、船户、兵役、百执事等,无一非漏私之人,官能防之乎?况官亦庸足恃乎?……当下一转语曰:

---

① 本段引文均见冯桂芬:《校邠庐抗议·复宗法议》。
② 冯桂芬:《校邠庐抗议·厚养廉议》。
③ 冯桂芬:《校邠庐抗议·易吏胥议》。
④ 冯桂芬:《校邠庐抗议·改土贡议》。
⑤ 冯桂芬:《校邠庐抗议·罢关征议》。
⑥ 冯桂芬:《校邠庐抗议·折南漕议》。
⑦ 李雯:《蓼斋集》卷四五《盐策》。
⑧ 顾炎武:《日知录》卷一〇《行盐》。

'天下皆官盐,天下皆私盐矣。'"①他主张行票盐法,并提出了一些改正意见。

冯桂芬的母家因赋重而破家,因此他特别注意研究田赋问题,对江南田赋的积弊了解得比较透彻。早在咸丰三年,他就提出了大小户均赋的主张。揭露了苏州一带田赋的严重不均情况,指出完漕的多少要看完漕者的贵贱强弱,绅户最强的折银以一石二三斗当一石,最弱的加倍;民户最强的以不到二石当一石,最弱的要三四石当一石。而且还有"不完一文"的,"绅以力免,民以贿免"②。他作有关均赋的文章多篇,对官、绅、衿、民都进行了劝说。均赋的作用是调节地主阶级的内部关系和缓和地主与自耕农的矛盾。但在地方官和大地主的反对下,其均赋主张不仅不能实行,他反而因此受到了政治上的打击。直至同治二年,在江苏巡抚李鸿章的支持下,他代李鸿章起草《裁减苏、松、太粮赋浮额折》③,经朝廷批准,苏州、松江、太仓减漕粮三分之一,常州减漕粮十分之一。这是冯桂芬一生引以为荣而被人称颂的大事。

关于货币问题,冯桂芬也有论述。咸丰二年,他针对银贵钱贱问题,作《用钱不废银议》(《校邠庐抗议》附)。他指出,银因"偷漏出洋"而贵。银贵造成了民贫,"民既日贫,赋益难办,逋欠则年多一年,亏短则任多一任,而地丁之入绌。富商大贾倒罢一空,凡百贸易十减五六,而关税之入绌。"民贫国贫,"揆厥原本,无非银贵有以致之"。他所说的"用钱不废银",接近于包世臣的"以钱起数"主张,认为:"今用钱而以银为置邮之具,贵也,贱也,出洋也,不出洋也,总与大局无与也。"他反对行钞、铸大钱,以及用金、玉、珠、贝等为币,指出:"夫黄金便顿不便零,宝玉、珠、贝一碎不可复,力皆不足以敌银。大钱当十、当百强轻为重,与行钞同,而防伪之法难于钞,制造之费多于钞,而其不可行亦同。"

咸丰三年以后,冯桂芬针对大钱的发行,又作《以工巧为币议》(《校邠庐抗议》附)。他继续坚持大钱和纸币都不可行的观点,尖锐地指出:"如朝廷之力能强轻为重,何不行钞?又何不径指瓦砾为黄金,轻重更巨?""以今日而行大钱,扰民之道也。"他提出补救办法,说可以用工价来补大钱含铜量的不足,使当十钱"工价必在十钱以上",当百钱"工价必在百文以上"。他说:"铜出于地而有限,工出于人而无穷……此法行则铜不多而多,以人工佐天地生物之憾"。提高铸大钱工价的办法,王鎏就已提出。冯桂芬所主张的工

---

① 冯桂芬:《校邠庐抗议·利淮盐议》。
② 冯桂芬:《校邠庐抗议》附《均赋议》。
③ 《李文忠公全集·奏稿》卷三。冯桂芬《显志堂稿》卷九作《请减苏、松、太浮粮疏》。

价更高,而且还有理论。所谓"铜不多而多",是说只要增加铸币的铸造费用,就能增加铸币的价值,就像增加铸币的金属含量一样。他还进一步发挥说,工巧的商品"必易钱而始可用",不"借径于钱,不可数之以为富";而工巧的钱币"则不待借径,即可数之以为富",大量铸造"利不可胜用"。其实这只是一种天真的幻想。铸币购买力的高低首先决定于所含的金属量的价值,并附以必要的铸造费用。为了增加铸币的作价,不增加所含的金属量,以多花工价来增加不必要的铸造成本,并不能因此提高铸币的实际价值。即使多花工价真的使当十、当百等钱能按规定的名义价值流通,但国家为此已支付了同样多的铸钱成本,而铸利却等于零(照冯桂芬的说法应是负数),铸大钱仍然无利可图,那又何必多此一举?

冯桂芬到上海后,对以银为货币有了新的认识。他说:"乃自五口通商,而天下之局大变,从此以银为币之势已定,虽五帝三王复起不能改也已。盖今以合地球九万里为一大天下,中国仅十有五分之一耳,其十有四用银,而其一不用银,犹之十有七省用银,而一省不用银,行乎不行乎?"[①]这是从中外通商、白银是世界货币的角度来认识白银的货币地位,比起仅从国内的商品流通来看白银的作用,该认识又有了深化。

对于资本主义国家的侵略,冯桂芬表达了愤慨的心情。他说:"有天地开辟以来未有之奇愤,凡有心知血气莫不冲冠发上指者,则今日之以广运万里地球中第一大国而受制于小夷也。"[②]虽然如此,他又不得不和"小夷"结成同盟,共同镇压也是中国人的太平军。他主张学习西方以"自强",提出"采西学"和"制洋器"。他指出西方的"算学、重学、视学、光学、化学等,皆得格物至理,舆地书备列百国山川厄塞、风土物产,多中人所不及"。轮船、火器、历法、计时、治河工具、农具、织具等,都比中国先进。并建议在广东、上海成立翻译公所,选近郡15岁以下的"颖悟文童"参加学习,"聘西人课以诸国语言文字,又聘内地名师课以经史等学,兼习算学"。[③] 同治元年京师同文馆成立后,他又提出在广东、上海仿行。这一主张在同治二年、三年分别实现。

在社会制度方面,冯桂芬认为中国"人无弃材不如夷,地无遗利不如夷,君民不隔不如夷,名实必符不如夷"。但是他又认为这"四不如"只要"皇上振刷纪纲",就能够解决于"一转移间",用不着向西方学习。在军事力量方面,冯桂芬认为中国"船坚炮利不如夷,有进无退不如夷,而人材健壮未必不

[①] 冯桂芬:《校邠庐抗议·筹国用议》。
[②] 冯桂芬:《校邠庐抗议·制洋器议》。
[③] 冯桂芬:《校邠庐抗议·采西学议》。

如夷"。前两个不如,"有进无退"也可以自己解决。这样,他就把学习西方的范围归结为"船坚炮利一事耳",即"用其器,非用其礼"。他建议在"通商各口拨款设船炮局,聘夷人数名,招内地善运思者从受其法,以授众匠"。所制船炮同外国的一样或超过的,赏给举人或进士,以鼓励人们向这方面努力。他宣称:"始则师而法之,继则比而齐之,终则驾而上之。自强之道,实在乎是。"① 把制造军事洋器看作是根本的"自强之道",这正是曾国藩奏折中所说的"师夷智以造炮制船,尤可期永远之利"的意思。

制洋器原则上应该包括一切有用的洋器。冯桂芬说:"闻西人海港刷沙,其法甚捷,是可资以行水。又如农具、织具、百工所需,多用机轮,用力少而成功多,是可资以治生。其他凡有益于国计民生者皆是,奇技淫巧不与焉。"② 他认为东南诸省经兵燹以后,人少田荒,"宜以西人耕具济之,或用马,或用火轮机,一人可耕百亩";但又认为在"地窄民稠"时不宜用机器,故"此器不可常用而可暂用"③。他根本没有谈到让民间设厂发展民用机器工业。他提出用轮船来运盐、运米,也只限于官营。这比魏源大大地后退了。总之,冯桂芬认为"居今日而言裕国……仍无逾于农桑之常说,而佐以树茶、开矿而已"④。

冯桂芬主张采西学、制洋器,明确提出采西学,他是中国的第一人。但他的制洋器主张重点在军事工业,并无发展民族资本主义经济和学习西方政治制度的想法。他是洋务派理论的奠基人。曾国藩看了《校邠庐抗议》书稿后,"击节叹赏"⑤,自然不是偶然的。

二、李鸿章的经济思想

李鸿章(1823～1901),字少荃、渐甫,晚年号仪叟,安徽合肥人。道光二十七年(1847年)考中进士,选庶吉士。三十年授翰林院编修。咸丰三年(1853年)回籍办团练抵抗太平军。八年入曾国藩幕府。十一年奉曾国藩命创办淮军。次年被派往上海,与英法侵略者共同镇压太平军,任江苏巡抚。同治二年(1863年)兼署五口通商大臣。四年署理两江总督,次年继曾国藩为钦差大臣,镇压捻军。六年任湖广总督。次年以湖广总督协办大学士。

---

① 本段引文均见冯桂芬:《校邠庐抗议·制洋器议》。
② 冯桂芬:《校邠庐抗议·采西学议》。
③ 冯桂芬:《校邠庐抗议·筹国用议》。
④ 冯桂芬:《校邠庐抗议·筹国用议》。
⑤ 冯桂芬:《显志堂稿·吴(雲)序》。

八年兼署湖北巡抚。九年调直隶总督兼北洋通商大臣,总揽外交、军事、经济大权。甲午战争失败,李鸿章被革职留任。次年为全权大臣到日本议和。光绪二十二年(1896年)到俄、德、法、英、美等国考察数月,回国后在总理各国事务衙门行走。二十五年充商务大臣,署两广总督。次年实授,在八国联军进攻京师时参加东南互保。又调直隶总督兼北洋通商大臣,和庆亲王奕劻同被任命为议和的全权大臣。和约订立后,充督办政务大臣,署总理外务部事务。卒谥"文忠"。著作有《李文忠公全集》。

李鸿章是洋务派的前期首领。洋务派的重要企业,如江南制造总局、轮船招商局、开平煤矿、天津电报局、津沽铁路、上海机器织布局等,都由他主持创办。他还派留学生出国,建立北洋海军。他从事洋务运动,对外一味退让求和,鼓吹"征战者后必不继,羁縻者事必久长"[1],由他订立的丧权辱国条约有《烟台条约》、《中法新约》、《马关条约》、《中俄密约》、《辛丑条约》等。

李鸿章的奏折等文稿都是针对具体问题而发,涉及的面广,但缺乏系统的理论,经济思想也一样。有许多文稿出自幕僚之手。前已提到同治二年的《裁减苏、松、太粮赋浮额折》是冯桂芬所写。薛福成的《庸盦文别集》中有代李鸿章写的奏折11篇和书信86篇,还不包括光绪六年的《妥议铁路事宜折》和《议覆梅启照条陈折》[2]等。因冯桂芬、薛福成也是本书的论述对象,为避免重复,故予以剔除。其他有关遗稿虽也不一定由李鸿章亲自撰写,但仍作为李鸿章本人的观点对待。

李鸿章主张学习西方,"取外人之长技以成中国之长技"[3]。他多次批评了顽固派的固步自封。同治四年五月,江苏巨绅殷兆镛等奏,"极言江苏横征暴敛之害"。时任江苏巡抚的李鸿章奏驳说:"西洋各国兵饷足,器械精,专以富强取胜,而中国虚弱至此。士大夫习为章句帖括,辄嚣嚣然以经术自鸣,攻讦相尚,于尊主庇民一切实政漠不深究,误訾理财之道为朘利……俗儒之流弊,人才之败坏,因之此最可忧。"[4]十一年二月,内阁学士宋晋因"制造轮船糜费太重",奏请暂行停止。李鸿章又指出:中外通商是"三千余年一大变局","西人专恃其枪炮、轮船之精利,故能横行于中土"。"士大夫囿于章句之学,而昧于数千年来一大变局,狃于目前苟安,而遂忘……后千百年

---

[1] 《李文忠公全集·朋僚函稿》卷一〇《复曾相》。
[2] 《李文忠公全集·奏稿》卷三九。
[3] 《李文忠公全集·奏稿》卷九《置办外国铁厂机器折》。
[4] 《李文忠公全集·奏稿》卷九《覆殷兆镛等条陈江苏厘捐折》。

之何以安内而制外。"①

李鸿章办洋务,以"自强"或"富强"为目标。初期认为兴办新式军事工业就可以自强。同治四年八月他发挥总理衙门奏折中的"机器制造一事为今日御侮之资,自强之本"的思想说:"洋机器于耕织、刷印、陶埴诸器皆能制造,有裨民生日用,原不专为军火而设。妙在借水火之力以省人物之劳费,仍不外乎机括之牵引,轮齿之相推相压,一动而全体俱动……臣料数十年后,中国富农大贾必有仿造洋机器制作以自求利益者,官法无从为之区处。不过铜钱、火器之类仍照向例设禁,其善造枪炮,在官人役当随时设法羁縻耳。"②他的预见是正确的,但根本用不到"数十年",政府只能控制军事工业的生产。九年十月筹议天津机器局时,李鸿章说:"西洋军火日新月异,不惜工费而精利独绝,故能横行于数万里之外。中国若不认真取法,终无由以自强。"③十一年五月奏轮船未可裁撤时,李鸿章仍强调为了自强,指出:"自强之道在乎师其所能,夺其所恃耳。"④光绪六年三月,李鸿章提出购买铁甲船,说"中国永无购铁甲之日,即永无自强之日"⑤。十一年三月,他说"选募学生出洋肄习西学培养人材,实为中国自强根本"⑥。十四年十二月,又说招商入股建造铁路是"万国通行,自强根本"⑦。总之,这些"自强"或"自强根本",都丝毫不涉及政治制度方面。这是洋务派"自强"思想的根本特点。同治四年八月李鸿章说:"经国之略有全体有偏端,有本有末,为病方亟不得不治标,非谓培补修养之方即在是也。"⑧这也就是冯桂芬所说的"以中国伦常名教为原本,辅以诸国富强之术"的意思。

"自强"要以经济作为基础,于是李鸿章又提出了"富强"的目标。在同治十一年五月奏轮船未可裁撤时,他提出船炮、机器"非铁不成,非煤不济",用机器开煤、铁矿,"销路必畅,利源自开。榷其余利,且可养船练兵,于富国强兵之计殊有关系"⑨。光绪八年三月,李鸿章奏招商创办上海机器织布局,其中说:"臣维古今国势,必先富而后能强,尤必富在民生,而国本乃可益

---

① 《李文忠公全集·奏稿》卷一九《筹议制造轮船未可裁撤折》。
② 《李文忠公全集·奏稿》卷九《置办外国铁厂机器折》。
③ 《李文忠公全集·奏稿》卷一七《筹议天津机器局片》。
④ 《李文忠公全集·奏稿》卷一九《筹议制造轮船未可裁撤折》。
⑤ 《李文忠公全集·奏稿》卷三六《议购铁甲船折》。
⑥ 《李文忠公全集·奏稿》卷五三《肄习西学请奖折》。
⑦ 《李文忠公全集·海军函稿》卷三《议驳京僚谏阻铁路各奏》。
⑧ 《李文忠公全集·奏稿》卷九《置办外国铁厂机器折》。
⑨ 《李文忠公全集·奏稿》卷一九《筹议制造轮船未可裁撤折》。

固。"①这里所说的"富在民生",是指要从发展同民生日用有关的工业来求富,因为民用工业的利润高,所以说"国本乃可益固"。九年七月,李鸿章奏在峄县(今山东枣庄)开煤矿取得成功,"倘将来畅出畅销,分济轮船、机局之用,足供各处商民购运,杜绝洋煤来路,实为富强根本"②。十四年十二月,李鸿章既说造铁路是"自强根本",又说"实为今日时势富强大计"③。

洋务派的求富企业有同外商争利的作用。同治十一年十一月,李鸿章奏请试办轮船招商局,说成立以后可以"使我内江外海之利,不致为洋人占尽"④。光绪元年二月其奏又提到:"俾华商原附洋商股本归并官局,购造轮船,运粮揽货,以济公家之用,略分洋商之利。"⑤光绪八年成立上海机器织布局时,李鸿章也说:"盖土货多销一分,即洋货少销一分,庶漏卮可期渐塞……冀稍分洋商之利。"⑥当时中国新式企业还在初创时期,"略分"、"稍分"表现了洋务派在对待外资和洋货入侵上的软弱态度和无可奈何的心情,这正是中国经济落后、国势贫弱的反映。

发展新式企业需要大量的资本,于是李鸿章提出了官督商办的企业发展模式。同治十一年五月奏轮船未可裁撤时,他又指出:"中国殷商每不愿与官交涉,且各口岸轮船生意已被洋商占尽,华商领官船另树一帜,洋人势必挟重资以倾夺。则须华商自立公司,自建行栈,自筹保险,本巨用繁,初办恐无利可图。若行之既久,添造与租领稍多,乃有利益。然非有熟悉商情,公廉明干,为众商所深信之员为之领袖担当,则商人必多顾虑。"⑦他提出的解决办法就是"设法劝导,官督商办"。同治十一年,他说:招商局"所有盈亏全归商认,与官无涉。"⑧光绪三年又说:招商局"赖商为承办,尤赖官为维持"⑨。这可以看作早期官督商办的理论基础。官督商办在实行初期有积极作用,受到了一些商人的欢迎。

轮船招商局等民用企业实行股份公司制。光绪十四年李鸿章解释铁路股份公司说:"夫公司者,公集股本,合司其事,出入帐目,公同查看,是以谓

---

① 《李文忠公全集·奏稿》卷四三《试办织布局折》。
② 《李文忠公全集·奏稿》卷四七《峄县开矿片》。
③ 《李文忠公全集·海军函稿》卷三《议驳京僚谏阻铁路各奏》。
④ 《李文忠公全集·奏稿》卷二〇《试办招商轮船折》。
⑤ 《李文忠公全集·奏稿》卷二五《轮船招商请奖折》。
⑥ 《李文忠公全集·奏稿》卷四三《试办织布局折》。
⑦ 《李文忠公全集·奏稿》卷一九《筹议制造轮船未可裁撤折》。
⑧ 《李文忠公全集·奏稿》卷二〇《试办招商轮船折》。
⑨ 《李文忠公全集·奏稿》卷三〇《整顿招商局事宜折》。

之公司。股商止得五六厘银利,再有赢余即以之抽还借债,报销饷需,推广边疆铁路。是铁路之利仍归公家,何独利于公司?"①由此也可见官督商办下的股份公司,官府虽然没有出资,但仍控制了一部分利润以供官方之用。

  为了保证洋务派企业的利润,李鸿章往往利用政治特权来维护企业的垄断地位。如成立轮船招商局后,光绪三年十一月李鸿章奏:"应请嗣后沿江沿海各省遇有海运官物,应需轮船装运者,统归局船照章承运……苏、浙海运漕米,须分四五成拨给招商局轮船承运,不得短少,余归沙船装载,以示体恤。此外江西、湖北采买漕米,仍照案归局船运津。"②成立上海机器织布局时,李鸿章奏准:"十年以内,只准华商附股搭办,不准另行设局。"③后来织布局毁于火,光绪二十年重建华盛纺织厂时,还是规定:"合中国各口综计,无论官办商办,即以现办纱机四十万锭子、布机五千张为额,十年之内不准续添,俾免壅滞。"④显然,这些规定对没有投资洋务派企业的民族资本的发展是不利的。

  中国最早的本国银行产生于光绪二十三年,即盛宣怀创办的中国通商银行。在此以前已有不少人主张办银行,李鸿章是其中之一。但在这方面他是彻底的失败者。光绪十一年八月,有英商怡和洋行商董克锡格、密克为中国设计了一个《国家银行章程》(以下简称《章程》),将它分别呈给直隶总督李鸿章和醇亲王奕𫍽,并各附有内容相同(称呼有别)的禀文。《章程》规定国家银行在北京和上海设总局,其余各省在推广后设分局。总分各局由国家简派京、外大员二三人为督办,由督办大员将众股友公保中外三至七人札派为坐局管理的总办。国家银行是股份制企业,《章程》没有说明是否招洋股,既然外国人可以任总办,自然也可以招洋股。"督办权柄可以派用总办,并随时查阅帐目,盘兑存银,但总办须由众股友公保。"⑤依此《章程》建立的国家银行必然是一家官督商办、中外合资的"国家银行"。

  李鸿章对克锡格、密克的《章程》大体赞同,阅后写了一个《拟设官银号节略》(以下简称《节略》)。他在《节略》中说:"查外洋各国皆有国家银号,自操利权,一切章程讲求甚善,似宜参酌仿办……总税务司赫德前呈《续旁观论》,曾请创设国家银号。适有英商怡和洋行克锡格、密克等禀请创设国家

---

  ① 《李文忠公全集·海军函稿》卷三《议铁路驳恩相徐尚书原函》。
  ② 《李文忠公全集·奏稿》卷三〇《海运官物统归商局片》。
  ③ 《李文忠公全集·奏稿》卷四三《试办织布局折》。
  ④ 《李文忠公全集·奏稿》卷七八《推广机器织布局折》。
  ⑤ 《谨拟有限国家银行章程恭呈宪览》,《申报》光绪十一年十二月二十三日。上书月份和上书对象据中国第一历史档案馆档案。

有限银行,大意仿照西国银行办法,系集华洋商股为本,不费公帑。只须经办得人,运筹合法,于国家利益实多。"明确指出是"集华洋商股",即允许外商入股。他对纸币兑现、纸币伪造、银行倒闭、中西失和等疑虑作了辨析,并提出:"如设官银号,应令华商入资股友公保可任总办之人,则总办、帮办者华商必多。"这里说明总办由华商股友公保,是限制外人担任总办、帮办的措施,是对原《章程》的一个重要的修正。然后又指出:"惟华商银号规矩不如西例之严密信实,故须用西商两人会办,将西国定章一一照行,俾渐熟习,徐谋替代。"这也是李鸿章另加的。他还解释吸收洋人股份的必要性:"向来积弊,官无以取信于民,商亦不能取信于商,若由户部及外省委员开设,恐信从者少,资本尤缺,须纠合中外众商之力,着实办理,可期经久。"①

经李鸿章面奏,光绪十一年八月二十五日(1885年10月3日)奉慈禧皇太后懿旨:"据李鸿章面奏开设官银号以裨国计等语,着户部会同李鸿章妥议具奏,并命醇亲王奕譞一并与议。"②李鸿章奉懿旨后,即将克锡格、密克的禀文和所拟《章程》咨送户部参考。但户部完全否定此《章程》,并作《户部说帖》③进行驳斥。虽经李鸿章和奕譞多次对《章程》作了修改,以争取户部认可,户部仍寸步不让。九月十七日(10月24日),大学士管理户部事务额勒和布与户部尚书阎敬明等户部官员联名上奏"利权不可他属,请饬下疆臣不准洋商开设官银号,以固国本而维民心"折,以及详细指驳该洋商条款的清单④。于是在九月二十日又奉慈禧皇太后懿旨:"前据李鸿章面奏开设官银号以裨国计等语,原为通筹经费起见。惟此事创办非易,中华与外洋情形迥不相同,若经理不得其宜,深恐流弊滋多,着毋庸议。"⑤李鸿章企图撇开户部设立国家银行,终于在户部的反击下失败。

光绪十三年五月,出使美国大臣张荫桓致函李鸿章,称美国富商黄腾、派克、米建威请在中国各通商口岸与中国电报局合办电话公司。米建威(Mitkiewicz)来天津后,李鸿章派总理电报局道员盛宣怀与其商议。因当时中国各口都已装有电话,无需添设,米建威又提出,美国富商各有银矿,因本国通行金钱,存银数千万无处可用。而中国各口英、法、德各银行,常以重利盘剥,中国官商心甚不服。他建议在通商口岸,美商与殷富华商合办一华美

---

① 《光绪朝朱批奏折》第91辑,中华书局1996年版,第675、676页。
② 《清德宗实录》卷二一四,光绪十一年八月辛卯。
③ 《光绪朝朱批奏折》第91辑,中华书局1996年版,第677~679页。
④ 中国第一历史档案馆藏,录副奏折03-9528-050,单03-9528-052,光绪十一年九月十七日额勒和布等奏。
⑤ 《清德宗实录》卷二一六,光绪十一年九月乙卯。

银行(American Chinese Bank),国家有公事借用,每年仅取息三四厘,商民借款每年取息五六厘,以免各银行把持。李鸿章认为:"通商口岸久有各国银行,本不能禁美商不来开设。既同华商合伙……理应与为联络。"遂令津海关道周馥、东海关道盛宣怀、招商局员马建忠与米建威议定要约:"大意谓,华美股友须各派公正董事经理;官商借银利息格外减轻;如办铁路、开矿等事,借款临时妥议合同,不指他项作保;如有亏欠,官代理追,不另索赔;采办外洋料物,如索价昂于他国,听向他商议办。"①初步议定后,米建威于六月初回国筹商。此时,其他国家外商已有风闻,纷纷散布谣言,德商还怂恿德国驻华公使巴兰德照会总理衙门责问。清朝官员亦"交章论劾,众议沸腾"②。

至八月十二日(9月28日),慈禧皇太后谕军机大臣等:"有人奏……李鸿章见(现)与美国洋商米建威订约股开华美银行,官为保护等语。洋人牟利之心,无微不至,中华与之交涉,稍有不慎,必至堕其术中。合开银行一事,关系甚大,后患颇多。该督果与洋商订议,何以不奏明请旨,遽立合同?着李鸿章据实覆奏。另片奏,此次股开银行,由道员马建忠等串通怂恿等语,是否属实,着一并奏覆,毋稍徇隐。"③李鸿章还未覆奏,慈禧急不可耐,又于八月二十日(10月6日)谕军机大臣等:"迄今多日,(李鸿章)尚未奏到。此事流弊甚多,断不可行……该督如果有与美商订约之事,着即行罢议,迅速覆奏,毋再迁延干咎。将此由四百里谕令知之。"④

八月二十二日,李鸿章覆奏,说明事实经过和议定要约,并称:"以上皆紧要关键,为生意场中通行定规,并未与以丝毫挟制之柄……既非国家官银行,更非臣与订约股开。在臣愚见,若果照议办成,未必不稍救时弊,而市面流通,商务自有起色。"又说总理衙门亦曾函询,"臣曾一再申论,方冀于公家有益无损"。又称张荫桓也认为此事"不涉部库,不占利权,且使美商利权操纵在我"。"惟是众论既不谓然,圣明恐滋流弊,敢不恪遵办理?现已电饬美商黄腾、派克等,将华美商合办之说,即行罢议。"最后还为马建忠辩护:"马建忠熟悉洋务,经办轮船商局有年,悉臻妥洽。臣因此事关涉互市商情,姑令随同各关道预议,并非由该员串通怂恿,该员亦实无与洋人结为亲谊之事

---

① 中国第一历史档案馆藏,录副奏折03—9529—063,光绪十三年八月二十二日李鸿章奏。
② 《清德宗实录》卷二四六,光绪十三年八月甲辰。
③ 《清德宗实录》卷二四六,光绪十三年八月丙申。
④ 《清德宗实录》卷二四六,光绪十三年八月甲辰。

……应请无庸置议。"①覆奏后,慈禧不再追究,李鸿章第二次办中外合资银行的打算又告失败。

李鸿章主张办中外合资银行是他的求富思想的表现,他认为同外商合办银行总有对中国有利的一面。但当权的顽固派害怕中国受洋人之骗,又好为高论,不问可行与否、利弊所在,只以唱反调为荣。李鸿章对此只能徒叹奈何!

三、郭嵩焘的经济思想

郭嵩焘(1818~1891),字伯琛,号筠仙,晚年号玉池老人,湖南湘阴人。道光十七年(1837年)考中举人。二十七年考中进士,选庶吉士。因丁忧回籍。太平军起义后,礼部侍郎曾国藩丁忧在家,奉诏帮办团练,郭嵩焘曾力劝其起兵。咸丰三年(1853年)建议江忠源办水师镇压太平军,因功授编修。九年随僧格林沁办理天津海防。同治元年(1862年)授苏松粮储道,升两淮盐运使。二年署理广东巡抚。三年两广总督毛鸿宾和他率属捐银助饷,交部从优议叙。但他们要求移奖子弟,于四年被撤销从优议叙,发还捐银,革职留任。五年二月解职后告假回家。十三年奉召赴京。光绪元年(1875年)任福建按察使。旋以侍郎候补在总理各国事务衙门行走。同年被派为出使英国大臣,想求免未成,迟至二年十月才成行。到英国后,副使刘锡鸿与其作梗,曾收集他的言论上奏朝廷进行诬陷。三年将刘调为出使德国大臣。四年郭嵩焘又兼出使法国大臣,同年召回。出使期间还任礼部、兵部左侍郎等职。五年回国后未再出仕。著作有《礼记质疑》、《养知书屋遗集》、《郭嵩焘日记》等。《养知书屋遗集》被近人分别编为《郭嵩焘奏稿》(有补充)和《郭嵩焘诗文集》出版。

郭嵩焘在署理广东巡抚期间,主要是着眼于广东的治理和镇压农民起义,并筹款接济军饷,都属于内政方面。他特别赞成以厘金为筹款的办法。湖南于咸丰五年开办厘金,即由郭嵩焘促成之。同治三年,他上疏论述用厘金筹款的可行性,指出十余年来的筹饷不外是捐输、厘金两种办法。"捐输可以救一时之急,而不可为经久之规。"他说厘金之制始于《周礼》的廛布、欻布,前者如坐厘,后者如行厘。"今之厘金,与汉之算缗、唐之除陌钱、宋之经制头子钱异名而同实。"②但唐、宋时期取民多而为利少,厘金则取民约而为

---

① 中国第一历史档案馆藏,录副奏折03-9529-063,光绪十三年八月二十二日李鸿章奏。
② 《各省抽厘济饷历著成效谨就管见所及备溯源流熟筹利弊疏》,《郭嵩焘奏稿》,岳麓书社1983年版,第127页。

利多。这是因为厘金不限科则(各地轻重不等)、不拘程式(各地办法不同),具有灵活性。因此得出结论说,汉代以来的言利弊政,没有优于今日之厘金的。他反驳了厘金病商、扰民、中饱之弊太深,休养之政宜讲等观点,主张清军攻取金陵后仍不能取消厘金,并建议:"诸言停止捐输、厘金者,概予留中,使不至传播,庶斯民浮动之气,不至挟朝命以图与官相抗。"①这完全是辩护之词。

到光绪二年郭嵩焘出国后,对厘金的态度有了变化。他在三年写给李鸿章的一封信中提出了"停止各省厘捐"的建议。他说自己对"厘捐筹饷知之甚明,行之甚力"。但以此筹饷"原非国家经制。军务告竣十余年,迄今不议停止,则非事矣"。光绪二年订立的《烟台条约》中规定租界免收洋货厘金,郭嵩焘指出这样做"不独有失民商之心,其伤国体实甚"。"中国自有之利,操纵宜出之朝廷",不能"专为洋人免厘"。②这建议并未被采纳,厘金税率反而日益提高。

从光绪元年开始,郭嵩焘成了洋务派的思想家。他在对外关系上一味主和,认为"洋人之利在通商,无觊觎中国土地之心"③。提出"办理洋务机宜不越理、势、情三者";"洋人之情在于通商","洋人之势极于富强",办理洋务要懂得这一情和势,"宜一切持平处理"④。在中法战争期间,他还坚持说"交涉西洋通商事宜,可以理屈,万不可以力争"⑤。郭嵩焘的谈洋务受到了许多人的批评,两湖士大夫抨击尤力。其中既有顽固派的反对,也有对他以妥协为国策的主张的非议。

郭嵩焘反复说明治国有本有末。光绪元年他在《条议海防事宜》中提出要"先明本末之序":"夫政教之及人本也,防边末也。而边防一事,又有其本末存焉⋯⋯如练兵、制器、造船、理财,数者皆末也;至言其本,则用人而已矣。"⑥当时总理各国事务衙门奕䜣等提出练兵、制器、造船、用人、理财、持久六条之议,所以郭嵩焘说只有用人是本,实际上他所说的本不限于用人。接着他又说:"西洋立国有本有末,其本在朝廷政教,其末在商贾、造船、制器,相辅以益其强,又末中之一节也。"⑦在给李鸿章的一封信中,他说:"要之,国

---

① 《各省抽厘济饷历著成效谨就管见所及备溯源流熟筹利弊疏》,《郭嵩焘奏稿》,岳麓书社1983年版,第132页。
② 本段引文均见《伦敦致李伯相》,《郭嵩焘诗文集》,岳麓书社1984年版,第194页。
③ 《条议海防事宜》,《郭嵩焘奏稿》,岳麓书社1983年版,第343页。
④ 《办理洋务宜以理势情三者持平处理折》,《郭嵩焘奏稿》,岳麓书社1983年版,第352、353页。
⑤ 《因法事条陈时政疏》,《郭嵩焘奏稿》,岳麓书社1983年版,第404页。
⑥ 《条议海防事宜》,《郭嵩焘奏稿》,岳麓书社1983年版,第344页。
⑦ 《条议海防事宜》,《郭嵩焘奏稿》,岳麓书社1983年版,第345页。

家大计必先立其本,其见为富强之效者,末也。本者何?纪纲法度、人心风俗是也。无其本而言富强,只益其侵耗而已。"①又在《铁路议》中说:"知其本而后可以论事之当否,知其末而后可以计利之盈绌。本者何?人心风俗而已矣。末者何?通工商之业,立富强之基,凡皆以为利也。人心厚,风俗纯,则本治;公私两得其利,则末治。"②

郭嵩焘的本末论,意在说明应本末并举,不要舍本而求末。要抓本,就要进行政治上的整顿。这一点要比李鸿章高明。但他并不主张学习西方的政治制度,仍是冯桂芬的"以中国伦常名教为原本"的意思。这与早期改良派在学习西方问题上的本末观有区别。

郭嵩焘对顽固派的反对学习西方先进技术观点极为愤慨,他尖锐地指出:"论者徒谓洋人机器所至,有害地方风水。其说大谬。修造铁路、电报必于驿道,皆平地面为之,无所凿毁。至于机器开煤……有何妨碍?即以湖南地产言之,铁矿多在宝庆,煤矿多在衡州,而科名人物以此二郡为独盛。湘潭石潭产煤,世家巨族多出其地。湘乡产煤无处无之,功名爵禄尤称极盛。"③以事实来驳斥开矿破坏风水的谬说。

在《条议海防事宜》中,郭嵩焘提出了发展民营企业的主张。他说:"西洋立国在广开口岸,资商贾转运,因收其税以济国用,是以国家大政商贾无不与闻者。"西洋"以保护商贾为心,故能资商贾之力以养兵。中国通商各口商贾云集,徒以上下之情太隔,彼此不相顾恤,是以中国税则轻于洋人数倍,而多方偷漏以求幸免,洋人乃独专其利"。"近年各海口轮船合计亦二十余号,而一切由官经理,其势不能与商贾争利,故有轮船支销经费之烦,而尚未得轮船之利。"他主张"令沿海商人广开机器局"以造船、制器,认为这样做有三利:一是使商民都能制备轮船,可以分洋商之利,国家亦多受益;二是沿海商人"出入海道经营贸易,有计较利害之心,有保全身家之计,因而有考览洋人所以为得失之资",有能力制备机器,"中国多一船即多一船之益,各海岸多一船即多一船之防";三是商人同洋人素有交往,有事时通过他们居间易于调解。反之,由官府造船则"烦费日甚,库款之支发日穷",不像商人那样可以"造船日多,各海岸之声势自壮"。④ 他还提出在各海口设市舶司管理官商各船,市舶司由商人公举,由督抚审查委任,上报总理各国事务衙门,三年

---

① 《致李傅相》,《郭嵩焘诗文集》,岳麓书社1984年版,第240页。
② 《铁路议》,《郭嵩焘诗文集》,岳麓书社1984年版,第553页。
③ 《伦敦致李伯相》,《郭嵩焘诗文集》,岳麓书社1984年版,第191、192页。
④ 本段引文均见《条议海防事宜》,《郭嵩焘奏稿》,岳麓书社1983年版,第341、342页。

一换,并授以适当官职。

对于开矿,郭嵩焘也认为不如让商人自办。他说:"泰西富强之业资之民商",国家全力护持人民,"民商厚积其势以拱卫国家"。"中国官民之气隔阂太甚。言富强者,视以为国家之本计,与百姓无涉;百姓又各怀挟私意,觑其利而侵冒之。"①加上论者的反对,所以数十年来举行矿务迄无成效。他指出官府开矿将强夺民业,烦扰百端,而在官者之烦费又不知所纪极。"天地自然之利,百姓皆能经营,不必官为督率。"②不过他这里说的只是湖南的一些收益不高的小型矿,还没有涉及开采大型矿的问题。当时李鸿章已经提出船炮、机器"非铁不成,非煤不济"。郭嵩焘还没有从这一角度考虑。按照他的理论逻辑,则大型矿也应该商办,而不必官督。这表明他与李鸿章有着不同的政策思想。

郭嵩焘又提出中国必须仿效西方的有两处:一为电报,一为汽轮车(火车)。他认为电报"可以国家之力任之",汽轮车"非能专以国家之力任之",即电报可以官办,铁路不能全由官办。"今殚国家之利兴修铁路,所治不过一路,所经营不过一二千里,而计所核销之数,视所用数常相百也。"而西方汽轮车的兴起"皆百姓之自为利"。"民有利则归之国家,国家有利则任之人民。是以事举而力常有继,费烦而事常有余。"③

以上是郭嵩焘对兴办新式企业的主要观点。他主张商办,有以下几方面的原因:西方的商办与中国的官办效果相反,对比鲜明;按照他的本末论,商人办企业只是末中的一节,并不影响国家的政体;郭嵩焘属于非当权派,不涉及直接的利害关系,比较能以超脱的态度客观地分析问题。他的主张同当权的洋务派官僚自然是有距离的。

第三节 陶煦、王韬的经济思想

一、陶煦的重租论

陶煦(1821~1891),字子春、沚邨,江苏元和周庄镇(今属昆山)人。祖父和伯父经商致富,父亲也曾经商。他的弟弟和一个儿子做小官。他自己

---

① 《致李傅相》,《郭嵩焘诗文集》,岳麓书社1984年版,第239页。
② 《与友人论仿行西法》,《郭嵩焘诗文集》,岳麓书社1984年版,第253页。
③ 本段引文均见《铁路后议》,《郭嵩焘诗文集》,岳麓书社1984年版,第555页。

"好读书","自少屏荣利,以诗文辞自娱"①。著作有《周庄镇志》、《贞丰里庚甲见闻录》和《租核》("核"原作"覈")等。

《租核》包括《重租论》、《重租申言》和《减租琐议》三部分。《重租论》约写于19世纪70年代初,先刊在《周庄镇志》中,其余部分完成于光绪十年(1884年)。《租核》成书后,"非其人,不轻出以相视"②,仅在少数官绅中传抄。二十一年才由陶煦的儿子首次排印出版。

《租核》的内容是揭露苏州一带地主对农民的严重的地租剥削和收租过程中的残酷迫害,呼吁减租并放松对农民的压迫。陶煦对农民起义是反对的,他的《庚甲见闻录》就完全以地主阶级的观点来记述镇压太平天国的见闻;但他很了解当地农民的疾苦,悲其不幸,因而又写出了像《租核》这样反映农民疾苦的书。

陶煦指出:"租害极矣,农不能自言,工贾不能代之言,言者吾辈耳,然无言责。"③有言责的应该是当官的人,但他们对严重的租害都置若罔闻,才由"无言责"的他来呼吁。他对那些不了解或不关心民间疾苦,只知道"网罗良田沃产以计子孙,且取之如水之益深、火之益热"④的当权者进行了尖锐的批评。

陶煦指出:"吴民佃者什九"⑤,"田中事,田主一切不问,皆佃农任之"⑥。佃农终年辛勤劳动,大部分收成被地主取去,"多者二十而取十五,少亦二十而取十二三",余下的部分还要支付各种生产费用,"疾病、丧祭、婚嫁之端尚未之及,奈何而民不穷且毙也"⑦。地主想尽一切办法加强对佃农的搜括,例如,"纳租收钱而不收米,不收米而故昂其米之价,必以市价一石二三斗或一石四五斗之钱作一石算,名曰'折价'。即有不得已而收米者,又别有所谓'租斛',亦必以一石二三斗作一石"。收租人为了讨好主人,对佃农"恶声恶色,折辱百端"。或带隶役入乡收租,一不如欲,就将其囚禁,"甚且有以私刑盗贼之法,刑此佃农"。交不起租的佃农,"虽衣具尽而质田器,田器尽而卖黄犊,物用皆尽而鬻子女,亦必如其欲而后已"。因此一县中每年为交不起田赋而受刑的只有几人,为交不起地租而受刑的却有"数千百人,至收禁处

---

① 陶煦:《陶氏五宴诗集》,袁钟琳《序》。
② 陶煦:《租核》,陶惟增等附识。
③ 陶煦:《租核·重租申言·祛蔽》。
④ 陶煦:《租核·重租申言·祛蔽》。
⑤ 陶煦:《租核·重租申言·发端》。
⑥ 陶煦:《租核·重租论》。
⑦ 陶煦:《租核·重租申言·推原》。

有不能容者"。① 这些话形象地说明了广大佃农受剥削和压迫的惨状。更何况苏州的佃农都有所谓田面权,名义上还有一半的土地所有权呢!

陶煦还进一步指出:"故上自绅富,下至委巷(小巷)工贾、胥吏之俦,赢十百金即莫不志在良田。然则田日积而归于城市之户,租日益而无限量之程,民困之由,不原于此乎?"②这是说土地兼并和地租日重是造成人民贫困的根本原因。

从这一认识出发,陶煦又认为禁烟、开矿、造铁路都不是当务之急,当务之急在于"培本"。"本"就是农。他说:"农有余财,则日用服物之所资,人人趋于市集,而市集之工贾利也。市集有余财,则输转于都会,而都会之工贾利也。"③以农为本,本来就是中国封建社会的传统思想,陶煦仍然这样认为。然而他并没有进而主张抑商,反而指出农业的发展为工商业的发展奠定了基础。这表明他的农本思想与同时代的地主阶级顽固派的所谓"重本"有很大的区别。但在外国资本主义侵略和中国迫切需要发展资本主义的情况下,认为只有"培本"才是当务之急,其他都可缓图,则仍有其片面性。

如何"培本"? 陶煦指出要"藏富在农",办法就是减租。《租核》两次提到冯桂芬的减赋主张,但减赋的受益者只是地主和自耕农,而不是人数占农业人口十分之九的广大佃农。陶煦反复强调了这一区别。他指出实行冯桂芬减赋主张的结果,"是赋虽减而租未减;租之名虽减,而租之实渐增"④。"夫冯氏之拟疏减赋也,反覆较计,情词恳恻,得以乞朝廷汪濊(深广)之恩。三分减一者,皆疏之功也。然其立言,类就佃者言之……则三分减一之利,何佃者不被及乎? 假名在此,享利在彼,全疏主论所谓平与均者,何谓也?""余因称冯氏者好而不知其恶,或更托词以为冯氏之于租已议减也,特揭之以谂(劝告)读是书者。"⑤他揭露了冯桂芬的减赋主张是假借农民之名来谋地主利益之实。

陶煦分析了地租轻重应以何者为标准的问题。他说,地主"或以商贾之利求之于田,责之于租,于是租日重,而犹不足以厌其欲"。如商业利润率是十分之一,据此一亩值20贯钱的土地,就应收地租2贯,但纳税以后就不到2贯了——这是地租日益加重而仍满足不了地主欲望的原因。但地主得收成之半而安坐以享其成,佃农终岁勤苦所得尚不到一半,而且种田的费用全

---

① 本段未注明出处的均见陶煦:《租核·重租论》。
② 陶煦:《租核·重租申言·推原》。
③ 陶煦:《租核·重租申言·培本》。
④ 陶煦:《租核·重租论》。
⑤ 陶煦:《租核·重租申言·发端》。

在其中。所以决不能"以商贾之利求之于田,责之于租",必须使地主明白"商利、田利之不可以一例"。①

中国封建社会中的租佃关系、地租的高低是历史形成的,与地价的高低并无必然的联系。地价的高低还受田赋轻重和社会稳定状态等因素的影响。地主总是有提高地租的冲动,并不一定是以商业利润率或利息率作为衡量的标准。虽然如此,但陶煦提出不能"以商贾之利求之于田,责之于租"的原则还是正确的,"商利、田利之不可以一例",商业利润率应该高于地租所占地价的比率,因为商人是经营者,地主却是坐享其成者。

在否定了以商业利润率作为决定地租额的依据后,陶煦算了一笔农业生产的收支账,认为减租三分之一,就能使地主"可食不稼不穑之禾",佃农也"可卒无衣无褐之岁",既符合顾炎武的地租每亩不得过8斗之说,也符合同治二年(1863年)由冯桂芬提出、李鸿章奏准的减赋三分之一的标准,"可得其适中之道矣"②。同时,还要考虑土质的好坏和人口密度的大小,分等规定地租额。此外,在收租期限、惩处欠租佃农、矜恤寡独、剔除收租积弊等方面,陶煦也提出了改革建议。

二、王韬的商本论

王韬(1828~1897),原名利宾,江苏长洲(今属苏州)人。其父是塾师。王韬于道光二十五年(1845年)考中秀才,改名瀚,字懒今。次年乡试不中,就放弃科举。咸丰九年(1859年)受英国传教士麦都思(W. H. Medhurst)之聘,到上海英国教会办的墨海书馆任编辑。第二次鸦片战争期间,屡次向清政府的一些官员献"平贼"、"御戎"之策。十年曾奉上官令督办各乡团练,曾建议"以西人为领队官教授火器,名为洋枪队。后行之益广,卒以此收复江南"③。十一年冬回乡看望母病,曾在太平军中进行策反活动。恰有署名"苏福省儒士黄畹"的人上书太平天国苏州当局,建议太平军力争长江上游,停攻或缓攻上海。清政府缴获了这封信,认为黄畹即王瀚④,对他进行通缉。他在英国领事麦华陀(W. H. Medhurst,麦都思之子)的庇护下逃往香港。到香港后,改名韬,字仲弢、子潜,号紫铨,别号天南遯叟,后又号弢园老民。英

---

① 陶煦:《租核·减租琐议·量出入》。
② 陶煦:《租核·减租琐议·量出入》。
③ 王韬:《弢园老民自传》,《弢园文录外编》,中华书局1959年版,第328页。
④ 王韬曾否化名黄畹写信给李秀成一直是个疑案。1936年出版的《上海研究资料》中有吴静山的《王韬事迹考略》,指出王韬非黄畹。但仍有学者肯定黄畹即王韬。黄畹字兰卿,故亦有据此推论王韬曾经字兰卿。

人理雅各(J.Legge)聘他编书,同治六年(1867年)又邀他到英国帮助译书,将《诗经》、《尚书》和《左传》译成英文出版。九年回香港。十三年主编《循环日报》。在李鸿章的默许下,王韬于光绪八年(1882年)开始在上海养病,两年后定居上海。十一年被推为上海格致书院掌院。著作据《弢园老民自传》所记共有26种,反映他的政治经济主张的主要为《弢园文录外编》和《弢园尺牍》。

王韬去香港前的思想还比较保守。咸丰九年他在给周腾虎的信中说,中国如仿行西法,"其害有不可胜言者"①。他认为资本主义国家的"器械造作之精,格致推测之妙"虽有补于日用,但"中国决不能行";如果用机器种田,"能以一人代百十人之用","数千万贫民必至无所得食"。他把学习西方的范围限于"火器用于战"、"轮船用于海"和"语言文字以通彼此之情",而且认为这是不得已而采取的办法。他对西方的社会制度是不赞成的,把"政教一体"、"男女并嗣"和"君民同治"看成是"立法之大谬"。② 同治元年,他虽然提出要"制造舟舰,远涉重洋,转输货物,以有易无,以贱征贵,俾商贾逐什一之利","借商力以佐国计",但仍主张"重农桑而抑末作"③。

到香港后,王韬对资本主义的看法很快有了转变。特别是去欧洲以后,更进一步接受了资本主义的影响。他在报上撰文宣传变法,并以自己或别人的名义写信给洋务派官员,提出富国强兵的建议。他的主张和建议大多在19世纪六七十年代提出,时间比较早,因此,有些资产阶级改良派的理论在他这里只开了一个头,没有较多的发挥。

王韬指出,当时的中国正面临"天地之创事,古今之变局","天心变则人事不得不变"④的局势。他一方面说变的是器而不是道,"孔孟之道"是"阅万世而不变"的"人道"⑤;另一方面又说"道贵乎因时制宜而已,即使孔子而生乎今日"也决不会"拘泥古昔而不为变通"⑥。这等于又承认了道是可以变的。这种对道的态度,是王韬改良思想的哲学基础。

王韬认为中国"不独为文字之始祖,即礼乐制度、天算器艺,无不由中国而流传及外"⑦。现在西方的器通到中国,器"载道而行",由器通可以达到道

---

① 王韬:《与周弢甫征君》,《弢园尺牍》,中华书局1959年版,第26页。
② 王韬:《与周弢甫征君》,《弢园尺牍》,中华书局1959年版,第28~30页。
③ 王韬:《臆谭·理财》,《弢园文录外编》,中华书局1959年版,第380~382页。
④ 王韬:《答包荇洲明经》,《弢园尺牍》,中华书局1959年版,第93页。
⑤ 王韬:《英欲中国富强》,《弢园文录外编》,中华书局1959年版,第133页。
⑥ 王韬:《变法中》,《弢园文录外编》,中华书局1959年版,第14页。
⑦ 王韬:《原学》,《弢园文录外编》,中华书局1959年版,第2页。

通,终究会实现世界"大同"①。他说地球的寿命共12 000年,两头各1 000年是它的"始辟"和"将坏"的时期,当中1万年,"前五千年为诸国分建之天下,后五千年为诸国联合之天下"②。

王韬把西方的富强之术区分为本和末,认为像英国的练兵有方、武器精良、铁甲战舰纵横无敌、工作众盛、煤铁充足、商业发达等,都是"富强之末",而"富强之本"则在于"上下之情通,君民之分亲,本固邦宁,虽久不变"③。他很重视民心民气的作用,强调"富国强兵之本,系于民而已"④。他还指出:"天下何以治? 得民心而已。天下何以乱? 失民心而已。"⑤他把民心的得失看作是决定国家治乱的根本原因。他称赞英国的"政治之美",说英国是"君民共主之国","犹有中国三代以上之遗意"⑥。这反映了他对英国君主立宪制度的向往。他提出"自强之道,自治为先",即首先要进行政治上的改革,以去除"上下之交不通,官民之分不亲,外内之权不专,中外之情不审,于是乎一切之事,昏然如隔十重帷幕"⑦的弊病。

同治三年,王韬在代人写给李鸿章的长信中,提出关于治国的建议。在经济方面,他指出:"夫天下之大利在农桑,其次在商贾。诚使农不惰于田,妇不嬉于室,商不重征,贾不再榷,各勤其业,争出吾市,则下益上富,其财岂有匮乏哉!"同时还提出购买、制造纺织机器、新式农具和轮船等,纺织机器"用以教民","一具可兼百人之工,则一家可享数十家之利";西国田具"力省工倍,可以之教农,以尽地力";"货舶轮船运载及远,可以之教商,以通有无"。他希望中国能向西方学习以臻富强,指出:"盖西国于商民皆官为之调剂翼助,故其利溥而用无不足;我皆听商民之自为,而时且遏抑剥损之,故上下交失其利。今一反其道而行之,务使利权归我,而国不强民不富者,未之有也。"⑧

同治十三年,王韬进一步指出资本主义国家是"恃商为国本","商富即国富"⑨。这反映了他游历欧洲以后思想的变化。他对死抱住重农抑商传统

---

① 王韬:《原道》,《弢园文录外编》,中华书局1959年版,第2页。
② 王韬:《答强弱论》,《弢园文录外编》,中华书局1959年版,第202、203页。
③ 王韬:《纪英国政治》,《弢园文录外编》,中华书局1959年版,第107页。
④ 王韬:《重民上》,《弢园文录外编》,中华书局1959年版,第20页。
⑤ 王韬:《重民中》,《弢园文录外编》,中华书局1959年版,第21页。
⑥ 王韬:《重民下》,《弢园文录外编》,中华书局1959年版,第23页。
⑦ 王韬:《上郑玉轩观察》,《弢园尺牍》,中华书局1959年版,第155页。
⑧ 本段引文均见王韬:《代上苏抚李宫保书》,《弢园尺牍》,中华书局1959年版,第83、85页。
⑨ 王韬:《代上广州府冯太守书》,《弢园文录外编》,中华书局1959年版,第300、299页。信中提到中国"既设轮船招商局……惟赖西人保险"。据此,可推定写信时间为同治十三年。

观念不放的顽固派进行了驳斥,称之为"迂拘之士",揭露他们的所谓"重农",对如何搞好农业生产毫不关心,而只知道"丈田征赋,催科取租,纵悍吏以殃民,为农之虎狼而已"①。

王韬指出:"西人自入中国以来,所有良法美意足以供我观摩取益者,指不胜屈。"②他在《兴利》一文中提出了以下兴利项目:"利之最先者曰开矿",其大者有掘铁之利,掘煤之利,开五金之利;"其次曰织纴之利";此外还有"造轮船之利"和"兴筑轮车铁路之利"。他在反驳使用机器会造成失业的论点时说:"或曰机器行则夺百工之利,轮船行则夺舟人之利,轮车行则夺北方车人之利。不知此三者皆需人以为之料理,仍可择而用之。而开矿需人甚众,小民皆可借以糊口……诸利既兴,而中国不富强者,未之有也。"③他曾说过用机器种田会造成数千万贫民"无所得食",该反驳也是对他自己原来的思想的否定。

光绪二年,英商擅自建造了淞沪铁路,遭到了中国朝野的普遍反对。次年清政府将其赎回拆毁。在拆毁以前,王韬写《建铁路》④一文,其中提到:"吴淞车路之成,英国大臣闻之,设宴相延,为中国捧觞称庆。"他认为淞沪铁路可起示范作用:"盖开通铁路,既为中国之利,而通商于其地之诸国亦无不利,岂独英一国为然哉。"又指出:"轮车铁路之利国利民,莫可胜言……且国家于有事之时,运饷糈,装器械,载兵士,征叛逆,指日可以集事。"王韬担心中国执持成法,拘泥宪章,造铁路之议可能被阻,因此发出了如下的感叹:"审势揆时,非出自西人,则中国断不自为之耳,此贾生所为痛哭流涕长太息者也。"

王韬没有把工当作独立的经济部门。他所说的商实际上包括了工。在他看来,工是属于商并为商服务的。他说英国的商人"远至数万里外,以贱征贵,以贵征贱,取利于异邦";"英之国计民生全恃乎商,而其利悉出自航海"⑤。这是把商品流通看作是利润的源泉,把对外贸易看作是英国富国的惟一途径。同西方的重商主义者一样,王韬仅仅把握了资本主义经济的一个外观。

按照王韬的学习西方思想,新式企业应该由商人创办。他提出要允许"民间自立公司","不使官吏得掣其肘";"制造机器,兴筑铁路,建置大小轮船,其利皆公之于民,要令富民出其资,贫民殚其力"⑥。又指出开矿"官办不

---

① 王韬:《兴利》,《弢园文录外编》,中华书局 1959 年版,第 45 页。
② 王韬:《上丁中丞》,《弢园尺牍》,中华书局 1959 年版,第 107 页。
③ 王韬:《兴利》,《弢园文录外编》,中华书局 1959 年版,第 45~47 页。
④ 王韬:《弢园文录外编》,中华书局 1959 年版,第 87、88 页。
⑤ 王韬:《英重通商》,《弢园文录外编》,中华书局 1959 年版,第 110 页。
⑥ 王韬:《重民中》,《弢园文录外编》,中华书局 1959 年版,第 22 页。

如商办",因为"官办费用浩繁,工役众夥,顾避忌讳之虑甚多,势不能发展其所长"①。但他考虑到中国的国情,又强调官府对商办企业应起扶助、保护的作用。因此他称赞轮船招商局"其名虽归商办,其实则官为之维持保护",如果矿务亦能仿此而行,"衙署差役自不敢妄行婪索,地方官吏亦无陋规名目,私馈苞苴,而委员与商人自能和衷共济,不至少有挟制"②。他还提出设立保险公司,与轮船招商局相配合,以保华人往来之货。并强调招商局办保险不是"官与商争利",是官"助商而非病商"。"凡事皆商操其权,商富即国富,并出一途,非与商背道而驰也。"③"保险之利开,而商贾之航海者无所大损,且华人之利仍流通于华人中,而不致让西人独据利薮。"④王韬说这话的时间是同治十三年,轮船招商局还刚成立,他的话反映了早期资产阶级改良派对洋务派办民用企业的信任和希望。

王韬还分析了资本主义国家对外侵略的"两手"——商和兵,即经济和军事。他指出:"盖英之立国,以商为本,以兵为辅,商之所往,兵亦至焉。而兵力之强,全在商力之富,以商力裕兵力。二者并行,而乃无敌于欧洲。"⑤这是说,军事的基础是经济,军事又为经济侵略的后盾。他主张中国和西方各国通商,也应"兵力、商力二者并用,则方无意外之虞"⑥。

在光绪二年前后,王韬批评当时的洋务运动搞的还都是西方的富强之末,而且还只是"袭其皮毛",对于富强之本则"绝未见其有所整顿"⑦。面对清王朝的腐朽统治,他感到国家的富强无望,在文章中经常表示出"痛哭流涕长太息"的心情。

第四节 马建忠的经济思想

一、精通欧文的马建忠

马建忠(1845～1900),字眉叔,江苏丹徒人。童年时随家逃躲太平军,辗转迁移到上海。第二次鸦片战争的失败,使他感到太平军"蔓延半天下……

---

① 王韬:《代上广州府冯太守书》,《弢园文录外编》,中华书局1959年版,第301页。
② 王韬:《代上广州府冯太守书》,《弢园文录外编》,中华书局1959年版,第302页。
③ 王韬:《代上广州府冯太守书》,《弢园文录外编》,中华书局1959年版,第304页。
④ 王韬:《代上广州府冯太守书》,《弢园文录外编》,中华书局1959年版,第308页。
⑤ 王韬:《上丁中丞》,《弢园尺牍》,中华书局1959年版,第124页。
⑥ 王韬:《英重通商》,《弢园文录外编》,中华书局1959年版,第111页。
⑦ 王韬:《洋务下》,《弢园文录外编》,中华书局1959年版,第33、34页。

仅足为目前患",而外国侵略者他日的"为祸之烈"①则更加不可忽视。因此他放弃科举道路,专门研习西学。在几年内,他掌握了拉丁、希腊、英、法等文,阅读了大量西方文、理各科书籍。同治九年(1870年),他以候选道身份加入李鸿章幕府。光绪二年(1876年)十一月清政府派闽厂学生往欧洲学习,以马建忠充随员,并令其学习各国交涉公法、律例等事,兼充出使英、法大臣郭嵩焘、曾纪泽的翻译官。在国外期间,曾在法国参加语文、自然科学、法律、政治、外交五门课的考试,都取得了合格证书。六年回国,仍在李鸿章手下办洋务,经李鸿章奏准赏加二品衔。七年被派往南洋和英人商议鸦片专卖事。八年三次赴朝鲜,前两次协助朝鲜同美、英、法、德四国分别订立了通商条约,第三次顺利解决了朝鲜的兵变。所著《适可斋记行》即记赴朝的经过。十年进轮船招商局,次年任会办,实际上执行了总办的职权。十六年任上海机器织布局总办。十七年,马建忠曾投资英、中商人合办的中华汇理银行(The National Bank of China),为上海分行的五名华商总理(次年改称董事)之一②。二十一年李鸿章赴日本和谈,任马建忠为参赞。著作还有《适可斋记言》和《马氏文通》。后者为第一部较系统的汉语语法著作。

马建忠到欧洲学习以后,思想有了明显的变化。光绪四年,他曾写信向李鸿章报告出洋后的学习情况③。他说:"初到之时,以为欧洲各国富强专在制造之精,兵纪之严;及披其律例,考其文字,而知其讲富者以护商会为本,求强者以得民心为要……他如学校建而智士日多,议院立而下情可达,其制造、军旅、水师诸大端,皆其末焉者也,于是以为各国之政尽善尽美矣。"又说经深入了解以后,也发现西方社会存在的问题。当时具有资产阶级改良思想的人,在政治上多把英国的君主立宪制度视为楷模。马建忠则认为英国的"君主徒事签押,上下议院徒托空谈,而政柄操之首相与二三枢密大臣,遇有难事,则以议院为借口"。他对美、法两国的资产阶级民主也有批评,指出"美之监国,由民自举","每逢选举之时,贿赂公行",当官的都是监国的"党羽";法国官员"互为朋比……苟非族类而欲得一优差,补一美缺,戛戛乎其难之。诸如此类,不胜枚举"。④ 这些批评是符合资本主义国家的实际情

---

① 马建忠:《适可斋记言·自记》,中华书局1960年版。
② 《上海中华汇理银行告白》,《申报》光绪十七年十一月十八日,十八年四月初四日。
③ 马建忠:《上李伯相言出洋工课书》,《适可斋记言》。书中署此文写于丁丑(光绪三年)夏。但其中提到郭嵩焘"于四月下旬至法,五月初呈国书札",显然是光绪四年的事。马建忠在文末自记中说原稿已佚,此信从曾纪泽《使英法日记》中录存。查《曾纪泽遗集·日记》,此信录于光绪四年九月,也证明是光绪四年所写。
④ 本段引文均见马建忠:《上李伯相言出洋工课书》,《适可斋记言》,中华书局1960年版,第31页。

况的。

马建忠主张解除对人民求利活动的禁令。在朝鲜时,朝鲜国王命使臣赵宁夏向他密询治国方略,他用笔谈回答,其中说:"其法宜因民之利,大去禁防,使民得自谋其生,自求其利……昔人谓'善者因之,其次利导之,其次教诲之,其次禁防之,最下者与之争',凡设法布网,令民不得自主,皆禁防之而与之争者也。"①司马迁的"善因论"常被近代学者所引用,马建忠也以此来表示实行放任政策的必要。

光绪二十年,在家闲居的马建忠提出了建立翻译书院的建议。他说当时已译的书"或仅为一事一艺之用,未有将其政令治教之本原条贯,译为成书";"其律例公法之类间有摘译,或文辞艰涩,或原书之面目尽失本来,或挂一漏万,割裂复重,未足资为考订之助"②。这种情况关键在于缺乏高水平的翻译人才,因此他主张设立翻译书院来造就翻译人才。应译的书包括各国时政、居官者考订之书和外洋学馆应读之书。书院还要建立书楼,购藏中外书籍。马建忠精通外语,所以能对当时所译西书的质量提出批评。这一建议反映了进一步了解西方、学习西方的时代要求。

二、开铁道论

光绪二年(1876年)十二月,新任福建巡抚丁日昌奏请在台湾建造铁路,其中提到"轮路宜于台湾,而不必宜于内地"③,该说法避免了朝臣的争论,得到了朝廷的批准。但因经费无着,未能实现。以后中国内地应否造铁路的争论逐渐进入了高潮。

光绪五年,马建忠在欧洲时作《铁道论》和《借债以开铁道说》两文,分析了中国造铁路的有关问题。

在《铁道论》中,马建忠首先介绍了西方国家建造铁路的历史,指出在近50年间世界五大洲莫不有铁轨轮辙。因为有了铁路,"而军旅之征调,粮饷之转输,赈济之挽运,有无之懋迁,无不朝发夕至。宜乎铁道所通,无水旱盗贼之忧,无谷贱钱荒之弊"④。有了铁路,使各国的财政收入大增,从以万计增加到以亿计,从以亿计增加到以兆计。因此,马建忠说:"所以立富强之基

---

① 马建忠:《东行续录》,《东行三录》,神州国光社1951年版,第48页。"禁防"《史记·货殖列传》原作"整齐"。
② 马建忠:《拟设翻译书院议》,《适可斋记言》,中华书局1960年版,第90页。
③ 中国第一历史档案馆藏,录副奏折03-9426-003,光绪二年十二月十六日丁日昌奏。
④ 马建忠:《铁道论》,《适可斋记言》,中华书局1960年版,第10页。

者,莫铁道若也。"①反观中国,自军兴以来,制造局几乎遍设各省,渐仿外洋制造一切枪炮兵器。"而于外洋致富致强最要之策,如火轮车一事,反漠然无所动于中,盖以为中国有窒碍难行者。"②针对窒碍难行的观点,马建忠提出了火轮车中国可行、中国当行、且中国当行而不容稍缓的理由。

中国可行的理由有时会可行、地势可行和人力可行三方面:"溯火轮之初创,百病丛生,不知几经改作以臻今日之美备。人为其劳,我承其易,此时会之可行也。中国平原广衍,南北交通,即有山川,亦可绕越,此地势之可行也。中国材铁充盈,人工省啬,非如外洋百物俱贵,动用浩繁,此人力之可行也。"③

中国当行的理由有救患之利当行、节用之利当行和开源之利当行三方面。中国水旱偏灾迭报,荒熟不能相济,苦于挽运艰难;生齿蕃衍,人浮于可耕之地,疫、兵迭扰,地浮于可耕之人,苦于迁徙艰难;偏僻地区,污吏、莠民因缘为奸,上无以闻,下无以达,苦于声气不通。有了铁路,无艰难不通之弊,这是因救患之利而当行。国家的库储、军储、盐课无不仰给于转输之费,费贵于物,以致贫民食贵,到处皆然。有了铁路,每年可省转输、和籴之费数百万,这是因节用之利而当行。英人致富靠煤和铁,中国河南、山西煤、铁产量超过英国,但不能远行千里,难以夺英人之利。"言利之臣又从而税之,以为多设一卡即多一利源,不知税愈繁而民愈困,民愈困而国愈贫矣。"④有了铁路,无否塞滞销之患,这是因开源之利而当行。

中国当行而不容稍缓的理由则是:英、俄、法三国的铁路正在逼近中国,中国如不急行兴作,待各国铁路建成后,一旦发生中外战争,"吾则警报未至,征调未成,推毂(车轮)未行,彼已凭陵我边陲,挖扼我腹心,绝我粮饷,断我接济"⑤。"且中国数万里之疆域,焉能处处防御,所贵一省之军可供数省之用,一省之饷可济数省之师,首尾相接,遐迩相援。为边圉泯(灭)觊觎,为国家设保障,惟铁道为能,此所以当行而不容稍缓者也。"⑥

造铁路既然刻不容缓,经费如何筹措?马建忠在《铁道论》中提出通过纠股联官商为一气和借洋债的主张。于是又作《借债以开铁道说》。

马建忠指出外国国债盛行,而且越积越多,近10年已积至200万兆余。

---

① 马建忠:《铁道论》,《适可斋记言》,中华书局1960年版,第11页。
② 马建忠:《铁道论》,《适可斋记言》,中华书局1960年版,第15页。
③ 马建忠:《铁道论》,《适可斋记言》,中华书局1960年版,第15页。
④ 马建忠:《铁道论》,《适可斋记言》,中华书局1960年版,第16页。
⑤ 马建忠:《铁道论》,《适可斋记言》,中华书局1960年版,第16页。
⑥ 马建忠:《铁道论》,《适可斋记言》,中华书局1960年版,第17页。

这些国家幅员不广,人口不多,但借债很容易,"沛乎如泉源,浩乎若江河"①。根本原因在于取信有本,告贷有方,偿负有期。取信有本与借债的用途很有关系:"至于借债以治道途,以辟山泽,以浚海口,以兴铁道,凡所以为民谋生之具,即所以为国开财之源,与借债以行军,其情事迥不相同。故人人争输,云集雾合,不召自来,恃其有款之可抵,有息之可偿故也。"②即借债要用于生产,以生产收益作为偿债的保证,被借者自然放心借出。告贷方法很多,马建忠指出不要在国内借洋债,因为在中国的外商银行都是外洋分行,资金有限,向它们借款易被垄断。"英、法都会,天下称贷之市朝也。"③可以直接往英、法都会借款,所借之款专为在外洋购置轮车、机器、铁轨之用,以避免借银兑换英镑的损失。偿债方法,他主张"仿效西法,一切借券,第标号数,不标姓名,一俟铁道得利之后,将其券逐渐收回"④。

马建忠主张借洋债,但反对招洋股。他说:"中国创行铁道,绵亘腹地,岂可令洋商入股,鼾睡卧榻之旁。"⑤并以土耳其和埃及为例:土耳其许外人入股兴建铁路,入股者多为英、法、奥国富户。埃及开凿苏伊士运河,入股者多为法人,由法人专享其利;前数年股票大半落于英人之手,使苏伊士运河成为万国通行之河。中国兴建铁路要引以为训。

最后,马建忠提出先筑一条由天津至京师的铁路以为提倡,认为其利有六:由津至京,闻有一英国监工曾经勘测,再加覆勘,事半功倍,利一;天津距京不到 200 里,期年可成,明效易见,利二;津京铁路一成,士庶官商人人称便,将来继筑南北铁路,集款必易,转运亦速,利三;津京铁路一成,而后知铁路之设上利国而下利民,他日考求西学,小儒不至咋舌,清议不至腾口,亦为挽回气运之先声,利四;先制津京铁路,挑选华人学治道途,学置铁轨,学驶轮车,学司出纳,他日即可用于南北,利五;今制津京铁路,用人宜专,制法宜善,借息或重,而需款不巨,偿息亦微,洋人见中国铁路有成,他日借用巨款可大减利息,利六。

当时顽固派反对造铁路,尤其反对铁路通京师,马建忠的主张与顽固派的想法完全相反。他估计到顽固派会反对借债造铁路,因此说:"夫通道为浚利之源,借债乃急标之举,术虽补苴,要皆气数转移之机,国家振兴之兆。

---

① 马建忠:《借债以开铁道说》,《适可斋记言》,中华书局 1960 年版,第 19 页。
② 马建忠:《借债以开铁道说》,《适可斋记言》,中华书局 1960 年版,第 20 页。
③ 马建忠:《借债以开铁道说》,《适可斋记言》,中华书局 1960 年版,第 22 页。
④ 马建忠:《借债以开铁道说》,《适可斋记言》,中华书局 1960 年版,第 23 页。
⑤ 马建忠:《借债以开铁道说》,《适可斋记言》,中华书局 1960 年版,第 22 页。

苟于借债之中不筹一泛应曲当之良法,而顾鳃鳃焉虑有流弊而中止也,是何异虑色荒而禁婚姻,虑禽荒而废搜狩也,弗思尔矣!"①

三、筹水师经费议

光绪八年九月二十日(1882年10月31日),翰林院侍讲学士何如璋奏"为海防关系大局请酌定经制力整水师以规久远而收实效"折②。马建忠见到此折后,上书李鸿章,在肯定何如璋之奏的基础上,详细提出自己的意见③。

整顿水师需要巨额经费,每年约需银500万两,9年之费为4 500万余两,有人认为不能筹此巨款。马建忠则认为:"曰不能者,非不能也,是不为也。"④他提出可从以下四方面来筹款:

(一)鸦片每年征税8万余箱,漏税2万余箱。如与印度订立鸦片包揽统购之法,可杜绝漏税。以每箱正税30两计,每年可增加税收60万两。如每箱加税至百余两,则每年盈余可至千余万两。

(二)水烟、旱烟,近日吸者,不论男女,十有六七。如通计每县吸食者以10万人计,每人每日捐钱半文,一年可得钱18 000串;通计各直省1 300余州县,一年约可得钱2 000余万串。按人征收未免复杂,若按出烟之地就地抽征,包括各省罂粟,每年至少可盈银2 000余万两。马建忠指出:"西国重征旱烟而不征食盐,盖食盐为贫富所用,故弛其禁,若水、旱烟非日用所需,故征析秋毫。"⑤中国《管子》轻重理论把官府垄断食盐加价出售作为获取财政收入的重要手段之一,认为人人要吃盐,就人人都要服籍(交税)。这种办法从西汉时起为多数朝代所实行,清朝也不例外。马建忠的话点明了中西税收观念上的一个重要差异。

(三)鼓铸银钱,发行纸币,参用金币。关于鼓铸银钱,马建忠说:"中国以银锭为币,平色不一,今若仿效西藏鼓铸银钱之例,由官自铸大小银钱,凡一切关税、赋课、拨解款项,均以银钱兑纳,约可岁省平余、火耗至少二三百万,而熔铸渗铜之盈余有不计也。"⑥当时中国有外国银元流通,马建忠没有提出仿铸外国银元,而以仿效清朝于乾隆五十八年(1793年)在西藏鼓铸乾隆宝藏银钱为

---

① 马建忠:《借债以开铁道说》,《适可斋记言》,中华书局1960年版,第25页。
② 中国第一历史档案馆藏,录副奏折03—9386—050,光绪八年九月二十日何如璋奏。
③ 《适可斋记言》将马建忠《上李伯相覆议何学士如璋奏设水师书》的时间定为光绪七年冬,据何如璋上奏的日期,可见时间有误,应为光绪八年冬。
④ 马建忠:《上李伯相覆议何学士如璋奏设水师书》,《适可斋记言》,中华书局1960年版,第69页。
⑤ 马建忠:《上李伯相覆议何学士如璋奏设水师书》,《适可斋记言》,中华书局1960年版,第69页。
⑥ 马建忠:《上李伯相覆议何学士如璋奏设水师书》,《适可斋记言》,中华书局1960年版,第70页。该版将"西藏"改为"西洋";辽宁大学出版社1994年版《采西学议——冯桂芬、马建忠集》中不改"藏"字,但加注说"此处'西藏'应为'西洋'之误"(第202页)。两书均误,"藏"字不是错字。

说辞,表示铸银钱中国自有传统。他还指出银钱由国库铸造,一定要做到轻重划一,使民间易于乐用。银钱流通后,即可由官库造纸币以代之,约库存银4 000万,可出纸币6 000万。"此英、法二国之楮币,不脞而行于环海者也。如是周转,又可盈数千万。"关于铸金币,马建忠指出:东西各大国,专用银币的只有中国和印度。外洋金银并用,故银日多而价益贱。数年前镑价值银3.3两,现在已贵至三两七八。"以银易磅(镑),耗折日巨……中国既与外洋互市,亟宜参用金币,使子母相权,无畸重畸轻之弊,如是可暗弭折耗之费亦至少千万。"①

(四)改驿站为邮政局。中国各省驿站费用巨大,如仿外洋改为邮政局,不但可以节省经费,而且可以便官、商,于国帑亦可少补。

马建忠指出实行上述办法,顽固派必然会起而反对。"哗者一人,和者百人矣";"倡者一人,挠者千人矣"②。"今际此生民未有之创局,徒为一二钻研故纸浮议所阻,断断然以往事为可鉴,不齐其本,徒循其末,不求其治,徒忧其弊,是无异惩色荒而禁婚姻,恶禽荒而废搜狩也。则天下尚有何事可为,又岂特包鸦片烟税,征水、旱烟税,铸银钱,设邮政四事也哉!又岂能筹饷项以经理海防也哉!故曰:非不能也,是不为也。"③这些言论表现了他对顽固派的极大愤慨之情。

四、富民说

光绪十六年(1890年)马建忠作《富民说》,集中表现了他的重商主义思想。

马建忠说:"治国以富强为本,而求强以致富为先。""中外通商而后……进口货之银浮于出口货之银,岁不下三千万,积三十年,输彼之银奚啻亿万。宝藏未开,矿山久闭,如是银曷不罄、民曷不贫哉!"④入超严重是事实,但并非每年都超过3 000万两,光绪十六年以前只有十四年和十六年的入超超过此数,而且入超数和白银出口数不是一个概念,不能据此得出"输彼之银奚啻亿万"的结论。

马建忠说对外贸易是一国的"求富之源",英、美、法、俄、德和英属印度"无不以通商致富"。"通商而出口货溢于进口者利,通商而出口货等于进口者亦利,通商而进口货溢于出口者不利。"⑤这是说一国的贫富决定于对外贸

---

① 马建忠:《上李伯相覆议何学士如璋奏设水师书》,《适可斋记言》,中华书局1960年版,第70页。
② 马建忠:《上李伯相覆议何学士如璋奏设水师书》,《适可斋记言》,中华书局1960年版,第70页。
③ 马建忠:《上李伯相覆议何学士如璋奏设水师书》,《适可斋记言》,中华书局1960年版,第71页。
④ 马建忠:《富民说》,《适可斋记言》,中华书局1960年版,第1页。
⑤ 马建忠:《富民说》,《适可斋记言》,中华书局1960年版,第1页。

易逆差还是顺差,如果不发生逆差,货币不出口,国家就不会贫。由此可见,马建忠认为只有充作货币的金银才是财富,对外贸易的任务就在于从贸易差额中积累货币,货币的多少是国家富裕与否的标志。根据这一理论,他提出:"然则天下之大计可知矣,欲中国之富,莫若使出口货多,进口货少。出口货多,则已散之财可复聚;进口货少,则未散之财不复散。"①

如何使出口货多?马建忠指出丝、茶是中国的主要出口商品,近年来受到了印度、日本丝、茶的排挤。"若不及时整顿,则彼日增而畅销无已,而我止此岁入六千余万之数,不尽为所夺不止。"②整顿的办法,一是"于育蚕、产茶之省,通谕各督抚转饬该属访求西法,师其所长,毋执成见"③;二是鼓励丝、茶散商归并为数大公司,公举董事以为经理;三是减轻丝、茶厘税。关于第三条,马建忠说:"外洋恤商之策,首在于重征进口货而轻征出口货,中国之税反是。""俟修约之时,凡洋货税轻者,皆可按价酌增。至吕宋烟、葡萄酒等货,外洋征税甚重,有值百抽百者;而通商税则皆以为洋人自用之物,概皆免征。修约则可重征其税,而减轻出口税之数亦可因以取偿矣。"④中国固有之利,除丝、茶外,还有牛革、羊毛、蔗糖、草缏、棉花、瓷器、大黄等出口商品也要随时整顿。

如何使进口货少?马建忠指出除洋药(鸦片)之外,洋布、洋纱是中国的主要进口商品,要进一步发展棉纺织业以敌洋布、洋纱。光绪五年,经北洋大臣李鸿章奏设织布局,事隔十年仍未奏效。"今则重为整顿,十年之内不许他人再设织局,而所设织机不过二三百张,每日开织只五六百匹,岁得十八万匹,仅当进口洋布八十分之一耳。"⑤他主张将原设织布局扩充资本,或者再立新局,务使每年所织之布足敌进口洋布的十分之一。然后推广到织绒、织呢、织羽、织毡等方面。这样,中国多出一分之货,外洋即少获一分之利,而中国工商转多得一分之生计。

此外,马建忠还主张开矿山自有之财。他认为,从用途上讲,矿产首推煤、铁。"然煤铁所以致富,而非所以为富;所以为富者,莫金银矿若。"⑥这就是说,煤铁本身不是财富,而只是获取财富即金银的手段。他把资本主义国家的发展完全归功于新、旧金山金矿的发现和开采。以旧金山而言,"四十年间,金银之出百倍于前,故能悬不赀之赏,开非常之源,奔走天下之人才,

---

① 马建忠:《富民说》,《适可斋记言》,中华书局1960年版,第2页。
② 马建忠:《富民说》,《适可斋记言》,中华书局1960年版,第2页。
③ 马建忠:《富民说》,《适可斋记言》,中华书局1960年版,第3页。
④ 马建忠:《富民说》,《适可斋记言》,中华书局1960年版,第4页。
⑤ 马建忠:《富民说》,《适可斋记言》,中华书局1960年版,第5页。
⑥ 马建忠:《富民说》,《适可斋记言》,中华书局1960年版,第5页。

不尽改天下之旧观不止"①。因此,他说"中国不讲求西法则已,中国而讲求西法以求富,则莫如自开金矿始"。把资本主义国家的发展归结为货币的神奇作用,充分显示出重商主义者的货币拜物教思想。当时平度金矿经营不善,马建忠建议李鸿章通盘筹算,添加资本续办,并设法创开宁海、招远各矿。"不数年间,金银出自泥沙而不穷。金矿倡于先,各矿兴于后,而后利源广;利源广,则南北之铁路与塞北之耕牧以渐而兴矣。"②

讲求土货、仿造洋货和开矿都需资本,马建忠提出略仿西国设一商务衙门,由它出面或另立华商总公司向外国贷款两三千万来次第分办。他再一次强调借国债的必要性,指出:"国债之举,正居今之世,君民一体,通塞之机,不可行之于军务,必不可不行之于商务。"③

西方的重商主义产生于十五六世纪资本原始积累时期。马克思指出:"货币主义和重商主义把世界贸易以及国民劳动中同世界贸易直接有关的特殊部门当作财富或货币的唯一真正源泉划分出来,这是由于在那个时代,国民生产大部分还处在封建形式中,还是当作直接的生存源泉为生产者本身服务。产品大部分并不转化为商品,因而也不转化为货币,它们完全不参加普遍的社会物质变换,因而不表现为一般抽象劳动的化身,实际上不形成资产阶级财富。"④马建忠的重商主义理论也是这种社会条件的产物,因为当时中国的社会正处于马克思所分析的"国民生产大部分还处在封建形式中"的时代。马建忠提出这一理论,比西方的重商主义者迟了 300 多年,这是中国社会还远远落后于西方而造成的理论上的差距。由于历史条件不同,马建忠的重商主义同西方的重商主义的历史作用也不一样。它具有抵制资本主义国家对中国进行经济侵略的性质。

第五节　薛福成的经济思想

一、出使四国大臣薛福成

薛福成(1838~1894),字叔耘,号庸盦,江苏无锡人。同治四年(1865

---

① 马建忠:《富民说》,《适可斋记言》,中华书局 1960 年版,第 6 页。
② 马建忠:《富民说》,《适可斋记言》,中华书局 1960 年版,第 8 页。
③ 马建忠:《富民说》,《适可斋记言》,中华书局 1960 年版,第 9、10 页。
④ 马克思:《政治经济学批判》第一分册。《马克思恩格斯全集》第 31 卷,人民出版社 1998 年版,第 553 页。

年)参加曾国藩幕府。因随曾国藩平西捻有功,由副贡生成为候补直隶州知州,加知府衔。十一年入李鸿章幕府。光绪八年(1882年)升道员。两年后授浙江宁绍台道。当时正值中法战争,浙江巡抚刘秉璋令其总理营务,统筹战守机宜。法军进逼浙江,"相持四十余日,卒不得逞,固守之功,一时称最"①。十五年升湖南按察使,同年四月改授京堂,派充出使英、法、意、比四国大臣。因病于十六年正月成行。出使期间,历授光禄寺卿、太常寺卿、大理寺卿和左副都御史。二十年四月卸任,五月底回到上海,留上海治病,六月逝世。

光绪五年,总理衙门拟让赫德兼任总海防司,薛福成上书李鸿章指出,中国虽给赫德高官厚禄,但他"仍内西人而外中国";担任总税务司"已有尾大不掉之势",如果再给以总海防司要职,"则中国兵权、饷权皆入赫德一人之手"②,以后将更难驾驭。总理衙门接受了他的意见。

薛福成在入曾国藩幕府前曾上书曾国藩,提出自己的政治主张。光绪元年上《应诏陈言疏》,提出治平六策和海防密议十条。五年著《筹洋刍议》。晚年出使外国期间,对资本主义国家进行了广泛的实地考察,增加了对资本主义国家的了解,增强了资产阶级改良思想的倾向。著作辑为《庸盦全集十种》,包括《庸盦文编》、《庸盦文续编》、《庸盦文外编》、《庸盦海外文编》、《筹洋刍议》、《浙东筹防录》、《出使奏疏》、《出使公牍》、《出使日记》和《出使日记续刻》。另有《庸盦文别集》和《庸盦笔记》不在内。近人辑有《薛福成选集》。

在道器观方面,薛福成同王韬的观点相似,认为"中国所尚者道为重,而西人所精者器为多。然道之中未尝无器,器之至者,亦通乎道"③,两者并不矛盾。"变法"就是要"取西人器数之学,以卫吾尧、舜、禹、汤、文、武、周、孔之道,俾西人不敢蔑视中华"④。他还认为:"所谓西学者,无非中国数千年来所创,彼袭而精究之,分门别类,愈推愈广,所以蒸蒸日上,青出于蓝也。"⑤

薛福成在同治四年提出了"方今中外之势,古今之变局也"⑥的说法。在光绪五年的《筹洋刍议·变法》中,他提出了一种社会发展理论,说人类已有一万年历史,而"天道数百年小变,数千年大变":从生民之初到唐、虞时已过

---

① 李鸿章:《李文忠公全集·奏稿》卷七八《奏报薛福成出缺折》。
② 薛福成:《庸盦文编》卷二《上李伯相论赫德不宜总司海防论》。
③ 薛福成:《庸盦文编》卷二《代李伯相答彭孝廉书》。
④ 薛福成:《筹洋刍议·变法》。
⑤ 薛福成:《出使日记续刻》卷六,光绪十八年十二月十一日记。
⑥ 薛福成:《庸盦文外编》卷三《上曾侯相书》。

了数千年,由"鸿荒之天下,一变为文明之天下";从尧、舜到秦始皇帝时过了二千年,由"封建之天下,一变为郡县之天下";从秦以来又过了二千年,由"华夷隔绝之天下,一变为中外联属之天下"。根据这一理论,薛福成强调必须以变法来适应新的形势,学习西方的科学技术,使中国在数十年后超过西方。他批评那些"生今之世,泥古之法"的顽固派,说他们就像"居神农氏之世,而茹毛饮血;居黄帝之世,御蚩尤之暴,而徒手搏之"一样可笑。

同治四年,薛福成还认为西方资本主义国家"其长有二:一则火器猛利也,一则轮船飞驶也"①。后来在出使四国期间则认识到:"西国所以坐致富强者,全在养民、教民上用功。而世之侈谈西法者,仅曰精制造,利军火,广船械,抑末矣。"②这表明了其前后思想的变化。他也像王韬一样把君主立宪制称为"君民共主之政",称赞说:"夫君民共主,无君主、民主偏重之弊,最为斟酌得中。"他把这种制度比为中国的夏、商、周时期,说:"所以三代之隆,几及三千年之久,为旷古所未有也。"③

对于资本主义国家侵略中国的手段,薛福成特别注意鸦片输入和教士在中国传教,将这两者视为中国最大的隐患。他于同治四年指出:"自泰西诸国立约以来,大抵于中国有利有害。利则通有无以裕税饷,得利器以剿强寇,此中国之大益也。害则洋烟不禁,渐染日广,传教通行,许其保护,此中国之大损也。"益者只十之一二,损者则十之八九。"盖洋烟盛,则挠我养民之权;洋教行,则挠我教民之权。教养无所施,而国不可为国矣。"④还指出中国每五人中有一人困于洋烟,使中国的五分之一人口成为废人,其害远过于洪水猛兽。他主张禁烟和禁外人传教。

二、创开铁路论

光绪四年(1878年)薛福成作《创开中国铁路议》,时间还在马建忠作《铁道论》等二文的前一年。六年十一月初二日(1880年12月3日),前直隶提督刘铭传奏请造南北铁路四条,先造清江至京师的一条⑤。朝廷命北洋、南洋大臣李鸿章、刘坤一悉心筹商,妥议具奏。当月二十一日,翰林院侍读学士张家骧提出了反对意见,认为造此条铁路有三弊:一是清江浦不是开埠码

---

① 薛福成:《庸盦文外编》卷三《上曾侯相书》。
② 薛福成:《出使日记续刻》卷八,光绪十九年六月十四日记。
③ 薛福成:《出使日记续刻》卷四,光绪十八年四月初一日记。
④ 薛福成:《庸盦文外编》卷三《上曾侯相书》。
⑤ 中国第一历史档案馆藏,录副奏折03—9439—004,光绪六年十一月二十一日刘铭传奏。

头,造铁路后不能禁洋人往来,若借端生事,百计要求,将何以应之,利未兴而患已隐服;二是铁路造成后,若准行人及车马同行,伤人坏物,易启争端,若不准,则必须另开一道,民间必不乐从,势迫刑驱,徒滋骚扰;三是铁路既开,天津码头从此而衰,天津招商局所购轮船渐归无用,数百万款项废于一旦,而开造铁路之费动需千万,虚糜帑项,赔累无穷①。十二月初一日,李鸿章上奏《妥议铁路事宜折》并附《议覆张家骧争止铁路片》②,支持刘铭传的建议。《妥议铁路事宜折》及附片即为薛福成起草的《代李伯相议请试办铁路疏》。

在《创开中国铁路议》③中,薛福成指出:"今泰西诸国竞富争强,其兴勃焉,所恃者火轮舟车耳。轮舟之制,中国既仿而行之,有明效矣。窃谓轮车之制不行,则中国终不能富且强也。"他分析造铁路的利益说:一是北方交通不便,岁入财赋"大约在南方者什九,在北方者什一"。如西北多造铁路,"则贫者可变为富";东南在水道不通之处造铁路,"则富者可以益富",厘税必数倍于过去。这是铁路便于商务。二是用铁路运漕粮、赈粮、军饷,可节省运费。这是铁路便于转运。三是铁路可以运兵,"即令每省养兵一万,合十八行省计之,无异处处有十八万之兵"。造铁路以后,防兵可裁去大半,"他日即以裁兵之费增营铁路,复收铁路之利以供国用,一举而三善备焉"。这是铁路便于调兵。此外,火车还和轮船、矿务、邮政、各机器厂等相表里:轮船不达之处,可以轮车达之,出入之货愈多,则轮船之懋迁愈广;煤铁各矿离水远者,以轮车运送,成本轻而销路畅,使矿务更兴,经营铁路之费亦更省;轮车日驰千余里,从此文书加捷,民间寄信与铁路公司相附丽,其利甚溥,并可稍裁驿站,协济铁路之费;闽、沪各机器厂,入款日绌,出款日增,宜令学徒研究铁路利病,数年后各厂可以自造,议定章程,有制、修者给工价和津贴费若干,各厂得此挹注,亦可经久不衰。

铁路的利益如此,而中国"独瞠乎居后",则是由于"囿于见闻,而异议有以阻之"。异议有"恐引敌入室";"恐夺小民生计";"恐当路之冲,冢墓必遭迁徙,禾稼必被熏灼"。薛福成指出,这些都是"揣摹影响而不审于事实者也"。如关于夺小民生计,他批驳说:"铁路公司既设,于是有修路之工,有驾驶之人,有巡瞭之丁,有路旁短送之马车,有上下货物伺候旅客之夫役。计其月赋工糈,八口之家足以自赡。缘路则可增设旅店。其饶于财者,可以厂

---

① 中国第一历史档案馆藏,录副奏折 03—9439—005,光绪六年十一月二十一日张家骧奏。
② 《李文忠公全集·奏稿》卷三九。
③ 薛福成:《庸盦文编》卷二。

买股份,坐权子母。是皆扩民生计者也。乃谓为夺民生计,谬矣。"创设铁路可以增加就业机会,富人还可以进行投资,不会造成失业现象。

薛福成提出先由官府选择繁盛贴近地区,试办一两条铁路以转移风气。"民俗既变,然后招商承办,官为掌其政令,定其税额,恤其隐情,而辅其不逮。"使铁路逐步推广,渐续渐远。"由是再极于四周,错综交互,无远弗届。"他还对创开铁路的有关问题提出了九条具体建议。

在《代李伯相议请试办铁路疏》[①]中,薛福成指出:"盖处今日各国皆有铁路之时,而中国独无,譬犹居中古以后而屏弃舟车,其动辄后于人也必矣。"他分析了兴铁路的九条大利:中国每年所征洋税、厘金两三千万两,北方仅占十分之一。"倘铁路渐兴,使之经纬相错,有无得以懋迁,则北民心化惰为勤,可致地无遗利,人无遗力,渐与南方相埒。"此便于国计者,利一。中国边防、海防各万余里,苟有铁路运兵,"一兵能抵十兵之用"。此便于军政者,利二。"京师为天下根本,独居中国之北,与腹地相隔辽远,控制綦(极)难,缓急莫助。"若开铁路,四方得拱卫之势,国家有磐石之安,不必再议迁都。此便于京师者,利三。往年山西、河南饥荒,山西米价每石贵至银40余两。设有铁路,"各省遇有水旱偏灾,移粟辇金,捷于影响,可以多保民命"。此便于民生者,利四。铁路若成,漕粮、军米、军火、京饷、协饷无不应手立至,此便于转运,利五。轮车之行,从此文书加捷,而颁发条款、查察事件,快于驿站;侦敌信,捕盗贼,朝发夕至;并可稍裁正路驿站,以其费扩充铁路。此便于邮政,利六。以火车运送煤铁等矿,成本轻而销路畅,"从此煤铁大开,修造铁路之费可省,而军需利源,更取不尽而用不竭。"此便于矿务,利七。远水之区洋货不易入,土货不易出,轮船所不达之处继以火车,此便于招商轮船,利八。"无论官民兵商,往来行役,千里而瞬息可到,兼程而涂费转轻,无寇盗之虞,无风波之险。"此便于行旅,利九。

刘铭传的原奏中提出"借洋债",薛福成吸收了马建忠的观点,指出:"顾借债以兴大利,与借债以济军饷不同。盖铁路既开,则本息有所取偿,而国家所获之利又在久远也。"他也指出不准洋人附股。铁路公司成立后,"可由华商承办,而政令须官为督理",是一种官督商办的办法。这自然是代表李鸿章的意见,不是他自己可以决定的。

张家骧提出造铁路有三弊,薛福成一一予以驳斥。对于所谓第一弊,薛福成指出,关键在于中国能否自强。"盖强与富相因,而民之贫富又与商埠

---

① 薛福成:《庸盦文续编》卷上。

之旺废相因。若虑远人之觊觎,而先遏斯民繁富之机……揆之谋国庇民之道,古今无此办法也。"对于所谓第二弊,薛福成指出,铁路和官道判若两途,交叉处则有旱桥,或设立栅门以启闭;民田可以重价购买,坟墓、田庐不愿迁售的,铁路还可设法绕避。对于所谓第三弊,薛福成指出,二者固并行不悖,即使初期受到影响,数年后"更可与铁路收相济之益"。

最后,薛福成尖锐地批评了顽固派的空谈误国:"然欲自强必先理财,而议者辄指为言利;欲自强必图振作,而议者辄斥为喜事;至稍涉洋务,则更有鄙夷不屑之见横亘胸中。不知外患如此其多,时艰如此其棘,断非空谈所能有济。"

李鸿章上奏薛福成起草的奏折和附片后,光绪七年正月十六日,曾任驻英副使和出使德国大臣的通政司参议刘锡鸿再上奏《仿造西洋火车无利多害折》[1],提出火车"不可行者八,无利者八,有害者九",共25条反对理由。在顽固派的群相反对下,刘铭传的建议被否定。同年建成的供开平煤矿运煤用的唐山胥各庄铁路,不久也被禁用。中国造铁路的历史因此被推迟了几年。

三、工基商纲论

薛福成对资本主义工商业在国民经济中的地位和作用的论述,可以概括为工基商纲论。基是基础,纲是纲领。

光绪五年(1879年),薛福成指出:"昔商君之论富强也,以耕战为务。而西人之谋富强也,以工商为先。耕战植其基,工商扩其用也。然论西人致富之术,非工不足以开商之源,则工又为其基而商为其用。"[2]十九年他又说:"泰西风俗,以工商立国,大较恃工为体,恃商为用,则工实尚居商之先。"[3]这说明,他认为资本主义社会是以工业为基础的,他没有注意到资本主义社会中农业的基础作用,但能提出"非工不足以开商之源"则是很有见地的。

另一方面,薛福成又把商人说成是"握四民之纲"的人。光绪十六年,他说:"夫商为中国四民之殿,而西人则恃商为创国造家、开物成务之命脉,迭著神奇之效者。何也?盖有商则士可行其所学而学益精,农可通其所植而植益盛,工可售其所作而作益勤。是握四民之纲者,商也。此其理为从前九州之内所未知,六经之内所未讲。西洋创此规模,实有可操之券,不能执崇

---

① 刘锡鸿:《刘光禄遗稿》卷一。
② 薛福成:《筹洋刍议·商政》。
③ 薛福成:《庸盦海外文编》卷三《振百工说》。

本抑末之旧说以难之。"①

以工为基和以商为纲并不是互相矛盾的提法。薛福成的意思是说，资本主义国家的国民经济中处于主导地位的是商业，但发展商业又要以发展工业为基础。从这一认识出发，他既把"振兴商务"看作是"生财大端"②；又指出"中国欲振兴商务，必先讲求工艺。讲求之说，不外二端，以格致为基，以机器为辅而已"③。他一直把工和商联系起来考虑。

所谓"振兴商务"，着眼点是对外贸易，薛福成说："故论一国之贫富强弱，必以商务为衡。商务盛则利之来如水之就下而不能止也，商务衰则利之去如水之日泄而不自觉也。"④光绪五年，他估计中国在对外贸易中每年被外国赚去的利润不下银3 000万两，并认为这是中国"民穷财尽，有岌岌不终日之势"⑤的根本原因。后来在出使四国的日记中，他对中国的进出口贸易作了详细的分析。他主张通过振兴商务来扭转这个局面。

薛福成认为商品的价格决定于制造这种商品所花的人工，"以一人所为之工，必收一人之工之价"。这是一种朴素的劳动价值理论。从这一认识出发，薛福成提出："夫以一人兼百人之工，则所成之物必多矣。然以一人所为百人之工，减作十人之工之价，则四方必争购之矣。再减作二三人之工之价，则四方尤争购之矣。"⑥这说明他认为机器产品的价格低廉，是因为所花的劳动比手工产品少得多，因此在竞争中处于有利地位。由于用机器生产，劳动生产率得以提高，例如原来一个人工只能生产一件商品，现在用机器生产，一工能生产出同样的商品100件。那么每件商品只包含着百分之一个人工。拿这种商品出卖，即使每件按十分之一或百分之二三个人工的价格计价，比一工只能生产一件同样的商品也要便宜得多，而每件仍能获得很高的利润。他的认识仅到此为止，完全忽略了商品的其他成本，似乎决定商品价格的因素只是"工价"。

综上所述，薛福成的工基商纲论表现在经济政策上就是要振兴以机器工业为基础的商务。他主张用这一政策收回利权，做到："彼此可共获之利，则从而分之。中国所自有之利，则从而扩之。外洋所独擅之利，则从而夺

---

① 薛福成：《庸盦海外文编》卷三《英吉利用商务辟荒地说》。
② 薛福成：《庸盦海外文编》卷二《强邻环伺谨陈愚计疏》。
③ 薛福成：《出使日记续刻》卷五，光绪十八年闰六月二十七日。
④ 薛福成：《出使日记续刻》卷四，光绪十八年六月三十日。
⑤ 薛福成：《筹洋刍议·商政》。
⑥ 薛福成：《庸盦海外文编》卷三《用机器殖财养民说》。

之。"① 由于纺织品是进口的大宗,他很重视发展纺织工业。

振兴商务涉及义利观问题,薛福成对此进行了分析。他首先肯定"以言利为戒"是"颠扑不破之道";孔子所说的"放于利而行,多怨",孟子所说的"苟为后义而先利,不夺不餍","尤为深切著明"。但他又说这是针对"聚敛之徒,专其利于一身一家者言之",实际上"圣人正不讳言利"。后世儒者不明此义,一讲到利,就"不问其为公为私,概斥之为言利小人,于是利国利民之术,废而不讲久矣"。他指出成立公司,"意在使人人各遂其私求,人人之私利既获,而通国之公利寓焉"。② 这是说商人的私人利益的总和就是国家利益。作为清王朝的高级官吏,这样公开为商人的利益辩护,是很不容易的。

同这一观点相一致,薛福成又把"藏富于民"的老话发展成"藏富于商民"③。他指出英、法、德等国"平时谋国精神,专在藏富于商,其爱之也若子,其汲之也若水。盖其绸缪商政,所以体恤而扶植之者,无微不至"④。他提出扶持商人的政策,如渐裁厘金,奖励创造发明,鼓励商人成立公司等。他很重视公司的作用,认为公司能发挥众智、众能、众财的威力,西洋诸国就靠它"横绝四海,莫之能御"。他强调指出:"公司不举,则工商之业无一能振。工商之业不振,则中国终不可以富,不可以强。"⑤

薛福成主张发展民办企业。早在光绪五年,他就提出必要时由轮船招商局中的任事之商,兼招殷实明练商人,量其才力、资本,分埠设局。"无论盈亏得失,公家不过而问焉。此外商人有能租置轮船一二号,或十余号,或数十号者,均听其报名于官,自成一局。"⑥ 在出国期间,他指出洋布、洋纱在中国畅销,上海、武昌已购机设厂织布纺纱,"宜推之各省及各郡县,官为设法提倡,广招殷商设立公司,优免税厘,俾资鼓励",认为"收回利权,莫切于此"⑦。

四、机器养民论

薛福成主张发展机器工业来殖财和养民,殖财前面已阐述,现在来论其养民。

---

① 薛福成:《筹洋刍议·商政》。
② 本段引文均见薛福成:《出使日记续刻》卷四,光绪十八年六月三十日。
③ 薛福成:《筹洋刍议·船政》。
④ 薛福成:《庸盦海外文编》卷三《西洋诸国为民理财说》。
⑤ 薛福成:《庸盦海外文编》卷三《论公司不举之病》。
⑥ 薛福成:《筹洋刍议·商政》。
⑦ 薛福成:《庸盦海外文编》卷二《强邻环伺谨陈愚计疏》。

这要从薛福成的人口论谈起。光绪十七年(1891年),薛福成分析了中国的人口问题。他说康熙四十九年(1710年)全国民数2 331万余,到乾隆五十七年(1792年)已增至30 746万余,比康熙年间增13倍多。到道光二十八年(1848年)又增至42 673万余(不包括台湾),不到60年增加了11 900多万。他似乎认为,不管人多人少,社会产品的总量总是不变的,因此人口增加后每人所能分摊到的社会产品就会成比例地减少。如果人口增加20倍,每人所得到的消费品就减至原来的二十分之一。所以他说:"余尝闻父老谈及乾隆中叶物产之丰,谋生之易,较之今日,如在天上。再追溯康熙初年物产之丰,谋生之易,则由乾隆年间视之,又如在天上焉。无他,以昔供一人之衣食,而今供二十人焉;以昔居一人之庐舍,而今居二十人焉。"他又指出:"谓中国地有遗利与?则凡山之坡,水之浒,暨海中沙田,江中洲汕,均已垦辟无遗。抑谓人有遗力与?则中国人数众多,人工之廉,减于泰西诸国十倍,竭一人终岁勤动之力,往往不能仰事俯畜。"①由于人多难以谋生,就造成了社会的动乱。

人口增长是事实,但薛福成所依据的康熙年间的人口资料是不可靠的。康熙年间是丁口(成年男丁)数字,拿丁口数做基数,所以得出了83年间增为13倍多的结论。实际倍数应大大降低。更何况康熙五十年以前要按人丁征赋,瞒报丁口现象一定很严重,这丁口数显然要比实际丁口数低很多。

薛福成关于中国人多的说法,有点类似于汪士铎的观点。但是两人提出的解决问题的方法截然不同。汪士铎主张用残暴的手段减少人口,而薛福成则主张发展机器工业以解决众多人口的就业问题。两者形成了鲜明的对比。

薛福成主要是从资本主义国家的实际情况中受到了启发。通过考察,他发现,欧洲诸国平均每10方里住94人,中国平均每10方里住48人,"欧洲人满,实倍于中国";而且欧洲土地的肥沃程度又不如中国。为什么欧洲人满而富呢?他的答案是:"为能浚其生财之源也。""中国之矿务、商务、工务无一振兴,坐视民之困穷而不为之所,虽人不满,奚能不贫也,而况乎日形其满也。"②

薛福成分析了中西方养民方法的不同:"西洋以善用机器为养民之法,中国以屏除机器为养民之法。"西方的工厂每厂"能养贫民数千人,或数万

---

① 薛福成:《庸盦文外编》卷一《许巴西墨西哥立约招工说》。
② 薛福成:《庸盦海外文编》卷三《西洋诸国导民生财说》。

人"。他驳斥顽固派所散布的使用机器会"夺贫民生计"的论调,指出只有用机器生产才能"与西人争利",也只有用机器生产才能使贫民"自食其力"。他尖锐地指出:"是故守不用机器调济贫民之说者,皆饥寒斯民、困厄斯民者也。"他承认用机器生产首先得到利益的是富商,但强调这比利归西人要好:"利归富商则利犹在中国,尚可分其余润以养我贫民。利归西人则如水渐涸而禾自萎,如膏渐销而火自灭,后患有不可言者矣。"①

薛福成对增加就业以解决人满之患非常注意,因此在论述开矿和造铁路时,也从这方面说明它们的意义。他指出每"开一矿,仰食者不下数万人,或数千人",前者有如"得十万亩良田",后者有如"得一万亩良田";所以"广开诸矿"就如"多扩良田",使"穷民有衣食之源"②。造铁路也可以"扩民生计",前面已经提到,这里就不重复了。

中国的传统经济思想历来以土地为主要的养民手段,提出以机器养民是一个新的发展,反映了时代的要求。把增加就业作为发展机器工业的目的之一,就必然要求对民族资本企业采取扶持的政策,以有利于经济的发展。至于使用机器也可能造成失业,则是薛福成所没有考虑到的问题,也不是当时所应当考虑的问题。

第六节 钟天纬的经济思想

一、研究中西文化差异的钟天纬

钟天纬(1840~1900),字鹤笙,江苏松江(今属上海)人。同治二年(1863年)起在家乡授徒。十一至十三年在上海广方言馆肄业。光绪元年(1875年)至山东机器局工作。五年应出使德国大臣李凤苞之邀赴德。六年,曾"游历欧洲各国,考其政治、学术及所以富强之故"③。七年因病回国。八年进江南制造局翻译馆从事翻译。先后同英人罗亨利(H. B. Loch)合作翻译《西国近事类编》,同英人傅兰雅合作翻译《工程致富》、《英美水师表》、《铸钱说略》、《船坞论略》、《行船章程》、《考工纪要》等书。十三年被登莱青道盛宣怀招往烟台,次年任烟台矿学堂监督。十五年被湖广总督张之洞招往湖北勘矿,后任代理汉阳铁厂事务、武昌自强学堂监督。十九年辞职回沪。二

---

① 本段引文均见薛福成:《庸盦海外文编》卷三《用机器殖财养民说》。
② 薛福成:《庸盦文外编》卷二《书〈周官·廿(矿)人〉后》。
③ 钟天纬:《刖足集外篇·钟鹤笙征君年谱》。

十年又被天津海关道盛宣怀招往天津,曾随李鸿章校阅海军。二十一年仍回江南制造局翻译馆。二十二年在经正书院旧址办三等公学,以新法施教。次年兼任吴淞电报局局长。二十四年创办四所新式小学,编教科书12册,总名为《读书乐》。同年被两江总督刘坤一、湖广总督张之洞等推荐应经济特科,因发生政变而未成行。著作现存《时事刍议》和《刖足集》,都在钟天纬死后出版。《时事刍议》由其子镜寰刊于光绪二十七年夏。《刖足集》分内外篇,内篇由镜寰编成,版存江南制造局。1925年镜寰死后,其妹镜芙及其丈夫等搜集钟天纬其他遗稿,续成外篇,交商务印书馆承印。因1932年"一·二八"战事,商务印书馆被炸,外篇稿被焚毁。经镜芙等重新抄集出版,文稿又佚十分之一。

钟天纬有多篇文章对中西文化进行了比较。他认为西方的格致之学,"溯其本源,实事事胚胎于中土,或变其名目,或加以变通。中国为其创而西人为其因,中国开其端而西人竟其绪……举凡西人今日之绝技,莫非中国往哲之遗传。"[①]他从文化差异上解释中国落后于西人的原因:"盖中国重道而轻艺,故其格致专以义理为重;西国重艺而轻道,故其格致偏于物理为多,此中西所由分也。"[②]又说:"中国惟尊古而薄今,西人则喜新而厌故。中国尚义理之空谈,西人得物理之真际。此则中西相背而驰之发轫处也。"他还说西人性好动,动则勤,"视学问为后来居上,往往求胜于前人";华人性好静,静则懒,"视古人为万不可及,往往墨守成法而不知变通"。他希望中国人根本改变这种不利于进步的文化传统,认为:"使废八股之虚谈,求格致之实际,人人思创新法以利国便民,一破从前拘墟(狭隘)之习,举一世而胥(全)出于格致一途。不出百年,中国兵无不精而国无不富,不能驾乎地球各国之上乎?"[③]

钟天纬还比较了中西的教育制度。他说,西方人读书"大不及华人之勤","惟西人则专门致精,华人则贪多务博,仍系虚浮不及实际";中国的考试"只较一日短长","西国则全凭平日功课,明计积分"[④]。因此他很重视教育制度的改革,并身体力行,所编《读书乐》"实开小学教科书之先河"[⑤]。

在风俗方面,钟天纬指出西方约有三变:一是"君臣之分虽严,而小民皆

---

① 钟天纬:《刖足集内篇·格致之学中西异同论》。
② 钟天纬:《刖足集外篇·格致说》。
③ 钟天纬:《刖足集内篇·格致之学中西异同论》。
④ 钟天纬:《刖足集内篇·与程禧芝书》。
⑤ 钟天纬:《刖足集外篇·钟鹤笙征君年谱》,光绪二十四年。

有自主之权";二是"父母抚育子女,年至二十二岁不复膳养,听其谋生自食其力,所得资则由其自擅";三是"男女婚配皆先自约定,而后禀命于父母,夫妻无异合伙,各私其产业,不相通融"①。这些在当时的中国"皆骇世绝俗之谈",钟天纬也只是在私人信件中谈及,并嘱对方"存诸心而勿形诸口"。

以上仅是钟天纬论中西文化的一些主要论点。钟天纬是中国进行中西文化比较研究的先驱。他虽然对西方文化持肯定态度,但仍认为"惟我孔子之教如日月经天,江河亘地,万古不废";西方的格致之学"足以补《大学》之阙"②,而不能完全取代中学。

中日甲午战争后,钟天纬作《时事刍议》,反映了他的晚年思想。《时事刍议》共 30 条,其中,修政治 5 条,培人才 7 条,裕国用、兴商务、储军实各 6 条。修政治的第 1 条就是"请开议院以通民隐"。钟天纬提出设立公议堂,分上下两院。上院议员由王公、贝勒、五等勋爵及衍圣公、蒙古各盟长组成,下院议员由六部九卿及各省绅士组成。他说:"中国不开议院则人心涣散,四百兆人不啻为四百兆国;如开议院则人心团结,四百兆人不啻为一家。以此兴利,利无不兴;以此剔弊,弊无不除,尚何敌国外患之有?"对议院充满了希望。

二、减私租论

钟天纬作有《减私租论》③,提出了与陶煦相似的观点和主张。钟天纬"生长田间",同情农民的疾苦。他指出:"盖自井田之制废,而豪强得肆其兼并之谋,富者田连阡陌,贫者致无立椎。赁田以耕,谓之佃户。岁入大半以供田主,谓之私租,而私租之额恒拾倍于公家之赋。""贫民之困于私租者,固数千年至今而未有以革也。"

钟天纬分析了江南一带的私租情况。他说:"三吴之田最称膏腴,在上稔之年,不过亩收四釜,而私租则竣削其半,甚有亩取租石七八斗者,是十分而取其八九也。"这样高的地租,使"小民终岁勤动,胼手胝足,加以牛车、种籽、人工、粪壅之费,得不偿失",造成了农民"贫且盗"的后果。佃农交不起私租,"有司官惟知顺势家之嗾,敲扑枷繫,县以千计。甚至久系班房,凌虐瘐毙者累累不绝。"死后家属无处伸冤,"惟有忍涕含悲,领尸埋葬而已矣"。他认为佃农的困苦情况之所以未能上闻,是由于缙绅巨族"无不多置田园为

---

① 钟天纬:《刖足集内篇·与程禧芝书》。
② 钟天纬:《刖足集内篇·格致之学中西异同论》。
③ 钟天纬:《刖足集内篇》。

子孙世业",不"肯轻议更张以自坏其私计";而"留心民瘼者,既无善术以处此,积重难返",也不"敢倡言以犯众怒"。这样就使"数千年之弊政"一直未得到革除。

对于残酷剥削、压迫佃农的地主,钟天纬抨击说:"且彼擅私租之利者,大率皆游惰之民耳。不耕而食,不织而衣,无爵土而享分茅之奉,无职分而擅赋敛之权。既不列于四民之中,惟知剥民以逞,致民不能自食其力,往往陷于法网之中,驱为外洋之用,是民之鸜雀(雀)而国之蟊贼也。"

对于苏、松等地的减赋,钟天纬也像陶煦一样,指出佃农并未因此得到丝毫好处。他说:"国朝重熙累洽,叠次普免钱漕,至穆宗毅皇帝复减免苏、松赋额五十余万石,可谓湛恩汪濊矣。然而恩诏所及,大半利于势家大姓拥有阡陌之民,彼佃户之供私租于巨室者,固未尝得邀升斗之减成也。然则国家虽有蠲租之令,而利归中饱,贫民不得沾涓滴之恩;朝廷虽施旷典之恩,而赋税既轻,豪强益夺中人之产,此民困所由如故也。"

陶煦主张减租三分之一,钟天纬也主张减租,提出"凡天下私租之额,一以官赋为准,不得逾五倍之数"。认为"如此则兼并之术立穷,而追呼之扰顿息矣"。他提出警告说:"若不改弦更张,窃虑民困思变,日益流亡,愈以外洋为尾闾。万一有卢循、徐海①之徒为之雄长,驱而用之……此边防莫大之隐忧也。"因此认为:"昔林文忠谓纹银漏出外洋为中国之害,而不知穷民流出外洋更为中国之害也。"钟天纬主要是以明代的倭寇之患为戒。实际上中国人出洋还有劳动力输出的作用,并不一定造成边患。他对这一方面还没有什么认识,自然这也受到所讨论的问题性质的限制,不可能从积极方面考虑劳动力输出的意义。

三、创设铁路论

光绪七年(1881年)正月,刘锡鸿提出25条反对通行火车的理由,光绪十二年钟天纬作《中国创设铁路利弊论》②,针对刘锡鸿的反对意见予以逐条批驳。此文影响较大,《钟鹤笙征君年谱》光绪十年条说,钟天纬的"《铁路利

---

① 卢循(? ~411),东晋人,参加孙恩起义。孙恩死后被余部推为首领,曾率部浮海占领广州。义熙七年(411年)兵败投水死。徐海(? ~1556),明人,王直部下大头目。嘉靖三十四年(1555年)勾结倭寇入侵柘林(今上海奉贤区西南)。次年围攻上海县,总督胡宗宪设计诱降。后被围,投水死。

② 钟天纬:《刖足集外篇》。写作时间在标题下注"丙戌冬",丙戌是光绪十二年。《钟鹤笙征君年谱》在光绪十年条提到此文,只是举此文为若干文的代表,不是说此文作于光绪十年。《中国创设铁路利弊论》中引有刘锡鸿的原文,本目中所引刘锡鸿的原文均经参校《刘光禄遗稿》卷一《仿造西洋火车无利多害折》。

弊论》等篇尤为四方传诵,书贾至易名《富强策》刊行于世"。

在《中国创设铁路利弊论》中,钟天纬指出刘铭传、李鸿章先后奏言开铁路,而刘锡鸿抗疏力争,铁路之议遂罢。"朝廷方以刘公久历外洋,必能深知确见。孰知其挦说利害,以投时好,而所言要皆似是而非,徒乱人意。遂至中国自强之机为之一阻,岂非天欤!"文中先引刘锡鸿的原话,然后进行批驳,其要点可以归纳为以下几个方面。

造铁路需要巨额建造和维修费用。刘锡鸿提出,中国"即网罗天下富室,亦未易集西洋一公司之巨资","我国家经费有常,何处筹此巨款"?钟天纬反驳说:铁路官办,"非特力有未逮,抑且百弊丛生"。只有采取商办,成立"事事秉公"的公司来集股。集股的"第一关键须由国家保利若干,赢则归公,亏则赔补"。"无论铁路贸易之赢缩,必按期付利不爽。各股分由各海关招募,而每年即由海关官银号付息,则人皆倚信而集资自易矣。"再有不足,则可将铁路作抵以借洋债。鉴于一时财力有限,可以先开要路。刘锡鸿认为造铁路是"不急之务"。钟天纬反驳说:"天下至急之务莫大于铁路。近则俄人逼于西北,英法逼于西南,皆迫我以不得不应之势。若无铁路控制,则鞭长不及而边疆日蹙矣。"钟天纬认为,造铁路是使中国免受外国侵略的极为重要的措施。虽然在清政府的腐朽统治下,造铁路不足以使中国免受侵略,但这样来认识造铁路的迫切性则是正确的。

刘锡鸿认为中国吏治败坏,贪污成风,一定会发生偷工减料、虚报冒领之事;而且铁路建成后管理困难,无法解决盗窃铁轨和走私漏税等问题。钟天纬指出只要用人得当,严格规章,加强巡逻守卫,不难克服这些弊病。他尖锐地批评了刘锡鸿所流露出来的民族自卑感,说:"若中国得人而理,何遽不敌西洋?奈何不思自强,自甘暴弃,视西国人如夷清惠介,而视中国均如生番苗黎乎!吁,过矣。"

刘锡鸿认为:"西洋壤地相接,自有铁路则货物流通,各行贸易皆比前繁盛。英商运货直达欧洲之外,所得皆他国之利也。若中国则虽造铁路,不过……以彼一省之货易此一省之财。是犹一家中以孟、仲之财易叔、季之货,统一家观之则毫未有增,安所得利?"[①]钟天纬反驳说:"我中国商务、矿务事事不及西人者,半由于工艺之不精,半由于运脚之太贵,有铁路则通功易事,物价自平。华货畅销一分,即洋货减销一分,保中国之利源,即以杜洋人之侵蚀。苟使十八省皆彼此以货易货,而不使银钱漏出外洋,即为计已得,

---

① 此引文据钟天纬《中国创设铁路利弊论》中对刘锡鸿折中原文的摘录。

原不必牟外洋之利也。""铁路既开,华货载其九,而洋货载其一,谁享其利,不问可知。"他认为由于运输方便,内地也会发展丝、茶生产,必定可增加外销。至于矿产,除供本地使用外,"自以转运迅速为便。有铁路则成本可轻,运脚可贱……而销路既畅,即矿务愈兴,一矿获利,则人皆争思开矿矣。"

刘锡鸿又以造铁路会影响人民生活为理由。钟天纬反驳说:"铁路所经,田价顿涨,公司购地,给价必优。贫民售出一亩之田,即可于他处转购数亩。且室庐坟墓,皆可绕道避之。即欲迁移,亦必给以迁费,即借以经营贸易,亦何致坐食而空。况在大道之旁,谋生更易,秋蔬春韭,湿草枯薪,皆足易钱以糊口。"又说:大埠食用虽贵,但食力之人收入增加,"除去开销外,尚有盈余以畜其妻子。而所贵之物,如米盐、鱼肉、蔬果、柴薪,仍不过近处乡愚所得。""火车所经,沿途顿成数十闹市,百工所聚,自然物价稍昂。然亦思货价既昂,则人工、土产与夫舟车、负担,其佣值亦必增贵。平日升米二十钱,而谋生者甚苦,日仅博得数十文。迨米价加倍,反可日趁数百文,虽伙食甚贵,庸何伤乎?"

刘锡鸿认为铁路无益于国家的治理。他说康、雍、乾时并无火车,远方军务,边塞民情,各省官吏贤否与措置得失,"无大无小,皆归圣人洞鉴之中";而有了火车,如果被"土贼"劫持,反而城邑难守。钟天纬反驳说:"有铁路则察吏较精,犹之有千里镜而目力较远……使康熙、雍、乾之世早有铁路,则列圣周咨博访,更可稍绥勤劳,岂无补于郅隆之世哉!"至于盗贼劫持问题,他指出:"夫铁路所经即成大道,盗贼无自而生。"即使有"二三匪类"也不能袭夺火车,即使被夺得,也不能"徒手而攻城夺邑"。

刘锡鸿又认为铁路无益于国家财政。借洋债实际利率可能高达1分,而洋人铁路获利只有4厘,借债造铁路会造成亏绌,岂能借以裕饷;火车运兵方便,可以裁兵,但疆吏决不会同意,仍不能省饷;用火车运漕粮,"办不得人,则偷盗短欠,弊亦相等"。对于利息重,钟天纬认为国家可以"自开银行,自借国债"以降低利率,利率降低,铁路股票就会上涨。至于不能裁兵省饷,问题不在于铁路,钟天纬一针见血地指出:"乃不咎兵之不尽裁,饷之不尽省,而归咎于铁路之不当开,此正所谓惩羹吹齑欤!"用火车代漕运,"事速而费省,无漂失之虞,无霉蒸之患,并无敌国外患之截阻"。刘锡鸿连这都要反对,所以钟天纬感慨地说:"呜呼,书生之见,抑何阔疏乃尔!"

刘锡鸿还认为铁路无益于国防。他说:"若造铁路,则不惟不设险,而且自平其险,山川关塞,悉成驰骤之坦途,重门洞开,屏障悉撤,一奋臂可直入室矣。"洋人还可深入内地"以利啖人,村愚尤易为惑"。如果借洋债而无力归还，"则全局在其掌握"。钟天纬指出：自发明枪炮、炸弹以后，"向所谓天险，临以火炮而辄靡"。另一方面，铁路又可以加强中国的防御能力，"有铁路则我可朝发夕至，彼未必能批亢捣虚"。至于中国人可能受洋人的诱惑，则不能靠"高其垣墉以杜绝人之往来"，即不能实行闭关自守的政策。他还指出"以铁路抵借资本，西洋各国无不皆然，纵负欠甚重，从未有以铁路归诸债主者"。

更荒谬的是，刘锡鸿还说造铁路会触犯神灵，"山川之灵不安，即旱潦之灾易召"。钟天纬回答说："此真妇孺之言也。西洋凿山轰洞，视若寻常，熔铁镇流，无碍风水。如果山川有神，曷不降祸于西洋，而独召灾于中国？"

最后，钟天纬还综述了建造铁路的重大意义。他说："中国商务日疲，利源日竭，不出百年，必致民穷财尽。若开铁路，则以中国之财办中国之事，开华人之生计，夺洋人之利权，操纵在我，何致反利于外人？况有铁路，则十八省呵成一气，通国筋摇脉动，而国势为之一振。士大夫鄙夷洋务者，亦可渐有转机。本朝清议之权劫持国是，故大局拘挛束缚而渐难挽回。有铁路则风气大开，士习民风顿然丕（大）变，不复如前之深惑锢蔽，譬如皎日所照而阴霾潜消。"他不仅看到铁路的经济利益，而且把兴办铁路看成是开风气的重要一着，因此是"转移国是之大关键"。这在当时是很深刻的认识。

钟天纬预言，刘锡鸿的观点必将受到人们的唾弃，"百年后人再读此疏，当不知若何捧腹也已"。实际上形势的发展之快出乎钟天纬的意料，光绪十二年起即进入了兴办铁路的时期。以后虽仍有顽固派继续反对，但已是强弩之末，并不能阻挡历史的进程。

光绪十五年，两广总督张之洞提出建芦汉铁路后，钟天纬作《中国铁路如何取道为便论》①，提出先定办法以立基址，绕道上游以渡黄河，勘明道里先设电线，保定官利以资招股，暂借商款以当国债，印发钞票以代现银，开办煤铁以资造轨，预买旁地以收原租，调勇筑路以助大工，试行小轮以利转运，多开支路以揽利权，津助邻矿以资协济等12条建议。在"先定办法以立基址"条，他提出中国"虽有富强之策，苦于每废半途"，因此"应请奏明此项铁路永为中国自强之图，不容再有异议，贻笑外人"。他赞成目前仍用官督商办的办法，"设立公司，招商集股，听该公司独行若干年，不准别家添设"。政府要将有关政策"明白宣示，昭示大信"，这样商民才会踊跃入股而不致观望

---

① 钟天纬：《刖足集外篇》。此文是钟天纬为参加上海格致书院课卷比赛而作，由登莱青道盛宣怀出题和评阅，钟天纬得超等第一名。《格致书院己丑秋季课卷出案》，《申报》光绪十六年三月十七日。

不前。

四、挽回工商生计利权论

钟天纬的发展工商业主张主要在19世纪80年代提出。他的重要著作《扩充商务十条》作于光绪九年(1883年)[1],《挽回中国工商生计利权论》(两篇)作于光绪十四年,都属于此期间。《时事刍议》中则有反映他晚年的振兴工商业思想。

钟天纬的振兴工商业思想以振兴商务为中心,他说:"商务之盈虚消长,实关国家废兴盛衰之机,不可漫焉不察也。"[2]他认为鸦片战争以来中国在商务上有三大失误:"一误于金陵之约将税则载入约章,而定为值百抽五,从此如蚕受缚而不能自脱矣;二误于与各国立约概许其利益同沾,遂驱互相仇恨之国,使之合而协以谋我;三误于天津之约将长江内地开口通商,遂使门户尽开,洋人直入卧内,而骎(速)失自主之权矣。"[3]他提出灭国以商的观点说:"呜呼,西洋之蚕食人国也,不为争城争地之谋,但为得寸进寸之计。其始以通商为饵,似无占据土地之心。其继以拓埠为名,渐露垄断利权之计。迨彼之贸易日盛,即我之生计日穷;彼之国势日强,即我之人心日馁。卒之民穷财尽,欲拒无可战之兵,欲和无可赔之饷,非割地请成,即委国以去。彼固兵不血刃,不费一钱,唾手而坐收数千里之版宇也。"[4]这同郭嵩焘的"洋人之利在通商,无觊觎中国土地之心"形成了鲜明的对比。钟天纬认为振兴商务最根本的要求就在于取得贸易顺差,"但使进口货少,出口货多,一言已扼通商之要"。

为了增加出口,减少进口,挽回利权,钟天纬在《扩充商务十条》中提出设商会、合公司、借国债、铸银币、广轮船、设民厂、颁牙帖、保海险、设信局、赛工艺等10条;在《挽回中国工商生计利权论(二)》中又提出禁鸦片以塞漏

---

[1] 《扩充商务十条》作于光绪九年是笔者根据该文第二条《合公司》的内容认定的。文中谈到上海股市危机和钱庄倒闭事件,是此文作于光绪九年的铁证。《刖足集外编·钟鹤笙征君年谱》说光绪十二年秋钟天纬"作羊城之游,时张树声制军督粤,公条陈十事,上之不报"。但光绪十二年两广总督是张之洞。葛士濬《皇朝经世文续编》卷一一六收有《扩充商务十条》,在标题下有"上南皮张制军"六字,因此有学者提出《扩充商务十条》作于光绪十年。笔者认为:《年谱》所说光绪十二年钟天纬去广州,是光绪九年之误,九年秋两广总督是张树声,与年谱符合。葛编《皇朝经世文续编》所收《扩充商务十条》中有"上南皮张制军"六字是编者妄加。参见拙文《对晚清若干经济思想史文献的辨误》,《复旦学报》(社科版)2013年第1期。

[2] 钟天纬:《刖足集外篇·饲蚕法则(二)》。

[3] 钟天纬:《刖足集外篇·挽回中国工商生计利权论(一)》。

[4] 钟天纬:《刖足集外篇·挽回中国工商生计利权论(二)》。

卮,兴纺织以敌洋货,开矿产以资物料,广丝茶以保巨资,开民厂以造机器,精制造以堵耗费,铸钞币以裕财源,办邮政以省縻费8条。由于洋布是中国进口的大宗货物,他主张采用机器生产,使"一人能抵十人之手工,一日能作百日之活计"①,以降低成本和扩大销路。蚕丝是中国传统的出口商品,为了提高丝的质量和增加产量,钟天纬建议对蚕种进行杂交改良。他指出:"盖天下之物,无论飞潜动植,凡异类相合,则其生愈繁","如取中国之蛾与日本之蛾牝牡相合,则必生子愈强,吐丝亦愈盛"②。为此,要向蚕农传授西方的科学知识,在江浙产丝区设一农政书院,附设蚕学堂,"择聪明子弟入院肄业,聘一精于蚕丝之西人为教习,三年后再派往意、法等国游历,考求西国蚕务"③。

钟天纬很重视开矿,光绪二年他指出:"自强之根本则首在乎开矿务以创利源。盖煤铁之矿不兴,则一切枪炮、兵船、电线、铁路皆无所措手⋯⋯而无五金诸矿,则又不足以裕国计而资鼓铸。"④在《挽回中国工商生计利权论(二)》中又指出:"将见煤矿开而洋船反向中国购煤矣;铁矿开而洋铁不销中国矣;金矿开则外国金镑虽贵,我反得操轻重之权;银矿开则中国自铸银钱,而洋人不能夺圜府之利;以及铜矿、锡矿、铅矿、水银矿、硫磺矿各省遍开,则物产富饶,一切制造作工之料不待他求。"要求普遍开发各矿以发展民族经济。

钟天纬主张工厂以民办为主。他批评官办企业"每年动用正款以数百万计","每制成一器,价比外洋尤昂,而复草率不精,形模徒具,往往取笑洋人,旋生押侮"⑤。认为"中国欲借官厂集事,虽百年终无生色,必须广开民厂,令民间自为讲求。如国家欲用枪炮、船械、机器,均托民厂包办包用。"⑥民办厂见有利可图,就会风气大开,专心致志地讲求西学。

对于当时中国学习西方的状况,钟天纬指出是"徒窥西国富强之糟粕,而未知西国富强之本源","若不于我之政治、教化、学术、风俗稍为变通,终不能得其要领"⑦,希望在政治上有所改革。他要求政府实行扶持商人的政策,指出:"中国经商之道,心思未尝不敏,营运未尝不勤,而获利终不逮西商

---

① 钟天纬:《刖足集外篇·挽回中国工商生计利权论(二)》。
② 钟天纬:《刖足集外篇·饲蚕法则(一)》。
③ 钟天纬:《刖足集外篇·饲蚕法则(二)》。
④ 钟天纬:《刖足集内篇·与李茂才梦菖论开矿书》。
⑤ 钟天纬:《刖足集外篇·扩充商务十条》。
⑥ 钟天纬:《刖足集外篇·挽回中国工商生计利权论(二)》。
⑦ 钟天纬:《刖足集外篇·挽回中国工商生计利权论(一)》。

者,良以彼则官为护持,此则官多抑勒耳。"资本主义国家的商会"其权足与议院相抗……中国则不然,目商贾为市侩,薄工艺为细民,平日抑勒百端,有事视为鱼肉,故其势涣散而不能自立,更无能与洋商颉颃"。他建议"许各业推举绅董,优以体制,假以事权,遇有商务,许其直达有司。凡有益于中国商业,听其设法保护,而不以成法挠之"。并且建议国家实行奖励和专利政策:"如士人考得新理新法,工商创成一技一艺,即献诸国家,由商部考验。上者锡以爵禄,中者酬以宝星,下次亦准其擅为专门之艺,或传为世业,或专利数年。"[①]他认为重赏之下,必有勇夫。

光绪八年八月以后,上海的股票市场发生了第一次危机,股价下跌。据《申报》统计,光绪九年 22 种股票,对比当年正月和十二月的股价,升值的有 2 种,贬值的有 20 种,亏损数共达银 6 205 900 两,洋 683 000 元[②]。受股市影响,开始形成倒账风潮。光绪八年十二月二十五日(1883 年 2 月 2 日)《申报》载《倒帐又闻》说:"总计各钱庄被倒之银,上半年约四十余万两,自十一月初迄今约一百五六十万两。"九年正月初五日新年开市,南市钱庄开业的只有 22 家,比去年少一半;北市钱庄开业的只有 35 家,比去年少三分之二[③]。九年,钟天纬对这次股市危机的形成作了分析。他指出:"中国近年开矿,争设公司。去岁沪市倾倒银号[④]多家,十室九空,均受其累,至今视为厉阶(祸端)。再欲纠股集资,虑无不掩耳而走。"此次股价的暴跌,一是由于中国公司的不规范,"华人不善效颦,徒慕公司之名,不考公司之实。不知西国每立公司,必禀请国家,由商部派员查勘。事实可凭,利亦操券,始准开办。每一公司,由各股东公保董事十二人,由众董事再推总办正副各一,而每人亦必有多股于中。总办受成于各董,各董受成于各股东。上下钳制,耳目昭著,自然弊无由生。乃中国适与之相反,纠股者只须禀请大宪,给示招徕,刊一章程,绘一图说,海市蜃楼,全凭臆造"。二是由于购买股票的盲目性,"各股东亦不究其矿在何处,矿质若何,本无置产业贻子孙之心,不过以股票低昂为居奇之计,卖买空盘,宛同赌博,宜其一败涂地也"。钟天纬提出了今后的救弊办法,认为:"宜查照西洋成法,凡立公司,必经商会派人查考,酌定其章程。务使总办不能独操其权,而悉以各股东公论为断,则凡铁路、电报、开

---

① 本段未注明出处的引文均见钟天纬:《刖足集外篇·扩充商务十条》。
② 《申报》光绪九年十二月二十六日。
③ 《钱业减色》,《申报》光绪九年正月初六日。
④ 上海倒闭的是钱庄,钟天纬写作"银号",是因为广州只有银号,没有钱庄。这是入乡随俗之举。

矿、制船诸务,胥可借众力以成矣。"①

对于官办机器厂局的管理,钟天纬在代人拟的禀李鸿章的条陈中提出了改进意见。他指出"各厂局制造军火,贪多务博,不免涉猎不精",主张进行专业化生产:"似宜各专一门,彼此相济,如硝磺价贱之处专造子药,煤铁价贱之处专造枪炮,海疆则宜专造轮船、铁甲,腹地宜专建造铁路。各专其任,即各极其长。"因此建议对已设之厂进行调整:如福建、浙江合办一局,以江西助之;江苏独办一局,以安徽、湖北助之;四川、云南合办一局,以贵州助之;两广合办一局,以湖南助之;以山西助天津;以河南助山东。对于机器局的内部管理,钟天纬提出了裁洋匠、节冗食、严考核、估材料四条改革建议。他指出在办厂初期雇募洋匠是必要的,但雇募的作用在于学习技术以求自强,并不需要"奉为一定不易之规"。而当时"各厂局雇用洋匠甚多,工资岁逾巨万,且亦未必好手,致糜工料更多"。如能多用中国精巧工匠,既省工资,又操纵在我,撙节尤多。重大工程一时难以骤撤,"亦只宜延募外国著名工师一二人以为领袖"。冗食主要指那些挂名不办事的委员。"盖委员官气太重,养尊俸优,不屑躬亲细务"。"诚能多撤一员,即每年节省百数十金不等,即以津贴办事之人,则益必奋勉"。在考核方面,"凡工匠辛资,宜以技艺之优劣、做工之勤惰为殿最,而不当以资望之深浅、乡情之厚薄为去取"。若仅以懂洋语、工应对为能,其下属无所适从而不复勤奋,手艺高者不愿居其下而离去,则制造绝不会进步。在材料方面,除有些必须购自外洋的以外,应尽量利用本国产品,以节省经费。钟天纬分析造成唯洋料是求的原因在于"局中无善于估料之人,故一切悉受洋匠指挥"。②

光绪十三年,钟天纬作《论船电报二事应如何剔弊方能持久策》③。文中肯定招商轮船局与外国争衡,十余年来收回运脚不下千余万两,"皆夺诸洋人而返诸中国者也"。同时也分析了存在的弊端,共有八条:通商立约,所定税则太轻;长江开埠,西人夺我利权;雇用西人,不受中国驾驭;洋船倾轧,不能独操垄断;驾驭乏人,不能自行培植;贸易清淡,不能设法扩充;事权偏重,不能层层钳制;用人太杂,不能事事秉公。他分别提出了改进意见,以下仅举事权偏重,不能层层钳制一条为例。钟天纬说:"西洋之立公司也,一以议院为法。各股东公举董事十二人,各董事公举总办、帮办各一人。"董事、总

---

① 本段未注明出处的引文均见钟天纬:《刖足集外篇·扩充商务十条》。
② 本段引文均见钟天纬:《刖足集内篇·代拟禀李爵相裁撤机器局条议》。
③ 钟天纬:《刖足集外篇》。此文是钟天纬为参加上海格致书院课卷比赛而作,由登莱青道盛宣怀出题和评阅,钟天纬得超等。《格致书院夏季课卷出案》,《申报》光绪十三年十二月二十八日。

办、帮办都必须有股份若干。"凡会议之从违,以董事大半为断。每用银至若干,即须董事会议允许签名,总办一人不能自专。凡董事数人同心,即可邀集大众会议,或指驳帐目,或查核银钱,均无人敢阻,即总办之去留,亦唯众论是听。是以总办受成于各董事,而各董事复受成于各股东,层层钳制,事事秉公,自然弊无由生。今中国仿照外洋设立公司而官督商办,事权偏重,一切惟总办之言是听。近来各种公司皆办不得法者,即坐此弊也。"他指出:"欲救其弊,宜减轻总办之权,以收群策群力之效。苟董事合成五人以上,即可随时会议,抽阅卷宗,查问出入款项。每有诘问,总办不能不对,执事人等不能不听。如此则事权不致偏重,而兴利除弊,可以一秉大公矣!"由此可见钟天纬对建立符合民主原则的股份公司制的向往。

在《时事刍议》中,兴商务6条为:颁宝星以奖工艺;包造路以资控驭;广商轮以习驾驶;修运河以驶小轮;招洋人以开矿产;设邮政以通信息。以下分别予以说明。

(一)颁宝星以奖工艺。钟天纬建议,特诏天下士农工商,凡有考求新理新法,创成一材一艺者,许赴通商大臣及海关道呈报派员查验。如实系自创,赏给头等宝星,许其专利;实系模仿西法变通尽利者,赏给二等宝星,稍减专利年限;实系依成法足以夺洋人之利者,赏给三等宝星,指定口岸专利。已得宝星之家,准其竖立御赐金匾,开设民厂,广为制造。一切提炼五金,制造百货,均可任意。开矿准其集资商办,官为保护。凡轮船、铁路、枪炮、子药、水雷、电线,一切军国所需,皆准承办。其余纺织纱布,制造羯(毛织品)绒,硝皮造纸,炼石烧瓷,造烛提胰,蒸油酿酒,以及化学药材,印花染料,均准由民推广,悉除从前拘禁。"国家不过提倡于上,而行其赏罚,则风气日开,富强不难立致矣。"

(二)包造路以资控驭。钟天纬主张许洋商包造铁路,他说:"铁路之有无,平时视为无足重轻,一经兵事,利钝立判,直国家大局安危之所系,至此始悔鞭长不及也,晚矣。"主张大开禁例,允许洋商招股代办铁路,让给数种利益,听其行驶若干年,期满归还中国。

(三)广商轮以习驾驶。钟天纬说自己曾与英人讨论英国水师甲于天下,根底实由于商轮。如果中国商轮大盛,船主都由商轮学堂出身,何致对日海战中全军覆没!他提出:"应请大开内河驶轮之禁,无论大河小港,均改风帆为轮船。沿海沿江各省,均设商船学堂以习驾驶、管轮之事。学成者给以考凭,准其充商船之船主、大副,听各商轮船延聘。"冒充者授受双方一并治罪。商船学堂由招商局提倡开办,先于通商口岸试行。凡洋厂、华厂承造中国轮船,均须该学堂洋教习验收。"如此办理十年,则中国驾驶、管轮之人才自出矣。因之拔其尤者充海军将领,一转移间,而中国海军大为生色矣。"

(四)修运河以驶小轮。钟天纬认为:"从来火车能夺马车之利,轮船能夺火车之利,而内河行轮尤能夺外海轮船之利。"因为火车装货贵于轮船,商家求成本之轻,不争到货迟早,故轮船能夺火车之利。外洋轮船有风涛之险,礁石之危,谁肯舍安就危,故内河行轮能夺外海之利。他主张在清江至通州的运河上行驶轮船,将旧式闸改为西式双闸,使水面涨高,河身不挖自深,轮船足以畅行无阻,行驶迅速。六七日可达天津,与外海轮船无异。改闸较铁路工程省费十之七八,而岁修费用又轻。因此说:"若舍天生可因之运河,而开傍水而行之铁路,则泰西工程家闻之无不窃笑矣。"

(五)招洋人以开矿产。钟天纬指出:"今事急矣,若待华人学成矿师,自为开矿,办有成效,窃恐百年内未有其期,而大局已不堪复问,此亦守株待兔之见也。"他主张急招洋人包办,大开五金各矿,让以利益,或保其官利,或许以便宜。资本任其自筹,机器任其自买,厂房任其建造,工匠任其招募,铁路任其安置,运河任其开通。一切听其设施,委曲保护。但矿山租与洋人,每年要收租价若干,开出之矿十分税二;规定期限,限满全部交还中国,不付分文工本;制造之物,由中国优先购买。用人除洋矿师外,必雇中国工匠,可以学习技术。每矿再派官学生数名,随同学习画图、办矿、钻地、提炼等法,以教成我无数矿手。

(六)设邮政以通信息。可先在海疆各省轮船所到之区试办。只需借商局轮船转运,借电局房屋办公,借轮船、电局人手兼管而给予津贴,则费轻而事举。

五、货币论

《扩充商务十条》中有铸银币一条。钟天纬指出,当时的钱法已极窳滥,京都行当十大钱,一出国门,已不能易一醉。外省私铸充斥,康熙大型制钱已千不获一,故人情莫不喜用外国银圆。初用西班牙老版,后用墨西哥新版,近来英、法、美、德均铸银圆流入中国,而日本起而效尤,铸小银圆羼入中国市场,每年不下数十万枚,价亦日贵。外国银圆所含银质都不值所准之钱。"乃中国不自鼓铸,坐使外人得操圆法之轻重,而利为其所独擅。"虽欲禁之而不能。

钟天纬指出,外国银圆之行使有六便:"一曰成色定,二曰分两准,三曰交易便,四曰取携轻,五曰价值不易低昂,六曰花纹不易假造。"较之中国的元宝纹银倾销之耗蚀,兑换之侵欺,扣短平而搀伪银者,不可同年而语。欲收其利权,莫如中国奏明设局,购用机器,自行鼓铸金、银、铜三品之钱,由国家规定其比价。他还说明每副机器便宜的不过5万元,吉林机器局已经购买一具。他还指出铸银元不会亏本,因为"凡铸金、银之钱,均须稍搀杂质,方能坚结而击之有声。核其赢余,足敷炉火、人工鼓铸之费。即使无余,而商务已大受其益矣"。

钟天纬没有提到货币本位制度,没有说明金、银、铜币三者是否是主辅币关系,只是说:"如英制,铜钱满十二即须用小银钱一元,银钱满二十即须用金钱一元。"英国是金本位制,1英镑合20先令,1先令合12便士。英镑是主币,先令、便士是辅币。钟天纬似乎还没有主辅币概念,以为英国金本位中的辅币先令(银钱)、便士(铜钱)也是足值铸币;而且英制也不是满20先令就须用英镑,满12便士就须用先令,他的表述还不准确[①]。虽然如此,他的话表达了建立新的货币制度的要求。他还提出,自铸金、银、铜钱后,所有国家赋税和收支都以此为准。"无平色之高低,无兑换之扣勒,自无浮收侵蚀之弊矣。市肆之价不能因时为轩轾,捉搦(捉弄)刁难,则卖买空盘之弊不禁而自绝矣。"钟天纬的用机器铸币的主张,是中国用机器铸造银元的先声。但他把统一币制设想得太简单,事实上中国铸银元后逐渐形成了银两和银元并用的局面,中国的币制反而更加复杂。

在作于光绪十五年的《中国铁路如何取道为便论》中,钟天纬提出"请印发钞票以代现银"的主张。他说:"元、明以钞票为虐政者,则以一纸空券欲抵巨万现银,情同诳骗也;西国以钞票为便民者,则以有一万之银始发一万之票,无丝毫折扣也。钞票之行不行,其关键全在乎此。"山西票号的汇票,因民情倚信,反能彼此流通。沿海各口则用汇丰等外国银行的钞票。当时中国还没有本国银行,钟天纬提出集山西票号数十家,听其在每省设一银行,准其造钞票,铸银币,一切章程由商人自议。国家竭力予以维持,将藩、运、道、关各库现银均发出营运以取利。如京饷解款、赋税钱粮,不分钞票、银币,一律可以上兑,部吏、藩库不准丝毫折扣为难。这样,钞票就能处处通行。他还提出钞票要用西国机器制造,花纹精致,纸张异样,使奸徒不能仿造。钞票上又有暗码、花押,伪票一望而知,不难立刻破案。他认为:"有百万之银,复有百万钞票,则财力腾出一倍,而办理铁路从容矣。"发行兑现纸

[①] 前述光绪六年出版的《富国策》第五章"论钱币"中提到:英律以银钱付款不得逾40先令,以铜钱付款不得逾5先令(即60便士)。

币,要有一定数量的现金准备,"财力腾出一倍"的说法并不准确。让商人来办银行,并发行国库通用的钞票,出自钟天纬的独特奇想,肯定不会得到清政府的认同。

在《时事刍议·裕国用》中,有两条关于货币的内容。

(一)造钞票以代现银。钟天纬指出,历代国家钞票旋造旋废,是由于将钞票和现金分而为二。山西票号的汇票通行各省,则因汇票与现银无异。"今欲以一纸空文抵现银之用,则名实不相附,其势固万万不行。可见国家之威令,有时反不及商贾之通融,则以信与不信之故也。"他提出请户部严定章程,由国家银行造钞票通行。如有资本100万,准造钞票50万,而如数储存现银。"务使有钞票一张,即有现银以为根柢,而不使有一钱之蹈空,则名实相附,人人乐于行使矣。"西国银行每年所出钞票,遗失及水火毁灭常有十分之一,仅此利已不菲。

(二)税钱帖以代保险。钟天纬指出,中国各省大半均用钱帖。开钱店者资本不足,借钱帖为腾挪。"猝然倒闭,致有票者徒执废纸,不值一钱,其情形与诱取人财无异。又或柜藏现钱不敷钱帖之数,苟有一人倡言某铺将倒,则人皆争往支取。顷刻之间转运不及,虽殷实之铺亦为挤倒。"他建议由国家进行保险,所出钱帖由国家盖印,抽5%的税。票由国家用机器制造,纸极坚韧,花极精致。钱店领用空白纸帖,加盖图章、花押、暗记,再盖官印,一年一换。如该店倒闭,由国家认赔,而其实有同业五家连环具保,纵有倒闭,五家摊赔。

以上两条,前一条对光绪十五年的观点作了修正。纸币改由国家发行,但他要求纸币有100%的现金准备,仍不符合兑现纸币的发行惯例。将发行纸币的利益仅仅限于纸币毁坏上,说得还不够全面。后一条主张民间纸币由国家印制,但全国钱店多如牛毛,没有可操作性。即使仅在官银钱号中实行,朝廷也无此权威。

第七节 陈虬的经济思想

一、"东瓯三杰"之一陈虬

陈虬(1851~1904),原名国珍,字志三,号蛰庐、皋牢子,浙江瑞安人。光绪十五年(1889年)考中举人。以后参加三次会试落第。十六年参加会试后,经徐树铭推荐,至济南拜见山东巡抚张曜,上条陈(即《东游条议》)。张曜不能行,但热情接待,聘其修《山东通志》,离开时派兵勇护送。二十四年三月第三次参加会试时,康有为发起组织保国会。陈虬列名,并拟"联合十一府、三厅、二州同志"设立"保浙公会"①。八月政变,陈虬虽非缉捕对象,但曾任兵部侍郎的同乡黄体芳因与陈虬和陈黼宸不和,曾企图以"康党"为名置他们于死地。二十五年四月黄体芳死,此事亦终止。陈虬、陈黼宸与浙江平阳人宋恕(曾寓居瑞安)都有文名,有"东瓯三杰"之称。十九年陈虬编《治平通议》8卷,内《经世博议》4卷,《救时要议》1卷,《东游条议》1卷,《治平三议》1卷,《蛰庐文略》1卷。其中,《治平三议》的写作时间最早,于光绪十年春作序,其余都于十八年冬作序。此外还有其他著述,经胡珠生辑录,合编为《陈虬集》,作为《温州文史资料》于1992年出版。

陈虬主张变法,其变法主张有符合时代潮流的,也有一些守旧的观点。他以中国为中心看世界,如他的"治平三议"包括宗法议、封建议和大一统议,是想按儒家的理想改造中国和世界,极具空想性。"宗法议"主张实行宗法制度,一乡之中,每姓立一宗子,设一宗正为辅,凡事皆决于宗正,制定冠、婚、丧、继之法,还可以对族人施以刑罚。"封建议"则以省、府、厅、县为公、侯、伯、子、男等国,国有君,君有太师、太傅、太保三公为傅,国设历(日历)、医、农、工、礼、乐、刑、兵、训(文教)、钞(财政、货币)10科;主张复井田,"师其意而不袭其迹,相地形之广狭,以损益其沟洫,去公田之法,而定什一之赋"。"大一统议"进而提出"天下一统,分国以亿万计",全世界都统一于天子之下。照他的大一统思想,天子自然是中国人。陈虬也称儒学为孔教,光绪二十三年作《论尊孔教以一学术》,认为对孔教"尊而无上,一而不歧,而后吾孔子之志与权,蟠天际地,震古铄今,举环球七十二种人类,一万七千种教门,与凡含生负气之伦,细而禽兽万物昆虫,皆有以制其本命而莫敢不尊亲"②。陈虬多次提到设议院,但他只是用西方议院之名,而非行西方议院之实。如在《救时要议》中,有"开议院"一条,指出:"泰西各有议院,以通上下之情……中国猝难仿行,宜变通其法,令各直省札饬州县一例创设议院。"这只是一种基层的征询机构,同西方的议院无关。在呈张曜的《东游条议》中,第一条就是"创设议院以通下情"。他说议院本中国法,黄帝有明堂之议,即今议院的初始。设议院的对象也是州县,遇有大事克期集议,巡抚轻车简从,亲临议院参与讨论,议定而后行,务使上下之间如家人父子之自议私事。

---

① 《呈总署代奏折稿》,《陈虬集》,浙江人民出版社1992年版,第315页。
② 《论尊孔教以一学术》,《陈虬集》,浙江人民出版社1992年版,第273页。

陈虬通中医,为人治病颇见功效。光绪十年作《医院议》,提出开办医院的计划。院内有诊室、药房、学徒、藏书,远来就诊者有养病客房,植花木、饰亭沼为怡养之地。"肄业学徒择取聪颖子弟十二岁以上者,优其廪给。假以十年,以五年习医籍,五年览群经,严立程课,而学成矣。"①次年在瑞安城中建成利济医院。二十二年开始出版利济医院学堂的《利济学堂报》,每月出2册。该报有一些宣扬迷信的内容,曾受到谭嗣同的批评。二十三年六月谭嗣同在致汪康年的信中指出:"此报为害不浅。其阴阳、五行、风水、壬遁、星命诸说,本为中学致亡之道……若更张其焰,则守旧党益将有词,且适以贻笑于外国"②。这些问题的确是陈虬思想的消极面。

二、盐法论

盐是成本低廉的生活必需品,《管子·轻重》将其定为寓税于价而使民不觉的重要商品。汉武帝时桑弘羊、孔仅将其付诸实施,于是盐有官盐、私盐之分。唐刘晏主要是通过盐法而使财政收入大增,不过他没有过分苛敛。以后历代都以盐税为主要财政收入之一。陈虬《经世博议》卷一《变法七》是讨论盐法的改革办法。他指出盐政之弊已经到了极点:政府禁止平民把持行市,听任票商垄断。但盐商所得利润,输之于官者一,费之于私者七,自己仅能得其二,而平民则要受十分之害。他认为纲盐、票盐、官运、商运,没有什么实质的区别,上下孳孳日夜所讲求的,都只是供狼胥蠹吏之鱼肉而已。平民贩盐辄视为私盐,称为"枭夫"。他为所谓"枭夫"鸣不平说:"背公曰私,不孝曰枭。民自出其资本,逐什一之利,为事畜之资,安得率称为私为枭?"并附注:"文报中竟有称粤私、闽私、潞私、川私、私枭、盐枭、枭徒者,实可骇异。光天化日之下,安得突有此称!名不正而言不顺,一至于此。"又责问说,罔利的奸商,枉法的猾吏,官府反劝之纵之,而对于为衣食而奔走的盐贩则务欲全致之法,要驱而戮之,这样做难道不感到不安于心吗?

对于李雯、顾炎武的"一税之后,不问其所止"的主张③,陈虬指出后人赞成者半,驳者亦半。赞成的有道光时御史王赠芳、太仆寺少卿卓秉恬、光禄寺卿梁中靖、翰林院侍讲顾纯、翰林孙鼎臣;反对的有大学士蒋攸铦、盐政福森、两江总督陶澍和冯桂芬。他认为双方都得失参半。明人丘濬主张官给

---

① 陈虬:《治平通议》卷八,《蛰庐文集·医院议》。
② 《汪康年师友书札》第4册,上海古籍出版社1989年版,第3258页。
③ 参见本书第73页。陈虬将"不问其所之"写作"不问所之"或"不复问其所之"。

盐盘，任民自煮，每盘一引，每引先取举火钱若干①。陈虬认为这是"变桑、孔之术，而不知隘其利途之旨"。

明永乐二年(1404年)，为了减少大明宝钞的发行，开始实行户口食盐法以收钞。国家按户口支盐给民户，民户则按规定价格折宝钞纳官，后来也兼纳米，再后来不复支盐而只纳米，成了单纯的盐税。纳米数各时期各地区并不相同。陈虬根据温州的资料，指出每口纳米8升6合零，以每石4 300文计算，已纳盐课钱370文，平民八口之家，其何以堪？据各处文报，制盐的成本每斤不过一二文，但因层层盘剥，使盐价大涨。湖广、江西、安徽食淮盐，每斤制钱六七十文；山西官运官销，每斤制钱35文，然短折秤两，搀和泥水，实得六七两，每斤实为七八十文。针对盐价高出成本几十倍的情况，陈虬指出："自来理盐政者，动以恤商便民裕课为词。其实皆自欺欺君、纸上之空文，不揣其本而齐其末，未见其真能知治道也。"关于盐法改革，陈虬主张：每口税盐课银3分，据当时的人口数计算，已足抵原来的盐课数；仅在产盐之所、配盐较大之处，分别大小定为税则，任由商灶自行煎运；县设主簿一二人收纳盐课银，裁盐院各官员，节省一切缉私兵勇、轮船与卡局等员经费，以绥商贩之力。他认为实行这一办法，每户出钱无多，官可按簿而稽，胥吏不致横加酷派。即使有拖欠，也不致很多。法行则盐价自平。他还联系管子(实为《管子·轻重》)批评盐策说："盐策之正，管子以之富国，而后世乃适以病民。利权所在，旁落于奸商，中饱于蠹吏，县官(朝廷)不复过问，而惟一切苟且卤莽之是图。尚何富国之可言哉？尚何富国之可言哉！"

陈虬还分析了就场收税之必不可行。他说，全国盐课银约千余万两，原来由各引商先缴一半，若散之各盐场，场户非富商可比，责令商贩先纳全课，成本增重，其害不可胜言。而"一税之后，不复问其所之"，则课银必全责之场户，即使按季分缴，场户、灶丁亦无此能力。"况官既责之场户，场户不能不仍取之商贩。无论商贩势不能行，纵令商贩挪移抵课，则场户持有课银在手，不复计及缴课之时，青苗遗毒，往事可鉴也。若法穷计生，场户亦令商贩按季分缴，万一商贩倒折，是当全输之场户也。官垫民欠已非政体，乃令疲场垫散贩之欠，其何能堪！"原来盐课极重，因为引岸由盐商垄断，官取之商，商仍取之民，故能维持。如一任所之，引地小贩必多，大商已先输课银，恐被小贩抢卖，定多闭运。小贩财力有限，不能远运，势必导致各直省缺盐，有淡食之忧。如仿刘晏常平官盐之法，改为官运，则搀和泥水，杂以砂砾，百弊丛生。

---

① 丘濬主张见《大学衍义补》卷二八《山泽之利上》。

"一税之后,不问其所之"的盐法主张,常被后人视作理想的制度而加以赞扬。但这种制度的实施要受其他种种条件的制约,不可能独立存在。陈虬对此主张的不能实行作了很好的分析。要实行李雯的主张,首要条件是国家不以盐税为主要财政收入项目之一,而这在受《管子》轻重理论影响而形成的中国封建社会的财政体制下,是永远达不到的彼岸!

三、兴工商论

《经世博议》卷二《变法十三》题曰"工政",内分 6 条:裕财用,兴制造,奖工商,讲懋迁,开新埠,抚华商。另在《救时要议》中,又有定国债、开新埠、广商务、招华工等相关条目,内容虽较简略,而有与《变法十三》不同的文字。以下以《变法十三》的文字为主,参以《救时要议》中的相关论述,各条如有不同的文字,择善而从,引文出自《变法十三》正文者一律不注,以免烦琐。

陈虬指出:中国对外通商已近 20 年,皆知自强之道首在理财,于是有招商局,开平铁路,漠河金厂,粤闽船政、矿务,两湖铁政局等举办。由于未得要领,权其得失,或入不偿出。他提出与泰西争衡而收其利权的建议 6 条。

(一)裕财用。陈虬说:"泰西百废具举,亿兆之数嗟咄立办。商则各设公司,君则预借国债,人、己俱沾利益。财力既厚,故能以大而并小,以近而夺远,盖深得《管子》'隘其利途'①之旨也。"具体办法是设立宝钞局(原注:即官银号)以裕利源,利息 1 分,填单注明某年归还。存积较巨者,准将关卡、税厘划交。"上下既孚,官民一气,则保险、信局、铁路、矿务、织布等局官力所未及办者,可准华商包开,许其专利若干年(原注:须预定货物、货值,不准嗣后垄断居奇)。"他认为这是保国裕商之至策。

以上在"商则各设公司"下,陈虬加注,一字不易地引了"近人钟氏"即钟天纬在《扩充商务十条》中对外国公司的介绍,从"西国每立公司,必禀请国家,由商部派员查勘"至"上下钳制,耳目昭著,自然弊无由生"一段。光绪十四年(1888 年),葛士濬编的《皇朝经世文续编》出版,陈虬可能从此书看到钟文,予以引用。接着在"君则预借国债"下又加长注,其中说:"太西每有大事,必告贷民财,息仅数厘。故各国皆有国债……各国虽略有上下,然皆在数千兆以上,乃民皆不疑者,以利银则一无错误,不妨藏富于国也。"而在《救时要议·定国债》中,则在正文中写道:"考泰西各国每有大事,必告贷民财,息多不过六厘。故各国皆有国债,均在数千万以上。"两者对利率和各国国

---

① 《管子·国蓄》:"利出于一孔者,其国无敌……先王知其然,故塞民之羡,隘其利途。"

债数说法有不同。

(二)兴制造。陈虬提出,有能自出新意制器利用者,造成后报官给照,酌准其专利年份。确能利国者,准其为世业,物勒工名。图成而无力自办的,官为按验核议,出示招股。他认为:"泰西工即为士,中国士不知工,故势常不及,非真智巧之逊西人也。"若参用西学取士,"以士为师,以工为徒,引伸仿制",10年后就能在制造上赶上西方国家。

(三)奖工商。陈虬指出,工商业者是在图私利,"然因其私以济吾之公,裕国利民,则奖励之道亦有不可废者"。他主张用官品来奖励:每人总销至银100万两的,以3分为率,国家可得税银300两,宜奖以九品;以此类推,200万为八品,300万为七品,400万为六品;都赐爵利民郎,列名地方志。总销超过4亿者,爵以通侯,赐名"裕国",国史列传。

(四)讲懋迁。陈虬指出:"修工政,广制造,似可杜洋人外渗之利。然机器之学,步趋泰西,彼因吾创,势常不及。虽精其术,收效尚在数十年之后。为今之计,莫如广修洋舶,争利于彼都。"①中国习用洋货,其实中国的器玩西人亦嗜之若渴。如丝、茶、大黄、苏州顾绣、处州冻石、江西瓷器等,西人都啧啧称赏。若设局采购各省新奇可喜的器玩出洋,当可获利。设商务各官总其事。"宜饬出洋大臣,刺取西国器用之习尚与价值之情形,附以图说,函致商局。又广搜内地玩好之物,开其风气。能自整洋舶者,官为减税保护,酌加奖励。"②内地小件准报官搭卖,所得盈余公同匀分。"人人觅利于外洋,风气一开,而内地之财不可胜用矣。"

(五)开新埠。泰西每次换约,辄求添设口岸。陈虬认为,开埠虽让外国人得大利,对中国来说也是好事:"其得一埠,极力经营,置洋房,辟马路,整饬华丽,出人意表。以故百货辐辏,士女如云,商务因之日起,而彼得坐收十倍百倍房租之利。"他主张中国采取主动之策,在已开27处商埠邻近之处,"参以形家旺气之说,扼要别开新埠,一仿洋式",使洋人亦无话可说。

(六)抚华商。陈虬估计散在泰西各国的华人不下千余万(《救时要议·招华工》中说"不下数百万"),其中挟巨资、尚名义者所在都有。近来西国凌虐华侨无所不至,英、俄、美、法、德等国都有禁止华工之议,美国尤甚。他建议"特简大臣,广为招徕,处以关外等处,随其资财,区为数等,使之兴屯招佃,划地而守。仿土司之例,世袭其地,以实边陲"③。又指出,华工久在西

---

① 陈虬:《治平通议》卷五,《救时要议·广商务》。
② 陈虬:《治平通议》卷五,《救时要议·广商务》。
③ 陈虬:《治平通议》卷五,《救时要议·招华工》。

国,于制造机器、矿务诸西学当能得其指要。其有仍乐经商者,由商局设法保护调剂,回国后自行开采、铸造。中国由此既得格致之学,并能兴其制造之利,保庶保富,其在此乎!

除以上6条外,陈虬还有建铁路和木路的主张。他指出:"近之为富强计者,动曰筑炮台,更练营,设商局,精制造,然无铁路以为之纬,则呼应不灵,终归无用。"主张先在轮船不通之处建造铁路,先西北而后东南。建铁路的费用巨大,不得已可先造木路。木路是新金山(墨尔本)人马斯孟所提倡,曾"作书一卷,极言木路之利便。普剌萨又试之于伦敦"。陈虬说"译其旧说,参之时局",造木路有10利:能速成;成费大省;销磨甚少;能易行弯曲之路与斜路;如正轮忽断,则辅轮能受车体之重,行甚稳当;车行时并不摇动,且不发响声;因费用省,运客之价可便,而主人易得利;木条内地各足,无须洋铁,财不外渗;木作土工易仿,民无失业;木厂比铁厂简易天渊,便利速成。他主张仿而行之,提出了造木路的布局,并指出:"木路既视铁路省费过半,当不过一千余万,期以三年,每年仅需三百余万,似不患费无所出。"待利源稍裕,再换为铁路。"全路若成,辅以轮舟,十八行省之兵征调往返,不旬日而麇至阙下。靖内寇,御外侮,节饷需,裕利源,进可以战,退可以守,岂非万世不拔之基哉!"①以木路代替铁路只是少数外国人的一种理想,这种理想传入中国后,激发了急于求国家富强的有些中国人的希望,因而对造木路充满了幻想,陈虬的以上论述就是这种情况的表现。当时向往建木路的中国人不单是陈虬,还有汤寿潜曾著文宣传。

四、货币论

陈虬文中有四处讨论了货币问题:光绪十六年(1890年)向张曜条陈的《东游条议》第8条《变通交钞以齐风俗》,十八年作序的《经世博议》卷二《变法九(圜法)》及《救时要议》中的《设官钞》和《开鼓铸》。《设官钞》和《开鼓铸》是两条比较简单的具体主张,前两文的内容已经可以包括,以下只评述其前两文的内容。

《变通交钞以齐风俗》提出了建立统一的货币制度。这里的"交钞"是指整个货币制度,并不专指纸币。陈虬分析了当时钱法"错出而无统"的混乱情况,论述比较详细,但也存在不够准确和不够完整的缺陷。他分四个方面说明当时钱法存在的问题。

---

① 本段引文均见陈虬:《治平通议》卷四,《经世博议·腹地广置木路议》。

(一)钱币。用钱以铜钱为正,但山西、福建或有用铁钱者。制钱为当一,而直隶、山东两省则有当二,并加注:"名虽当二,实止当一。京钱虽称当十,其实亦止当二。"此注并不准确,不能用"京钱"来解释当十钱。正确的说法应是:"京钱名虽二文,实止当一。当十钱虽称当十,实止当二。"而且当十钱的流通地区也并不限于直隶、山东两省。他还指出,用钱则搀和私铸,有白板、砂壳、剪边、新砂、鹅眼等名,甚至有用粗劣厚纸染以砂油搀夹行使者;留底短陌,千文有扣去6文、10文,甚至20文、30文不止者;折扣大钱,南省钱凡三等,有净钱(制钱)、通净和通钱,制钱则有九折或八五折者,"郡异而县不同"。

(二)银两。用银有纹银(高银)、松江银、规银、对冲银。纹银成色最高,松江银次之,规银用于记账,"对冲则市铺所作售伪,介乎钱、银之间"。这里的分类是不完全的,不同地区还有不同的名称。将纹银、松江银、规银、对冲银合在一起说,还存在着概念的混淆。纹银、松江银、对冲银都按银的成色分类,而规元则是一种称量标准,属以下第(四)条的范畴。

(三)番钱(洋钱)。番钱由外洋流入内地,使中国每年损耗不赀。洋钱有鹰洋、苏净、本洋、日本洋等。陈虬解释鹰洋说:"面作鸟形,亦曰鸟洋,本出美国,故称英洋。或云出墨西哥,未知孰是?"墨西哥银元因有鹰像图案,俗称鹰洋,又讹作英洋。但美国银元亦有鹰像图案,陈虬没有搞清楚两者的区别,以致说鹰洋"本出美国",提出了"未知孰是"的疑问。本洋注称"鬼脸番",即西班牙银元,"鬼脸"指银元上的西班牙国王头像。苏净注称"即花边洋",花边洋原指西班牙银元,后来成为洋钱的通称,不能肯定究竟指何种银元。还有各种小洋钱,称为"开洋",有"对开、四开至十六开者"。洋钱上打戳的称糙洋;经挖刮的称刮洋,"挖刮太甚有重仅四钱者"。又有夹铜、哑板等杂洋。洋钱的流通区域,"江南则向行苏净,安徽则独用本洋,糙、刮仅可施诸瓯、闽,杂洋但可行于沪渎"。在"番钱"中,陈虬还提到浙东有时用"坤洋,系台人赵坤呈准开铸,然仅行之邻近数郡,出省则废"。这是中国人自铸的银元,不应归番钱之列。

(四)等子(衡器)。京师所用市平,比库平每两少4分。山东所用济平,比库平每两少1分6厘。"至于漕平、规平、兰平、川平、湘平、广平诸目,纷歧杂出,又无能一一数矣。"规平即指规银,也就是规元。

根据以上四条,陈虬得出结论说:"客行赍千金,驰万里,稍不留神,核计南北往返数月后,囊中物无事而坐耗其半矣。此亦今日病民之一大端也。"各地货币计算标准不同,如果一个人辗转各地,货币经一次次换算,就会不断遭受损失。陈虬能指出这一点是很深刻的。

当时因铸钱亏本,各省督抚都不愿铸。闽浙总督杨昌濬于光绪十二年在福建开铸减重为8分5厘的制钱,陈虬建议令各直省开铸制钱,重量按福建例。此外,两广总督张之洞已在广东用机器铸银元(龙洋),可以仿行;"官设钞库,以济银、钱之穷";所行等码一律以库平为准。关于行钞,清初陆世仪曾主张:"宜于各处布政司或大府去处,设立银券司。朝廷发官本造号券,令客商往来者纳银取券,合券取银。出入之间,量取路费微息,则客商无道路之虞,朝廷有岁收之息,似亦甚便。"①陈虬引此语,提出"札饬各州县及码头较大舟车孔道之处,设立官银号,而派委以主其事"的建议,并说:"桴亭本朝之贤者也,其言如此,则虬之说庸亦有可采者乎?"想以此打动张曜,先在山东一省实行,有效后再请旨饬各直省疆臣一例奉行。

在《经世博议·变法九(圜法)》中,陈虬提到了魏源批评王鎏的《钞币刍言》及魏源的货币主张。他既反对王鎏的不兑现纸币流通主张,也批评了魏源的行玉币、贝币之说,指出:"魏氏之言自铸银钱则是,其欲复玉、贝二币则非。"陈虬更明确地提出纸币的兑现主张:"钞币之设,本以便民,而非以罔利。今欲以空钞易实银,是以奸侩赚钱之术,施之于国计支绌之时。示人以欺,强人以从,虽卫鞅复生,无能为也。"他还提出在省会、各码头较大处所设局铸金、银、铜三品钱,分两一定,可照今洋式铸成。由本管上司察验成色,"如成色不符,厥(其)罪烹"。钱价涨跌,悉随时价。钱价五日详报道、省,道视其涨跌酌行提拨。禁止使用元宝、银锭、小钱、洋钱,"盗铸者杀无赦"。铸金、银、铜三品之钱,钟天纬先已提出,以后也继续有人提出,但各人理解的内涵不尽相同。陈虬的主张中还包括禁用元宝、银锭,即废除落后的称量货币制度。这在当时是先行者,同他在《变通交钞以齐风俗》中的论述一脉相承。但当时使用称量货币银两还是一种牢固的习惯势力,并有强大的利益集团为后盾,废除元宝、银锭的主张比铸造银元的主张更难付诸实施。

第八节 郑观应的经济思想

一、与外人商战的郑观应

郑观应(1842~1922),又作官应,字正翔,号陶斋,别号杞忧生、慕雍山

---

① 陆世仪:《陆桴亭思辨录辑要》卷一六,商务印书馆丛书集成初编。

人、罗浮待(或作侍)鹤山人等,广东香山(今中山)人。咸丰八年(1858年)到上海学商,同时学习英语。九年进宝顺洋行,不久为该洋行买办,管丝楼和轮船揽载业务。同治五年(1866年)宝顺停业后,他陆续经营或开办一些航运和贸易企业。八年捐员外郎,次年捐候补郎中。十二年参与太古洋行轮船公司的创办,次年任轮船公司总理兼管栈房。光绪四年(1878年)捐候补道员。由于他在直隶、山西、河南赈捐中"集资颇巨,全活饥民甚众"[1],得到李鸿章的赏识。当时李鸿章正准备办上海机器织布局,就委他参加筹建工作。六年任机器织布局会办(后升总办)。七年兼任上海电报局总办。八年脱离太古洋行,结束了买办生涯,到轮船招商局任帮办、总办。同时还与人合股开办私营企业。九年因受中法战争的影响,上海织布局发生亏空,郑观应被迫离职。他通过在广东办防务的兵部尚书彭玉麟的关系,于十年春到广东任湘军营务处总办。后曾为公务去香港,因他在太古洋行的亏空,被关押在香港监狱达1年之久。十七年又被李鸿章委为开平矿务粤局总办。后又回到轮船招商局任会办直到二十八年。二十二年兼任湖北汉阳铁厂总办。此外还担任多家企业的总董。三十二年一度被推举为商办粤汉铁路公司总办。郑观应先后做了20年的买办,但又自营企业,他参加洋务派企业的管理是以商股代表的身份,所以是一位由买办转化的民族资本家。用他自己的话来说,就是"初则学商战于外人,继则与外人商战"[2]。

郑观应从同治九年开始写政论,于十二年出版《救时揭要》;后来又成《易言》36篇,于光绪六年由王韬在香港代为出版[3]。《易言》出版后,日本、朝鲜都有翻刻。他怕有不便,请人将它删并成20篇再版。光绪二十年出版《盛世危言》。次年,江苏布政使邓华熙向光绪帝推荐这本书,扩大了它的影响。以后《盛世危言》的篇幅时有增加,以各种不同版本流传[4]。1921年出版《盛世危言后编》。除上述各书外,郑观应还有其他多种著作。经夏东元校勘整理,成《郑观应集》上、下两册,由上海人民出版社分别于1982、1988年出版。

在19世纪90年代,郑观应是有较大影响的早期资产阶级改良派代表人物。但他并不赞成戊戌变法,后来积极参加了清末的立宪运动。他同盛宣怀

---

[1] 李鸿章:《北洋通商大臣李傅相批示》。《郑观应集》下册,上海人民出版社1988年版,第529页。
[2] 《覆考察商务大臣张弼士侍郎》,《郑观应集》下册,上海人民出版社1988年版,第620页。
[3] 郑观应在《盛世危言增订新编·凡例》中曾误记:同治元年出版《救时揭要》,同治十年出版《易言》,把两书的出版年份大大提前了,并发生过广泛的影响。参见叶世昌、吴修艺:《〈救时揭要〉、〈易言〉、〈盛世危言〉成书考》,《历史学》1979年第4期。
[4] 据夏东元研究,《盛世危言》经郑观应手定的正规版本有三:光绪二十年的五卷本,二十一年的十四卷本,二十六年的八卷本。《郑观应集》上册《编辑说明》,上海人民出版社1982年版。

的关系密切,主动为盛谋取利益,在辛亥革命前夕还支持盛的铁路国有政策。

郑观应认为"器由道出",而道"弥纶宇宙,涵盖古今,成人成物,生天生地",无所不在,无所不包。这个道只被中国人懂得,"自伏羲、神农、黄帝、尧、舜、禹、汤、文、武以来列圣相传",由"孔子述之以教天下万世"①。但他又认为"天道"是会变的,提出了"天道数百年小变,数千年大变"的论点:上古数千年以下,至秦始皇时"一变而为郡县之天下";至今"则欧洲各国兵日强,技日巧,鲸吞蚕食,虎踞狼贪……中国亦广开海禁,与之立约通商,"又一变而为华夷联属之天下"②。要变,就要学习西方。他也认为西方的科学技术是中国"古人名物象数之学,流徙而入于泰西"③发展起来的,现在应该让它归还中国。他提出"主以中学,辅以西学"④的学习西方原则,这同冯桂芬的"以中国之伦常名教为原本,辅以诸国富强之术"是一致的。

对于社会发展,郑观应认为"天地自然之理"是"世界由弋猎变而为耕牧,耕牧变而为格致"⑤。在这"自然之理"中,教育起了决定性的作用。他不仅把教育看成是社会发展的动力,而且看成是国家兴亡的原因:"横览环球各邦,其国运之隆替莫不系乎人材,而人材之盛衰莫不关乎教化。其教养有道者勃然以兴,教养失道者忽然以亡。"⑥他用这一理论来说明废八股之科,兴格致之学,多设学校,广植人材的必要。

郑观应指出西方国家的"治乱之源,富强之本,不尽在船坚炮利,而在议院上下同心,教养得法,兴学校,广书院,重技艺,别考课,使人尽其才;讲农学,利水道,化瘠土为良田,使地尽其利;造铁路,设电线,薄税敛,保商务,使物畅其流"⑦。他在甲午战争前就主张设议院,认为议院"集众思,广众益,用人行政一秉至公","大用之则大效,小用之则小效",中国要"富国强兵","必自设立议院始"⑧。

二、商战论

中国近代的"商战"一词并非由郑观应首先使用,有商战理论的也不止

---

① 《盛世危言·道器》,《郑观应集》上册,上海人民出版社1982年版,第241、242页。
② 《易言·论公法》,《郑观应集》上册,上海人民出版社1982年版,第66页。
③ 《盛世危言·道器》,《郑观应集》上册,上海人民出版社1982年版,第242页。
④ 《盛世危言·西学》,《郑观应集》上册,上海人民出版社1982年版,第276页。
⑤ 《盛世危言·教养》,《郑观应集》上册,上海人民出版社1982年版,第481页。
⑥ 《盛世危言·教养》,《郑观应集》上册,上海人民出版社1982年版,第480页。
⑦ 《盛世危言·自序》,《郑观应集》上册,上海人民出版社1982年版,第233、234页。
⑧ 《盛世危言·议院上》,《郑观应集》上册,上海人民出版社1982年版,第311、313、314页。

郑观应一人。但郑观应的商战理论颇具特色,故以此概括他的重商思想。

郑观应也像薛福成一样,认为资本主义国家是以商为纲。他指出:"商以贸迁有无,平物价,济急需,有益于民,有利于国,与士、农、工互相表里。士无商则格致之学不宏,农无商则种植之类不广,工无商则制造之物不能销。是商贾具生财之大道,而握四民之纲领也。商之义大矣哉!"①薛福成从有商则如何如何立论,郑观应则从无商如何如何立论,角度相反,意思则一。他也认为资本主义国家"以商立国",并认为"欲制西人以自强,莫如振兴商务"②。

王韬已指出资本主义国家的对外侵略主要靠"兵力"和"商力",郑观应对此作了进一步的发挥。他说:"泰西各国以商富国,以兵卫商,不独以兵为战,且以商为战……西人以商为战,士、农、工为商助也,公使为商遣也,领事为商立也,兵船为商置也。国家不惜巨资备加保护商务者,非但有益民生,且能为国拓土开疆也。"③虽然这一分析仍带有重商倾向,但对资本主义国家通过商品输出进行经济侵略的实质认识是深刻的。

郑观应把兵战称为"有形之战",又叫"形战";把商战称为"无形之战",又叫"心战"。他分析这两种战的不同特点和作用时说:"兵战之时短,其祸显;商战之时长,其祸大。"④"兵之并吞祸人易觉,商之掊克(掠夺)敌国无形。"因此他提出:"习兵战,不如习商战。"⑤他这样说,当然不是反对"习兵战",而是说商战比兵战更难对付,也更需要认真对付。事实上他主张双管齐下:"练兵将,制船炮,备有形之战以治其标;讲求泰西士、农、工、商之学,裕无形之战以固其本。"他批评清统治者"只知形战而不知心战",以为只要有枪炮、兵舰就能对抗侵略者,以致"舍其本而图其末,遗其精义而袭其皮毛"。⑥

兵战治标,商战固本,这是说,从长远来看,国势的强弱归根结底要由商战的胜败,即经济上的因素来决定。因此,郑观应又提出了"决胜于商战"的口号。他列举资本主义国家用来同中国进行商战的洋货60余种,指出这些

---

① 《盛世危言·商务二》(十四卷本所加),《郑观应集》上册,上海人民出版社1982年版,第607页。
② 《盛世危言·商务三》,《郑观应集》上册,上海人民出版社1982年版,第614页。
③ 《盛世危言·商战下》(十四卷本所加),《郑观应集》上册,上海人民出版社1982年版,第595、596页。
④ 《盛世危言·商战下》(十四卷本所加),《郑观应集》上册,上海人民出版社1982年版,第595页。
⑤ 《盛世危言·商战上》,《郑观应集》上册,上海人民出版社1982年版,第586页。
⑥ 《盛世危言·商战下》(十四卷本所加),《郑观应集》上册,上海人民出版社1982年版,第595页。

商品"皆畅行各口,销入内地,人置家备,弃旧翻新,耗我资财,何可悉数"①。而中国出口商品总值还不能抵鸦片、洋布两项的进口值。决胜于商战,就要能够生产出与这些洋货竞争的各种精美商品,做到"中国所需于外洋者,皆能自制;外国所需于中国者,皆可运售"②。

　　生产与洋货竞争的精美商品,自然要采用先进的生产技术。郑观应正是从这个角度来论述发展机器工业的必要性的。他指出:"论商务之原,以制造为急;而制造之法,以机器为先。"③中国因为工业不如人家,所以在商战中总是失败。中国优于天工,而绌于人力。中国以为无用之物,如鸡毛、羊毛、驼毛之类,低价卖给洋人,经加工后再售于华人,其什百千万之利仍取偿于中国。所以他强调:"商务之盛衰,不仅关物产之多寡,尤必视工艺之巧拙……若有商无工,纵令地不爱宝,十八省物产日丰,徒弃已利以资彼用而已。"④

　　由发展机器工业,郑观应进一步提出要发展机器制造业。他指出当时中国所使用的机器都是向外国买来的,这样仍要受制于外人,只有能够自造机器,"始得机器无穷之妙用",因此"宜设专厂制造机器"⑤。这又回到了容闳在30多年前提出的主张。

　　为了有效地进行商战,郑观应希望清王朝能像资本主义国家的政府那样为商人的后盾。他批评华官"不惟不能助商,反朘削之,遏抑之"⑥;"但有困商之虐政,并无护商之良法"⑦。并指出这正是中国商务不能振兴的原因所在。他先后提出了许多护商主张,如:

　　裁撤厘金,实行保护关税政策,并从外人手中收回海关管理权。

　　设立商部管理商务,并在各省设立商务总局和分局。商局由商人代表主持,"一切商情准其面商当道,随时保护"⑧。

　　国家兴办重要企业向商人集股时,要对股金保付利息。

　　商人有自由投资的权利。"凡通商口岸、内省腹地,其应兴铁路、轮舟、

---

① 《盛世危言·商战上》,《郑观应集》上册,上海人民出版社1982年版,第587页。
② 《盛世危言·商务三》,《郑观应集》上册,上海人民出版社1982年版,第616页。
③ 《盛世危言·商务五》(十四卷本所加),《郑观应集》上册,上海人民出版社1982年版,第626页。
④ 《盛世危言·商战上》,《郑观应集》上册,上海人民出版社1982年版,第588页。
⑤ 《盛世危言·商务五》(十四卷本所加),《郑观应集》上册,上海人民出版社1982年版,第627页。
⑥ 《盛世危言·商务一》(十四卷本所加),《郑观应集》上册,上海人民出版社1982年版,第605页。
⑦ 《盛世危言·商务二》(十四卷本所加),《郑观应集》上册,上海人民出版社1982年版,第609页。
⑧ 《盛世危言·商务一》(十四卷本所加),《郑观应集》上册,上海人民出版社1982年版,第606页。

开矿、种植、纺织、制造之处,一体准民间开设,无所禁止。或集股,或自办,悉听其便。全以商贾之道行之,绝不拘以官场体统。"①

"宜令民间纠合公司大兴商务。如利数可兴、办有成效者,国家给以称颂功牌。若生意不前、折阅负累者,国家许其报穷免究。""商贾中如有品行刚方、行事中节者,人必举以为议员以办公事。"②

郑观应提出的护商主张,反映了民族资本家的经济和政治要求。他主张满足这些要求以发挥他们对于商战的积极性。"决胜于商战",集中反映了郑观应对发展中国资本主义经济的迫切要求。

郑观应把发展资本主义的希望寄托于清王朝,自然只能以失望而告终。他原来曾把官督商办看作是一项护商政策,如在谈到开矿时说:"然全归商办,则土棍或至阻挠;兼倚官威,则吏役又多需索。必官督商办,各有责成:商招股以兴工,不得有心隐漏;官稽查以征税,亦不得分外诛求。则上下相维,二弊俱去。"③但是,官督商办的实践使他懂得,这只不过是官压迫、剥削商的一种手段。因此,约在光绪二十七年他曾作诗以寄愤慨,其中说:"名为保商实剥商,官督商办势如虎。华商因此不及人,为丛驱爵(雀)成怨府。"④这不只是郑观应一个人的愤慨,而是整个民族资产阶级的共同愤慨。

三、货币论

光绪六年(1880年)出版的《易言》中有《论铸银》⑤一篇,写作的时间早于钟天纬的《扩充商务十条》。但前者尚未提出用机器铸造银钱。

郑观应指出:"洋银之入中华也,自乾隆年间始,名曰洋钱……初亦不甚通行。自立约通商以来,凡洋人履迹所经,无论通邑穷乡,通用洋钱,而中国纹银反形窒碍。非以其便于行旅携带,商贾贸易只须辨其真伪乎?"其实洋钱早在明末就流入中国,中国通行洋钱并非在中外立约通商以后。康熙十五年(1676年)任江宁巡抚的慕天颜曾奏请开放海禁,指出在禁海以前的"顺治六七年间……见市井贸易咸有外国货物,民间行使多以外国银钱,因而各省流行,所在皆有。自一禁海之后,而此等银钱,绝迹不见一文"⑥。康熙二十三年开放海禁后,外国银元又继续流入,乾隆时使用洋钱已比较普遍。

---

① 《盛世危言·商务二》(十四卷本所加),《郑观应集》上册,上海人民出版社1982年版,第612页。
② 《盛世危言·捐纳》(十四卷本所加),《郑观应集》上册,上海人民出版社1982年版,第563页。
③ 《盛世危言·开矿上》,《郑观应集》上册,上海人民出版社1982年版,第704页。
④ 《罗浮偫鹤山人诗草·商务叹》,《郑观应集》下册,上海人民出版社1988年版,第1370页。
⑤ 《郑观应集》上册,上海人民出版社1982年版,第95、96页。
⑥ 慕天颜:《请开海禁疏》。《清经世文编》卷二六。

《清朝文献通考·钱币四》乾隆十年(1745年)按:"至于福建、广东近海之地,又多行使洋钱……凡荷兰、佛郎机(西班牙)诸国商船所载,每以数千万圆计。"道光九年(1829年)道光帝谕军机大臣等:"朕闻外洋夷钱,有大髻、小髻、蓬头、蝙蝠、双柱、马剑诸名,在内地行使……自闽、广、江西、浙江、江苏渐至黄河以南各省,洋钱盛行,凡完纳钱粮及商贾交易,无一不用洋钱。"①以上资料都说明郑观应关于洋钱在中国流通史的说法并不准确。

郑观应接着指出,由于洋钱数量不够满足中国市场的需要,西国每年陆续运来的洋钱总数在100万元以上。"西人知中国一时不能自铸也,又禀请其国开局铸造,以济中国之需用,盖深知铸造洋钱大可获利耳。"如鹰洋每元重7钱2分,在中国极贵时可抵纹银8钱,平常市价亦总在七钱四五分之间,其利至厚,其用至便。他提出金、银、铜三品之钱统谓之"国宝",自应一国有一国之宝,不应全用他国之宝。中国应自行鼓铸,"列年号于其上,名正言顺,独擅利权"。而向外洋购买银元,每元需加银多则七八分,少则三四分,岂非失其厚利!

关于铸造的经费,郑观应指出,外洋铸造银钱,有铜、铅搀杂其中,以搀杂所节省的费用,用作铸造费已绰然有余。"但西人好利而守信,故成色均归一律;华人嗜利而寡信,故流弊遂至百端。"为了保证质量,他主张仿宝泉等局事例,严定章程,由户部专设一局负责铸造,非但不许民间铸银,也不许各省官员开铸。户部铸成后"颁行天下,令其可缴钱粮,可作捐款,则流通必畅,而洋银反不能通行矣"。

在《盛世危言》中,郑观应论货币的文章有《铸银》和《圜法》两篇。《铸银》是对《易言·论铸银》的扩展,关于洋钱在中国的流通史仍持原来的说法。对于洋钱比中国纹银流通方便,他分析说:"盖洋钱大者重七钱二分,小者递减,以至一角、五分。市肆可以平行,无折扣之损;囊橐便于携带,无笨重之虞。较之纹银,实属简便。纹银大者为元宝,小者为锭,或重百两,或重五十两,以至二三两。用之于市肆,则耗损颇多,有加耗,有贴费,有减水,有折色。有库平、湘平之异,漕平、规平之殊。畸重畸轻,但凭市侩把持垄断,隐受其亏。若洋钱则一圆有一圆之数,百圆有百圆之数,即穷乡僻壤亦不能勒价居奇,此民间所以称便也。"②

郑观应指出洋钱在中国流通有四害:洋钱皆非足色,来华则照银兑用,

---

① 《清宣宗实录》卷一六三,道光九年十二月丙子。
② 《盛世危言·铸银》,《郑观应集》上册,上海人民出版社1982年版,第691页。

造成无形折耗,其害一;银色既低,又无进口之税,时价虽有长落,成色毫无添补,其害二;外国售货于我,大都取宝银而归,旋以宝银铸洋钱售我,从中取利,往复无穷,其害三;每元抬价一二分至六七分,暗中剥削无穷,其害四。自造银元则有四利:铸之既多,则洋钱来源自稀,足夺西人利权,其利一;用之既广,保财源亦崇国体,其利二;鼓铸有赢余,一切开销皆可取给于此,而无耗折之虞,其利三;分量一律,贵贱相同,便商民而维市面,其利四。

在《易言·论铸银》中,郑观应主张由户部设局统一铸造。在《盛世危言·铸银》中,他则主张户部设局只管核收而不铸造,而由各省督抚拣派廉洁精于会计之大员,专司鼓铸银钱之事。铸成后要由督抚亲自检查质量,并抽提千、百元送户部总局核验。"户部宜设铁柜一具,凡各省呈缴样钱,严加封锁,填明年、月、日、时,以备核验。"检验合格后,监铸官从优保奖,准令颁行。银元限定重7钱2分,与洋钱丝毫无异,半元、2角、1角、5分亦须与洋钱相同,方可通行抵制。或更搭铸金钱,均无不可。他指出:"官法严于上,民信孚于下,则市肆流通可翘足待。更参用泰西之法,他国金、银各钱入口,皆作九成,不得与自造者一律通行,此万国之公例也。"①

《圜法》一篇,写作时间较晚,文中提到光绪二十五年的中国进出口数,应是二十六年所作。该文的主旨是说明要实行金本位制,但还没有使用"金本位"的名称。

郑观应说:"夫贱不可以敌贵,轻不可以敌重,自然之理,不待智者而决也。故人贵我贱,人重我轻,则我为人制;我贵人贱,我重人轻,则人为我制;人贵我亦贵,人重我亦重,则我虽不能制人,而尚可以自立。"②这里的轻重贵贱都是就货币材料本身的价值而言。他指出,环顾地球各国,以金为货币的占十分之七,以金、银为货币的占十分之二三,专以银为货币的只有中国、印度、墨西哥三国而已,无怪银价日贱。"倘非亟思变法,势难自立,恐他日尽天下用银之国易为用金而后已。"③

郑观应指出,中国专以银为币,与洋人交易吃亏极大。光绪元年、二年以前,一英镑换银三四两余,十七、十八年增至四五两,近年则增至七八两。银价下跌,不但借洋债吃亏,而海关税收吃亏更大。光绪二十五年,洋货进口除洋药外,共值银2.29亿两,照值百抽五例,应收税银1 150万两,今只收650万两;土货出口共值银1.96亿两,另有销内地的土货共值银1亿两,合计

---

① 《盛世危言·铸银》,《郑观应集》上册,上海人民出版社1982年版,第694页。
② 《盛世危言·圜法》(八卷本所加),《郑观应集》上册,上海人民出版社1982年版,第698页。
③ 《盛世危言·圜法》(八卷本所加),《郑观应集》上册,上海人民出版社1982年版,第699页。

3亿两,照值百抽五例,应收税银1 500万两,今只收税银1 000万两。如以英镑计值,合计可多收银近1 000万两。

因此,郑观应得出结论说:"今海禁大开,中西共此利权,因时制宜,亟当仿照各国行用金镑,并不准用外国银圆,以重国体而塞漏卮。若不择善而从,预为策画,一旦巨款亏耗,元气暗伤,较之兵戎之祸,有过无不及焉。"[1]这里所说的"金镑",只是"金本位制"的一个代词。

四、银行论

《盛世危言》中有《银行》两篇,都是光绪二十年(1894年)前所作。

郑观应主张创设银行,他说:"夫洋务之兴莫要于商务,商务之本莫切于银行。泰西各国多设银行以维持商务,长袖善舞,为百业之总枢,以浚财源,以维大局。"[2]提出银行有十便说:聚通国之财,收通国之利,呼应甚灵,不形支绌,其便一;国家有大兴作,种种工程可以代筹,其便二;国家有军务、赈务缓急之需,随时通融,其便三;国家借款不须重息,无经手中饱之弊,其便四;国家借款即或支应不敷,可以他处汇通,无须关票作押,其便五;各殷实行家、银号、钱庄或一时周转不灵,银行可力为转移,不至败坏市面,商务借可扩充,其便六;各省公款寄存银行,与存库无异,而入息仍归公项,不致被射利之徒暗中盘算,其便七;官积清俸,民蓄辛资,存款生息,断无他虑,其便八;出洋华商可以汇兑,不致动为洋人掣肘,其便九;市面银根短绌,可借本行汇票流通,以资挹注,其便十。这十便说明银行有吸收存款,融通资金,调节货币流通,支持国家建设,代理国库、省库等作用。

除十便外,还有八利,则是指银行在业务经营中可以获利的途径。银行资本雄厚,流通中外,其获利可知者一;银行以存款转放款,存款息低,放款息高,其获利可知者二;外国存款甚多,利息不过三四厘,遇有需要可互相补救,其获利可知者三;银行钞票流通市面,视若现银,无息无本,其获利可知者四;提单来自远方,见票一二月利息连汇水统收,未到期还银者,回头息只付一半,其获利可知者五;汇票押款过期一日作一月计算,其获利可知者六;银行所置铁门石栈堆放所押货物,所出栈租、火险费用甚廉,其获利可知者七;银行生意尤为稳当,只有汇票及押款押票,不论何处汇票,先收银而后付票,其获利可知者八。"便于人者如此其多,获于己者如此其厚,所谓以美利

---

[1] 《盛世危言·圜法》(八卷本所加),《郑观应集》上册,上海人民出版社1982年版,第699页。
[2] 《盛世危言·银行上》,《郑观应集》上册,上海人民出版社1982年版,第679页。

利天下者,莫要于斯矣。"①

郑观应将西方的银行分为官银行和商银行(十四卷本加贫民银行)。当时他还没有明确的中央银行和商业银行的概念,官、商的划分仅根据所有制的不同。他提出设官银行于京师,简派户部堂官督理,拨四成洋税作银行成本,约得库平银 900 万两;外省设分行,由藩司督理。商银行设 10 万股,每股银 100 两,不分官民,均可入股。资本 1 000 万两。银行的"一切条规悉仿西法"②。

光绪七年三月二十一日(1881 年 4 月 19 日),汇丰银行开办 1 元起存的储蓄业务③。郑观应对此业务作了介绍:汇丰银行许人以零星洋银随意存入,自 1 元至 100 元均可,1 年以 1 200 元为限,月息 3.5 厘,按本月存入的最少数为准。这种计息办法对储户很不利,但郑观应评论说:"此则银行之于中取利也。然此原不足为银行病也。盖人向银行存款……若百元以内,其细已甚。银行意主便民,收此奇零之数,存银之人或今日存入,明日支出,彼亦不得不为代劳,是不啻众人之总帐房,苟不予以沾润,谁乐为之?"④他肯定了汇丰银行的做法,认为立法之善,无以加焉。

郑观应对汇丰银行的批评则是"虽有华商股份,不与华商往来"的歧视华商态度,指出这是"西商操其权,而华商失其利;华商助以资,而西商受其益"。对于这种"倒持太阿,授人以柄"的现象,郑观应呼吁说:"今为之计,非筹集巨款创设银行,不能以挽救商情而维持市面也。"⑤

设立银行就要发行钞票。郑观应指出行钞当先定妥善章程,用顶厚的洁白纸为钞纸,以铜版镌刻精细龙纹,上列满、汉文及"皇清宝钞"字样。钞上盖部印及银行钤记,以示信于民。民间可随时随地向银行以钞易银,绝不留难。国家的一切收支俱银钞各半,开诚布公,昭示大信。

郑观应认为银行的第一难事是用人,亦宜仿照西例。"一切应办事宜,由股商中慎选一精明干练、操守廉洁之人综计出入,另举在股董事十人襄赞其成。重其事权,丰其廪饩,激以奖劝,警以刑诛,庶利多而弊少耳。"⑥银行办事需人,大行数百人,小行数十人,用人既多,钻谋必众,荐举、恳求或嘱托

---

① 《盛世危言·银行上》,《郑观应集》上册,上海人民出版社 1982 年版,第 680、681 页。
② 《盛世危言·银行下》,《郑观应集》上册,上海人民出版社 1982 年版,第 683 页。
③ 《增立行规》,《申报》光绪七年三月二十一日。
④ 《盛世危言·银行上》,《郑观应集》上册,上海人民出版社 1982 年版,第 681 页。
⑤ 《盛世危言·银行上》,《郑观应集》上册,上海人民出版社 1982 年版,第 682 页。
⑥ 《盛世危言·银行上》,《郑观应集》上册,上海人民出版社 1982 年版,第 684 页。

远近踵至,良莠不齐,偶有疏虞,即生弊窦。"宜仿西法:凡银行所用之人皆由公举,不得私荐,责成官绅及诸股东各就所知保荐才能廉洁之士。荐而作弊,举主坐之,倘有亏蚀,荐主罚赔。以众人之耳目为耳目,以天下之是非为是非,则弊绝风清,当亦庶乎其可也。"①举荐不当,举荐者要负连带责任。此外,银行经营抵押放款也易产生弊端,欲救其弊,亦必以西法为归。

为了学习西方银行制度的长处,郑观应还提出由朝廷令出使大臣将各国的银行详细章程遍行翻译,然后酌情择善而从,做到以官护商,以商辅官,用商务之章程,屏官场之习气。银行必须由政府的专责部门来推行,所以郑观应又说:"欲设银行仍必自建立商部始。"②

五、铁路论

光绪六年(1880年)出版的《易言》中有《论火车》一篇。二十篇本《易言》改篇名为《铁路》,有修改。《盛世危言》中又有《铁路》两篇。

在《论火车》中,郑观应指出水则资舟、陆则资车是民生自然之利。西人水则制火轮船,陆则制火车路,称赞其为"亘古未有之奇制"。他指出中国版图广大,非仿造火车铁路不可。"大则转饷调军,有裨于国计;小则商贾贸易,有便于民生。而且邮传信息,不虞稽迟;警报调征,无虞舛误。况中土沃壤倍于欧洲,只为山险路遥,转运不便……使载物之器良便,而运物之价又廉,一切种植立可以此之有余,济彼之不足,而获利恒得倍蓰。数年之后,民间蓄积自饶……即或旱干水溢,偶有偏灾,亦能接济运粮,借苏民困。"③

郑观应又说听西人云,设铁路其利有五:所得运费除开支各项及酌提造费外,其余可助国用,其利一;偶有边警,征兵筹饷,朝发夕至,平时各省可酌裁兵额,其利二;各处矿产均可开采,运费省而销路速,其利三;商贾便于贩运,贸易日旺,税饷日增,其利四;文递快捷,凡有铁路之处,驿站均可裁省,其利五。郑观应认为,铁路之设,有备无患,有益无损,中国断不能置之缓图。铁路当以京都为总汇,分支路以达各省,务使首尾相应,远近相通。他指出:"苟能举办,则水路有轮船,内地有铁路,有事则便于策应,无事则便于商民,利何如也!"④

在《易言·铁路》中,郑观应不再提铁路以京都为总汇,而是改为:"今若

---

① 《盛世危言·银行下》,《郑观应集》上册,上海人民出版社1982年版,第685页。
② 《盛世危言·银行下》,《郑观应集》上册,上海人民出版社1982年版,第686页。
③ 《易言·论火车》,《郑观应集》上册,上海人民出版社1982年版,第79页。
④ 《易言·论火车》,《郑观应集》上册,上海人民出版社1982年版,第80页。

仿造,而虑经费不充,可先择要道小试之,俾民间习于见闻,共知其利,然后招商承办,逐渐推广。"①文中仍保留设铁路的五利之说,又将反对的意见归纳为三害:夺铺驿夫役之利;拆毁庐舍坟墓;为敌所乘,祸发倍速。郑观应反驳说:"火车所拖各车之货物、文件,应于所过某处截卸者,仍需当处人夫、车马接运,何害之有?凡遇山颠水曲之不能避者,梁空可行,庐舍坟墓,亦犹是也,何害之有?各国兵轮、商舶,海道畅通,苟有龃龉,必先封堵,何至于铁路而疑之,且独不可宿兵守之乎,何害之有?"②

在《盛世危言·铁路上》,郑观应又将造铁路之利扩充为十条。新加的六至十条是:中国幅员辽阔,控制较难,铁路巡察易周,官吏不敢逾法,其利六;23行省可联成一气,信息便捷,脉络贯通,国势为之一振,其利七;中国以清议维持大局,有铁路则风气大开,士习民风顿然丕变,而鄙夷洋务之士大夫亦可渐有转机,其利八;每年运漕数百万石,糜费无数,有铁路则分期装载,可以撙节巨款,其利九;各省所解京饷,道路迢远,中途每致疏虞,铁路通则断无失事之患,其利十。"有十利而无一害,复何惮而不行哉?"③

文中保留对"三害"的反驳,文字有增加。如在第三害"且独不可宿兵守之乎"下加:"且地当敌冲,临时折断铁轨数截,十丈、五丈之间,彼即无能为力,而我腹地仍得往来自如"(十四卷本将"十丈、五丈之间"改为"数十丈或百丈")④。

郑观应还从人口迁徙的角度说明铁路的作用:"夫中国大势西北土满而东南人满,若有铁路以流通之,则东南之闲民可以谋生于西北,西北之弃地可以开垦如东南。'政在养民'之谓何?而忍听其贫瘠流离,竟不一为之所哉!"⑤将造铁路作为养民的一条大政。

《盛世危言·铁路下》是郑观应摘录西士所著《中外铁路论略》而成,其中继续论述铁路的作用,如:"中国西北陆路居多,行动辄需车马,挽运颇觉艰难。丰年苦于谷贱,凶年苦于谷贵。如有铁路,则农民无甚贱甚贵之苦,奸商亦无所施其居奇之技。""凡有铁路之处,一有兵端,非特邮传信息不虑稽迟,即意外警报,仓卒征调,克期立至,使敌营侦探者几疑飞将军之从天而下也。""夫地方之有铁路,譬如人身血脉流通,手足灵捷,猝遇意外,呼吸之

---

① 《易言·铁路》,《郑观应集》上册,上海人民出版社1982年版,第207页。
② 《易言·铁路》,《郑观应集》上册,上海人民出版社1982年版,第208页。
③ 《盛世危言·铁路上》,《郑观应集》上册,上海人民出版社1982年版,第653页。
④ 《盛世危言·铁路上》,《郑观应集》上册,上海人民出版社1982年版,第654页。
⑤ 《盛世危言·铁路上》,《郑观应集》上册,上海人民出版社1982年版,第654页。"政在养民"出自古文《尚书·大禹谟》。

顷,臂指相使,四肢并举,自无掣肘之患。其未建铁路者,则如风痹之人,半体不遂,举动不灵,横逆之来,无可相助,亦惟任其侮辱而莫之御也。"①

郑观应论铁路,还有一个重要的内容是分析外国铁路对中国的威胁。他指出:"今英、法、俄三国争造铁路以通中国,包中国之三面,合之海疆已成四面受敌之势矣。"②他特别强调俄国造西伯利亚铁路的"包藏祸心":"各国铁路大都造于繁庶之区。今俄人独不惜巨款造于不毛之地,非有狡谋更何为乎?故曰防俄宜先也。"③

---

① 《盛世危言·铁路下》,《郑观应集》上册,上海人民出版社1982年版,第655、656页。原是《盛世危言·铁路》(即《盛世危言·铁路上》)的附录,十四卷本改为《铁路下》。
② 《盛世危言·铁路上》,《郑观应集》上册,上海人民出版社1982年版,第652页。
③ 《盛世危言·边防一》,《郑观应集》上册,上海人民出版社1982年版,第774页。

第三章　甲午战争后至五四运动时期的经济思想

第一节　中国资本主义经济的发展和旧民主主义革命的失败

一、帝国主义国家控制中国经济命脉和中国资本主义经济的发展

19世纪末至20世纪初,帝国主义国家争夺殖民地的斗争更为剧烈,它们在中国划分势力范围并企图瓜分中国,中国的民族危机空前严重。

光绪二十一年(1895年)的中日《马关条约》规定,中国割让台湾和澎湖列岛,赔偿军费白银2亿两,并允许日本人在中国通商口岸设厂和输入各种机器。根据"最惠国"条款,自由设厂的规定也适用于其他国家。从此,中国不仅是帝国主义国家倾销商品的市场,而且也成了它们的投资场所。光绪二十六年,德、日、俄、法、英、美、奥、意八国联合进攻中国。次年签订的《辛丑条约》,规定赔偿军费白银45 000万两,延期付款本息合计达9亿多万两。除这两个条约外,帝国主义国家还迫使中国签订了许多其他的不平等条约。它们对中国的投资,到光绪三十年已经增加到22亿美元。它们凭借种种特

权,通过对中国的大量政治性贷款以及对中国的贸易、运输和工矿业的投资,很快就控制了中国的财政经济命脉。

为了适应资本输出的需要,帝国主义国家更加紧在中国开设银行,以此作为进行经济侵略的中心。它们向中国政府贷款并向各业投资,对中国的财政、经济进行控制,甚至组成联合银行团来控制中国。

帝国主义国家对中国财政的控制,主要是通过借款给清政府和北洋政府来实现的。这些外债都附有种种政治和经济方面的条件。它们借口为债务提供保证,陆续控制了中国的关、盐两税作为还债的担保。这就使中国政府丧失了很大一部分财政主权。

甲午战争后,帝国主义国家在华设立了不少世界性垄断组织的分支机构,控制了中国的对外贸易。到宣统三年(1911年),中国已有铁路9 600多公里,其中93%受帝国主义国家控制。航运方面,在通商口岸进出的轮船中,外轮吨位在光绪二十三年就已占吨位总数的76.8%。帝国主义国家在华设立的厂矿,重要的约136家(包括部分中外合资厂矿),总资本1亿多元。这些外资厂矿一般规模都比较大,不但在重工业中居于垄断地位,而且在轻工业中也占优势。

在帝国主义国家的加紧侵略下,中国原有的自然经济进一步解体。中国农村生产自给自足的比重降低,商品生产的比重则不断增加。甲午战争后的一段时间,进出口贸易增长很快,年年都是入超。将第一次世界大战开始的1914年与1894年比较,进口商品总值增加了2.5倍,出口商品总值只增加1.8倍。1914年的入超值高达21 300多万海关两。出口商品绝大部分是农产品和手工业品,进口物品中又有很大一部分销到了农村。在华外资企业中主要是轻工业,其中棉纺织业占首要地位。外资企业在华生产的纺织品,再加上帝国主义国家在华的商品倾销,严重地打击了农村的家庭手工业,特别是棉纺织业。帝国主义国家通过勾结中国封建势力和买办商人,廉价购买中国农产品,使中国社会的半殖民地性质更为加深,广大农民所受苦难更为深重。

这一时期中国的民族资本企业也有了发展。到1913年,新式的工矿企业资本在1万元以上的共有549个,资本总额达12 000余万元。其中官办、官督商办、官商合办企业的资本约占资本总额的四分之一。第一次世界大战期间,帝国主义国家忙于战争,暂时放松了对中国的压迫。中国的进口商品总值略有减少,而出口商品总值则有所增加。商品入超值减到几千万海关两,1919年只有1 600多万海关两。这为中国民族资本的发展提供了比较有利的条件。在此期间,中国的民族资本工业如纺织业、面粉业、针织业、卷烟业、榨油业等,都有了不同程度的发展。但是,大战期间帝国主义的侵略势力并没有撤走,封建势力也仍在束缚着民族资本的发展。而大战一结束,各帝国主义国家又卷土重来,民族资本很快陷入了困境。

这一时期,中国开始有了自办的新式金融机构——银行业。光绪二十三年,盛宣怀创办了私营的中国通商银行。三十一年,清政府设立了国家银行——户部银行,官商合办,三十四年改名大清银行。三十三年,清政府邮传部设立交通银行,也是官商合办。此外,清末还有多家商业银行、储蓄银行和地方银行设立。辛亥革命后,大清银行停业,在此基础上设立了中国银行。1919年以前,银行业发展迅速,支持了民族工商业的发展,但钱庄的势力仍大于银行。

广东开铸龙洋后,各省纷纷仿铸,逐渐形成了龙洋系列。光绪二十八年至二十九年,中国分别和英、美、日订立通商行船续约,其中规定中国要确定统一的"国币",从此中国开始了建立货币本位制度的讨论。实行何种币制,有金汇兑本位制或银本位制两种选择。多数人主张先实行银本位制,其中又发生了以两还是以元(圆)为单位的争论("两元之争"),最后以元为单位的主张获胜。宣统二年颁布《币制则例》,次年清朝即被推翻。1914年北洋政府颁布《国币条例》,再次宣布实行银本位制。除了依据修正《国币条例》的重量、成色标准铸造袁像银币(一元的袁像银币俗称"袁大头")外,其他规定均未付诸实施。另外,光绪二十六年从广东开始,又用机器铸造当制钱十文的铜元。铜元是不足值铸币,起初因为式样新颖,曾受到人们的欢迎。后来各省滥铸,币值逐年下跌,使人民遭受很大的损失。

二、旧民主主义革命的失败和西方经济学的传播

中国民族资本主义经济的发展,使民族资产阶级的力量也相应地得到了发展。甲午战争后,开始出现了资产阶级改良运动和资产阶级民主革命运动。

甲午战争失败,对中国人民产生了更大的惊醒作用。民族危机严重,中国的出路何在?更多的人在思考这个问题。资产阶级改良思想进一步成熟。以康有为为首的资产阶级改良派开始同洋务派分道扬镳,发起了变法维新运动。维新派企图在不触动地主阶级利益的前提下,只是凭借皇帝的

权威,进行自上而下的变法,提高民族资产阶级地位并分享某些政治权力,造就发展资本主义经济的比较有利的条件。光绪二十四年四月二十三日(1898年6月11日)光绪帝下诏定国是,开始了变法(戊戌变法)。八月初六日(9月21日)慈禧太后发动政变,变法只进行了103天就宣告失败。康有为、梁启超等逃亡国外,谭嗣同等六人被杀。

变法失败后,康、梁在国外鼓吹保皇,主张君主立宪。经过义和团运动和八国联军之役,慈禧太后于《辛丑条约》订立后宣布实行新政。因此改良思潮更为活跃。君主立宪运动兴起,光绪三十二年清政府被迫宣布预备立宪,企图以假立宪来缓和人民的不满情绪。

资产阶级革命派在孙中山等人的领导下,决心用武装来推翻清王朝,建立民主共和国。光绪二十年孙中山建立革命团体兴中会。三十年黄兴和蔡元培、章炳麟等分别建立革命团体华兴会和光复会。次年孙中山在日本联合兴中会、华兴会、光复会等建立中国同盟会。同盟会以孙中山提出的"驱除鞑虏,恢复中华,建立民国,平均地权"为革命纲领,一方面组织武装起义,另一方面以《民报》为机关刊物,开展进行民主革命的宣传活动。革命派早在光绪二十九年就同康有为的保皇思想进行了斗争。同盟会成立后更以《民报》为基地,同梁启超主编的《新民丛报》进行了激烈的论战。同盟会领导的武装起义,在辛亥革命前已进行了多次,都没有成功。

宣统三年(1911年),邮传部大臣盛宣怀为了出卖路权,建议实行铁路国有政策。四月,清政府宣布干路国有,并将原归商办的川汉、粤汉铁路路权抵押给英、美、法、德四国银行团。这一卖国行为激起了铁路沿线川、鄂、湘、粤四省人民的公愤,爆发了轰轰烈烈的保路运动。八月十九日(10月10日)爆发了武昌起义,各省纷纷响应,一举推翻了清王朝,建立了中华民国。但是政权掌握在军阀势力手中,资产阶级民主革命的任务并没有完成。

这一时期,经济学科的著作开始大量出版,以下按年列表说明。但在列表前,将其中最初几年——光绪二十二年至二十九年的8年间的出版情况作一些具体介绍,以继续上一章显示其初期从少到多的演变过程。

光绪二十二年,英国布来德(J. Platt)所著《货币》(*Money*),由傅兰雅口译、徐家宝笔述,书名定为《保富述要》,由江南制造局出版①。这是第一部关于货币银行学的译本。陈炽的《续富国策》也于此年出版。

光绪二十三年,《国政贸易相关书》(*The State in Its Relation to Trade*)由傅兰雅口译、徐家宝笔述出版②。此书原由伦敦"密兰印书会"向法拉(T. H. Farrer)约稿写一部关于国家贸易政策的书③。法拉于1883年完成原稿并于同年出版此书。

光绪二十五年,英国医士马林(W. E. Macklin)据美国亨利·乔治(Henry George)的《进步与贫困》(*Progress and Poverty*)编出《足民策》和《富民策》两部书,同年都由上海广学会出版。两书都署"英国医士马林著,金陵李玉书译"。马林很赞成亨利·乔治的观点,但并不直译其书。《富民策·序》说原书"篇幅甚长,文词过富,一时未能悉举无遗,仅摘其大意,约而言之"。有几章则是根据别的西书编入的,如第16章的《论钱币》、第17章的《论铸币纸币》和第18章的《论银号》等。因不是全译,并且插入了许多其他内容,包括中国历史上的思想和政治元素,确实不限于亨利·乔治的原著。至于为什么会出现《富民策》和《足民策》两部书,其大致情况为:《富民策》原是正本,分上下卷,共32章。第1章最长,为《各家富国策辨》,主要批评对象为马尔萨斯(T. R. Malthus)的人口论,兼及李嘉图(D. Ricardo)的地租理论。在编写《富民策》的过程中,曾在《万国公报》第114卷和第121至125卷发表6篇文章。第114卷的文章就名《富民策》(说明当时还没有出版《足民策》的打算),并有短序。第121至125卷的文章依次为《各家富国策辨》(分两期刊完)、《本不养工论》、《地工本三说》和《论地租归公之益》。《各家富国策辨》即《富国策》的第1章;《本不养工论》即《富民策》的第2章《论本不养工》;《地工本三说》是《富国策》第3章《论地》、第4章《论工》、第5章《论本》、第6章《论地租》、第7章《论工作》、第8章《论本利》的合编,这几章原文都比较短,所以合起来也不太长,文字略有

---

① 《保富述要》的初版年份曾有不同说法。笔者在撰写《中国货币理论史》时对此作过考证,因梁启超编于光绪二十二年的《西学书目表》中说《保富兴国》(即《保富述要》)"未印",而梁刊于光绪二十三年的《西政丛书》中则已收有《保富述要》,故将此书初版定于光绪二十三年。但光绪二十二年《保富述要》实已出版。其根据是,1932年江南制造局赠给交通大学一套译印丛书,从交通大学图书馆所编目录中可以查到《保富述要》刊于光绪二十二年。参见霍有光《交大馆藏江南制造局译印图书概貌及其价值》,《西安交通大学学报》(社会科学版)第17卷第1期(1997年);艾俊川《〈保富述要〉:第一部汉译货币银行学著作》,《金融时报》2011年12月9日。

② 出版年份据霍有光:《交大馆藏江南制造局译印图书概貌及其价值》,《西安交通大学学报》(社会科学版)第17卷第1期(1997年)。

③ [英]法拉:《国政贸易相关书·序》。

差异;《论地租归公之益》则与第27章同名,但内容颇多差异。广学会将《万国公报》上的这几篇文章编成一部书,为避免和《富国策》重名,就定名为《足名策》。《万国公报》上的《富名策》的小序成了《足民策》中的"广学会识",正文成了《足民策》中的"总论"。《万国公报》上的其他5篇文章分为5章。这就是《足民策》的由来。可见《足民策》是《富民策》的简本。接着,《万国公报》第126期又刊出李特理译自西人的《读〈足民策〉书后》一文,其中说:"余近读英医士马林君所译美国卓尔基氏地税归公一书,颜之曰《足民策》(或作《富民策》)……且译以浅语,制为袖珍,使人易于研求,便于携带。"其中称《足民策》为袖珍本。但所谓"足民策(或作《富民策》)"一语,可能是因《万国公报》第114卷的文章原作《富民策》,这样说也有根据。但易造成后人的误会,将《富民策》和《足民策》当作了同一种书的异称①。同年又有英国厦门领事官嘉托玛(C.T.Gardner)著、教士山雅谷翻译、上海蔡尔康审义的《富国真理》由广学会出版。此书的前身是《富国新策》,其《总论》和第1至10章于光绪二十四年在《万国公报》第109卷至第120卷刊出,时间正好一年(其中第114卷未刊此稿)。《富国新策》只署嘉托玛和山雅谷的名,经修改后才成为《富国真理》,蔡尔康参加了书稿的修改,故另以"审义"的名义署名。

光绪二十六年,杰文斯于1882年出版的 *The State in Relation to Labour*,由美国人卫理、华人王汝驷合译出版,书名为《工业与国政相关论》。原来此书也是伦敦"密兰印书会"向杰文斯约的稿,内容是关于国家工业政策的书,同法拉关于国家贸易政策的书配对。杰文斯交稿和出版的时间比法拉还早了一年,但《工业与国政相关论》在中国出版的时间反而比《国政贸易相关书》迟了三年。

光绪二十七年,湖北留日学生监督钱恂编述的《财政四纲》(租税、货币、银行、国债)出版,严复译的《原富》(*An Inquiry into the Nature and Causes of the Wealth of Nations*)也于此年开始分期出版。

光绪二十八年,美国基督教公理会教士(华北协和大学首任校长)谢卫楼(D. Z. Sheffield)编著的《理财学》出版。此书主要译自美国经济学家沃克(A. Walker)的 *Political Economy*,并参考其他著作编成。这一年进入出版日本经济学书籍的高潮。当年有日本天野为之著(稽镜译)的《理财学纲要》、和田垣谦三著(冯镜如译)的《经济教科书》、作新社编译的《商工理财

---

① 近人有《足民策》又名《富民策》之说,笔者在旧著中亦曾有此误。

学》等书出版；原日本留学生杨廷栋著的《理财学教科书》亦于此年出版。还有陈乾生(即陈独秀)的《富国学问答》，为学部选定宣讲用书，由商务印书馆出版。

光绪二十九年，作新社编译的《最新经济学》、《财政学》、《租税论》、《货币论》、《银行论》、《外国贸易论》，编入《政法类典·经济之部》出版。日本天野为之著(吴启孙译)的《理财学讲义》、日本持地六三郎著(顾学成译)的《经济通论》，日本和田垣谦三著的《理财教科书》，日本土子金四郎著(王季点译)的《国债论》等书亦在同年出版。又有原日本留学生王宰善著的《普通经济学教科书》出版。同年日本杉荣三郎任京师大学堂教习，讲授经济学，编有《经济学讲义》和《经济学各论讲义》(货币学)，有京师大学堂铅印本。

另外，有些已出或未出的书以丛书的形式出版。光绪二十三年，梁启超编的《西政丛书》出版，其中经济类书籍有《佐治刍言》、《富国养民策》、《保富述要》、《生利分利之别》和《续富国策》5种。二十七年出版的《富强斋丛书》续集有《商政》一门，收书6种，具理论性的有4种：《理财节略》、《生利分利之别论》、《保富述要》和《国政贸易相关书》。《理财节略》是江海关税务司英人戴尔乐(F. E. Taylor)著，文案陈锐译。二十九年，昌言报馆编辑的《财政丛书》出版，收"未经刊行及刊而久未印者"20余种。首为财政总类，有《富国策》、《利财学》、《财政四纲》3种，其中《利财学》即约翰·穆勒(J. S. Mill)著的《功利主义》(Utilitarianism)，由日本人西周译于明治十年(1877年)。此外各类，中国财政类有《光绪会计录》、《理财节略》等7种，各国财政类有《欧洲财政史》等3种，银行类有《银行说略》、《美国设国家银行条例》2种，银币类有《铸铜币答问》、《粤省制造银币记》2种，供工类有《铁路估工法》等2种，商务类有《中国商务公司草定章程》等2种。各类合计共21种，其中大都为非经济学类著述。以下统计表中取自《财政丛书》的有《利财学》、《欧洲财政史》和《银行说略》3种。

当时还有许多刊物，有些经济学著作先在刊物上连载，然后出版；也有一些在刊登后并未出版。如摘译自德国经济学家李斯特(F. List)的《政治经济学的国民体系》(The National System of Political Economy)书稿，光绪二十七年以《理财学》为名在《译书汇编》上连载，后来未见出书。二十八年梁启超辑译的《生计学学说沿革小史》，也只在《新民丛报》上连载，后来直接编入《饮冰室文集》。这两种亦编入以下统计表。

以下列表统计本时期经济学著作的出版情况。从表3—1中可见，在

1896年至1918年的23年间出版的经济学书籍共达642种,其中辛亥革命后的7年间达480种,占74.8%。这反映了西方经济学在民国时期更为迅速的传播。

表3—1　　　　1896至1918年中国经济学著作数量表①　　　　单位:种

出版年份	年总数	编　述	专　著	编　著	翻　译
1896	2	0	1	0	1
1897	1	0	0	0	1
1899	2	0	0	0	2
1900	1	0	0	0	1
1901	4	1	0	0	3
1902	8	0	2	2	4
1903	26	5	4	1	16
1904	4	0	3	0	1
1905	6	4	2	0	0
1906	16	8	0	0	8
1907	21	6	8	0	7
1908	9	3	3	0	3
1909	15	5	1	0	9
1910	20	7	11	0	2
1911	27	17	1	0	9
1912	29	19	5	0	5
1913	72	44	11	3	14
1914	80	65	7	0	8
1915	88	66	14	0	8
1916	64	47	11	1	5
1917	67	47	11	1	8
1918	80	54	15	3	8
合　计	642	398	110	11	123

资料来源:北京图书馆编,《民国时期总书目·经济(1911—1949)》,书目文献出版社1993年版;谈敏主编,《中国经济学图书目录(1900—1949)》,中国财政经济出版社1995年版。1911年以前增补的数字据查找当时的文献资料所得。

关于刊载经济学著作的刊物,有些是非专业的,如《万国公报》(1895年

---

① 孙大权:《中国经济学的成长:中国经济学社研究(1923—1953)》,上海三联书店2006年版,第352、353页。原表从1902年开始,1911年以前的数字据戴金珊和笔者的研究资料增补。

创刊)、《时务报》(1896 年创刊)、《译书汇编》(1900 年创刊)、《新民丛报》(1902 年创刊)、《翻译世界》(1902 年创刊)等。这一时期还产生了经济类的期刊,以下列表说明其基本情况(见表 3—2)。

表 3—2　　　　　　　　1897 年至 1911 年创设经济类期刊情况表

创刊年份	刊　名	所在地	刊　期	其他说明
1897	1.农学	上海	半月刊	后改《农学报》,改旬刊,1906 年停
1898	1.工商学报 2.工商学报	北京 上海	周刊 每月 4 册	1898 年停
1899	1.湖北商务报	武昌	旬刊	1904 年停
1900	1.江南商务报	上海	旬刊	
1901	1.农学报	武昌	半月刊	
1903	1.商务报	北京	旬刊	1906 年改《商务官报》
1905	1.实业界 2.商会公报 3.北直农话报	伯克利 重庆 保定	半年刊 旬刊 半月刊	又名《美洲学报:实业界》 又名《重庆商会公报》 1908 年改《直隶农务官报》
1906	1.农桑学杂志 2.南洋商务报	东京 南京	月刊 半月刊	1910 年改《南洋商报》,旬刊
1907	1.农工商报	广州	旬刊	1908 年改《广东劝业报》
1908	1.实业报 2.万国商业月报 3.吉林农报 4.吉林实业官报	广州 上海 吉林 吉林	旬刊 月刊 旬刊 周刊	同年停 1921 年改月刊
1909	1.华商联合报 2.交通官报 3.杭州商业杂志 4.商业杂志 5.成都商报	上海 北京 杭州 绍兴 成都	半月刊 月刊 月刊 月刊 旬刊	1910 年改《华商联合会报》 第 7 期起改半月刊 1910 年改《四川商会公报》
1910	1.工商学报 2.中国实业杂志 3.中国商业研究会月报 4.中国商业杂志 5.江宁实业杂志 6.财政观 7.奉天劝业报 8.南洋群岛商业研究会杂志 9.铁路界 10.湖北农会报 11.福建农工商官报	成都 东京 东京 上海 上海 南京 今沈阳 东京 东京 武昌 福州	? 月刊 年刊 双月刊 月刊 月刊 月刊 季刊 双月刊 月刊 月刊	1917 年迁天津出版 1910 年出 2 册,后改《中国商业月报》,上海出版,1920 年停 第 1 号为月刊 1911 年 1 月迁北京 有时为半月刊
1911	1.四川实业杂志 2.福建商业公报	重庆 福州	不定期 旬刊	

资料来源:史和、姚福申、叶翠娣编,《中国近代报刊名录》,福建人民出版社 1991 年版。该书资料的截止时间为 1912 年初。

表 3-2 是光绪二十三年以后清末 15 年间中国经济期刊的创办情况,15 年间共创刊 35 种。起初每年只有一两种或无,后来逐渐增加,宣统二年达到顶峰。当时的经济期刊还没有以"经济"为刊名的,而以"经济"为刊名的却不是经济期刊。如光绪二十四年长沙创办《经济报》(旬刊),该报称:"本报广采中西政治学术一切新闻,分类编辑。"①说明这是一种综合性的期刊。二十八年北京创刊《经济丛编》(半月刊),主要栏目有"中外大事记、人物、廷议、舆论、教育、文学、农工商、理财、法律、历史、琐记等"②。显然也不是我们所说的经济期刊。这里的"经济"是中国传统概念的经济,还不是日本开始使用的经济概念。按照本章的时间范围,表 3-2 还缺 1912 年至 1918 年的期刊创刊资料。据其他资料统计,这 7 年各年创办经济类刊物的合计数依次为 10 种、13 种、14 种、9 种、9 种、10 种和 7 种③。

关于 economics 的中译名,除前章提到的"富国策"一类和从日本传入的"经济学"一词外,甲午战争后还出现了"富国学"、"理财学"、"平准学"、"资生学"、"计学"、"生计学"等。"计学"是严复译《原富》时所采用的译名。他说:"日本译之为经济,中国译之为理财。顾必求吻合,则经济既嫌太廓,而理财又为过狭。"④"经济"两字原意是经世济民,所以严复认为范围太广。他又说,"人云理财,多主国用,意偏于国,不关在民"⑤。这是说,"理财"主要是理国家的财政,用它来代表经济学失之过狭。光绪二十八年,梁启超在《生计学学说沿革小史·例言》中说:"兹学之名,今尚未定,本编向用平准二字,似未安。而严氏定为计学,又嫌其于复用名词颇有不便。或有谓当用生计二字者,今姑用之,以俟后人。"孙中山、朱执信等人则始终采用"经济学"的译名。1912 年孙中山指出,中国原来无"经济学"之名词,后来或以"富国学"为名,或以"理财学"为名,"皆不足以赅其义,惟经济二字,似稍近之"⑥。这一主张逐渐被中国学者所普遍接受。

这一时期的经济思想主要是资产阶级改良派和革命派的经济思想。其中有些人已在一定程度上掌握了西方经济学,并以此来分析中国的经济问

---

① 史和、姚福申、叶翠娣编:《中国近代报刊名录》,福建人民出版社 1991 年版,第 244 页。
② 史和、姚福申、叶翠娣编:《中国近代报刊名录》,福建人民出版社 1991 年版,第 244 页。
③ 《1833—1949 全国中文期刊联合目录》,书目文献出版社 1981 年版;国家图书馆、上海图书馆编《1833—1949 年全国中文期刊联合目录:补充本》,中央民族大学出版社 2000 年版。数字由孙大权统计提供。
④ 严复译:《原富》上册,商务印书馆 1981 年版,《译事例言》,书首第 7 页。
⑤ 严复译:《原富》下册,商务印书馆 1981 年版,第 348 页。
⑥ 《在上海中国社会党的演说》,《孙中山全集》第 2 卷,中华书局 1982 年版,第 510 页。

题,提出经济改革主张。以孙中山为代表的革命派还吸收了马克思主义政治经济学的一些因素,其中的激进派人物朱执信更著文宣传过马克思主义。改良派和革命派都主张学习西方,引进外资,振兴中国实业以求中国富强;都认识到发展实业要以工业为中心,提出了工业化的主张。但改良派不主张推翻清政府及后来的北洋政府,革命派则认为只有推翻旧政府才能实现中国的富强。在如何实现工业化的问题上,改良派主张完全按西方的老路走,革命派则考虑到中国经济发展后要防止出现严重的贫富对立,提出了预防的办法。革命派思想的进一步发展,就同中国共产党的新民主主义纲领相衔接。

第二节 陈炽的经济思想

一、《续富国策》作者陈炽

陈炽(1855~1900),原名家瑶,字克昌,号次亮、用絜、瑶林馆主、通正斋生、袠中居士等,江西瑞金人。同治十二年(1873年)省试合格,保送入京为拔贡。十三年朝考,钦点七品小京官,签分户部山东清吏司。光绪八年(1882年)考中举人,仍为七品小京官。十三年正月任户部额外主事,七月补军机章京。十七年秋任户部四川司员外郎,冬丁忧回籍。二十一年服满,仍为户部员外郎,并在军机处章京上额外行走,七月补军机章京。同年支持康有为发起组织强学会,任提调,曾拒绝李鸿章入会。强学会成立不久即遭封禁。二十二年二月升户部福建司郎中。戊戌政变后,陈炽"郁郁不得志,酒前灯下,往往高歌痛哭,若痴若狂"[①]。二十六年五月死于京师。

陈炽曾到沿海各大商埠及香港、澳门考察,广泛阅读西书的中译本,并向回国人员了解国外情况,在这基础上形成了他的资产阶级改良思想。甲午战争前著成《庸书》内外篇,光绪二十一年至二十二年间又著《续富国策》。两书都出版于光绪二十二年。此外还有《铸银条陈》、《茶务条陈》和若干政论,并有《重译富国策》等。编有《陈炽集》。

《续富国策》是陈炽"为救中国之贫弱而作"的经济专著。他说英国"有贤士某著《富国策》,极论通商之理……英人举国昭若发蒙,尽涤烦苛,以归

[①] 赵炳麟:《赵柏岩集·柏岩文存》卷三《陈农部传》。后面还有"归江西数年卒"之句,不确,未引。陈泰《陈炽传》说陈炽于"光绪庚子五月十三日午时殁于京都赣宁新馆"(转引自《陈炽集》,中华书局1997年版,第386页)。

简便,而近今八十载商务之盛遂冠全球"。① 这是他将书名定为《续富国策》的由来。前已指出,"富国策"原是经济学的中译名之一。光绪二十年,英国传教士李提摩太在《万国公报》上发表了由他口译、蔡尔康笔录的《泰西近百年来大事记》,在三月的第 63 次《万国公报》上,提到英国原来实行不利于通商的政策,"幸而一千七百七十六年(乾隆四十一年)英人师米德·雅堂著《富国策》一书,镂板通行,立通商之根本。新策既行,旧章尽废,诸英人所创之新机,至是始大用之而大效矣"。"师米德·雅堂"即亚当·斯密。第二年《泰西近百年来大事记》改名为《泰西新史揽要》出版单行全本,除上引外,还有数处提到亚当·斯密及其著作。如说:"一千七百七十六年(乾隆四十一年),英国苏格兰省之戛斯哥海口有掌教大书院之山长,姓师米德名雅堂者,特创一书名曰《富国策》,家弦户诵,名震一时。"②又如说:"英学士师米德雅堂为讲求《富国策》之第一名流"③。陈炽决定写《续富国策》前,即使没有看到《泰西新史揽要》,也应看到《万国公报》上的《泰西近百年来大事记》。因此,陈炽所说的英国贤士某即指亚当·斯密(Adam Smith),《富国策》即指《国民财富的原因和性质的研究》(简称《国富论》)。但《续富国策》不是一部政治经济学的著作。因此,拿它去"续"以政治经济学为内容的《富国策》是完全不相称的。加这个"续"字,无非是表现了陈炽希望中国"踵英而起","他日富甲环瀛"④的心情。

陈炽还曾重译福塞特的《富国策》,于光绪二十二年至二十三年在《时务报》连载,题为《重译富国策》,以"通正斋生"为笔名⑤。他误将此《富国策》当作了亚当·斯密的"《富国策》",因此说:"《富国策》洵天下奇文也,其言与李提摩太同。"⑥《重译富国策》未曾译完即停止。

在《庸书》和《续富国策》中,陈炽反复使用"天心"、"天道"、"天意"、"顺天"、"逆天"等种种带有"天"的词汇,企图以此来说服统治者自觉地发展资本主义。他也说中国自黄帝、孔子以来道一直没有变,而寓有道之粗迹的器,则在春秋战国之乱到秦始皇焚书时,被人带往西方。他甚至认为文字也

---

① 《续富国策·自叙》,《陈炽集》,中华书局 1997 年版,第 147、149 页。
② 《泰西新史揽要》,上海书店出版社 2002 年版,第 94 页。
③ 《泰西新史揽要》,上海书店出版社 2002 年版,第 187 页。
④ 《续富国策·自叙》,《陈炽集》,中华书局 1997 年版,第 150 页。
⑤ 陈炽致汪康年的信中说:"曩有裹中居士(两说用此)及通正斋生(《富国策》用之)二号,请择用,即改曰《重订富国策》可矣。"《汪康年师友书札》第 2 册,上海古籍出版社 1986 年版,第 2076 页。
⑥ 《重译富国策·叙》,《陈炽集》,中华书局 1997 年版,第 274 页。

"肇于中国,而展转流布,渐达于泰西"①。他说现在是"天将以器还中国,而以道行泰西"的时候,如果中国不变法,拒绝接受久假归来的器,那就是逆天,"逆天者,不祥莫大焉"②。

陈炽赞美西方的资产阶级民主,认为"英美各邦所以强兵富国,纵横四海",其根源就在于有"议院之法","合君民为一体,通上下为一心"。他主张中国也设上下议院,下议院议员由选举产生,但"必列荐绅方能入选"。这是希望清政府给地方士绅(其中有些人又是资本家)增加一些参政的途径和机会。他指出"民心即天心也,下协民情即上符天道"。③ 他又认为西人不讲三纲五伦,将是"他日乱机之所伏,即衰象之所由成也"④。这说明陈炽的民主要求还是很初步的。

陈炽提出义利结合的义利观,认为:"惟有利而后能知义,亦惟有义而后可以获利。圣人立身行义,舍生取义,而治国平天下之经,不讳言利,且日亟亟焉谋所以利之者,圣人之仁也,即圣人之义也。"⑤他肯定义能起"剂天下之平"的作用,但这并不表明"天下遂可以无利",而是要分别公利与私利,宣称:"古圣人盖日日言利以公诸天下之人,而决不避言利之名,使天下有一夫稍失其利也。"并揭露那些反对言利的顽固派说:"吾虑天下之口不言利者,其好利有甚于人也,且别有罔利之方而举世所不及觉也。"⑥在陈炽看来,发展资本主义是属于公利的范畴,是一种应予以提倡的利。

陈炽反对让外国人"盘据要津",指出赫德"貌类忠诚,心怀鬼蜮","阻挠税则,左袒西商"⑦,主张收回全部海关管理权。他提出既要采西法,又要用华人:"惟兼采西法,而后古今之变局不能挠;惟专用华人,而后中国之利权不为夺。"⑧但对于难度较大的工程项目,如造铁路,则提出也可以由外商承办。

陈炽也认为俄国是中国的"心腹之疾","西伯利亚铁路之工不成则已,成则必败前盟,必攻中国,断断然无可疑者"⑨。他在甲午战争前对于日本可

---

① 《庸书》外篇卷上《西书》,《陈炽集》,中华书局1997年版,第74页。
② 《庸书》内篇卷上《自强》,《陈炽集》,中华书局1997年版,第8、7页。
③ 本段以上引文均见《庸书》外篇卷下《议院》,《陈炽集》,中华书局1997年版,第107、108页。
④ 《庸书》外篇卷下《审机》,《陈炽集》,中华书局1997年版,第139页。
⑤ 《续富国策》卷四《分建学堂说》,《陈炽集》,中华书局1997年版,第273页。
⑥ 《续富国策》卷三《攻金之工说》,《陈炽集》,中华书局1997年版,第212页。
⑦ 《庸书》外篇卷上《税司》,《陈炽集》,中华书局1997年版,第96页。
⑧ 《庸书》外篇卷上《西法》,《陈炽集》,中华书局1997年版,第102页。
⑨ 《庸书》外篇卷下《合纵》,《陈炽集》,中华书局1997年版,第130页。

能侵略中国却没有什么认识,而主张联日。甲午战争以后,则痛斥日本:"今一朝战胜,举国宽然,数万万之金钱取之如寄。又得台湾一岛,各国之所垂涎而目为宝山金穴者,助其商力,蠹我中邦。更有行轮造货之约章,夺我之矛,陷我之盾,纵横内地,盘剥利权。"①

二、商业和农、矿、工业关系论

《续富国策》分《农书》、《矿书》、《工书》、《商书》四卷。《农书》提出兴修水利,植树造林,发展水果、蚕桑、葡萄酒、纸张、樟脑、木材、橡胶、茶叶、棉花、蔗糖、烟草、咖啡、粮食、畜牧、渔业等生产。《矿书》提出大兴矿务,采炼矿石,发展煤、石油、矿盐、各种金属、水泥、砖、瓷等生产。《工书》提出学习数学、天文学、化学、力学、光学、电学等自然科学知识,发展攻金、攻木、纺织、饮食、器用、军械、机器制造等方面的生产和筑路事业。《商书》内容比较复杂,包括商务、铁路、轮舟、邮电、照明、防火、税则、保险、兵船、银行、货币、报纸、学校等。这样全面论述发展经济及同经济有关的各种具体项目,在中国是空前的,其主旨是发展社会生产力的问题,所述各篇自相独立。

在甲午战争前,陈炽的经济思想还是以振兴商务为中心。他曾说:"泰西以商立国"②。"自今伊始,制国用者必出于商,而商务之盛衰,必系国家之轻重,虽百世可知矣。"③又说:"工者,商之本也,生人利用之源也。"④还说:"近日使命往来,见闻愈拓,知工商二事,实泰西立国之本原。"⑤在《续富国策》中,陈炽进一步提出了商业和农、矿、工业关系的新理论,即:"商之本在农,农事兴则百物蕃,而利源可浚也;商之源在矿,矿务开则五金旺,而财用可丰也;商之体用在工,工艺盛则万货殷阗(盛),而转运流通可以周行四海也。"⑥他没有解释本、源、体用的确切含义,本与源有什么区别,体用是什么意思,无明确说明。以下对这一新理论进行解释,对"体用"的解释仅是笔者的个人观点。

"商之本在农,农事兴则百物蕃,而利源可浚也。"农业为轻工业提供原料,在半殖民地的中国,农产品更是直接的出口物资。这是商之本在农的意思。陈炽对农业很重视,指出:"然一日不耕,天下有饥者,农政之所关,又在

---

① 《续富国策》卷四《创立商部说》,《陈炽集》,中华书局1997年版,第232页。
② 《庸书》内篇卷上《农政》,《陈炽集》,中华书局1997年版,第27页。
③ 《庸书》外篇卷上《商务》,《陈炽集》,中华书局1997年版,第84页。
④ 《庸书》外篇卷上《考工》,《陈炽集》,中华书局1997年版,第82页。
⑤ 《庸书》外篇卷下《自立》,《陈炽集》,中华书局1997年版,第137页。
⑥ 《续富国策》卷四《创立商部说》,《陈炽集》,中华书局1997年版,第232页。

各务中为至重。"①他提出要讲求农学,翻译各国农书,将确实适用于中国的农业技术知识汇编成册,在农民中推广。同时还要动员拥田数千亩、数万亩的地主用新法种田,"购买机器,俾用力少而见功多"②,使亩产量增加数十倍。这是希望地主自愿地向农业资本家转化。

"商之源在矿,矿务开则五金旺而财用可丰也。"这里所说的矿,着眼点在"五金",实际上是指金、银、铜等货币金属。有了货币,就有了经营商业的资本,所以叫"商之源",所以说"财用可丰"。然而从《续富国策·矿书》的内容看,他所主张的开矿的范围是很广泛的。

"商之体用在工,工艺盛则万货殷阗而转运流通可以周行四海也。""体用"是指体和用。商之体在工,是说商业的本体在工业,振兴商务的前提在于发展机器工业。商之用在工,是说商业的作用也在于工业,振兴商务能为工业品的流通服务。陈炽指出中国的出口商品都是"生货"(农产品),以箱、石、包、百斤、千斤、万斤等为计价单位,"取值至贱,获利至微,盈舟溢屋,捆载而去";而进口商品则是"熟货"(工业品),以件、匹、瓶、盒、尺寸、铢两等为计价单位,"一物之值贵至万千,一船之载总计至亿兆金钱而未已"③。要改变这种以贱敌贵、以粗敌精、以拙敌巧的贸易状况,只有大力发展工业,多用熟货出口。他把发展机器制造业定为"中国开辟利源之关键,振兴工艺之权舆",指出:"中国不能制机,中国之工商即永不能力争先着也。"④这同郑观应的"宜设专厂制造机器"的主张不谋而合。

薛福成和郑观应都说商握四民之纲,都从商业对工业的促进作用来说明商的重要地位,他们没有看到生产对流通的决定作用。与他们不同,陈炽指出商业的发展要以农、矿、工业的发展为前提,这比他们的认识进了一步。不仅如此,陈炽还提出了一个生财之道:"若生财之道,则必地上本无是物,人间本无是财,而今忽有之。"⑤根据这一原则,商品流通当然不属于生财的范围。这表明他虽仍以振兴商务为中心,却已经更加注意从生产领域看问题了。

但是,陈炽的所谓"生财",是从商品的自然形态来考虑的,并未涉及是否创造价值的问题。根据他所指出的原则,就会认为运输部门是不生财的。

---

① 《续富国策》卷一《讲求农学说》,《陈炽集》,中华书局1997年版,第173页。
② 《续富国策》卷一《讲求农学说》,《陈炽集》,中华书局1997年版,第174页。
③ 《续富国策》卷三《器用之工说》,《陈炽集》,中华书局1997年版,第218、219页。
④ 《续富国策》卷三《制机之工说》,《陈炽集》,中华书局1997年版,第224、226页。
⑤ 《续富国策·自叙》,《陈炽集》,中华书局1997年版,第149页。

因为它只是把已经生产的商品改变场所,而并不改变其形态。从这里也可以看出陈炽把交通运输放在《商书》中论述的一个原因。

对于中国商务的不能振兴,陈炽主要说了两方面的原因:一是由于资本主义国家控制中国利权,一是由于官吏"祖媚洋商而摧折华商";而产生前一个原因的责任也在清政府,因为是清政府"将利权所在举而畀诸异国之人"①的。

陈炽把近代中国的贫穷完全归之于资本主义国家的侵略,他说:"古之时,财不在上则在下,否则饱于中,今则不在于内,而流溢于外。"从这一估计出发,就会把收回利权作为发展经济的根本目的,正如他自己所说的:"农也,矿也,工也,商也,皆取我地上地下本有之物,制之售之,以收外泄之利源,而还之中国者也。"②这种估计也正是把振兴商务作为发展经济的中心的原因所在。

陈炽要求清政府改变对商人的态度,成立商部,制订商律,实行废除厘金、保护关税、用专利的办法鼓励发明创造等护商政策。他指出商人集资设立公司可以收"多财善贾"之效,而公司的成败则在"公与不公"。他对公司下定义说:"夫公司者,秉至公而司其事之谓也。"他批评电报局、轮船招商局等官督商办企业由少数人把持,为少数人谋利。"每岁入资数百万,股商仅收官息八厘,公积则虚有其名,余利则不能过问,人人知有二三分之息而仅得八厘,是不啻取大众之悭囊,以饱一二人之私橐也。"③他主张公司应由商人公举明通公正之人主持其事。

三、机器养民论

陈炽认为,中国历代的农民起义,从西汉的赤眉、铜马到清代的太平天国,都是由于"户口加多而土地不加辟","庶而不富,富而不教,民穷财尽,游惰充斥,救死不赡"而造成的,不是由于"民情之好乱"④。他没有从阶级压迫、贫富不均上找原因,只是单纯归之于人多地少。到近代,则又增加了资本主义国家经济侵略的新因素。对此,陈炽指出:"频年海溢川流,岁出金钱万万,遂使廿一行省无一富商,内外穷民之失业无依者,尤如恒河之沙,不可计算。"⑤这里说失业无依的穷民不可计算,在另一处他提出如果按全国人口

---

① 《续富国策》卷四《创立商部说》,《陈炽集》,中华书局1997年版,第233、232页。
② 《续富国策》卷四《分建学堂说》,《陈炽集》,中华书局1997年版,第273页。
③ 《续富国策》卷四《纠集公司说》,《陈炽集》,中华书局1997年版,第234、235页。
④ 《庸书》外篇卷下《养民》,《陈炽集》,中华书局1997年版,第136页。
⑤ 《续富国策》卷四《创立商部说》,《陈炽集》,中华书局1997年版,第232页。

4亿的十分之一计,则有 4 000 万。这种情况如果不予改变,"则惟有水火、瘟疫、刀兵、盗贼,草薙(除)而禽狝(猎)之,成亘古伤心之浩劫"①。他强调"养民"是为政者不可推卸的责任。

陈炽指出:"天下穷民谋食之路,惟机器工作厂为最丰,亦惟机器工作厂为最易,使居者制以为器,则外财可入而内患潜消矣。"②他认为"机器之兴,专以为贫民计",因为"富人出资立厂,而贫民之工作者辄数千人;富民之获利一二分而止,而贫民之工资增至倍蓰什伯而未已"③。"西国各镇埠工作大厂多至百家或数十家,每厂工作万人或数千人,少亦数百人。使中国各行省工厂大开,则千万穷民立可饱食暖衣,安室家而养妻子。向日之手工糊口者,亦各免艰难困苦,忧冻啼饥,咸得享豫大丰亨之福也。天下之功德,孰有如是之不可思议、不可限量者乎?"④开设工厂,可以增加就业机会,这是正确的。但陈炽把资本家用机器生产说成是"专以为贫民计",认为贫民进工厂就能过上幸福生活,甚至说资本家办厂是行"天下之功德",则是反映了资产阶级的立场。

对于顽固派阻挠机器工业发展的言行,陈炽表现出极大的愤慨。他把这些人称为"贫中国弱中国之大罪人",指出他们的"倒行逆施,实暗保洋货之来源,暗绝华民之生路"⑤。他对两条反对机器生产的"谬论阑言"进行了驳斥。一条是,西方国家土旷人稀,需要用机器代人力,中国人稠地狭,用机器会夺贫民生计;另一条是,资本主义国家在中国行销廉价工业品,中国的工业品会没有销路。对于前者,陈炽举出人口密度更大的资本主义国家如英国、法国、比利时等为证,指出这些国家正是由于机器生产,解决了就业问题。对于后者,他指出中国工资低廉,成本节省,商品价格一定更加便宜,完全可以夺取市场。后一驳斥说服力并不强。中国的生产技术落后,工业品的原料和市场都受资本主义国家控制,即使工资低廉,机器工业产品的成本也不会比这些国家节省。更何况它们还在中国办厂,直接利用中国的廉价劳动力。因此,在当时的国际环境和国内条件下,中国的机器工业产品总是竞争不过外国商品的。但是,这不应该成为阻挠中国发展机器工业的理由。

---

① 《续富国策》卷三《工艺养民说》,《陈炽集》,中华书局 1997 年版,第 230 页。
② 《续富国策》卷三《工艺养民说》,《陈炽集》,中华书局 1997 年版,第 230 页。
③ 《庸书》外篇卷下《养民》,《陈炽集》,中华书局 1997 年版,第 136 页。
④ 《续富国策》卷三《工艺养民说》,《陈炽集》,中华书局 1997 年版,第 229 页。
⑤ 《续富国策》卷三《工艺养民说》,《陈炽集》,中华书局 1997 年版,第 228、229 页。

四、货币银行论

《庸书》和《续富国策》中都有讨论货币的文章。光绪二十二年(1896年),陈炽还请人代奏所拟的《铸银条陈》①。

甲午战争前后,有不少人提出了铸金钱的主张,陈炽也是其中之一。他主张金、银、铜三品兼行,并发行纸币。他的货币理论主要是围绕铸造金币而展开的。

陈炽担心黄金外流,就像鸦片战争前后人们担心白银外流一样。他认为中国的金贵银贱是白银进口、黄金出口而造成的:"今日中国之银何为而贱也?曰:以银多故。中国之银何为而多也?曰:欧亚各国岁以银二千万两运入中国也。今日中国之金何为而贵也?曰:以金少故。中国之金何为而少也?曰:欧亚各国以银易金,运归其本国铸钱也。"②实际上当时的金贵银贱是国际上的普遍情况,非中国所独有。他指出中国每年出口的金砖、金叶值银3 000万两之多,对此他深表忧虑,认为:"国宝外流,真元内斫,奇赢贵贱,惟人所操,深患隐忧,未知何底矣。"③

陈炽分析各国货币制度演变的潮流,指出英国既得新旧金山,自铸金镑,持此与各国通商,无能敌者。以后美、法、德、俄、奥、日、意、比等国效之,世界上币制与金镑同的有十之七八,不同的十之二三。据此,他认为:"盖人贵我贱,人重我轻,必为人制;我贵人贱,我重人轻,必为制人;人贵我亦贵,人重我亦重,则虽不能制人,而亦可以自立,此必然之理也。各国制度不必仿英,而不能不仿英之铸钱者,非有金钱,一通商即为人所制也。"④他并没有说出"必然之理"是什么,从他所举中国用银之弊来看,实际上说的还是国际收支的镑亏问题。但镑亏并非由于"人贵我贱,人重我轻",而是由于金银比价的变动。"人贵我贱,人重我轻"本身也不是"受制于人"的原因。在当时的历史条件下,即使中国改用金币,做到"人贵我亦贵,人重我亦重",也不可能不"受制于人"。陈炽所说的"必然之理",夸大了币制的决定作用,因此宣称:中国"至今日而上下困穷……寻源探本,则圜法之弊一言蔽之矣;对症用药,则整顿圜法之弊一方括之矣"⑤。他所说的圜法之弊包括金荒、钱荒、纹银行使不便和不铸银圜等。将圜法之弊作为上下困穷的唯一原因,并不符

---

① 《铸银条陈》发表于《时务报》第12册(光绪二十二年十月二十一日),署名"京城来稿"。《皇朝经世文新编》卷一一收有此文,署名陈炽。
② 《续富国策》卷二《就银铸钱说》,《陈炽集》,中华书局1997年版,第188页。
③ 《续富国策》卷二《披沙拣金说》,《陈炽集》,中华书局1997年版,第187页。
④ 《铸银条陈》,《陈炽集》,中华书局1997年版,第342页。
⑤ 《续富国策》卷二《开矿禁铜说》,《陈炽集》,中华书局1997年版,第191页。

合陈炽的整个经济思想体系,这只是他把目光转向货币流通领域时所产生的一种极端言论。

陈炽把防止黄金外流作为铸造金钱的理由之一。他说金叶、金砖只有巨富收藏,而铸成金钱以后,"贫苦食力之民"每人都会收藏一两枚"以防意外,则国宝不流"。他不了解,只要国际收支逆差,黄金就会外流,在这一点上铸金钱与不铸金钱毫无区别。他主张中国金钱的重量、成色同英镑一样,金钱可以通行外国,英镑也可以在中国流通。既然金钱可以通行外国,又怎能防止黄金外流呢?他说:"中国金钱轻重与英、美之金镑同,中国银钱和美、墨之银圆同,则彼之金镑、银圆均可通行于中国,中国大开地利,以货易之,则彼钱皆我钱也。"①各国铸币的价格标准是不同的,英镑和美元都是金币,但各有自己的成色、重量标准,中国如改行金本位制,不可能按英镑或美元的重量,更不可能同时按两国金币的标准。外国金、银能否流入,并不决定于两国货币的轻重是否相等。各国都使用本国的法定货币,不容许他国货币直接在本国流通,说中国金钱可以通行外国,英镑可以在中国流通,也是不可能的。这些都说明陈炽对货币制度的认识还存在很多误区。

陈炽主张金、银、铜钱有法定的比价,金钱一枚合银钱(格式同龙洋)10枚,合制钱10千。这比价固定不变,"不逐洋盘(外商银行汇价)为长落,不随市价为转移,三品兼权,我行我法"②。三种独立的货币,不分主辅币,不可能维持固定的比价。在法定比价与市场比价发生背离时,作价过低的铸币就要被收藏或销熔。陈炽指出三品兼权的目的之一是要增加货币数量,实际上根本不会有这样的效果。

陈炽还主张用纸币来"济金、银、铜三品之穷"③。他指出:"然土地日广,生齿日蕃,而矿产不开,海内之金银万不敷生人之日用。故今日各省钱肆所出钱筹、钱票流布民间,虽倒闭频闻,仍趋之若鹜也,钱少故耳。晋商汇号,海内风行,无论千金万金,一纸轻赍,取之如寄。"④这是说金属货币不够流通之用,而且金属货币不及纸币流通方便。他认为纸币成功的关键有二:一要"信",政府不能"立意欺民";二要有"钞本","岁入一千万之款,而造千万之钞"⑤。在《庸书》中,陈炽所说的钞还是指政府纸币,而在《续富国策》中,则

---

① 《续富国策》卷四《通用金镑说》,《陈炽集》,中华书局1997年版,第267页。
② 《续富国策》卷二《开矿禁铜说》,《陈炽集》,中华书局1997年版,第191页。
③ 《庸书》外篇卷上《交钞》,《陈炽集》,中华书局1997年版,第87页。
④ 《续富国策》卷四《创开银行说》,《陈炽集》,中华书局1997年版,第263页。
⑤ 《庸书》外篇卷上《交钞》,《陈炽集》,中华书局1997年版,第87、88页。

把发行钞票作为银行的一项重要业务了。

由上述可见,陈炽还不懂得西方的货币本位制度,在货币理论和货币主张上都存在一些错误。但他的出发点在于建立一种能与西方争胜的货币制度,消除由于金贵银贱而造成的镑亏现象。这是应予肯定的。

陈炽撰写《续富国策》时中国还没有本国的银行,在《续富国策》中有《创开银行说》一篇。他指出银行可以为商人融通资金,因为"善贾者未必多财,多财者不皆善贾,不有周转流通之地,则两全无策,必致两妨"[1]。西人于通商各埠广开银行,银行的主要业务有钞票、汇票、股票、存款、押款、借款六事。据此他提出成立银行有六便说:便一,所出钞票以5元至100元为度。另存钞本,随时取银,诚实无欺,以昭大信。钞用机制,款式精工,不能伪造。人皆不用银而用钞,不存银而存钞,1 000万金可得2 000万金之用。便二,挟巨资以行万里,用汇票可周历万国,不携一文。便三,中国因无银行,不易成立公司。有银行则股本可存银行生息,千万百万,如取如携,登高一呼,四方响应。便四,人有金银,可存银行生息,随时取用的月息3厘,存3个月的4厘,5个月以上的5厘。3元、5元均可存放,有母必有子,既便富民,尤便贫民,银行不啻为众人营运。便五,房屋、地亩之类产业,留之无利,售之无人,至银行估价押银,自作贸易,获利仍可赎回。化板为活,化滞为灵,则败落之家均有谋生之路,而商务益兴。便六,国家有大工役、大政事急须筹款,赋税不能再加,度支不能节省,可由银行为之筹借国债。借票一出,购者纷来,取之不禁,用之不竭,每一举事,弹指即成。

发展经济要有充足的资本,资本的筹集和通融要靠银行,因此陈炽说:"通商而不设银行,是犹涉水而无梁,乘马而无辔,登山而无屐,遇飘风急雨而无寸椽片瓦以栖身,则断断乎其不可矣。"[2]他希望政府参酌中外情形,取长补短,订立条规,得人治理,创设中国自己的银行;不可粗心大意,有始无终,致被外人所笑。

第三节 谭嗣同的经济思想

一、为变法而流血的谭嗣同

谭嗣同(1865~1898),字复生,号壮飞,湖南浏阳人,生于京师。其父谭

---

[1] 《续富国策》卷四《创开银行说》,《陈炽集》,中华书局1997年版,第263页。
[2] 《续富国策》卷四《创开银行说》,《陈炽集》,中华书局1997年版,第264页。

继询官至湖北巡抚。谭嗣同幼年丧母,受继母虐待几乎致死,"由是益轻其生命","私怀墨子摩顶放踵之志"①。他"淹通群籍,能文章,好任侠,善剑术"②。曾六次参加南北乡试,未能中举。多年游历各地,总计路程 8 万余里,"堪绕地球一周"③。甲午战争后,发愤提倡新学,在浏阳发起成立算学社,为全省新学的起点。光绪二十二年(1896 年)入京,结识梁启超。又奉父命,以同知捐资得候补知府,分司浙江,赴江宁。二十三年,湖南巡抚陈宝箴、按察使黄遵宪在湖南推行维新活动,谭嗣同返湖南协助办理新政,参与筹办内河轮船,设立时务学堂,成立南学会,创办《湘报》等。在南学会集会时,他"慷慨论天下事,闻者无不感动"④。戊戌变法时,经侍读学士徐致靖的推荐,于七月进京,任四品卿衔军机章京。政变即将发生时,曾密访袁世凯,要袁保护光绪帝。政变后拒绝出逃,决心为变法而牺牲自己。同时被杀的共有六人,人称"六君子"。著作编有《谭嗣同全集》。

谭嗣同年轻时受中国传统教育。在光绪十年作《治言》时,还认为"道之不可变者,虽百世而如操左券"⑤。他的激进的变法思想主要产生于甲午战争以后,以作于光绪二十二年的《仁学》为这一时期的主要代表作。

谭嗣同的"仁"的思想来源复杂,包括佛教、耶教、孔子、墨子等。他将以太⑥定为万物的本源,具有唯物主义的倾向。但又把以太解释为心力,说仁是"以太之用,而天地万物由之以生,由之以通"⑦;"仁为天地万物之源,故唯心,故唯识"⑧。这样,最终又陷于唯心主义。

在《仁学界说》中,谭嗣同指出:"仁以通为第一义。以太也,电也,心力也,皆指出所以通之具。"⑨他解释通有四义:中外通,上下通,男女内外通,人我通。这四通中,前三通是分别言之,人我通包括前三通。"通之象为平等",即要做到中外平等、上下平等、男女平等。做到了这些,就是做到了人我通。

谭嗣同猛烈抨击了纲常名教。他说孔教本是主张民主、平等的,但荀学"反授君主以莫大无限之权,使得挟持一孔教以制天下……由是二千年来君

---

① 《仁学·自叙》,《谭嗣同全集》增订本下册,中华书局 1981 年版,第 289、290 页。
② 梁启超:《谭嗣同传》,《谭嗣同全集》增订本下册,中华书局 1981 年版,第 543 页。
③ 《三十自纪》,《谭嗣同全集》增订本上册,中华书局 1981 年版,第 57 页。
④ 梁启超:《谭嗣同传》,《谭嗣同全集》增订本下册,中华书局 1981 年版,第 544 页。
⑤ 《治言》,《谭嗣同全集》增订本上册,中华书局 1981 年版,第 236 页。
⑥ "以太"是西方物理学的一种假说,认为它是弥漫于宇宙的传播光的细微物质。
⑦ 《仁学》四,《谭嗣同全集》增订本下册,中华书局 1981 年版,第 297 页。
⑧ 《仁学界说》,《谭嗣同全集》增订本下册,中华书局 1981 年版,第 292 页。
⑨ 《仁学界说》,《谭嗣同全集》增订本下册,中华书局 1981 年版,第 291 页。

臣一伦,尤为黑暗否塞,无复人理,沿及今兹,方愈剧矣。"①又说:"生民之初,本无所谓君臣,则皆民也。民不能相治,亦不暇治,于是共举一民为君。"②所以是先有民而后有君,民本君末。但后来君主以天下为囊橐中之私产,因此,"三代以下之忠臣,其不为辅桀助纣者几希"③。他指出三纲之说完全是为了维护君权的需要,"独夫民贼,固甚乐三纲之名,一切刑律制度皆依此为率,取便己故也。"④他提出要"冲决网罗"⑤,即要冲破封建制度的种种束缚,实现资产阶级的自由和平等。

谭嗣同主张世界各国平等。"立一法,不惟利于本国,必无损于各国,使皆有利;创一教,不惟可行于本国,必合万国之公理,使智愚皆可授法。"⑥他说中国、土耳其、阿富汗、波斯、朝鲜等国海内号为"病夫",英、美、法、德等国是可以医病的国家。而俄罗斯则惟恐他国革其弊政,虚为保护之貌,而实要使其成为弱国。有些守旧的国家则相信俄国,中国与其订密约,朝鲜授予兵权,回回、希腊因受欺侮而思归俄国。而俄国如建成西伯利亚铁路,则东西洋商旅都将出于其途,对俄国更加有利。因此,谭嗣同提出修一条横跨欧、亚两洲的东西大铁路,东起朝鲜,贯通中国,经阿富汗、波斯,直达土耳其西部,作为万国公路。他将欧亚大铁路和俄国西伯利亚铁路作了对比,指出建造此路的利益有 20 条之多。20 条中,后 6 条是对前 14 条的总结。前 14 条为:俄国西伯利亚铁路是弧,欧亚东西大铁路是弦,前者远而后者近,利一;造路前者难而后者易,利二;行程前者迟而后者速,利三;前者有乌拉岭与铁路正交,后者与葱岭平行,一险一夷,利四;气温前者寒而后者暖,利五;物产前者歉而后者盈,利六;商货流通前者冷僻而后者繁盛,利七;人民前者野悍而后者柔顺,利八;工价前者昂而后者廉,利九;前者一国孤撑,后者众擎共举,利十;前者专利一方,后者溥利万国,利十一;前者危人之安,后者安人之危,利十二;前者众心共恨,后者群情争向,利十三;路成后前者适以召天下之兵,后者足以定天下之乱,利十四。后 6 条的结论是:造西伯利亚铁路借款难,偿息多,成本重,获利微,虚耗黄金,不能以铁路侵人国土;而造欧亚大铁路则招股易,偿息少,成本轻,获利巨,立致青云,转欲以铁路致其死命。他

---

① 《仁学》三〇,《谭嗣同全集》增订本下册,中华书局 1981 年版,第 337 页。
② 《仁学》三一,《谭嗣同全集》增订本下册,中华书局 1981 年版,第 339 页。
③ 《仁学》三二,《谭嗣同全集》增订本下册,中华书局 1981 年版,第 340 页。
④ 《仁学》三七,《谭嗣同全集》增订本下册,中华书局 1981 年版,第 349 页。
⑤ 《仁学·自叙》,《谭嗣同全集》增订本下册,中华书局 1981 年版,第 290 页。
⑥ 《仁学》四四,《谭嗣同全集》增订本下册,中华书局 1981 年版,第 358 页。

又说 20 条是言乎其实,言乎其名则略举 4 条:"弭将发之兵端,保五洲之太平,仁政也;拯垂亡之弱国,植极困之遗黎,义举也;笼总汇之商务,收溢散之利源,智谋也;争棋劫之先着,杜横流之后患,勇功也。"①关于造路的国家,他说,英国、法国、德国、意大利、奥地利、荷兰、比利时、日本、葡萄牙、瑞典、挪威、丹麦、日本等 13 商国都有责任参加。英国商务尤大,应为首倡,加拿大、美国亦应参与,鼎足成三。谭嗣同认为造欧亚大铁路有很多利益,必能胜过俄国的西伯利亚铁路,但其前提要有多数资本主义国家的团结一致,共同参与。这条件不具备,则所有利益都将成为泡影。

二、对外通商论

根据仁即通、中外通的原则,自然要求发展对外的自由通商。谭嗣同批评反对对外通商的顽固派说:"数十年来,学士大夫覃(深)思典籍,极深研几(微),罔不自谓求仁矣。及语以中外之故,辄曰'闭关绝市',曰'重申海禁',抑何不仁之多乎!"②反对通商就是不仁。他指出西方起初也不懂得通商的意义,实行保护税政策,重税外人之货以阴拒其来。英国曾重征麦的进口税,反而造成大困,只得将税取消,仅对不切于民用的货物征重税。他认为国家另有致亡之道,同商务、税务无关。"故凡谓以商务、税务取人之国,皆西人旧学也。"③甲午战争后有一些思想家受了西方自由贸易理论的影响,完全否定保护关税的必要,谭嗣同是其中之一。事实上对经济落后的国家来说,不实行必要的保护关税政策是不利于经济的发展的,自然这并不否定要以积极的态度开展对外贸易。

谭嗣同的对外贸易理论建立在使用价值的互补上。他说随着人口的增长,"不数十年,本国之物产必不能支"。这就需要有外国货物的输入来补足,因此他认为:"故通商者,相仁之道也,两利之道也,客固利,主尤利也。"④可见,他完全看不到这里存在着商战,把中国与帝国主义国家之间的通商看作是完全平等的贸易关系,反而批评"以通商致贫"的观点。

在谭嗣同之前,讨论中国近代对外贸易的中国人都担心金银的外流。谭嗣同则提出了不同的观点。他说:"西人商于中国,以其货物仁我,亦欲购我之货物以仁彼也,则所易之金银将不复持去。"即使持去,责任也在中国的

---

① 《仁学》四四,《谭嗣同全集》增订本下册,中华书局 1981 年版,第 360 页。
② 《仁学》四,《谭嗣同全集》增订本下册,中华书局 1981 年版,第 297 页。
③ 《仁学》二三,《谭嗣同全集》增订本下册,中华书局 1981 年版,第 328 页。
④ 《仁学》二三,《谭嗣同全集》增订本下册,中华书局 1981 年版,第 327 页。

"工艺不兴,商贾不恤",货物不能与之匹敌。他还认为即使中国以后一直"无工艺,无商贾,无货物",但有外国货物输入,对中国来说也"未尝不益蒙通商之厚利"。而金银出口换回的是货物,"货物必皆周于用,金银则饥不可食而寒不可衣。以无用之金银易有用之货物,不啻佣彼而为我服役也"。这里仍然以使用价值为立论依据。他又认为中国矿藏"富甲地球",由于政府阻挠民间开矿,只能"仅恃已出之支流,以塞无穷之漏卮"。① 他的意思是说只要将金银矿开发出来,就用不着怕金银的外流。

对于中国的对外通商,谭嗣同指出上策在于"奖工艺,惠商贾,速制造,蕃货物,而尤扼重于开矿",认为这样才可以做到相互的仁:"庶彼仁我,而我亦有以仁彼。能仁人,斯财均,而己亦不困矣。""仁彼"指商品向外国输出。商品有进有出,互相补充,这就做到了国际间的"财均"。一时实现不了上策,其次也应该做到用自己的产品来抵消一些商品的进口,用他的话来说就是:"力即不足仁彼,而先求自仁,亦省彼之仁我。不甘受人仁者,始能仁人。既省彼之仁我,即以舒彼仁我之力,而以舒之者仁之矣。"②这反映了谭嗣同的进口替代思想。

谭嗣同关于对外通商的论述表明他对帝国主义的侵略性缺乏正确的认识,不了解保护贸易对经济落后国家的积极作用,也不了解对外贸易中的价值关系。这方面不如薛福成、郑观应、陈炽等人。他主要是说明了对外通商是形势的必然,不能以限制对外贸易来求中国自身的安全。中国必须进一步开放,以争取实现同西方进行平等贸易的权利。

三、奢俭论和兴机器论

谭嗣同反对传统的拙奢崇俭思想。他说老子的主张俭"力足以杀尽地球含生之类",而没有一个人"能少知其非"③。他从以下几方面对崇俭思想进行了批判。

首先,奢俭无一定标准。谭嗣同说:"今使日用千金,俗所谓奢矣,然而有倍蓰者焉,有什伯千万者焉……今使日用百钱,俗所谓俭矣,然而流氓乞丐,有日用数钱者焉,有掘草根、屑树皮、苟食以待尽,而不名一钱者焉。"又说:"俗以日用千金为奢,使入万金焉,则固不名之奢而名之俭,以其尚储九千于无用之地也。俗以日用百钱为俭,使入不逮百钱,则固不名之俭而名之

---

① 本段引文均见《仁学》二三,《谭嗣同全集》增订本下册,中华书局1981年版,第327页。
② 本段引文均见《仁学》二三,《谭嗣同全集》增订本下册,中华书局1981年版,第328页。
③ 《仁学》二〇,《谭嗣同全集》增订本下册,中华书局1981年版,第321页。

奢,以其聪明才力仅足以及此也。"这是说奢俭有相对性,在收入多的人看来是俭的,对收入少的人来说则是奢。但谭嗣同将这种相对性引向了极端,根本否定奢俭有相对的标准,宣称"本无所谓奢俭,而妄生分别以为之名,又为之教曰黜奢崇俭"。① 这样就陷入相对主义了。

其次,崇俭是"矛盾之说"。谭嗣同认为崇俭与发展生产有矛盾。发展生产是为了消费,既然崇俭,又何必"遣使劝蚕桑","开矿取金银"？进而言之,"凡开物成务,利用前民,励材奖能,通商惠工,一切制度文为,经营区画,皆当废绝"。崇俭不是不要提高消费水平,谭嗣同又作了绝对化的引申,说既然要追求社会进步,又何必崇俭！

第三,崇俭对社会不利。谭嗣同指出"金玉货币与夫六府百产之饶……为生民之大命"。由于崇俭,人们"持筹握算,铢积寸累,力遏生民之大命而不使之流通"。这样就造成了如下恶果:"今日节一食,天下必有受其饥者;明日缩一衣,天下必有受其寒者。家累巨万,无异穷人。坐视羸瘠盈沟壑,饿殍蔽道路,一无所动于中,而独室家子孙之为计。"②

谭嗣同进一步揭露一些士大夫借口俭为美德,"凭借高位,尊齿重望,阴行豪强兼并之术,以之欺世盗名"。他们"宁使粟红贯朽,珍异腐败,终不以分于人。一闻兴作工役,罔不动色相戒惧,以为家之索(尽)也。"③他还指出乡间的富人"自苦其身,以剥削贫民为务。放债则子巨于母而先取质,粜籴则阴伺其急而厚取利",直到全乡都归其奴役。乡人贫穷则流为盗贼,"伺衅劫夺焚杀",富室也随之而化为灰烬。即使没有到这地步,"一传而后,产析而薄,食指加繁,又将转而被他人之剥削并吞",就像他以前如何对待别人一样。因此谭嗣同认为崇俭的结果将是:"转辗相苦,转辗相累,驯至人人俭而人人贫。天下大势,遂乃不可以支。"不仅中国如此,其他落后国家和地区也是一样。他的结论是:"言俭者,龌龊之昏心,禽道也。"④

谭嗣同不否认奢的为害之烈,但认为"害止于一身家,而利十百矣"。对于奢的积极作用,他的分析也同前人所指出的一样,就是可以增加各业的收入和穷人的谋生手段。他说:"锦绣、珠玉、栋宇、车马、歌舞、宴会之所集,是固农工商贾从而取赢,而转移执事者所奔走而趋附也。"但谭嗣同并没有停留在这一点。他指出,要富人将自己的积蓄散给穷人,这是"人情所大难"。

---

① 本段引文均见《仁学》二〇,《谭嗣同全集》增订本下册,中华书局1981年版,第321、322页。
② 以上两段引文均见《仁学》二〇,《谭嗣同全集》增订本下册,中华书局1981年版,第322页。
③ 《仁学》二〇,《谭嗣同全集》增订本下册,中华书局1981年版,第322页。
④ 《仁学》二〇,《谭嗣同全集》增订本下册,中华书局1981年版,第323页。

可以动员他们投资于机器生产:"有矿焉,建学兴机器以开之,凡辟山、通道、浚川、凿险咸视此。有田焉,建学兴机器以耕之,凡材木、水利、畜牧、蚕织咸视此。有工焉,建学兴机器以代之,凡攻金、攻木、造纸、造糠咸视此。大富则为大厂,中富附焉,或别为分厂。富而能设机器厂,穷民赖以养,物产赖以盈,钱币赖以流通,己之富亦赖以扩充而愈厚。"富人不仅没有散财,还可以进一步聚财,何乐而不为? 兴机器是开源,崇俭则是节流,所以他又指出:"故理财者慎毋言节流也,开源而已。源日开而日亨,流日节而日困。"①

对于"机器夺民之利"的观点,谭嗣同从机器大大提高了生产效率方面进行了反驳。他说:"假而有货焉,百人为之不是,用机器则一人为之有余,是货百饶于人也;一人百日为之不足,用机器则一人一日为之有余,是货百饶于日也。日愈益省,货愈益饶,民愈益富。饶十则富十倍,饶百则富百倍。"②机器生产节省下来的人工、日工,则可用于其他生产,利源必推行日广,不会有失业坐废之虞。欧、美用机器生产,但物价反贵,谭嗣同认为是因为人力贵,并得出结论说:"机器兴而物价贵,又以见机器固非夺民利矣。"③

谭嗣同认为社会的进化是生活由俭至奢,物价由贱至贵的发展过程。"夫治平至于人人皆可奢,则人之性尽;物物皆可贵,则物之性亦尽。"④人人可奢的奢也就是俭。这种俭不是落后社会中的俭,后者反而会酿成人欲横流、盗贼反叛和攘夺篡弑之祸。因此他得出了如下结论:"故私天下者尚俭,其财偏以壅,壅故乱;公天下者尚奢,其财均以流,流故平。"⑤

对守财奴式的崇俭进行尖锐的抨击,并联系社会发展程度来谈奢俭,这是谭嗣同奢侈论的深刻之处。但抽象地评论奢俭的利弊在理论上也有问题。照他的理论,节俭与资本主义生产是完全对立的。不同时期有不同的奢俭标准。实际上,在资本主义发展过程中,资本家仍需要以节俭来提高经济效益和竞争能力。不区别具体情况而一概反对崇俭,是矫枉过正之论。

四、惜时论和人口论

(一)惜时论

谭嗣同很重视惜时,指出"惜时之义大矣哉"⑥。他在分析了商品生产、

---

① 本段引文均见《仁学》二一,《谭嗣同全集》增订本下册,中华书局1981年版,第323、324页。
② 《仁学》二一,《谭嗣同全集》增订本下册,中华书局1981年版,第324页。
③ 《仁学》二一,《谭嗣同全集》增订本下册,中华书局1981年版,第325页。
④ 《仁学》二二,《谭嗣同全集》增订本下册,中华书局1981年版,第326页。
⑤ 《仁学》二二,《谭嗣同全集》增订本下册,中华书局1981年版,第327页。
⑥ 《仁学》二四,《谭嗣同全集》增订本下册,中华书局1981年版,第328页。

流通速度和获利多少的关系后指出："故夫货财之生,生于时也。时靡货财歉,时啬货财丰……机器之制与运也,岂有他哉?惜时而已。惜时与不惜时,其利害相去或百倍,或千倍,此又机器之不容缓者也。"中国人欢喜买便宜而质差的洋货是由于国贫。"国贫由于不得惜时之道,不得惜时之道由于无机器。"①

机器不仅可以多出产品,而且等于在延长人的寿命。谭嗣同举例说:如果万里的路程,轮船十天可到达,铁道则三四天,而没有轮船、铁道,"动需累月经年,犹不可必至"。在这累月经年中,行路的人不能干其他事,"仕宦废其政事,工商滞其货殖,学子荒其艺文,佣走隳其生计,劳人伤于行役,思妇叹于室庭"。这样"生而无所裨生人之业,则生不异于死"。即使能活到100岁,无形中已消耗了生命的一大半。有了轮船、铁路,"一日可兼十数日之程,则一年可办十数年之事"。加上电线、邮政、机器制造、工作简易、文字便捷,"合而计之,一世所成就可抵数十世,一生之岁月恍阅数十年(生?)"。他批评清政府的种种政策都同惜时的要求背道而驰:"取士则累其科目,用人则困以年资,任官则拘于轮委,治事则繁为簿书,关吏则故多留难,盐纲则抑使轮销,皆使天下惟恐时之不疾驰以去也。"②对于不以惜时为意的积习,谭嗣同发出了亡国亡种的警告。

中国古代思想家都重视、爱惜农时。东汉王符提出"治国之日舒以长","乱国之日促以短"③,谭嗣同亦加以引用(作"化世之日舒以长,乱世之日促以短")。但谭嗣同将惜时与机器生产联系在一起,使惜时思想具有了新的时代意义。

(二)人口论

谭嗣同认为国家的乱"必有大不得已之故",而"大不得已之故,无过人满",即人口过剩。因为"地球之面积无可展拓,而人类之蕃衍代必倍增,所产不敷所用,此固必乱之道也"。他又认为当时中外联通,交通方便,有余不足可以互相调剂。"总计荒地正多,即丁口再加百十倍,犹易生活。"他主张实行国际间的人口迁徙,以解决有些地区的人满问题。因此认为真正的"人满之患,必生于他日之土满",即人满之患只发生在全世界土地都已开发利用以后,现在的人满不是真满。"土满之患,必生于居处之不均,垦辟之不讲,亦未能定为真满也。苟统五大洲人土两均,而犹患人满,斯真满矣。"

---

① 《仁学》二二,《谭嗣同全集》增订本下册,中华书局1981年版,第326页。
② 本段引文均见《仁学》二四,《谭嗣同全集》增订本下册,中华书局1981年版,第329页。
③ 王符:《潜夫论》卷四《爱日》。

由上述可见，谭嗣同从全世界的人口和土地配置来考虑人口过剩问题。除了人口分布须适当以外，还要发展科学技术。他认为关键在于农业科学的发展，提出"地球之治，必视农学为进退"。农学包括同农业有关的科学，如地学、水学、动植物学、化学、汽机学、光学、电学等。"有学之农，获数十倍于无学之农。"他还认为地球之力开发无余以后，"犹不足以供人之食用，则必别有他法"来合成食物，甚至用空气配成质料，不必完全依靠实物。即便人满到了极点，"地球上骈肩重足犹不足以容"，人类则可以发展到"去其重质，留其轻质，损其体魄，益其灵魂"。进化到最后，"必别生种人，纯用智，不用力，纯有灵魂，不有体魄"。① 这纯粹出于想象，但由此反映出谭嗣同是不承认有真正的人口过剩的。

第四节　张之洞、张謇的经济思想

一、张之洞的经济思想

张之洞(1837～1909)，字孝达、香涛，号香严、壶公、无竞居士等，直隶南皮(今属河北)人。咸丰二年(1852年)考中解元。同治二年(1863年)考中探花，授翰林院编修。六年任湖北学政。十二年任四川学政。光绪五年(1879年)至七年从国子监司业累升到内阁学士兼礼部侍郎衔，又出任山西巡抚。十年升两广总督。十五年起任湖广总督达18年之久(其中二十至二十一年、二十八至二十九年两度署理两江总督)。三十三年升大学士、军机大臣，兼管学部。次年任督办粤汉铁路大臣兼督办鄂境川汉铁路大臣。死后谥"文襄"。著有《张文襄公全集》。

张之洞原来属于所谓清流派的集团，这个集团以不避权贵、议论时政相标榜。光绪五年钦差大臣崇厚同俄国订立《伊犁条约》后，张之洞提出弹劾，并要求朝廷严饬李鸿章备战。他责问说："李鸿章高勋重寄，岁縻数百万金钱以制机器而养淮军，正为今日。若并不能一战，安用重臣？"②他还批评洋务派说："自咸丰以来，无年不办洋务，无日不讲自强，因洋务而进用者数百人，因洋务而糜耗者数千万"，而"阅三朝积弱如故"③。

---

① 以上两段引文均见《仁学》四六，《谭嗣同全集》增订本下册，中华书局1981年版，第365、366页。
② 《张文襄公全集》卷二《熟权俄约利害折》。
③ 《张文襄公全集》卷二《详筹边计折》。

光绪十年,慈禧太后为加强对政权的控制,罢免全班军机大臣,清流派处境不利。这时新任两广总督的张之洞就一变而成为洋务派,并逐渐成为洋务派的后期首领。他在广东筹办枪炮厂、织布局、炼铁厂等。在任湖广总督后,他将这些筹建厂移至湖北,陆续办成了湖北枪炮厂、汉阳铁厂和湖北织布、纺纱、缫丝、制麻等局。先后在广东、湖北用机器铸造银圜。在他第一次署理两江总督期间,聘请德国军官来训练自强新军。八国联军侵略中国时,他和两江总督刘坤一同各国驻上海的领事订立了《东南保护约款》(东南互保),两广总督李鸿章和山东巡抚袁世凯也加入其中。

为了培养人材,张之洞很重视抓教育。任湖北学政时,设立经心书院。任四川学政时,设立尊经书院。在广东设水师学堂和广雅书局。在湖北设两湖书院、自强学堂和存古学堂。在第一次署理两江总督的任上,"采东西规制,广立武备、农工商、铁路、方言、军医诸学堂"[①]。在光绪二十四年写的《劝学篇》中,他又提出了广设大、中、小学的主张。在学习内容上,他主张"新旧兼学","旧学为体,新学为用"[②];"中学为内学,西学为外学;中学治身心,西学应世事"[③]。所谓"为体","为内学","治身心",也就是要"以忠孝为本,以中国经史之学为基,俾学生心术一切归于纯正";"为用","为外学","应世事",则要"以西学瀹其知识,练其艺能,务期他日成材,各适实用"[④]。这种人材同旧的人材的区别,就在于能够拿资本主义国家的科学技术知识来维护和巩固封建制度。他还宣称"经书即中国之宗教"[⑤],鼓吹"保存国粹"[⑥],要学生从小学就开始读经。

对于甲午战争后高涨起来的变法维新运动,张之洞先是表示支持,并曾列名强学会。他命令湖北各衙门订阅上海的《时务报》和湖南的《湘学报》,但不久又限制这些报纸在湖北的发行。他写《劝学篇》的目的就在于辟维新派的"邪说"[⑦]。《劝学篇》写于戊戌变法前,经光绪帝"详加披览",认为"持论平正通达,于学术人心大有裨益"[⑧],在全国推广。政变后,张之洞因为"先著《劝学篇》以见意,得免议"[⑨]。光绪二十六年,他向准备起义的自立军机关下

---

① 《清史稿》卷四三七《张之洞传》。
② 张之洞:《劝学篇》外篇《设学》。
③ 张之洞:《劝学篇》外篇《会通》。
④ 《张文襄公全集》卷六一《厘定学堂章程折》。
⑤ 《张文襄公全集》卷五七《筹定学堂规模次第兴办折》。
⑥ 《张文襄公全集》卷六八《创立存古学堂折》。
⑦ 《张文襄公全集》卷二二八《抱冰堂弟子记》。
⑧ 张之洞:《劝学篇》引光绪二十四年六月初七日上谕。
⑨ 《清史稿》卷四三七《张之洞传》。

毒手,使维新派唐才常等30余人遇害。

在《劝学篇》中,张之洞提出"凡一切邪说暴行,足以启犯上作乱之渐者,拒之勿听"①。他所说的"邪说暴行",是指"民权之说"、"男女平权之说"、"废三纲之议"②等。他说"民权"两字是翻译的错误,并非外文的原意,"民权之说无一益而有百害"③。他主张"立本"而"变法","本"就是道,也就是"三纲四维(礼、义、廉、耻)",宣称如果不立这个本,那就会"法未行而大乱作"④。

张之洞经济思想的一个重要方面是对现实的经济政策作出理论上的解释,具有明显的辩护性质。他在光绪二十一年五月还反对洋商在中国设厂,指出"近年中国制造风气渐开,从此渐塞漏卮,实为自强第一要着";"洋商为中国官商贩运机器则可,若自行购办设厂,则万不可行"⑤。但在订立《马关条约》以后,已不可能禁止外人在中国设厂,他的语调也随之一变。光绪二十三年,他提出对华商机器产品从缓加税的建议。华商厂和洋商厂的产品实行的是同样的税率,对华商厂产品从缓加税,必然也使洋商厂得到轻税的好处。对于这一情况,张之洞说:"即使洋厂因税轻而争开不已,然洋厂所获之优利亦华厂之所同沾,其出货之数分利之势总足相敌。"帝国主义国家在中国的企业都具有经营特权,又有先进的技术装备,张之洞竟说中外企业具有同等的地位,洋厂获利华厂亦可同沾。不仅如此,他还宣扬外人在中国投资对中国有利的论点:"且洋厂所在,其一切物料必取之中国,工匠必取之中国,转移闲民(雇工)必资之中国。彼洋商所得者商本盈余之利,而其本中之利留存于中国者仍复不少。是华商之利虽去其半,而中国农工畋(猎)渔之利仍得其全。华民既沾其利,又晓其工,则华商购机制造之厂必不能绝。"⑥对中国有利的话不能说全无道理,但对中国民族经济的不利方面则绝口不谈,而且对洋商在中国设厂的态度前后判若两人。

《辛丑条约》订立后,张之洞又提出"华洋商人(利益)一律均沾"⑦的说法。在谈到和洋商合股开矿时,则把洋商获利美其名曰"明示我重权轻利"⑧。光绪十五年张之洞创办织布局时,曾说是为了"自扩其工商之利以保

---

① 张之洞:《劝学篇》内篇《教忠》。
② 张之洞:《劝学篇》内篇《明纲》。
③ 张之洞:《劝学篇》内篇《正权》。
④ 张之洞:《劝学篇》外篇《变法》。
⑤ 《张文襄公全集》卷一四二《致总署》。
⑥ 《张文襄公全集》卷四五《华商用机器制货请从缓加税并请改存储关栈章程折》。
⑦ 《张文襄公全集》卷五四《遵旨筹议变法谨拟采用西法十一条折》。
⑧ 《张文襄公全集》卷六五《进呈拟订矿务章程折》。

利权"①,这时则公开承认利不必保了。其实这还是官样文章,清王朝在侵略者面前又何尝能重权!正因为重不了权,所以也保不了利。从标榜"保利权"到提出"重权轻利",反映了洋务派对外国侵略势力的进一步妥协。

张之洞一面讲"为政以利民为先","利商、利民而即以利国"②,一面却竭力对民族资本进行控制。他反对民权,也包括反对商权。在批驳"民权之说"时,他指责说:"将以立公司、开工厂欤?有资者自可集股营运,有技者自可合伙造机,本非官法所禁,何必有权?"③事实上民族资产阶级无权,就没有经营工商业的便利和自由。张之洞反对商权,就是不让民族资本家有这种自由。他控制民族资本,主要也是采取官督商办的形式。

八国联军进攻中国时,俄国乘机独占东三省,并控制了山海关到北京的铁路。俄国企图长期占领东三省,提出一个条约草案。日本不甘心俄国独占中国东北利益,由贵族院议长近卫笃麿写信给两江、湖广总督刘坤一和张之洞,并提出《东三省开门通商条议》(以下简称《条议》)。刘、张完全赞成开门通商的办法,于光绪二十七年八月奏请实行。他们解释开门通商说:"查开门通商者,谓许各国皆可在东三省均沾内地杂居及开矿、修路、工作、制造、商务一切利益,与寻常仅在口岸划给租界准办商务者不同……此等办法外国名为'开门通商',亦名'遍地开放'。盖该处内地皆准各国人遍到,任便居住,不设租界,不分华洋,工商矿路各利益皆准各国兴办,其利与各国共之,而管辖之权仍自我操之。一切利益,我收其税,讼狱巡捕,我司其权。官由我设,兵由我驻,地主之权丝毫不失。"《条议》中还提出以营口为"自由口岸,不征国税",刘、张也表示赞同。他们称赞近卫笃麿的书函及《条议》说:"其言深切恳至,规画宏远,于吏治、兵备、警察、兴利、征税、听讼各事,一一筹有办法,条理详明。"④完全没有考虑到日本的侵略野心。张之洞在给近卫笃麿的复信中还认为"此议若成,便可维持东方数百年之局",可作为"内地十八省改行新法之开端式样。迨关外行之有效,则内地变法自可沛然无阻"⑤。张之洞的"开门通商"主张一方面反映了他具有对外开放思想,另一方面也反映了他屈从于帝国主义的压力。在半殖民地的中国,实行开门通商绝不可能保持中国的主权,张之洞想得未免太天真了。当时朝廷对于刘、

---

① 《张文襄公全集》卷二六《拟设织布局折》。
② 《张文襄公全集》卷三五《开设缫丝局片》,卷四〇《请办邮政片》。
③ 张之洞:《劝学篇》内篇《正权》。
④ 《张文襄公全集》卷五五《俄约要盟贻害请将东三省开门通商折》。
⑤ 《张文襄公全集》卷二一九《复日本公爵近卫笃麿》。

张的奏请未予批准。

甲午战争后,官督商办越来越不得人心,商人们裹足不前。芦汉铁路原来准备官督商办,因股本难集,只好把路权让给外人,由比利时商人投资建造。光绪三十二年十一月,张之洞对拟议中的粤汉铁路湖南段的官督商办问题作了论述。他知道商人反对官督商办就因为无权,"商无权则无人入股",但他又认为"官无权则隐患无穷","况现值人心不靖乱党纵横之际,则此权尤宜慎重"。他强调:"盖国家所宜与商民公之者利,所不能听商民专之者权。"但为了吸引商人投资,此时他又不得不对商权有所承认,因此提出官督商办的"权限必须分明","商权官断不侵,官权商亦不抗。"企图以此来缓和商人的不满。对于官商权限,他作了这样的规定:"凡计费、筹款、管理、出纳之事,皆以股东公议为定。此商之权也,皆关于铁路资本利息盈绌之事也。至地段之宜与不宜,公司所办之事其于法律合与不合,以及铁路与地方他项民业、商业有关涉之事,此省与他省有关涉之事,皆由官通筹而裁断之。将来行车章程有应限制者,有应防禁者,有应变通减价者,则由官按照国家法律,各国铁路通规,合之本省地势商情,酌采而施行之。此官之权也,皆关于治理安危之事也。"他惟恐商权过大,又补充说:"官虽不干预其银款,而用款必须报知;官虽不干预其用人,而所用之人有不合礼法者,官亦可令公司撤换。"①说来说去,还是要使商人听命于官府。两年后他担任了督办粤汉铁路大臣,他所维护的官权也就是他自己的权力。

对于工商关系,张之洞早在光绪十五年就指出:"就外洋富强之术统言之,则百工之化学、机器、开采、制造为本,商贾行销为末"②。二十一年又有"外洋富民强国之本实在于工"③之说。在《劝学篇》外篇《农工商学》中,张之洞进一步分析了农、工、商三者的关系,提出:"工者,农、商之枢纽也。内兴农利,外增商业,皆非工不为功。""外国工、商两业相因而成,工有成器,然后商有贩运,是工为体商为用也。"另一方面,"其精于商术者,则商先谋之,工后作之:先察知何器利用,何货易销,何物宜变新式,何法可轻成本,何国喜用何物,何术可与他国争胜,然后命工师思新法,创新器,以供商之取求,是商为主工为使也。"指出"二者相益,如环无端",而前者"易知",后者则"罕

---

① 本段引文均见《张文襄公全集》卷六八《湘路商办窒碍难行应定为官督商办并举总理协理折》。
② 《张文襄公全集》卷二七《遵旨筹办铁路谨陈管见折》。
③ 《张文襄公全集》卷三七《吁请修备储才折》。此折由张謇代笔,这里仅予提及,详见张謇一节。

知"。事实上人们的认识规律恰恰相反,对以前主张学习西方的中国人来说,倒是后者易知,前者罕知。他还对农、工、商三者的相互作用作了总的概括:"大抵农、工、商三事互相表里,互相钩贯,农瘠则病工,工钝则病商,工、商聋瞽则病农。三者交病,不可为国矣。"张之洞在承认工为本或体的前提下指出工、商有相互促进的关系,又肯定农、工、商存在着相互制约的关系,这论述比同时代的人要全面得多。

光绪二十七年五六月间,张之洞会同刘坤一上变法三疏,提出育才兴学、整顿中法12条(崇节俭,破常格,停捐纳,课官重禄,去书吏,去差役,恤刑狱,改选法,筹八旗生计,裁屯卫,裁绿营,简文法)和采用西法11条(广派游历,练外国操,广军实,修农政,劝工艺,定矿律、路律、商律、交涉刑律,用银圜,行印花税,推行邮政,官收洋药,多译东西各国书)。在采用西法的"劝工艺"条中,他们指出:"世人多谓西国之富以商,而不知西国之富实以工。盖商者运已成之货,工者造未成之货,粗者使精,贱者使贵,朽废者使有用。有工艺然后有货物,有货物然后商贾有贩运。"在"修农政"条中,他们指出:"中国以农立国……夫富民足国之道,以多出土货为要义,无农以为之本,则工无所施,商无可运。"①这里的以农为本,是把农业看成是为工商业提供原料的部门,这同中国历史上的农本思想已有了不同的含义。

光绪三十年,美国应清政府要求派出的专使精琦(J. W. Jenks,当时译为精琪)等到达中国,协助中国改革币制。他们提出《中国新圜法条议》和《中国新圜法案诠解》,建议中国实行金汇兑本位制(或称虚金本位制)。其要点为:以一定的纯金量为货币单位,政府自己或代民间铸造相当于5倍、10倍、20倍的金币。国内流通以银币为主,并铸造小银币及红、白铜币为补助货币。金银币的比价为1∶32(当时的金银比价约为1∶40)。这种币制下的银币是金币的价值符号,必须限制发行,并能在国外按规定比价兑换到金币或外汇。《中国新圜法条议》的内容明目张胆地侵犯了中国的主权,如司泉官(币制负责人)由洋人担任,司泉官及各国代表人有权向中国提议整顿财政等,因此受到中国朝野的强烈抵制和批评,张之洞是其中积极的人士之一。

张之洞指出:"伏念财政一事为全国命脉所关,环球各国,无论强弱,但为独立自主之国,其财政断未有令他国人主持者,更未有令各国人皆能干预者……迹其所言,直欲举中华全国之财政,尽归其所谓正司泉官之洋员一手把持,不复稍留余地。"但他不知道金汇兑本位制中的银币是金币的代表,由

---

① 《张文襄公全集》卷五四《遵旨筹议变法谨拟采用西法十一条折》。

国家垄断铸造,银币不是以本身含银量的价值流通,不随银价的变动而变动。银币所代表的价值必须高于含银量的实际价值,这既有利于国家财政,又为银价的上涨留有余地(如果银价上涨到1∶32的金银比价,金汇兑本位制就变成了复本位制)。在金汇兑本位制下,银币是货币,银两不是货币。张之洞对这些都不懂,因此在批评精琦的方案时说:"是其法不过使中国商民以值市价四十换之金一两纳诸政府,勒令抵银三十二两,而外国持银三十二两,一入中国便可得金一两之用,及以中国之银抵付外国之金,则仍以银四十两准金一两。"①这批评没有击中要害,因此梁启超说张之洞"论权限问题,吾固表同情,若其论原案之缺点,则全未达生计学学理,一派门外汉语"②。

二、张謇的棉铁主义

张謇(1853~1926),字季直,号啬庵,江苏南通人。光绪二年(1876年)至十年在提督吴长庆军幕中任职,八年曾随军赴援朝鲜。十一年考中举人,以后仍做幕僚或主持书院。二十年考中状元,授翰林院修撰。甲午战争爆发,他上疏弹劾李鸿章,说"二十年来败坏和局者,李鸿章一人而已"③。他在光绪十二年会试失败后产生了"中国须振兴实业,其责任须在士大夫"④的思想。《马关条约》的订立,进一步激发了他振兴实业的思想,于是接受署两江总督张之洞的委托,筹建通州大生纱厂,从此走上了办实业的道路。二十一年曾列名强学会。二十四年在京时,听说康有为、梁启超等"图变政,曾一再劝勿轻举"⑤。二十六年"为刘坤一、张之洞定东南互保策"⑥。二十七年作《变法平议》,提出的变法内容有吏部之事10条,户部之事12条,礼部之事8条,兵部之事4条,刑部之事4条,工部之事4条。其中户部12条为征地丁图籍,颁权度法式,行金镑改钱法,立银行用钞币,行豫计,订税目,改盐法,定折漕,行印税而裁厘金,集公司而兴农业,清屯卫田,收僧道税;工部4条为开工艺院兼博览所,行补助法广助力机("助力机"即机器),劝集矿路公司,讲求河防新法。在慈禧太后宣布实行"新政"时,他成为立宪派的首领。三十年被清政府任为商部头等顾问官。三十二年他联络江苏、浙江、福建等省

---

① 《张文襄公全集》卷六三《虚定金价改用金币不合情势折》。
② 梁启超:《中国货币问题》,《饮冰室合集·文集》,中华书局1989年版,(16)第124页。
③ 《张季子九录·政闻录》卷一《呈翰林院掌院代奏劾大学士李鸿章疏》。
④ 《张季子九录·专录》卷四《东游日记》。这里的"振兴实业"是光绪二十九年写《东游日记》时的用语,光绪十二年还没有这种说法。
⑤ 《张季子九录·专录》卷七《年谱》卷下。
⑥ 《张季子九录·简谱》。

政界、实业界知名人士在上海成立预备立宪公会,被推为副会长。三十四年由预备立宪公会发起,各省立宪派代表到京请愿,要求速开国会。次年张謇任江苏咨议局局长,联合14省咨议局继续进行请愿活动。宣统三年(1911年)被任为中国教育会会长。辛亥革命后任临时政府实业总长。1913年9月任袁政府的农林、工商部(12月合并为农商部)总长和水利局总裁。1915年辞职回乡,先后担任几种全国性团体的会长及江苏运河督办、吴淞商埠局督办等职。著有《张季子九录》、《张啬庵先生实业文钞》、《张謇存稿》等。

在张謇的一生中,他总计集股创办了三四十个工商企业和16个盐垦公司。盐垦公司在江苏东海岸共有土地345万亩,至1924年已耕作的土地约70万亩①。此外,还举办了各种类型的教育机构和一些慈善公益机构。大生纱厂资本集团是当时中国较大的民族资本集团。

张謇以状元的身份办企业,能享受各种封建特权,他所办的企业具有浓厚的封建性。他本人既是民族资本家,又是一个占有3 200多亩土地的大地主。他的政治态度比较保守。他在吴长庆幕中认识袁世凯,后发生嫌隙,长期不来往。但宣统二年还是去彰德访问袁世凯,进行了密谈。辛亥革命爆发,他先是帮助清廷做垂死挣扎;任临时政府实业总长后又支持袁世凯登上大总统的宝座。在第一次世界大战结束时,张謇曾呼吁取消不平等条约,实现国际税法平等,被推为国际税法平等会会长。1918年他提出小学"加授《四书》,俾儿童时代即使崇孔道"②。他对五四运动、五卅运动和男女平等、男女同校等主张都表示反对,对马克思主义在中国的传播持批评态度。

实业、教育和地方自治,是张謇的三项基本主张。他把实业和教育称为"富强之大本"③,认为两者互相依赖:办实业的人材要求之于教育,"有实业而无教育,则业不昌";办教育的经费要求之于实业,"不广实业,则学又不昌"④。他既说"实业为教育之母"⑤,又说教育是"一切政治、法律、实业、文学之母"⑥。

在办实业的过程中,张謇陆续对农、工、商业的地位和作用作了一些理论分析。光绪二十一年,张謇在替张之洞拟的奏疏中指出:"世人皆言外洋以商务立国,此皮毛之论也。不知外洋富民强国之本实在于工。讲格致,通

---

① 《张季子九录·实业录》卷八《为通泰各盐垦公司募集资金之说明书》。
② 《张季子九录·教育录》卷四《尊孔会第一次演说》。
③ 《张季子九录·自治录》卷一《论创办地方实业教育致瑞抚函》。
④ 《张季子九录·政闻录》卷三《辞谢农工商大臣见招答友函》。
⑤ 《张季子九录·政闻录》卷六《欢迎日本青年会来通参观演说》。
⑥ 《张季子九录·教育录》卷五《论新教育致黄任之函》。

化学,用机器,精制造,化粗为精,化少为多,化贱为贵,而后商贾有懋迁之资,有倍蓰之利……后世迂儒俗吏,视为末务贱业,不复深求,于是外工技巧,遂驾中华而上。"强调发展工业是"养民之大经,富国之妙术"。① 两年后他对这一说法作了修正,提出了一个自称是"上溯三代,旁考四洲"得出来的一个普遍规律:"凡有国家者,立国之本不在兵也,立本(国)之本不在商也,在乎工与农,而农为尤要。盖农不生则工无所作,工不作则商无所鬻。"②说农是更重要的本,其观点同张之洞一样,但他比张之洞早说了几年。

张謇认为,用"实业"来总括农、工、商业,反映了对农、工、商业的一视同仁。他在光绪三十年说:"实业者,西人赅农、工、商之名。义兼本末,较中国汉以后儒者重农抑商之说为完善,无工商则农困塞……本对末而言,犹言原委,义有先后而无轻重。"③这是说划分本、末业只表示以农产品为原料的工业品从生产到流通的先后次序,并无其他意思。这一思想后来又有进一步的发展。1918 年他说:"民生之业农为本,殖生货者也;工次之,资生以成熟者也;商为之绾毂(意指流通),而以人之利为利,末也。汉人重农谓为本富,商末富,亮哉!"④在这里,除按发挥作用的先后定本末外,还提出了以商为末的另一理由,即商业利润来源于工、农业等生产部门。这是他对本、末业的含义作出的又一新的解释,然而也不是中国封建时代划分本、末业的原意,而且司马迁以经营工商业致富为末富,他则专指商业。

张謇主张振兴实业应以棉铁为中心,并把这一主张称为"棉铁主义"或"棉铁政策"。他在 1919 年说,其持"棉铁主义"已"二十余年"⑤,但实际上于宣统二年才正式提出。这一年他研究光绪、宣统两朝的各《海关贸易册》,看到进口商品以棉纺织品居首位,其次是钢铁,认为中国要堵塞漏卮,收回利权,必须从这两类商品下手。他强调"实业亦必有的","的"即目标。他解释说:"顾所谓农工商者,犹普通之言,而非所谓的也。无的则备多而力分,无的则地广而势涣,无的则趋不一,无的则智不集,犹非计也。的何在?在棉铁,而棉尤宜先。"⑥1913 年,他又说:"謇尝研究《海关贸易册》,知棉铁两业,可以操经济界之全权。"⑦

---

① 《张季子九录·政闻录》卷一《代鄂督条陈立国自强疏》。
② 《张季子九录·实业录》卷一《请兴农会奏》。
③ 《张季子九录·文录》卷二《记论舜为实业政治家》。
④ 《张季子九录·实业录》卷六《通如海棉业公会棉产统计报告书序》。
⑤ 《张季子九录·实业录》卷六《敬告派人来南通见习纺织之团体》。
⑥ 《张季子九录·政闻录》卷三《对于救国储金之感言》。
⑦ 《张季子九录·实业录》卷五《汉冶萍就职演说》。

要发展棉纺织业,涉及农、工、商各业,这就是张謇所说的"棉之始,农之事;棉之终,商之事;其中则工之事"①。他的本末理论正是以棉纺织业为依据的。在他看来,农本的意义首先不在粮食而在棉花,所以说"农产之重要,无过于棉"②。

张謇出任袁政府的农商总长后,雄心勃勃,拟订了许多奖励实业的条例,规定了对推广植棉和增设纱锭、织机发放奖金的标准。1914年,他提出中国在10年以内应增加纺机160万锭"方可抵制外货十之七八"③。为此,须增加棉田5 500万亩。对于铁业,则因"铁矿需本尤重,非用开放主义,无可措手"④,寄希望于引进外资。1915年4月,张謇就因"就职时之设计已穷","其于国民实业前途茫无方向"⑤而呈请解除总长一职。

第一次世界大战为张謇企业的发展提供了有利条件。但到了1922年,他的企业开始走下坡路,于是他又转而希望得到外国资本的支持。次年他以"世界未来大势,骎骎(渐渐)趋于大同,而就实业论,亦有不得不趋向大同之势"为理由,提出"合各国之利病共同视线一致者,集一银公司,以棉铁为主要,以类于棉之稻麦,类于铁之煤为从要,其他如水利,如电,如铁路,如汽车为次从要"⑥,进行联合投资。这是对棉铁主义的极大讽刺。1925年,大生纱厂因负债不能偿还而被债权银行团所接管。

第五节　何启、胡礼垣的经济思想

一、香港学者何启和胡礼垣

何启(1859～1914),字迪之,号沃生,原籍广东南海。毕业于香港中央书院(后改为皇仁书院)。同治十一年(1872年)赴英国留学,学医和学法律。光绪八年(1882年)回香港,任律师。十三年创办雅丽氏书院,附设有西医书院。孙中山即于这一年进西医书院学习。十六年任香港立法局议员。二十一年参与孙中山筹划的广州起义,起草对外宣言。二十六年义和团运动时,在香港总督卜力的授意下,草拟《平治章程》,建议兴中会与两广总督李鸿章

---

① 《张季子九录·实业录》卷六《棉业季刊序》。
② 《张季子九录·政闻录》卷三《上度支部苇荡营开垦后说》。
③ 《张季子九录·政闻录》卷七《奖励扩充改良植棉地五千五百万亩理由书》。
④ 《张季子九录·政闻录》卷七《宣布就部任时之政策》。
⑤ 《张季子九录·政闻录》卷九《请解农商部长职专任水利局务呈》。
⑥ 《张季子九录·实业录》卷七《商榷世界实业宜供求统计中国实业宜应供求之趋势书》。

联合,实现两广独立。以后曾应清政府之聘,到大陆筹办铁路、银行等,因意见不合而回港。宣统元年(1909年)任香港大学助捐董事会主席。

胡礼垣(1847～1916),字荣懋,号翼南,晚年号逍遥游客,原籍广东三水。其父胡献祥在香港经商,定居香港。胡礼垣年轻时曾熟读中国经史等书,参加过多次科举考试,均失败。后又研究西学,肄业于香港中央书院,和何启同学。毕业后留校任教习两年。曾创办《粤报》,翻译《英例全书》。又受英国巨商之聘,开辟南洋一荒岛,使其成为商埠。还被苏禄国王邀为客卿,据说国王曾表示要让位给他。光绪二十一年去日本。因中日战争爆发,清朝驻日使馆人员奉调回国,他被推举为代理驻神户领事。订立《马关条约》后回香港,任文学会译员。三年后退隐在家。晚年研究佛学。著有《胡翼南全集》。

何启、胡礼垣共同署名发表多篇政论。光绪十三年曾纪泽发表《中国先睡后醒论》,认为当时中国已睡醒。何启用英文写成批评文章,胡礼垣以何文为基础"紬绎之,阐发之,间亦添以己意,涉以喻言"[①],写成《书曾袭侯〈中国先睡后醒论〉后》(简称《曾论书后》)发表。二十一年初作《中国宜改革新政论议》(简称《新政论议》),提出了关于新政的纲领性意见。二十四年作《新政始基》,主要谈理财。同年作《康说书后》,批评了康有为三月二十七日(4月17日)在保国会第一次集会上的演说。戊戌政变后又作《新政安行》,检讨戊戌变法的失误。二十五年初作《〈劝学篇〉书后》,对张之洞的《劝学篇》进行了逐篇批判。同年将各篇政论汇编成《新政真诠》,又作《新政变通》以为补充。书中还有《前总序》和《后总序》,分别作于二十五年和二十六年。《新政真诠》包含七篇正文,其中《康说书后》和《新政安行》合成一编,故共分六编。《新政真诠》为何启、胡礼垣合著,中文稿都由胡礼垣执笔,故又编入《胡翼南全集》。

何启是从小接受西方教育而成长的,胡礼垣则先受中国的传统教育,后又受西方思想的熏陶。两人对西方文明都完全肯定,认为中国改革要以西方为榜样。因此他们反对与西方对抗,如发生对抗,认为错的一方总是中国,连林则徐在广东的禁烟活动都遭到他们的批评。由于片面肯定西方,甚至对屠杀中国人民的英人戈登也赞扬备至。

何、胡否定汉学和宋学,而只肯定尧、舜、汤、武、孔、孟等人。他们认为三代的社会是和西方社会相通的,所以其主张的新政也包括"复古",即复三

---

① 胡礼垣:《曾论书后》附识,《新政真诠》,辽宁人民出版社1994年版,第70页。

代之古。康有为在保国会第一次集会的演说中说:"若夫泰西立国之有本末,重学校,讲保民、养民、教民之道,议院以通下情,君不甚贵,民不甚贱,制器利用以前民,皆与吾经义相合,故其致强也有由。"①何、胡批评说:"不知保民、养民、教民何须经义?外洋诸国惟不用经义,故能为所当为,亦犹尧、舜、三代时无经义,故能日新其德……中国之不能变,盖经义累之也。"②他们说"孔、孟未尝宗经"③,把孔孟之道归结为"情理"二字,"情理在则孔孟在,情理亡则孔孟亡"④。

何启、胡礼垣又批评了"中学为体,西学为用"的主张。他们指出本与末、体与用都是统一的,"本末有先后而无不同","体用有内外而无不同"。"是故富强非末也,借曰末矣,亦必其先有是本,然后乃有是末也。富强非用也,借曰用矣,亦必其先有是体,然后乃有是用也。无富强之本,则纵使其学极高,亦不能为富强。无富强之体,纵使其才极美,亦不能得富强也。"⑤他们在批评张之洞的"中学为内学,西学为外学;中学治身心,西学应世事"时说:"不知无其内安得有其外?苟能治身心即能应世事,苟能应世事即可知其能治身心。身心世事,一而二、二而一也。"⑥

何、胡很强调民权,故批判《劝学篇》以《正权》篇为重点。他们指出人权是国家兴盛的必要条件:"人人有权,其国必兴;人人无权,其国必废。"⑦认为三代是讲民权的。"自秦而后,其理顿晦,二千年于兹,未能复矣。"⑧要复民权,首先要设议院,立议员。他们又认为民权与民主有区别:民权之国国君仍世袭,民主之国国君则由民选立。他们所要求建立的是民权之国。何、胡还指出"三纲之说非孔孟之言",是"不通之论","化中国为蛮貊者,三纲之说也"⑨。

发展经济要有政治的保证,所以何、胡认为政治是经济之本,指出:"农

---

① 《京师保国会第一集演说》,《康有为全集》第4集,中国人民大学出版社2007年版,第58页。
② 何启、胡礼垣:《康说书后》,《新政真诠》,辽宁人民出版社1994年版,第267页。
③ 何启、胡礼垣:《〈劝学篇〉书后·〈宗经〉篇辩》,《新政真诠》,辽宁人民出版社1994年版,第361页。
④ 何启、胡礼垣:《〈劝学篇〉书后·〈同心〉篇辩》,《新政真诠》,辽宁人民出版社1994年版,第339、340页。
⑤ 何启、胡礼垣:《新政安行》,《新政真诠》,辽宁人民出版社1994年版,第301页。
⑥ 何启、胡礼垣:《〈劝学篇〉书后·〈会通〉篇辩》,《新政真诠》,辽宁人民出版社1994年版,第392页。
⑦ 何启、胡礼垣:《〈劝学篇〉书后·〈正权〉篇辩》,《新政真诠》,辽宁人民出版社1994年版,第412页。
⑧ 何启、胡礼垣:《〈劝学篇〉书后·〈正权〉篇辩》,《新政真诠》,辽宁人民出版社1994年版,第398页。
⑨ 何启、胡礼垣:《〈劝学篇〉书后·〈明纲〉篇辩》,《新政真诠》,辽宁人民出版社1994年版,第348、353、354页。

工本也,商贾末也。然农工商贾若无善政决不能兴,则农工虽谓之本,仍须善政以为本中之本,而农工之事不过本中之末耳,则混农工之政以为农工之事不可也;商贾虽谓之末,仍有善政以为末中之本,而商贾之事实乃末中之末耳,则混商贾之政以为商贾之事不可也。"①善政除了设议院外,还要改革官制,选用贤才,去除政治上的种种弊端。他们指出官员的舞弊收入有三:干没、贿赂和漏规。要去除这三弊必须厚官俸,认为中国"礼义之风微,廉耻之道丧"②的根本原因就在于俸禄太微薄。

何启、胡礼垣的社会改革思想是以西方的民主制度为蓝本的,对中国有批判封建制度和使人民警醒的作用,具有积极的意义。但他们的许多主张并不符合中国国情。他们甚至主张放弃东三省。何、胡说《新政论议》曾经被某御史入告,某亲王还准备找他们"详询方略",但被某国公使所阻,"谓《新政论议》自其内而观之,止利于汉人,不利于满人,自其外而观之,止利于英国,不利于别国"③。他们的主张不被朝廷采纳自然有更深刻的原因。

二、通商论

何启、胡礼垣认为对外通商是使国家富强的必由之路。他们说:"夫国之所以兴且强者,其道首在于爱民,爱民之道首在于富民,富民之道首在于通商。"④他们对通商下定义说:"夫通商者,公其物利其事之谓也。若闭而不发,阻而不行,是谓不公其物,不利其事。不公其物,不利其事,是谓不便于人,不便于人则人皆得而责之。"⑤通商要取得有利地位,一要实行新政,二要发展经济,三要实行出口商品免税、进口商品征重税的政策。

通商要发挥人们求利的积极性。何、胡认为利己是人的本性,利己才能利人。他们说:"财者,民所一日不能无者也;利者,民所一日必欲得者也。"⑥又说:"中国之目商务中人,必曰奸商,不知求利乃人之本心。今有执途人而告之曰'我不求利',则人必谓之奸;有执途人而告之曰'我欲求利',则人必谓之忠。彼则言不由衷,此则言以明志也。故求利者国家不禁,特求之须有其方耳。"⑦他们指出个人的消费需要有限,"备物虽多,赡身而止"。消费有

---

① 何启、胡礼垣:《新政变通》,《新政真诠》,辽宁人民出版社 1994 年版,第 441、442 页。
② 何启、胡礼垣:《新政安行》,《新政真诠》,辽宁人民出版社 1994 年版,第 322 页。
③ 何启、胡礼垣:《新政始基》,《新政真诠》,辽宁人民出版社 1994 年版,第 245 页。
④ 何启、胡礼垣:《新政论议》,《新政真诠》,辽宁人民出版社 1994 年版,第 154 页。
⑤ 何启、胡礼垣:《新政论议》,《新政真诠》,辽宁人民出版社 1994 年版,第 152 页。
⑥ 何启、胡礼垣:《新政始基》,《新政真诠》,辽宁人民出版社 1994 年版,第 194、195 页。
⑦ 何启、胡礼垣:《新政论议》,《新政真诠》,辽宁人民出版社 1994 年版,第 131、132 页。

余可以像晏婴那样"惠及乡邻",像陶朱公那样"润沾里党"。所以他们认为:"人之能利于己,必能利于人,不能利于己,必致累于世。通商者求之有道,将欲利己以利人也。"①他们还肯定"为私",主张"家不妨私其家,乡不妨私其乡,即国亦不妨私其国,人亦不妨私其人";不过为私不能"以己之私夺人之私"。这样"合人人之私以为私"就变成了公:"各得其私者,不得复以私名之也,谓之公焉可也。"②

上述利己、为私理论符合西方个人主义的价值观,对中国传统的义利观来说则是矫枉过正之论。传统的贵义贱利思想固应受到批判,但不能根本否定用义来制约人们的求利活动的必要性。只要赋予义以新的道德内容,不过分夸大其作用,则提倡义仍有积极作用。这是何启、胡礼垣所没有认识到的。

何启、胡礼垣主张提高商人的社会地位。他们说"日本初行西法时,仍以士农工商为等",以致积弊难以消除,后来改为"商农工士为等,而风气始开"③。中国也必须壮大商人队伍,"如有十万之豪商,则胜于有百万之劲卒"④。这里的"豪商"也应该包括大的工业资本家,但用"豪商"来代表,反映了他们的重商倾向。

何、胡主张废捐纳,提出"令捐官之人转为商贾之人",认为这样可使"善攻心计之流皆转而为斗智争时之事,而国家之阴受其利者多矣"。他们还提出实行新政后,令民间纠合公司,大兴商务。办有成效的,国家给以称颂功牌;经营亏损的,国家许其报穷免究。"商贾中有品行刚方行事中节者,人必举以为议员",使他们在"求利中不失其求名之望,求名中可表其求利之心"。⑤ 这些主张在作于光绪二十一年初的《新政论议》中提出,而稍晚出的郑观应的《盛世危言·捐纳》中也有类似主张,有一些连句子都一样。看来是郑观应抄何启、胡礼垣。

三、兴铁路论

《新政论议》中提出因时之事,其要有九:"一曰开铁路以振百为,二曰广轮舶以兴商务,三曰作庶务以阜民财,四曰册户口以严捕逮,五曰分职守以

---

① 何启、胡礼垣:《新政论议》,《新政真诠》,辽宁人民出版社1994年版,第132页。
② 何启、胡礼垣:《〈劝学篇〉书后·〈正权〉篇辩》,《新政真诠》,辽宁人民出版社1994年版,第413页。
③ 何启、胡礼垣:《康说书后》,《新政真诠》,辽宁人民出版社1994年版,第262页。
④ 何启、胡礼垣:《新政论议》,《新政真诠》,辽宁人民出版社1994年版,第168页。
⑤ 本段引文均见何启、胡礼垣:《新政论议》,《新政真诠》,辽宁人民出版社1994年版,第120、121页。

厘庶绩,六曰作陆兵以保疆土,七曰复水师以护商民,八曰理国课以裕度支,九曰宏日报以广言路。"①其中一、二、三、八各条都是属于发展经济的内容,而最有特色的是建设铁路的思想。

何、胡把铁路建设放在发展经济的首位,他们在论述发展铁路的重要性时说:"事有一着既行,则着着皆因之而兴,一着不行,则着着皆因之而废者,今之铁路是也。天下各国自开辟以来,所有创设工艺之件,其利益所收,不能及此一百年内所创之广。而以此一百年内而计之,各工利益所入,合计不能及此铁路一事所获者之多。且合现在所有各工厂雇用之人,总其数而计之,亦不能及此铁路一事所用之人之众也。"②他们认为商人可能亏本,只有铁路但见其盈,不闻其亏。中国土地 10 倍于日本,日本铁路约 15 000 余里,而中国只有 500 余里,按土地面积折算,日本铁路是中国的 300 倍。他们提出了如下铁路建设目标:"宜令国中省、府、州、县俱设铁路,使民间纠合公司股份而为之。每县必设一铁路,路路相接,县县相连,由县达州,由州达府,由府达省,由此省达彼省,而各省无不遍达焉。"③

提出这样宏大的铁路建设目标,在中国近代思想家中是独一无二的。后来孙中山的《实业计划》,拟建 10 万英里(约 32 万里)铁路,也做不到县县有铁路。孙中山是何启的学生,何启的重视铁路思想应对孙中山产生过影响。

对清朝已在进行的铁路建设,何、胡在《新政始基》中批评其办法有四不善:一为官督商办,二为不入洋股,三为借用洋款,四为议抽公款。四条中,最主要的是官督商办,其他三条都与它有关。他们指出,官督商办中官有权而民无权,如有利,"其利必先官而后民";如无利,"则害必先民而后官"④。认为入洋股可以增加中国人对投资铁路可以得利的信心。因为官只能"胁制华人,必不能胁制洋人",只能"刻剥华商,必不敢刻剥洋商";有洋股参加,"中国之民亦必勇于附股"⑤。借洋款则使中国损失严重,因借款有折扣,金价上涨增加了债务,利息负担沉重,还要以土地为抵押。从中议抽公款则更是"欲寒而火之,欲热而冰之"⑥。分析了四害以后,何、胡指出,如果在兴议之始就"独任商民,勿加官督二字"⑦,由各省大商巨贾承办,招股任其自为,

---

① 何启、胡礼垣:《新政论议》,《新政真诠》,辽宁人民出版社 1994 年版,第 129 页。
② 何启、胡礼垣:《新政论议》,《新政真诠》,辽宁人民出版社 1994 年版,第 129 页。
③ 何启、胡礼垣:《新政论议》,《新政真诠》,辽宁人民出版社 1994 年版,第 130 页。
④ 何启、胡礼垣:《新政始基》,《新政真诠》,辽宁人民出版社 1994 年版,第 194 页。
⑤ 何启、胡礼垣:《新政始基》,《新政真诠》,辽宁人民出版社 1994 年版,第 195 页。
⑥ 何启、胡礼垣:《新政始基》,《新政真诠》,辽宁人民出版社 1994 年版,第 201 页。
⑦ 何启、胡礼垣:《新政始基》,《新政真诠》,辽宁人民出版社 1994 年版,第 203 页。

这样实行三年,各省铁路当已有可观。他们在比较官办商办的优劣时说:"盖商办则股内之人皆同等,同等者其权平,权平则非公不能;官办则股内之人不同等,不同等者其权倚,权倚则私所难免。"①这里说的是铁路,其适用范围不限于铁路。何启、胡礼垣是商办的坚决主张者,反映了资产阶级自由经营的要求。

《新政论议》中还出现"实业"一词,其中说:"若夫实业之入息,官禄之常俸,舟车之利益,矿峒之得财,为公用急需而抽其成数自无不可。"②这可能是中国人最早使用"实业"一词,时间在光绪二十一年初。

四、理财论

《新政始基》主要谈理财。财政是政权的经济基础,何启、胡礼垣对此有深刻的认识。他们说:"且夫财用者,一国之政令所由基也。惟财用为一国政令所由基,故理财实为一国政令之至要。"③就像造房子,基址必须平正,否则大厦虽成而亦倾。理财对政权稳固的意义也正是如此。

何、胡对如何增加财政收入提出了一些具体办法。当时清政府的年财政收入为 1.2 亿余元,何、胡认为按照他们提出的办法可以增加到 3.8 亿余元。以下只谈他们提出的一些理财原则。

第一,广用贤才。理财必须用贤才,否则就会进行聚敛和贪污中饱。何、胡指出:"中国自古以来凡为国而善言利者,莫不名之为聚敛,斥之曰奸臣,其名秽,其害烈,卒至于身败名裂,家亡国随……寡欲之士、抱道之儒有鉴于此,反以理财为迂,以言利为耻,而中国财用自古至今,遂无一日而能正本清源者矣。"④要改变这种状况,在于有任用贤才之法和爱护贤才之诚,做到贤才安,贤才安则有长治久安之势。

第二,理财设专司。何、胡主张裁撤土关,土药(国内自产鸦片)、厘金及原土关税收统由洋关办理,以增加收入。地税、盐课另设专司进行管理。他们提出,以户部为 21 省财用总司,司理财用者设正副各一人,稽查数目者也设正副各一人。各省设库务司署,司理财库和稽查数目者亦各设正副各一人。县和不设县的州设库务委员正副各一人。户部要于前一年预拟明年各项费用,总数不超过财政总收入的四分之三,四分之一则用于填还洋债本

---

① 何启、胡礼垣:《新政始基》,《新政真诠》,辽宁人民出版社 1994 年版,第 205 页。
② 何启、胡礼垣:《新政论议》,《新政真诠》,辽宁人民出版社 1994 年版,第 160 页。
③ 何启、胡礼垣:《新政始基》,《新政真诠》,辽宁人民出版社 1994 年版,第 238 页。
④ 何启、胡礼垣:《新政始基》,《新政真诠》,辽宁人民出版社 1994 年版,第 231 页。

息。在各省设国家银行,银款都由各地库务委员收入,汇交库务司署,再由库务司汇交户部,不经各省督抚胥吏人等之手。户部每年派遣稽查人员数起巡行各省,查察库务署的账目。各省亦派人巡行本省各州县,查察库务委员的账目。每起正副各一人,费用由派出单位自理,不得令所过地方有一毫款待之费。以上办法初行时必须参用洋人,任正职或副职。等到中国人能自办后再予更换。

第三,理财须得其数。这是针对清政府对财政收支缺乏准确的统计数字而提出来的。何、胡认为,一国理财得其数就能由弱转强,失其数就会发展到鬻爵卖官、政重赋烦,最后甚至会因而亡国。他们比喻说:"故夫财之有数也,犹户之有枢也,犹射之有的也,犹屠之有会也;一得其枢万户皆开,一破其的万矢皆废,一中其会万理皆解。而群疑满腹、众说纷腾者,一征其数则万喙皆寂而莫敢枝梧。故曰理财者须得其数也。"①把统计数字在理财中的作用提到了很高的地位。

第四,划分中央和地方财政。何、胡指出,君上有君上的财用,地方有地方的财用,前者权操之君上,后者听诸庶民。若将两者混而为一,"则是有国事而无民事,知君需而忘民需,情既不通,事亦不达"②。他们提到的地方费用有缉捕、救火、修路、造桥、街灯、水局、疏导、团练、义学、义举等 10 事,还举出 20 余种归地方收入的税项。当时户部拟向各地征收屋租税,他们指出地方已负担多种费用,再征屋租税就是"重困吾民"。他们提出,在各县设立善后局,主席由官担任,有关地方的财政收支都由绅耆议定而后行,做到"地方之财尽为地方之用"③。

在《新政变通》中,何、胡还提出了一个"批赁之法"。批赁之法不全是理财,但与理财也有关。他们在解释批赁之法时说:"批赁者,谓国家以十八省之地出赁而听各省之民承批,或各省之民愿批其地而向国家赁取也。批赁之期或为永远,或为百年,或为七十五年,或为五十年,而莫不有章程订立。"他们认为实行批赁制"其事则简而易行,其情则安而无虑,其理则内有把握,其势则外绝觊觎,此策比封建郡县实为胜算。"④由各省承包赋税,多数省份可将上交额提高很多,办法"简而易行"。上下各行其道,君上垂拱仰成,地方安居乐业,能使上下"安而无虑"。各省发挥兴商务的积极性,"商务兴则

---

① 何启、胡礼垣:《新政始基》,《新政真诠》,辽宁人民出版社 1994 年版,第 219 页。
② 何启、胡礼垣:《新政始基》,《新政真诠》,辽宁人民出版社 1994 年版,第 228 页。
③ 何启、胡礼垣:《新政始基》,《新政真诠》,辽宁人民出版社 1994 年版,第 230 页。
④ 何启、胡礼垣:《新政变通》,《新政真诠》,辽宁人民出版社 1994 年版,第 504 页。

农工盛,矿产开,百货陈,资财集"①,这是"内有把握"。中国各弊消除,使外人干涉无所借口,这是"外绝觊觎"。批赁制实际上是一种彻底的地方自治,这显然不符合中国国情。他们认为实行此制就能解决一切问题。且不说在当时的条件下根本不可能实行,即使真的实行也只能加强地方封建势力的统治,并不能出现他们所想象的效果。

第六节 汤寿潜的经济思想

一、商办铁路的实践者汤寿潜

汤寿潜(1856～1917),原名震,字蛰先(或作"蛰仙"),浙江山阴天乐乡(今属杭州)人。光绪十二年(1886年)参加山东巡抚张曜幕府。十四年考中举人。十八年考中进士,改庶吉士,散馆授安徽青阳县知县,上任三个月即辞归。二十一年任浙江金华丽正书院山长,参加强学会。二十五年任湖州浔溪书院山长。二十六年八国联军入侵,"君往说两江总督刘坤一、两湖总督张之洞定东南互保之约……共谋实发于君"②。二十九年署两淮盐运使,未上任。三十年任上海龙门书院院长,改书院为龙门师范学校。三十一年,任商办全浙铁路公司总理,授四品京卿。三十二年预备立宪公会成立于上海,同张謇一起被推为副会长。三十三年三月任学部咨议官。九月浙江铁路公司股东会通过拒借英款决议,江浙形成了拒款风潮。宣统元年(1909年)六月沪杭铁路建成通车。清廷先后授汤为云南按察使和江西提学使,均坚辞。十月朝见摄政王时,汤曾建议勿再用袁世凯。二年发起集资自办东南铁路。七月因致电军机处反对盛宣怀任邮传部右侍郎,被革职,禁止干预路事。三年盛宣怀被迫同意废止沪杭甬铁路借款合同,浙江保路运动取得胜利。九月杭州光复,汤被公举为浙江都督。1912年1月15日,辞浙江都督职。孙中山授汤为中华民国临时政府交通总长,未赴任。1914年,江浙两省铁路被袁世凯政府收归国有。1915年袁称帝,汤寿潜致电反对。1917年汤病逝。主要著作为《危言》和《理财百策》。《危言》初刊于光绪十六年,共40篇。又有39篇本,少《防俄》一篇。至十八年增改为50篇,于二十一年出

---

① 何启、胡礼垣:《新政变通》,《新政真诠》,辽宁人民出版社1994年版,第510页。
② 《汤寿潜》(张謇撰家传)《绍兴县志资料》第1辑《人物列传》第2编。相同文字又见马一浮:《汤蛰先先生家传》(抄本)。《民国人物碑传集》,四川人民出版社1997年版,第197、198页。

版。50 篇本无 40 篇本的《堵口》一篇,实增 11 篇,新增的篇目为亲藩、鬻爵、国债、官号、商局、口岸、鱼课、节流、华工、洋匠、返朴,有多篇同经济有关。《理财百策》成于二十二年,未刊。编有《汤寿潜的史料专辑》——《萧山文史资料选辑(四)》,所收《危言》为 50 篇本。汤寿潜另编有《三通考辑要》,于二十五年由上海图书集成局出版。

《危言·中学》表示了汤寿潜对中学和西学的看法。他说,观天下大势,中外互市之势将长此终古,因此中国开始重视西学。"昔以西学为集矢之的,今则以西学为炫奇之媒;昔以西学为徒隶之事,今则以西学为仕宦之挚矣。"[1]他认为将一切成就都归之于西学,反而会被泰西所匿笑。"大氐西人政教,泰半本之《周官》;西人艺术,泰半本之诸子。试取管、墨、关、列、淮南等书,以类求之,根原具在。然则谓我中国今不如古则有之,而妄谓中不如西也,可乎?"又说:"盖中国所守者形上之道,西人所专者形下之器。中国自以为道,而渐失其所谓器;西人毕力于器,而有时暗合于道。"[2]反对不学西学,也反对不学中学,提出"求形下之器,以卫形上之道"[3]的学习西方原则。

《变法》为《危言》的最后一篇。汤寿潜认为:"天将以全球地属圣清,而特创一开辟后未有之奇局,俾我朝承其冲。"[4]但中国必须变法,以免将来有不及变和不能变之时。他分别提出六部当变之法,其中户部当变之法有:"淮鹾国用之尾闾也,凡盐船不如轮船之便捷,宜若可租轮船以利周转矣;鼓铸国宝所委输(流通)也,乃官铸不如私铸之通行,宜若可任民铸而税赢余矣。本富莫如农,胡勿拨勇而广为垦辟;末富莫如商,胡勿设官以力为主持。丝茶擅中国之利权,而搀杂低赝,洋商裹足,则公司总理可也;纺织开中国之风气,但捐资给帖,有力任为,必由官龙(垄)断何也。重烟酒之税以抑末,蠲(免)米麦之捐以惠农,一权量之制以平民,用测绘之法以清丈。"[5]此外,西北有不宜水田的土地,可劝种杂粮;西北游惰能习车马之劳,可兴其非耕种之利;汾河、渭河舟行甚少,可创行小轮舨;长江抬浅而湖水被挤,试仿轮机以

---

[1] 《危言·中学》,《汤寿潜史料专辑》,政协浙江省萧山市委员会文史工作委员会 1993 年版,第 224 页。
[2] 《危言·中学》,《汤寿潜史料专辑》,政协浙江省萧山市委员会文史工作委员会 1993 年版,第 225 页。
[3] 《危言·中学》,《汤寿潜史料专辑》,政协浙江省萧山市委员会文史工作委员会 1993 年版,第 226 页。
[4] 《危言·变法》,《汤寿潜史料专辑》,政协浙江省萧山市委员会文史工作委员会 1993 年版,第 313 页。
[5] 《危言·变法》,《汤寿潜史料专辑》,政协浙江省萧山市委员会文史工作委员会 1993 年版,第 313、314 页。

疏浚；山禁渐开，江被沙壅，令船各带沙一囊以移徙；海塘岁修，民较官切，每段可由绅轮流协理。这些也属不可不变之列。他又说："且即尽是法而变之，而学校不变，考试不变，即人心不变，齐末不揣本，变亦无异于不变，且反诒不变者以口实也。"①汤认为变法要先变人心，而变人心的前提又在变教育。

《危言·议院》提出了仿西法而变通之，设立上、下议院的主张。自王公至各衙门堂官、翰林院四品以上，属上议院，以军机处主之；堂官及翰林院以下各员，属下议院，以都察院主之。有大事需决定时，先期告知，与议者充分准备。届期分集内阁及都察院讨论，由宰相核其同异之多少，上奏天子，请如所议行。府州县有应议之事，从巨绅至举贡生监，以及著名的农工商人，都参加讨论，供君、相参考损益。汤寿潜认为实行这一办法将是中国转弱为强的转机。这是他在甲午战争前的认识，后来成为立宪派，主张速开国会则是这一认识的进一步发展。

二、任官不如任商论

汤寿潜进士出身，但屡辞官职。他深感清政府官员的腐败，认为发展中国经济之事官办不如商办。他在《危言·商局》中指出："天下无无弊之利也，顾不能因弊而不言利。任官不如任商，专任华商不如兼任洋商，犹为利多而弊少。今招商局特任之官而商者，宜其有弊而无利矣。"②光绪二年（1876年），招商局以222万两的价格购买旗昌公司全部产业，分期付款，而当时招商局公款只有100万两③。汤寿潜对此举极为不满，作了尖锐的批评。他说："自光绪二年归并旗昌，所有活本皆成呆产，而门面愈阔，糜费愈滋，事事以官行之。"委员多由要员推荐，甚至挂名领薪；买办必局总的私人，甚至有妓院出身者；过客抽丰、大吏馈赠都取给于此，节节剥耗，层层侵蚀。"虽年终清单赢余凿凿，而官本、商本皆如盐着水中，可见而不可掬，殆不终日之势哉！"④他提出了防弊保利的办法：特简清刚无欲的大臣，重新核实官本、商本及实有栈房、码头、轮船等数量和价值，务使清见潭底。估定后招有

---

① 《危言·变法》，《汤寿潜史料专辑》，政协浙江省萧山市委员会文史工作委员会1993年版，第315页。
② 《危言·商局》，《汤寿潜史料专辑》，政协浙江省萧山市委员会文史工作委员会1993年版，第255页。
③ 《国营招商局七十五周年纪念刊》，1947年版，第46页。
④ 《危言·商局》，《汤寿潜史料专辑》，政协浙江省萧山市委员会文史工作委员会1993年版，第255页。

力华商,合同洋商,代为包办。每年认交租银若干成,总局则坐享其成。分局也可进行分包。认为事事听商人好自为之,一切支销可不裁自省。洋商参加承包,既有利于清除积弊,又能在发生海警时照常行驶。在《危言·节流》中,汤寿潜还指出:"盖尝论之,财者朝廷之大命,行于商则通,藏于民则富,而壅于官则乱。故愿国家,于商则设法疏浚之,于民则加意扶植之,于官之贪蠹无耻者,则禽狝草薙之而不为暴!"①

"任官不如任商"的主张不只是针对招商局,也适用于其他一些经济事项。在《危言·包厘》中,汤寿潜指出:"居今日而犹谓厘捐可不停,是不顾国之根本,妄人也;居今日而漫谓厘捐可立停,是不审国之缓急,迂儒也。"②厘金收入,极盛时可得2 000万两,近年可得一千五六百万两,相当于各海关的洋税收入。"黩货之根牢不可拔,牟利之术出而愈奇。恫喝留难索诈,商民敢怒不敢言,郁气满腔,大则隐酿为水旱,小则显激为仇抗。"针对这种既是利薮,也是弊薮的厘捐,汤寿潜提出不捐行商而由坐贾包办的办法:由坐贾认定捐数,捐之行商,官坐收其成,溢则听之,不及额则令其补足。"利国利民,无愈于此者;所不利者,独不肖之官吏丁胥耳。"③也可就近由殷实绅商承包,令其有微润可沾。上海糖、绸等业,已有分设商董包征者,朝廷可推广议行。

盐法积弊严重,汤寿潜在《危言·盐捐》中提出了他的盐法改革主张。题为"盐捐"而不用"盐法"或"盐政",是因为他想用捐盐税的办法来变更盐法,故突出一个"捐"字。他列举了种种盐私名目,如掣私、场私、灶私、邻私、漕私、船私、营私、商私、枭私等,然后指出:"以私召私,大都官私……不特分司监掣以下各官私,即盐政、运使、盐道,其陋规节寿,何尝非私?枭私能缉,商私能缉乎?商私能缉,官私能缉乎?官私能缉,缉私之官私能缉乎?""今天下归商什之七,委员什之二,州县什之一,于是商利,州县利,委员利,即奔走于商与委员、州县者,为虎伥,为雉媒,亦无一不利;所不利者,朝廷与吾民耳!"④因此,汤寿潜主张设立盐捐,每人每年交100文,每户两人捐一,分季

---

① 《危言·节流》,《汤寿潜史料专辑》,政协浙江省萧山市委员会文史工作委员会1993年版,第259页。
② 《危言·包厘》,《汤寿潜史料专辑》,政协浙江省萧山市委员会文史工作委员会1993年版,第238页。
③ 《危言·包厘》,《汤寿潜史料专辑》,政协浙江省萧山市委员会文史工作委员会1993年版,第239页。
④ 《危言·盐捐》,《汤寿潜史料专辑》,政协浙江省萧山市委员会文史工作委员会1993年版,第240页。

征解。以后婚嫁生死,以现额为限,不再续加。盐捐收入比国家原盐课收入反而增加,国家"止留运使或盐道总其事,所有官吏、胥役、勇商悉予铲去,而枭不去而去";然后实行"人人许煮盐,人人许贩盐"[1]的政策。他认为,实行这一政策,盐价可大减,即使偏远地区,加上运脚,每斤亦不过十余钱,加上盐捐,仍比原来的负担减轻。因此,汤寿潜说他的办法是苏民,而非困民。对于鸷远、偏僻、凋敝地区是否有盐卖的问题,他回答说:"不知利之所在,如鹜趋,如猬集,今之鸷者僻者,亦有肩贩老弱,贩不尽由盐店也。贩有不至者,附近必有镇集,必有盐店。况海禁大开,泰西无国无华人攘攘而往,皆为利往,岂华地而反以鸷僻,利或遗。天下有蚁而不肯附膻者乎?天下有蛇而不能赴壑者乎?无有也!"[2]这是对市场经济能推动经济发展的生动说明。原来的大盐商是官商,"人人许贩盐"的盐商是一般私商,这也符合"任官不如任商"的精神。在《盐捐》中,汤寿潜也提到李雯、顾炎武、冯桂芬的观点,认为"其说李泥而冯辨",他都不赞成。冯桂芬说"天下皆官盐,天下皆私盐矣",汤寿潜则针锋相对地提出"天下无官盐,斯天下无私盐矣"[3]。但他的办法触犯了一大批有权势的既得利益者,绝无被朝廷采纳和推行的可能。

关于内河航运,汤寿潜在《危言·小轮》中指出,招商局"但知与西人分江海之利,而并不就内河筹自擅之利",是"坐失绝大利权而不察"[4]。小轮船之利,西人垂涎已久,因受成例限制,不能得逞。招商局可以办理而不办,如由于成本不足,可以就近招商包办,从中分成。利之所在,趋之若鹜,各处内河想行轮船的人颇多。只要招商局禀请督抚,酌定口岸,由商人承揽,由招商局维持,自然乐于参加。还要照顾原有商船的利益,轮船只准拖带,不准自行装载。商船由轮船拖带,不愿者听。"小轮收商船之利,商船仍收客货之利,有益无害,而生业畅矣。转运便捷,水脚减省,而贸易盛矣。除去支销,所赢必巨,而饷需裨矣。"[5]此外,还有旺厘金、免盗警、稀覆溺等利。东南各省善后局、筹防局等官置小轮船可并入招商局,官差由招商局拨轮递送,文报由小轮船附递。沿江

---

[1] 《危言·盐捐》,《汤寿潜史料专辑》,政协浙江省萧山市委员会文史工作委员会1993年版,第241页。
[2] 《危言·盐捐》,《汤寿潜史料专辑》,政协浙江省萧山市委员会文史工作委员会1993年版,第242页。
[3] 《危言·盐捐》,《汤寿潜史料专辑》,政协浙江省萧山市委员会文史工作委员会1993年版,第240页。
[4] 《危言·小轮》,《汤寿潜史料专辑》,政协浙江省萧山市委员会文史工作委员会1993年版,第243页。
[5] 《危言·小轮》,《汤寿潜史料专辑》,政协浙江省萧山市委员会文史工作委员会1993年版,第244页。

沿海各驿站可适当裁撤,民间信件由小轮船附递,以为邮政之初始。文中还具体提出了发展内河轮船航运的路线,分天津、镇江、上海、广东四路。

在《危言·开矿》中,汤寿潜论述了开矿之利,他说:"富于国每病于民,富于私易损于公。求其有利无害,而为天地自然之富,无如开矿。"但当时中国的开矿,大都泥于官督商办之说,由官总其成,招商股为资本,矿匠多滥竽充数者,机器并无实效。"总办、会办、支应、文案,名目繁多,开销自巨,但论情势为任用,不问贤否之混淆。"平度金矿、徐州铁矿、三山银矿、鹤峰铜矿,都因此而失败。针对这一情况,汤寿潜指出:"西人言理财,从无以商合官者。今乃混官、商而一之,官有权商无权,势不至本集自商、利散于官不止,特借矿股为戏人之猴焉而已!"[①]他主张由官发其端、举其事,而任之商,官不参与。由官府派人勘定矿产,颁发矿帖,由商人认地具领,或集资伙办,或独力开采。以商办为主,但如有疆吏长于理财,愿认地开采的,亦可奏请准行,但不得多派委员,滥用私人而启流弊。每年缴赢余于国,可提成犒赏办理各员,各营优予议叙。开矿的必要性有五:一是"非煤无以发汽,非铁无以制器,如再因循,必将废日用,停制造,及铁路、轮船、纺织诸大政概予罢去而后可,否则势不得不购自外洋"[②]。二是中国矿产丰富,所在多有,如法开采,为富国富民之基础。三是中国自古重视开矿,周公、管仲以此成王成霸;明宣德以后中使四出,矿徒交讧,遂为国病,岂能鉴衰世所失,自塞利源。四是"圣君哲相,开物成务,不欲牟利以扰民,而亦不欲弃地而壅利"[③]。五是外人虎视眈眈,要求不遂,隐患不堪设想,迅速明定开矿章程,以杜窥伺,以免龃龉,以收利权。最后指出:"开一分则保一分之富,开十分则保十分之富,日增月盛。国用既饶,转资邻敌,将逐年所溢出于外洋者,未始不可逐年收回,富云乎哉!"[④]

官库历来由官府经管,汤寿潜在《危言·官号》中提出了国库由官府管理的种种弊端:库款出入要有使费,"解有费,收有费,发有费,平有费,批回有费";银两有成色、平砝的区别,"色有宝纹、松江之优劣,平有库、京、漕、湘、规、津,各省之重量,扣减抬抑,高下留难,无所不至";管库人权力很大,管解、领解者对其

[①] 《危言·开矿》,《汤寿潜史料专辑》,政协浙江省萧山市委员会文史工作委员会1993年版,第245页。
[②] 《危言·开矿》,《汤寿潜史料专辑》,政协浙江省萧山市委员会文史工作委员会1993年版,第246页。
[③] 《危言·开矿》,《汤寿潜史料专辑》,政协浙江省萧山市委员会文史工作委员会1993年版,第247页。
[④] 《危言·开矿》,《汤寿潜史料专辑》,政协浙江省萧山市委员会文史工作委员会1993年版,第247、248页。

不敢正视,堂司各官明知司库作弊,不欲明言,因自己亦有例入。"内而大臣,外而委员,非不届期盘查,而盘查之宽严,仍视例入之厚薄。"即使有一二实事求是者,盘查时仍以左右为耳目,"财神"从无不灵之时。针对这些弊端,汤寿潜提出将中央和地方的所有官库改为官号,"招股商任其事",也就是完全改为商办。"一商承之,必以其地股商数家联环保结,稍有亏耗,唯保商是问,方给凭照,以库权委之。"①他认为商办有五大利:通融存放,市面既觉流通,生息全归公项,利一;裁撤京、外各铸钱局,予官号以鼓铸之权,私销、盗铸自清,利二;官号自购机器铸造银圜,每元重1两,对开者5钱,获利不可计算,利三;额定钞币之数,由官号分等搭用,完粮、纳税、发饷一律通用,如支现钱官号见票即付,商民争相保用,利四;官号赢利,计成收税,计官号不下2 000家,岁税必成巨款,利五。他还说,实行此法,"大弊可除,大利可兴,直兼周之泉府、汉之平准而一之;岂若宋之均输、市易厉民自养,特小人务财用所为邪?"②在汤寿潜的任商思想中,本条是最彻底也是最无实行可能性的一条。金融是最重要的经济命脉之一,清朝各级统治者岂肯彻底让权?该主张的提出,既反映了汤寿潜的去弊思想,也反映了他的资产阶级立场。

三、对外通商论

面对外国政治和经济的入侵,汤寿潜指出了闭关锁国的不可能。他说:"为今之人,度今之势,虽尧舜之圣智,秦政、汉武之雄略,万不克闭关而谢客矣。"不仅如此,他还认为:"海禁之开,大利在中国。"③他一方面主张对西方进行平等的贸易,另一方面主张扩大对外开放的程度。后一方面表现出了他的经济思想的又一特点,这也同他的发展市场经济思想有关。

清朝被迫对外通商后,进口关税强定为值百抽五,引起中国人的普遍不满。关于值百抽五造成中国对外贸易的损失,论者颇多。汤寿潜也指出中国同意这一税率铸成了大错,并感叹说:"值百抽五,来而不往,礼乎?非礼乎?"④他还指出,名为值百抽五,实际上洋布的进口税只有值百抽三四,还有

---

① 本段以上引文均见《危言·官号》,《汤寿潜史料专辑》,政协浙江省萧山市委员会文史工作委员会1993年版,第253页。

② 《危言·官号》,《汤寿潜史料专辑》,政协浙江省萧山市委员会文史工作委员会1993年版,第254页。

③ 《危言·盗工》,《汤寿潜史料专辑》,政协浙江省萧山市委员会文史工作委员会1993年版,第281页。

④ 《危言·洋税》,《汤寿潜史料专辑》,政协浙江省萧山市委员会文史工作委员会1993年版,第249页。

许多进口货物，如雪茄烟、啤酒、纸墨、衣服、毛毯、金银器皿、面饼等还免税进口。国际公法规定，公使自用货物可以免税，则领事以下都应纳税。而通例所免进口税应有定额，即使是国使也不能全免。他主张中国按此通例办理，增加之税亦必不少。中国货物运往各国，也应援值百抽五之约纳税。他明知资本主义国家绝不会同意，但认为以这一点为理由进行交涉，各国怕开门揖盗，宁可允许中国各口加税。倘能照进口鸦片的税率，百抽二十，可岁增进口税三四千万两；即使值百抽十，亦可增加一半；能增一成二成，亦于饷需有益。

　　为了开拓海外市场，汤寿潜别出心裁地提出赦免死刑犯的死罪，让他们出国做工。认为这样做有五利：盗可免死；贩卖猪仔之害可不禁而自绝；可以事先订约，不得无端逐客，使美国、秘鲁、古巴等国驱逐华工的苛政自无可施；戾气由外国当之，万一激而生变，使敌国从此多事；盗亦可以成为中国的间谍，配合中国海军，使"环地球而囊括之奄为我有"①。这些利益的分析未免天真，但是基本点则在于华工可以牟西人之利，所以他说："然人知西人旅华地者多，而不知华人旅西地者亦不少也；人知西人牟华利者多，而不知华人牟西利者亦不少也。"②华人出国可以牟西利，派犯人出国做工也是实现华人牟西利的一种设想。

　　资本主义国家为了同中国通商，强迫中国多开放口岸。多开放口岸对中国来说利弊如何？汤寿潜主要从有利上分析。他说："世之诟病互市者，唯恐口岸之多，谓将耗尽中国之精华而仅留此躯壳也。蒙则谓幸赖口岸之多，中国犹为失半而得半。盖设口以互市，其富也，其智也，遍地以设口，其富而将贫也，其愚也。"他认为多开放口岸对中国有以下好处：第一，可以打破少数洋商的垄断，使洋货因竞争而贬值求售。"初不待中国自开风气以敌洋货，而西商已有僧多粥薄之慨矣。"第二，外国富商久居中国，庐舍财产留在中国传之子孙，不能随时搬走。第三，在外国挑起对华战争时，为投鼠而自忌其器，口岸往往成为局外之地，相约各不相犯。因此，他认为中国"转不如重门洞开，广为招徕，俾彼自相牵制，互相倾轧，令为连鸡不能俱飞之计"。他批评在西人请添口岸时，"迂儒……每起而劫持当道"，主张深闭固巨。他则坚持认为：以后如西人以增加口岸为要挟，都可如其所请。而尽量进行有

---

①　《危言·盗工》，《汤寿潜史料专辑》，政协浙江省萧山市委员会文史工作委员会1993年版，第282页。

②　《危言·盗工》，《汤寿潜史料专辑》，政协浙江省萧山市委员会文史工作委员会1993年版，第281页。

益于我的交涉,如加重进口税则等,"庶乎失之东隅,犹为收之桑榆也"。①

对于外人在中国设厂,汤寿潜也持肯定态度。他分析准许外人设厂有五利:遇有对外战争时,所需军火在内地即可买到,不怕阻截,利一;中国聪颖子弟可就近入局厂肄业,不必出洋学习,以免上费其帑,下畏其难,利二;学习既近且便,未必不青出于蓝,"将来师敌之长技以制敌,所延西人概可谢去",利三;局厂搬运粗重等事,不能不用中国小工,为中国穷民开一衣食生路,利四;以后中国家喻户晓,人人熟悉机器,"官厂商厂林立国中,洋商不能居奇,庶免巨帑漏入外洋",利五。据此他提出:"中国不如招徕洋商洋匠,有愿在我通商各口岸开设制造局厂者,可报明中国出使各大臣咨明总署,官给凭照,即准开设,由其驻中公使呈明总署亦可。"②光绪二十一年(1895年)的《马关条约》准许日人在中国通商口岸设厂,倒是符合汤寿潜的主张。在当时的历史条件下,扩大对外开放有利也有弊,而汤寿潜主要是从有利方面考虑的。

四、货币论

《危言》中无货币专论,只在《官号》一篇中谈到由官号铸钱、铸银圜和发行纸币之利,详见上述。

在作于光绪二十二年(1896年)的《理财百策》中,有《洋余》、《银圜》、《铜作》三篇论货币的文章。《洋余》指出西班牙银圜和墨西哥银圜在中国流通,"以搀铜之洋银,易我足色之银两,卮漏堤溃,数如恒河,银根日紧,权自彼操"③。官吏在收税时操纵银钱比价,从中取利。提出朝廷可规定在各地所解银两中,酌提洋余银若干,以增加国库收入。《银圜》肯定张之洞先后在广东、湖北铸银圜,指出"诚能就两省之制扩而充之,合各省之力传而益之,泉流遍内地矣",称其为"有心人"④。二十一年十一月,御史陈其璋奏请饬令各督抚仿照成法,设局广铸。汤寿潜对此提出了反对意见。他指出多设一局,即多增费用,而且银料亦将不足,主张沿江各省各就近由粤、鄂两省代铸,赢利分成。如果各省必欲自开风气,则可招精于私铸之人入局,免其罪而用之,化私为官,以

---

① 本段引文均见《危言·口岸》,《汤寿潜史料专辑》,政协浙江省萧山市委员会文史工作委员会1993年版,第256页。
② 《危言·洋匠》,《汤寿潜史料专辑》,政协浙江省萧山市委员会文史工作委员会1993年版,第286页。
③ 《理财百策·洋余》,《汤寿潜史料专辑》,政协浙江省萧山市委员会文史工作委员会1993年版,第371页。
④ 《理财百策·银圜》,《汤寿潜史料专辑》,政协浙江省萧山市委员会文史工作委员会1993年版,第403页。

节省开支。《铜作》论钱法,他认为当时的圜法之敝不是由于私铸,也不是由于偷运出洋。如因私铸,钱根宜宽,何以日紧一日?某侍御说钱内含银,因而被偷运出洋①。汤寿潜指出,制钱内含银甚微,当时钱法的主要问题在于私销,用铜制器获利甚丰。因此,主张向铜匠征捐,"既可裨度支之阙,尤可救圜法之穷……一举而两利"②。《理财百策》没有发表,无社会影响可言,而且主要是讨论增加财政收入的方法,货币本身不是他论述的重点。

在"两元之争"期间,汤寿潜加强了对货币制度的研究,在《论钱币函稿》中提出了自己的观点。他指出各国钱币都只在本国通行,自定等级,大小相权,毋须与别国比较轻重。既经决议制成国币,则重量已归消灭,只论国币几等。因此,钱上本不应有"重库平一两"、"重库平七钱二分"等字样,"主一两与主七钱,所争尚非要点"。国家造币应规定其成分,如银币使用时要折合银两,则与仍用生银无异。他称原来的制钱制度为铜本位,因铜本位不敷应用,于是以生银代银币之用。"由此惑乱,银则论两,铜则论枚,乃有银价、钱价涨跌悬殊诸变相。而官场商场……不但因以为利,并且缘以为奸。"后墨西哥银元充斥于中国商埠,张之洞始创银元,意在便利商途,以塞漏卮。其后各省虽广行银元,而实误以生银为本位,钱文都铸明重量。"以致银与银换,银与钱换,早晚时价不同,而生银又有平色之差,漫无规则,此财政紊乱受病之根源也。"③

汤寿潜强调货币应有自身的"法定价值",他说:"窃考各国钱币,皆以法定价值为一定之规。惟我国未齐圜法,独无法定价值,举国皆误,认生银为国币,又误认库平足银为银之本位。抑不思库平与制钱兑换,亦随市价格低昂,莫辨其孰为主客,则直无本位也。""法定价值"亦称"法定价格",他说:"银铜生料,本无一定之价。以生料铸成国币,将以此币权衡百货之价值,必须此币先有独立之价格,不当仍计银铜材料之价,致失国币经久之价。国币若无经久之价,则国币仍属百货中之物,即系无国币也。"又归纳说:"凡讲圜法,只论数目,不论原质;凡议国币兑换,只问法定价格,不问原料价值。"④汤

---

① "某侍御"当指御史王鹏运,他在光绪二十一年十二月二十五日的奏中说,"倭商购去中国制钱,将其中金银提出"《中国近代货币史资料》第1辑下册,中华书局1964年版,第644页)。
② 《理财百策·铜作》,《汤寿潜史料专辑》,政协浙江省萧山市委员会文史工作委员会1993年版,第414页。
③ 本段引文均见《论钱币函稿》,《汤寿潜史料专辑》,政协浙江省萧山市委员会文史工作委员会1993年版,第539页。
④ 《论钱币函稿》,《汤寿潜史料专辑》,政协浙江省萧山市委员会文史工作委员会1993年版,第540页。

寿潜此论意在说明铸币与作为铸币材料的金属的区别,货币应按国家规定的标准按枚流通,不应按货币材料的实际重量计算。但他认为货币有法定的长期不变的价值或价格,则是一种不准确的理论。国家能规定的只是货币的价格标准,即铸币的重量和成色,而不能规定货币的价格或价值。在单一的货币流通制度下,货币是没有价格的,只有在多种货币并行时,一种货币才会被另一种货币表现出价格,如清朝的银价、钱价等。不同国家之间,因为币制不同,货币也有价格,那就是汇价。在货币具有价格的情况下,其价格由市场决定,国家的规定对市场并无最终的约束力。货币的价值来源于货币材料的价值,但价值是无法量化的,国家不可能对它作出具体的规定。总之,国家只能规定货币的价格标准,而非货币的价格或价值。西方的资产阶级经济学家也有过类似的混淆,曾受到马克思的批评。

对于银本位币的重量,汤寿潜并无一定的主张,指出无论重1两、8钱、7钱2分5厘、5钱,均可速行。实行十进位制。国币以元为单位,银辅币分5角、2角、1角共三等,保留铜元和制钱。"正币单位一元换辅币单位十枚,换铜圜百枚,合换制钱一千文,可预定以为准率。现在银两换制钱至于一千六七百,则可暂将铜元换银元之数增为百二十枚"①。由官银行负责兑换,操纵比价,以银币一元换铜币100枚或120枚为定位,并应多铸铜元。在这样的货币结构中,铜元究竟是主币还是辅币,此文没有明说,在稍后的另一篇文章中有明确的答案。

宣统元年十月十六日(1909年11月28日),汤寿潜以云南按察使的身份奏陈存亡大计治标之策和治本之策各四条,治本之策的第四条为"决议币制,以定国币之价"。他表示对1两说和7钱2分说都不以为然,因为主辅币一经决议,重量已归消灭,只论国币几等,不论重量若干,故两说均未得币制之要领。"今既议定国币,即应收回国币之权,应由国家计元定价,不应由商市计两定价,反致国币无权,举国皆误认生银为国币,又误认库平银为银之本位……主一两,固仍属市面之生银,必受外交之抑价;主七钱二分,亦不能得外交之同价,仍无异市面之生银。"②他认为,"中国未铸金币,决为银铜复本位无疑"③。银本位已见上述。铜本位是以铜元为主币,制钱为辅币,以一

---

① 《论钱币函稿》,《汤寿潜史料专辑》,政协浙江省萧山市委员会文史工作委员会1993年版,第541页。
② 《为国势危迫敬陈存亡大计》,《汤寿潜史料专辑》,政协浙江省萧山市委员会文史工作委员会1993年版,第532页。
③ 《为国势危迫敬陈存亡大计》,《汤寿潜史料专辑》,政协浙江省萧山市委员会文史工作委员会1993年版,第533页。

换十定为法价,由官银行负责兑换,凡官款照数收入。光绪二十六年产生铜元,初期受到民间的欢迎,但由于各省滥铸,很快就造成了新的民怨。在这种形势下,还想保留"铜本位",是当时讨论币制者中的一种特殊主张。这反映了中国用铜钱的历史悠久,汤寿潜对其难以割舍,故在主张实行银本位制时,还想留下一个"铜本位"的尾巴。其实,银本位制也需要铜质的辅币,根本不需要保持铜元、制钱的独立性,以致造成货币制度的不统一。如实行这种复本位制,货币就要继续有价格,银钱比价就要继续变动下去。虽然即使选择银本位制,腐朽的清政府也已没有使其实现的能力,但就学理而言,银铜复本位则更是一种继续维持币制混乱局面的制度。

五、铁路论

《危言》中有《铁路》篇。其中提出节省之策三,变通之策三,预备之策三。节省之策三条:其一,造路必先购地,可谕令地主附股,由总局按其地价发给股票,路成后按值分息。其二,当时建造铁路的政策是由官筹造,造成后招商营运。汤寿潜提出:"招之于已成,何妨招之于未成。先行逐段勘估每里工料车价,一面筹款垫造,一面招商认造,以所造之路权利属之,而岁输所入之几于官。商人多认一里,即公中可少造一里,则制造一项减矣。"[①]其三,为节省薪水,可就近调集营勇,以操防兼顾工作,监督、分巡等事由营哨担任。犒勤惩惰,按军功以赏罚,自然能踊跃从事。

变通之策三条中,只有第一条有实际意义。第一条是:造铁桥的费用十倍于造铁路,相距较远之河,可用浅水轮船源源驳运。河岸设起重机器,以便货物上下。山路有不便者,不妨济以人力。第二条为,据《格致汇编》载,英国有简便汽车铁路,车价不过洋银数千元,能容坐客90人;不必购地筑路,能以人行道路改成,有洋银四五千元可成铁路数里。汤寿潜认为可以照此变更,责问说:"商民盼之不可为不殷,总署主之不可为不力,为其难而不闻为其易者,何也?"[②]但这种变更不属于铁路的范围,实际上指通行汽车。第三条为建木路。汤寿潜也像陈虬一样,说新金山人马斯孟创用木路行木轮火车,作书一卷。他又说《格致汇编》详论木路有八益:木路易成;车价省;路价轻;消磨少;遇曲路与斜路转侧易;倾覆稀;易行易止,则免冲撞;工费减,

---

[①] 《危言·铁路》,《汤寿潜史料专辑》,政协浙江省萧山市委员会文史工作委员会1993年版,第290页。

[②] 《危言·铁路》,《汤寿潜史料专辑》,政协浙江省萧山市委员会文史工作委员会1993年版,第291页。

运脚廉,则商务兴。他认为,中国度支如此短绌,创始之谋如此艰巨,不妨以木路代替铁路。即使干路或非铁路不可,支路皆可以木为之,以求事半功倍。他提出可造木路的支路六条。

预备之策三条:一是延教习培养造路制车人材,五六年后必有端倪,再令他们分赴各国铁路公司印证同异,精益求精,十年后即能操纵由我,无须借材外国。二是外国铁路通至中国境外,卧榻之侧,他人鼾睡久矣。"中国方谋富强,中外轨路总有彼此衔接之一日,宜确查各国与我接壤之轨,而变易其尺寸。持轨既不合,敌虽耽耽笸笸(长久),亦不得越雷池一步。且彼边地皆造铁路,则我于彼近处尤宜以木路为宜……其铁轨之车万不能行于木路,此不防之防也。"[1]三是中国目前尚以铁路为毒蝥,至风气一开,见有微利,就会一呼百应。急功疆臣,牟利市侩,变本加厉推广,害不可言。"宜于铁路集议之日,著为永令,就东西南北议定干路、支路共若干处,如常山蛇势,中、首、尾不容缺一。余有贪利忘害、再议推行壅利者,罪无赦。"[2]

宣统二年(1910年),汤寿潜著《东南铁道大计划》,于五月十三日至十九日(6月19日至25日)在《中华新报》连载。他说日本"耽耽于我东南数省之铁道权,曾不稍讳",在1901年、1903年、1904年已三次派员测定浙赣、杭广、闽浙三线;"所辑《支那经济书》和《中国商业地理志》,对岸观火,如数家珍,而我犹梦梦"[3]。他在分析建设东南铁道的意义时说:从来言商业者,莫不重东南而轻西北。土地膏腴、物产丰富、人口稠密、交通便利是商业发展的要素,其中最重要的是交通。"人知东南所以独占优胜者,在于河流之交通。今则商业大势,由河流贸易时代,一变而为铁道贸易时代。试观年来汉口商埠日益发达,上海商埠日形退缩,即可知铁道战胜于河流之期不远矣。盖汉口为铁道之中心,上海为河流之代表,故论将来商业之消长,当以铁道之长短为比例,不得以河流之多少为比例也。"[4]福建、广东连接浙江,均以上海为尾闾。为上海计,为商业计,为国防计,都应该先以铁道贯通之。

汤寿潜参照日本的设计方案,提出了自己的杭广铁道设计。全线分为

---

[1] 《危言·铁路》,《汤寿潜史料专辑》,政协浙江省萧山市委员会文史工作委员会1993年版,第292页。
[2] 《危言·铁路》,《汤寿潜史料专辑》,政协浙江省萧山市委员会文史工作委员会1993年版,第293页。
[3] 《东南铁道大计划》,《汤寿潜史料专辑》,政协浙江省萧山市委员会文史工作委员会1993年版,第496页。
[4] 《东南铁道大计划》,《汤寿潜史料专辑》,政协浙江省萧山市委员会文史工作委员会1993年版,第495页。

三段:第一段从杭州至衢州,全长423里;第二段从衢州至福州,全长992里;第三段从福州经潮州至广州,全长1 810里。加上支线,共3 300里,需建筑费8 300万元。第一段由浙路公司负担,第二、三段须与闽、粤两省合议。一时筹集巨款有困难,可分段建造。先从最有利益之路下手,造成后即以此路为抵押,借入资本,依次布设。然后从已竣工铁路所得利益中,分出一部分偿还本利。并逐渐募股,以偿借款。他认为这样做,不到10年全线就可以完成。他还指出外款不是不可借,但合同应由商订,没有回扣,不雇外国工程司,不以路抵债。"特如官办之得小失大,期期断以为不可。虽改借为存,亦誓不动用,牢固商办之旨。"① 为实现东南铁道大计划,宣统二年三月,汤寿潜还赴广州为此计划作宣传。

第七节　康有为的经济思想

一、维新派首领康有为

康有为(1858～1927),又名祖诒,字广厦,号长素,变法失败后改号更生,参加张勋复辟失败后又号更甡,广东南海人。父亲为江西候补知县,去世较早。康有为年轻时随祖父及朱次琦(人称九江先生)等读书。光绪五年(1879年)一度入山,专读道家和佛家著作。不久又"以经营天下为志",阅读有关的古籍和西书,并游香港,"乃始知西人治国有法度,不得以古旧之夷狄视之"②。八年到京师参加乡试,回来时经过上海,"益知西人治术之有本","自是大讲西学"③。十四年再次到京参加乡试,上书光绪帝要求变法,但朝中无人肯为他代递。十六年在广州收陈千秋、梁启超为徒。十七年设学舍(后名为"万木草堂")讲学,来学的人渐多。十九年考中举人。二十一年参加会试,正值订立《马关条约》的消息传来,他和梁启超等发动应试举人1 200余人联名上书(即"公车上书")光绪帝,提出拒和、迁都、变法,被都察院拒收。此科康有为考中进士,授工部主事。又两次上书光绪帝(一次未递上),同时刊印《中外纪闻》1 000份,附《京报》分送朝官,并发起成立强学会。二十三年在桂林发起成立圣学会,崇奉孔子。这年年底和次年年初又三次上书

---

① 《汤蛰仙学使演说词》,《汤寿潜史料专辑》,政协浙江省萧山市委员会文史工作委员会1993年版,第586、587页。
② 《康南海自编年谱》,中华书局1992年版,第9、10页。
③ 《康南海自编年谱》,中华书局1992年版,第11页。

言事，发起成立保国会。变法期间，光绪帝召见了他，命他在总理衙门章京上行走，特许专折奏事。政变后，康有为逃亡国外。次年在日本组织保皇会。二十八年起公开与资产阶级革命派对立。他在国外15年，曾游历欧、亚、美洲的31国。1913年回国，定居上海，主编《不忍》杂志，反对共和，鼓吹以孔教为国教，被推为孔教会总会会长（后为名誉会长）。1917年张勋复辟，他赶到北京，被封为弼德院副院长，赏给头品顶戴。失败后仍回上海。1927年在青岛病逝。著作有百余种，主要有《新学伪经考》、《孔子改制考》、《日本明治变政考》、《戊戌奏稿》、《春秋笔削大义微言考》、《礼运注》、《大同书》、《物质救国论》、《金主币救国议》和《理财救国论》等，编有《康有为全集》。

《新学伪经考》和《孔子改制考》是使康有为成为维新派首领的两本重要著作。《新学伪经考》出版于光绪十七年。"新"是王莽的国号，"伪经"指古文经。这本书把被封建统治者奉为儒学正宗的古文经全部说成是王莽时刘歆的伪造。《孔子改制考》出版于光绪二十四年，说孔子创立儒教，作六经（《诗》、《书》、《礼》、《乐》、《易》、《春秋》）托古改制，有新王、素王、文王、圣王、先王、后王、王者之称。两书在当时曾产生很大的影响。

康有为变法主张的理论根据是汉代公羊学家的"三世"说和《礼记·礼运》关于"大同"、"小康"社会的论述。《公羊传》隐公元年何休注把《春秋》所包括的历史分为"衰乱"（康有为引作"据乱"）、"升平"、"太平"三世，康有为说据乱、升平世是小康社会，太平世是大同社会。中国的封建社会是据乱世，欧美资本主义社会接近升平世，将来的大同社会是太平世。又说君主制是据乱世，君主立宪制是升平世，民主制是太平世，主张君主立宪是要使中国由据乱世变为升平世。他强调"观万国之势，能变则全，不变则亡，全变则强，小变仍亡"[①]。他所说的变，已经不分器和道，比早期资产阶级改良派有很大的发展。但他所说的全变，仍以不推翻封建统治为前提，实际上还是局部的改良。

康有为提出变法的具体内容主要有：实行君主立宪制度，尊孔教为国教，科举废八股改用策论，设立大、中、小学，改革军制，发展资本主义经济，裁撤厘金，广译日文书和派人出国游学，禁妇女裹足等。他考虑到原来的政权机构根本不能推行新政，因此提出"开制度局以定新制，别开法律局、度支局、学校局、农局、商局、工局、矿务、铁路、邮信、会社、海军、陆军十二局以行

---

① 《上清帝第六书》，《康有为全集》第4集，中国人民大学出版社2007年版，第17页。

新法,各省设民政局,举行地方自治"。①变法主要是效法俄、日,特别是以日本的明治维新为学习榜样。

二、变法的经济纲领

光绪二十一年(1895年),康有为在《上清帝第二书》(公车上书)中提出了"富国之法"和"养民之法"。富国之法有六:钞法、铁路、机器轮舟、开矿、铸银、邮政。养民之法有四:务农、劝工、惠商、恤穷。这种划分在逻辑上是不严密的,因为富国之法中有发展工业的内容,养民之法中的劝工也是发展工业,而所谓务农、劝工、惠商本来也应该列为富国的项目。

康有为作这种划分看来是出于这样的考虑:他这里所说的富国是一种狭义的富国概念,只是指国家财政收入的增加,因此他把自己所设想的能够增加财政收入的办法归为一类,而同增加财政收入无直接关系的归入另一类。

钞法和铸银都属于货币制度,但这两条并无内在的联系,各说各的。关于钞法,康有为指出:"今奇穷之余,急筹巨款,而可以聚举国之财,收举国之利,莫如钞法。"②办法是令全国银号都向政府报明资本额,所有现银一律存到户部及各省藩库,户部用精工制造的纸币偿还,偿还额比存款额增加一半,可以用来缴纳赋税,支付禄饷。他认为用这种办法,以18行省计算,国家可增加收入万万两。企图用强制的手段将民间金融机构的所有现银存入政府机构,在此基础上发行纸币,其可行性等于零。如勉强实行,非造成社会动乱不可。关于铸银,康有为说外国银钱每年运入中国约数百万,八成夹铅(此说不确),而换中国足银7钱2分之重或有涨至8钱者。应禁止其流通,自铸银钱,以收利权。"查美国铸银,每刻可成大圆一千二百,而每圆之利,三分移作制造之费,犹有余饶,利亦厚矣。请饬下户部,预筹巨款,并令行省皆开铸银局,其花纹年号,式样成色,皆照广东铸造,增置大圆……他日矿产既盛,增铸金钱,抵禁洋圆,改铸钱两。令严而民信,可以塞漏卮而存正朔矣。"③所谓"存正朔",是指金银钱上镌本国年号,不像外国银圜用公元纪年。

铁路、机器轮舟、开矿作为富国之法是国家可以从中抽税。康有为指出不费国帑而更可得数千万者,莫如铁路。山海关外久已兴筑,因费巨难筹,

---

① 《康南海自编年谱》,中华书局1992年版,第37页。
② 《上清帝第二书》,《康有为全集》第2集,中国人民大学出版社2007年版,第37页。
③ 《上清帝第二书》,《康有为全集》第2集,中国人民大学出版社2007年版,第39页。

尚未在直省推行。他主张铁路由民出费领牌照，听其分筑，官定章程，为之弹压保护。据西人估计，铁路牌费可得 7 000 万两，又可省漕运费用千万两，去驿站还可省 300 万两。机器厂、小轮舟"各省皆为厉禁，致吾技艺不能日新，制作不能日富，机器不能日精，用器兵器皆多窳败，徒使洋货流行"而"自蹙其国"①。机器、轮舟都许民办，官为保护，出费领牌，国家可得巨款。至于开矿，国家可得二十取一的矿税。英国有邮政局寄带公私文书，岁入 1 600 余万。中国若官设邮政，进可"坐收千余万之款，退可省三百万之驿，上之利国，下之便民"②。

务农、劝工、惠商就是奖励、扶助农、工、商业的发展。务农包括发展粮食、丝、茶、棉、蔗、林、牧、渔和养蜂等项，办法主要是推广新技术。劝工主要是奖励创造发明，"凡有新制绘图贴说，呈之有司，验其有用，给以执照，旌以功牌，许其专利"。对于惠商，康有为指出："并争之世，必以商立国"。"古之灭国以兵，人皆知之；今之灭国以商，人皆忽之。以兵灭人，国亡而民犹存；以商贾灭人，民亡而国随之。"这同郑观应的商战理论差不多。他也像郑观应一样，列举各种进口洋货，认为由于这些洋货输入，中国"合五十年计之，已耗万兆，吾商安得不穷"；主张国家大力扶助商人，振兴商务，"广纺织以敌洋布，造用物以敌洋货"，各种出口商品"皆与洋货比较，精妙华彩，务溢其上"。③ 还要取消厘金，减轻出口税，以加强商品的对外竞争能力。

恤穷之法的具体内容有三：一是移民到西北诸省及东三省、蒙古、新疆垦荒；二是令州县设立警惰所，收留无业游民和有劳动能力的乞丐，进行职业教育，迫使作工；三是令各州县市镇聚落设立收养院，收养无依无靠而又没有劳动能力的穷人。

到戊戌变法时，康有为改变了"以商立国"的说法，而提出了"定为工国"的主张。他在《请厉工艺奖创新折》中指出欧洲的"大国富强乃十倍于我，小国亦与我等"，其主要原因在于"政俗学艺竞尚日新，若其工艺精奇，则以讲求物质故"④。当时已入工业之世界，而中国还是一个农业国，这怎么能同外国竞争？他说"国尚农则守旧日愚，国尚工则日新日智"，奏请光绪帝将中国"定为工国而讲求物质"；下明诏奖励工艺，对于"寻新地而定边界、启新俗而

---

① 《上清帝第二书》，《康有为全集》第 2 集，中国人民大学出版社 2007 年版，第 38 页。
② 《上清帝第二书》，《康有为全集》第 2 集，中国人民大学出版社 2007 年版，第 39 页。
③ 本段引文均见《上清帝第二书》，《康有为全集》第 2 集，中国人民大学出版社 2007 年版，第 40 页。
④ 《请厉工艺奖创新折》，《康有为全集》第 4 集，中国人民大学出版社 2007 年版，第 301 页。

教苗蛮、成大工厂以兴实业、开专门学以育人才者,皆优与奖给"①。他强调只有这样才能立国新世,有恃无恐。所谓"定为工国",就是要实现资本主义工业化。康有为是中国主张工业化的第一人。

但是,康有为的工业化主张并不是建立在对资本主义经济关系的深刻了解的基础上的,因此,当他把着眼点转移到抵制外国的经济侵略时,又感到中国的"匮乏之由"在于"商务不兴,财源漏泄之故"②,也就是把商业看成是发展资本主义经济的中心了。所以他说:"夫商之源在矿,商之本在农,商之用在工,商之气在路。"③前三句话抄自陈炽的《续富国策》,但陈炽说"商之体用在工",他则说"商之用在工"。这就是说,他认为商对工是起决定性作用的。

工业化对当时中国来说,不过是一个模糊的前景。康有为提出这一主张是学习西方的结果,在国内并无产生这一主张的社会基础。因此,他从"定为工国"退回到以兴商务为中心,也是不奇怪的。不成熟的理论产生于不成熟的社会。康有为的工业化主张也是如此。

三、"大同"空想社会的公有制

康有为依据公羊学家的"三世"说和《礼记·礼运》对于"大同"社会的描绘,佛教的"慈悲平等"思想,结合他对资本主义社会的情况和矛盾的了解,构想了一个"大同"社会。光绪十一年(1885年)"从事算学,以几何著《人类公理》",十二年"又作《公理书》,依几何为之者",十三年"编《人类公理》"④,现存有《实理公法全书》。二十八年以后成《大同书》。1913年在《不忍》杂志上发表了其中的甲(《入世界观众苦》)、乙(《去国界合大地》)二部。全书十部,1935年由中华书局出版。1956年古籍出版社据康氏家藏抄本校订重印。"近年发现的手稿八卷,分藏于上海博物馆和天津图书馆,与印本次序、内容出入颇多。"⑤已无"去九界"的文字,也无甲、乙、丙、丁……部的排序。该手稿收入在姜义华、张荣华编校的《康有为全集》中。

康有为在《大同书》中列举人世间的种种痛苦,计有投胎之苦、夭折之苦、废疾之苦、蛮野之苦、边地之苦、奴婢之苦、水旱饥荒之苦、蝗虫之苦、火

---

① 《请厉工艺奖创新折》,《康有为全集》第4集,中国人民大学出版社2007年版,第302页。
② 《条陈商务折》,《康有为全集》第4集,中国人民大学出版社2007年版,第337页。
③ 《条陈商务折》,《康有为全集》第4集,中国人民大学出版社2007年版,第338页。
④ 《康南海自编年谱》,中华书局1992年版,第13、14页。
⑤ 《大同书》按,《康有为全集》第7集,中国人民大学出版社2007年版,第2页。

焚之苦、水灾之苦、火山之苦、地震之苦、室屋倾坏之苦、舟船覆沉之苦、汽车碰撞之苦、疫疠之苦、贫穷之苦、富人之苦、贱者之苦、贵者之苦、帝王之苦、圣神仙佛之苦、鳏寡之苦、孤独之苦、老寿之苦、愚蠢之苦、雠怨之苦、爱恋之苦、牵累之苦、劳苦之苦、愿欲之苦、疾病无医之苦、刑狱之苦、苛税之苦、兵役之苦、压制之苦、阶级之苦。不仅穷人有苦,富人也有苦;被压迫者有苦,压迫者也有苦,没有一个例外。关于圣神仙佛之苦,康有为指出:"大同之世,太平之道,人人无苦难,不劳神圣仙佛之普度,亦人人皆仙佛神圣,不必复有神圣仙佛。故吾之言大同也,非徒救血肉之凡民,亦以救神圣仙佛舍身救度之苦焉。"[1]在阶级之苦中,康有为指出:"(阶级)皆据乱世以强凌弱,以众暴寡,以智欺愚,以富轹(欺压)贫,无公德,无平心,累积事势而致之也。积习既成,则虽圣哲豪杰视为固然。人道之所以极苦,人治之所以难成,皆阶级之为之也。"[2]但他认为中国不同。"孔子首扫阶级之制……遂至于今全中国绝无阶级。以视印度、欧洲辨族分级之苦,其平等自由之乐,有若天堂之视地狱焉。此真孔子之大功哉!"[3]

康有为认为家庭的存在就不能实现大同,提出有家之害 14 条,如"因有家之故,必私其妻子而不能天下为公";"因有家之故,养累既多,心术必私,见识必狭,奸诈、盗伪、贪污之事必生";"人各自私其家,则不能多得公费以多养医生,以求人之健康,而疾病者多,人种不善";"人各自私其家,则无从得以私产归公,无从公养全世界之人,而多贫穷困苦之人";"人各自私其家,则不能多抽公费而办公益,以举行育英、慈幼、养老、恤贫诸事";"人各自私其家,则不能多得公费而治道路、桥梁、山川、宫室,以求人生居处之乐"。因此他主张去家庭,认为:"故欲至太平独立性善之美,惟有去国而已,去家而已。"[4]

为了去除家庭,康有为提出要设立胎教院、育婴院、怀幼院、蒙学院、小学院、中学院、大学院、医疾院、养老院、恤贫院、养病院和考终院。妇女怀孕后,应进入胎教院,进行胎教。婴儿断乳后,产妇出院,婴儿移送育婴院。幼儿 6 岁入小学院,11 岁入中学院,16 岁入大学院,大学分科门目极多。20 岁学成,无论是否卒业,都任其就业,成材者荐于各业公所选择聘用;特优者由大师几人保荐,就业一年后,公家特给学士荣衔,给俸禄三年以成其绝学。

---

[1] 《大同书》,《康有为全集》第 7 集,中国人民大学出版社 2007 年版,第 25 页。
[2] 《大同书》,《康有为全集》第 7 集,中国人民大学出版社 2007 年版,第 37 页。
[3] 《大同书》,《康有为全集》第 7 集,中国人民大学出版社 2007 年版,第 37、38 页。
[4] 《大同书》,《康有为全集》第 7 集,中国人民大学出版社 2007 年版,第 91 页。

出大学院后无人聘用的人，则要俯就贱业；如无贱业可就，则入恤贫院作苦工，以劳动收入养活，不足之数由官补足，有余由官赏给，勤而制作精美者有奖，惰而制作粗恶者有罚。出恤贫院后再入恤贫院者，削其名誉；三入者，人不与齿；四入者，罚作极苦之工；五入者，坐牢七天以辱之。凡 60 岁以上，许在养老院养老。60 岁者一人护侍数人，70 岁者一人护侍一人，80 岁者二人护持一人，90 岁者三人护侍一人，百岁者四人护侍一人。人死移于考终院。高位、大名、殊功、大德者，停一月乃火化，中等者半月，下等者七日，以待好友临视尽哀。大仁大智者曰圣人，有功德于人者曰仁人，能创一新理、新器为前古所无后世大利者曰智人，都分等级赐以宝星，铸像立表，以垂不朽。

　　各联邦自理内政，而大政统一于大政府。开始时由各国选派执政议事者，公举议长。"岁减各国之兵，每减必令各国同等，减之又减，以至于无。计每年国减一万，不及数十年，可使各国无兵矣。"①各国之兵废尽后，废除国家，禁用"国"字，改为"州"或"界"。分全世界为 10 州，州下设百数十界。全世界皆以"大同"纪年，其前称大同前某年。统一度量衡。统一文字。一切万物之数目都用十进位制，包括钟表记时等。全世界只有一公政府，下面是各度界小政府，基层的政府机构是地方自治局。官员由选举产生。没有军队，但有警察。没有刑法，但有奖惩。农、工、商各业都实行公有制。

　　土地公有。"举天下之田地皆为公有，人无得私有而私买卖之。政府立农部而总天下之农田，各度界小政府皆立农曹而分掌之，数十里皆立农局，数里立农分局，皆置吏以司之。"②数里设一农场，用机器生产。公政府商部统计全国人民对农产品的需要，加上准备弥补意外水旱天灾的数字，确定生产的品种和数量，因地制宜，规定各度界的生产任务，经农部核定，由度界小政府农曹，落实到所属各地农场。农产品收成后，截留本度界的需要，其余归商部。商部将收到的农产品再运往各地，"以所有易所无，以有余补不足"③。农民要有农学考试合格证书，未得证书而已 20 岁以上的人亦可为农民，但不得为长及农学士。水平提高后也可发给证书。只有学士、工师、技师出身的才能担任各级农业长官。农民的劳动时间随着机器的发展而减少，机器愈精，工作时间愈少，劳动时"不惟无苦而反得至乐"④。工资标准按才能和阅历分为 10 级，请假要扣工资。不肯作工或请假太多的开除，被多次

---

① 《大同书》，《康有为全集》第 7 集，中国人民大学出版社 2007 年版，第 136 页。
② 《大同书》，《康有为全集》第 7 集，中国人民大学出版社 2007 年版，第 156、157 页。
③ 《大同书》，《康有为全集》第 7 集，中国人民大学出版社 2007 年版，第 158 页。
④ 《大同书》，《康有为全集》第 7 集，中国人民大学出版社 2007 年版，第 160 页。

开除的削其名誉。

工业公营。工业生产计划亦由商部统一安排,经工部核定,由度界小政府工曹落实到所属各工厂。一家大工厂"用人可至千百万,亘地可至千百里,厂内俨如古国土,厂主俨如古邦君"①。工人有成业证书的可担任各级领导人和技术职务。工资标准根据作工的美恶勤惰分为数十级。有创造发明的则给以宝星之荣名,赏以千万之重金。工人的劳动时间每天三四小时或一两小时,其余时间用来游乐或读书。懒惰不作工的也要开除,开除三次的"削其名誉,不得升迁,不得列于上流"②。

商业公营。全地之商业都归公政府商部管辖。商部根据全地人口数量,贫富差别,年月用品多少,令适合的农场、工厂如数提供商品,分配于天下。令各度小政府设商曹,水陆要区设商局和各种商店。商曹将商品分配于所属各商店。一市仅一商店,大市大店,小市小店,小的一百几十里,大的可达百数十里到数百里。用人多的可达百数十万,也像一个国家。商店里全地之货万品并陈,每品之中万色并列。顾客购货后送货到家。"政府但除农、工及运送之所出之本,以时酌定其价之高下,高者无过什一,下者可至百一……计其时物价之贱,可过今什百倍蓰矣。"③

银行公营。公政府设银行部,即度支部。各度小政府设总银行,各地方自治局设分银行,各工厂、作厂、农场设小银行。"凡全地商店、铁道、汽船、电线、邮政、汽球之所入皆归于总银行,而分配于各度及各地各场之银行,以应农、工、商作铁道、汽船、电线、邮政、汽球之需及人本、育婴、慈幼、小学、中学、大学、养老、医疾、恤贫、考终十院之用。"④人民储金给予利息。货币以金为上币,银为下币,或只用金币,并发行纸币。金钱分为十、百、千三品。银行官员都由经济学学校出身,高级官员选商业富人或各业大富人担任,并须是仁人徽章的获得者。"盖大同之世,权至大者莫如银行,故不能不郑重之。"⑤

康有为对大同社会人们生活的美好充分发挥了想象力。他们"皆居于

---

① 《大同书》,《康有为全集》第7集,中国人民大学出版社2007年版,第160页。
② 《大同书》,《康有为全集》第7集,中国人民大学出版社2007年版,第161页。
③ 《大同书》,《康有为全集》第7集,中国人民大学出版社2007年版,第162页。
④ 《大同书》,《康有为全集》第7集,中国人民大学出版社2007年版,第174页。引文中原只有九院名称,与所述十院内容不符,经考证,确定漏掉了恤贫院,故在引文中添加"恤贫"二字,以足十院之数。
⑤ 《大同书》,《康有为全集》第7集,中国人民大学出版社2007年版,第174页。

公所,不须建室"。另有大旅店,"有百千万之室,备作数等,以待客之有贫富者"①。此外又有电动行室,即有轨电车,宽、高各数丈,长一百数十丈,处处可通,供旅游之用。还有飞屋、飞船,小船十数丈,大船一百数十丈,供游览空中之用。还有自行舟、车,自行车速度比今或百千倍,增坐人数或十、百。"或借电力,或炼新质,飘飘如御风焉。人人挟一自行车,几可无远不届,瞬息百数十里。"②名山都辟为公园。大汽船"长以千万丈,广亦百数寻,有若小岛矣。船中堆山,筑池、种树、架桥,缀以亭榭,其上室客堂环绕其间,逸老、名士好吸海风,多赁居于是以周游四海焉"③。饮食非常丰盛,"日日皆如无遮大会";因为没有奴仆,所以"一切皆以机器代之,以机器为鸟兽之形而传递饮食之器"④。大同之世,饮食日精,渐取精华而弃糟粕,食品只用精汁、汽水、生果。"其时医术神明,不可思议。养生日精,服食日妙,人寿日长,不可思议,盖可由一二百岁而渐至千数百岁焉。"⑤神仙、佛学二者大行,人们将以成仙、成佛为追求目标。

康有为认为在大同社会中因为没有竞争,会发生退化现象而复归于乱。因此又提出奖智、奖仁的预防办法。奖智是奖励创新,奖仁是奖励行慈惠之事。奖励办法包括给以名誉称号和金钱。金钱奖励分1 000级,从1 000金至100万金。

怎样才能变私有制为公有制? 康有为说:"然欲急至大同,最难则在去国。若去民私业,此事甚易,即在去人之家始也。即欲急去国界者,亦自去家始。"⑥去家则要大明天赋人权之义,男女皆平等独立,废除婚姻制度。男女采取立约的方式同居,同居期限由一月到一年,允许续约。小孩出生后就由社会扶养和教育,同父母无关。老年人则进养老院。这样就取消了家庭,取消了夫妇父子的家族关系。于是,遗产就无人可传,使农田、工厂、商货等归公而进入大同之世。显然,这种大同社会根本不可能实现。

康有为的大同社会是空想的社会主义社会。他认识到生产资料私有制造成了种种矛盾,因此提出了生产资料公有的主张。他把大同社会建立在生产力高度发展的基础上,这在中国是前无古人的。在这个社会中,生产目

---

① 《大同书》,《康有为全集》第7集,中国人民大学出版社2007年版,第184页。
② 《大同书》,《康有为全集》第7集,中国人民大学出版社2007年版,第185页。
③ 《大同书》,《康有为全集》第7集,中国人民大学出版社2007年版,第171页。
④ 《大同书》,《康有为全集》第7集,中国人民大学出版社2007年版,第185页。
⑤ 《大同书》,《康有为全集》第7集,中国人民大学出版社2007年版,第188页。
⑥ 《大同书》,《康有为全集》第7集,中国人民大学出版社2007年版,第163页。

的是为了满足全体社会成员的需要,劳动者要有相当的科学文化水平。这些观点,是符合社会发展的方向的。大同学说对于解放处于封建枷锁束缚下的人们的思想,鼓舞人们起来争取社会进步的斗争,具有积极的作用。

康有为把他的大同社会看成是人类的最高理想。但是,在这种社会中仍有"商业富人"和"各业大富人",同时又有恤贫院。人们存在着事实上的不平等。他宣扬大国并吞小国是"大同之先驱"[①]。又认为黑人是劣等种族,白人是高等种族,要消灭黑种和棕种,使世界上只有白种和黄种。消灭的方法除迁居、杂婚以及改食、运动外,还要用药物使有些黑种和棕种人丧失生殖能力。这是公然为殖民主义和种族主义张目。

四、物质救国论

光绪三十年(1904年),康有为在加拿大作《物质救国论》,次年作《序》,三十二年在上海出版,1919年又加《后序》再版。

在《物质救国论序》中,康有为总结了中国学习西方思想的演变:同光之初,曾国藩、李鸿章、沈葆桢诸公以为欧美之强在军兵炮舰,未知彼军兵炮舰之有本。光绪二十一年败于日本,以为欧美之强在民智,于是10年来举国争相办学。戊戌以后,留学日本者日盛。"忽得欧美之政俗学说,多中国之所无者,震而惊之,则又求之太深,以为欧美致强之本,在其革命、自由,乃不审中国病本之何如,乃尽弃数千年之教学而从之。于是辛丑以来,自由、革命之潮,弥漫卷拍,几及于负床之孙,三尺之童,以为口头禅矣。"[②]他认为这是很危险的,并称自己自戊戌后出游8年,较量欧亚得失,推求中西异同,认为欧洲百年来最著之效为国民学和物质学二者。数年来中国对国民之义亦知发明,而中国之病弱,则在不知讲物质之学而已。

康有为反对用革命的办法求国家的富强。他称赞俄国彼得一世为了强国,化名到欧洲学习,在荷兰学造船,在波兰学医、学格致,在英国学造船、学造钟表,在法国读大学。还派群臣、大僧子弟分往欧洲学习,并招募巧匠到俄国传授技艺。康有为指出:"夫俄起自野蛮荒寒之小国,而彼得三十年间,乃辟地九千方里,声震全欧,后世承之为第一强国者,则以彼得能自知己国所短而采用各国之工艺故也。"[③]他又以缅甸、印度的亡国作为反面例证:"若不知屈己学工也,则缅王之欲英使跪而不得也……而身囚印度岛,国且夷

---

① 《大同书》,《康有为全集》第7集,中国人民大学出版社2007年版,第129页。
② 《物质救国论》,《康有为全集》第8集,中国人民大学出版社2007年版,第63页。
③ 《物质救国论》,《康有为全集》第8集,中国人民大学出版社2007年版,第65页。

矣。印度王侯士大夫不知国之强弱在物质学,而但欲革命自立也,则万里之土疆,三万万之士民,皆夷为奴隶矣。"①因此,他声称"自由、革命、民主、自立之说,皆毒溺中国之药,是要使中国再蹈印度亡国之覆辙";而"校量中西之得失,以为救国至急之方者,则惟在物质一事而已"②。又说:"中国之病弱非有他也,在不知讲物质之学而已。"③他对"物质"的涵义未作明确的界定,仅说物质的"方体无穷",即范围很广,他所取的救国急药,"惟有工艺、汽电、炮舰与兵而已"④。如此说来,则"兵"也是物质之一种了。不过大体上说,可以把"物质学"理解为"科学"。因为他又提出:"科学实为救国之第一事,宁百事不办,此必不可缺者也。"⑤这样,"物质救国"又好像是"科学救国"了。

康有为指出欧洲人之强和中国所最缺乏者就在于物质。道光二十一年(1841年),英国以2舰驶入广东,广东调2万水师、3000帆船,不能拒之。倘若咸丰至光绪初年,中国能大力奖励新器艺、新思想,则已可以与欧人并驱争先。而大臣们虽已知道讲军兵炮舰,但未及物质之学,仅能借购于外国。后来虽开办船政厂、制造厂,但产量有限。招商局开办已数十年,船主驾驶者尚无一华人。同光数十年来,所开新器局均为官办。一切待于官办,不仅财力不足,而且不能多开。即使财力能多开,也不能与欧洲列强为敌!

康有为分析了英、德、美等国因讲物质学而富强,也指出法国因"革命之喋血数百万,前后垂八十年"而转弱。英国胜法国而据印度,得亚丁,抚有加拿大,收澳洲。"以海军、商业贯大地,而声威之赫奕(显耀盛大),语言文字之通达,欧洲列强无及之者,即强霸之法亦退缩而远让之,则以英国最讲物质之学、植产之义故也。"⑥"德国所以致富强者,在致精工学,专意工学校之教……科学与工业,日见增长,以其有商工之新学,能备精巧之机器。故德力之所以骤涨者,由其物质学理方法多也。"⑦美国为近百年新造之国,而今富冠大地。"近者东定古巴,西取吕宋。欧洲诸强,侧睨而涎望,莫敢正视者,非有他也,物质之学盛而工艺最精故也。"⑧

对于中国,康有为指出,中国自古以农立国,这是因为物质学未开,不得

---

① 《物质救国论》,《康有为全集》第8集,中国人民大学出版社2007年版,第64页。
② 《物质救国论》,《康有为全集》第8集,中国人民大学出版社2007年版,第71页。
③ 《物质救国论》,《康有为全集》第8集,中国人民大学出版社2007年版,第63页。
④ 《物质救国论》,《康有为全集》第8集,中国人民大学出版社2007年版,第71页。
⑤ 《物质救国论》,《康有为全集》第8集,中国人民大学出版社2007年版,第95页。
⑥ 《物质救国论》,《康有为全集》第8集,中国人民大学出版社2007年版,第73页。
⑦ 《物质救国论》,《康有为全集》第8集,中国人民大学出版社2007年版,第81页。
⑧ 《物质救国论》,《康有为全集》第8集,中国人民大学出版社2007年版,第83页。

不如此。"今将大振物质工学,以为富民强兵立国之道,凡有二焉:一曰大派游学以学于外,一曰广延名匠以教于中。"①他主张立刻派学生万名,往欧美、日本,学物质、工艺、兵炮垒、机器、电化之学,使凡百工业无不具备。他还提出游学宜往苏格兰学机器,往美国学电学、汽机,往德国学职工学(各职业专门学),往意大利学画学、乐学和雕刻,往奥地利学玻璃仿古之法,往比利时学制五彩玻璃之法,往英、德学船、炮。"日本于物质学虽远不如欧美,然各种实用学,亦已无不具立。地近而文同,费省而学易,以补中国之所无,则为益多矣。"②

实业、军事和科学对国家的富强自然是极为重要的,但是康有为将其同革命对立起来,反映了他只讲改良而否定革命的极端态度。当时的首要任务是推翻清政府的统治,不做到这一点,以"物质救国"只是一句空话。康有为在变法时期虽也提出要"讲求物质",但那时只是作为变法的一个具体项目,不像《物质救国论》中把它说成是救国的唯一途径。至1919年,康有为重印《物质救国论》,在《后序》中又有以下文字:"或进以社会至平之义,岂不持之有理哉!无若未至其时而误行之,徒足以召乱也。"③这表现出对马克思主义在中国传播的担忧。

五、金主币救国论

光绪三十四年(1908年),康有为成《币制论》书稿,其学生王觉任建议改名为《金主币救国议》,于宣统二年(1910年)由上海广智书局出版(封面作《金主币救国论》)。"金主币"即"金本位",康有为不赞成"本位"之说,对此特地作了说明:"母币即日本所谓本位,子币即日本所谓补助货。'本位'二字不文,吾易之以主币、助币,下文仿此。"④《金主币救国议》分上下卷,共30篇,主要篇目有:《币制出于不能已之市易物交说》《诸币不如金良故生金制先行说》《用生金不如铸钱而钱必用金银铜说》《行钱法有母子相权考》《万国金银钱法源流考》《金银两币争行终行金主币为定考》《四十年来万国次第尽改行金主币考》《用银议频起经九大会终归永败考》《金银比价古今沿革考》《金日涨而银日落万国皆变金而吾国不变国将枯死说》《定金银比价宜在二十换以上议》《制钱轻重考》《钱圆宜小不宜大权量宜弃不能弃

---

① 《物质救国论》,《康有为全集》第8集,中国人民大学出版社2007年版,第89页。
② 《物质救国论》,《康有为全集》第8集,中国人民大学出版社2007年版,第94页。
③ 康有为:《物质救国论·后序》,长兴书局1919年版。
④ 《金主币救国议》卷上,《康有为全集》第9集,中国人民大学出版社2007年版,第30页。

说》,《金银镍铜币重量十进划一推行议》,《始铸金钱应若干说》,《铸金钱后限制用银铸银说》,《改行金主币先备银行说》,《先聚金以准备铸金币说》,《未铸金钱先行法定金主币说》,《铜钱改良及限用限铸说》,《纸币为物理之极趋妙用说》,《行纸币宜限额妄滥生害说》,《行纸币宜付银行而必备金说》,《不易法定钞说》。①

《金主币救国议》既谈中国的币制,也谈世界的币制,内容充实。它主要说明实行金本位制是世界潮流,中国不实行的种种危害,以及中国实行的方法。康有为甚至把不行金本位制定为导致中国灭亡的根本原因,他说:"夫以五千年文明之古国,万里之广土,四万万之众民,而所以致亡之由,不过为银落金涨之故,岂不大可骇笑哉!若使光绪十年间,或前十年精琦请改时,计臣早识金银之气,早改金主币,何以至今日之忧?""再迁延岁月……吾四万万国民,将相寻于枯鱼之肆矣。"②又说:"中国生计之命,决于此两年间;能改金币而善图之则存,不改金币而坐守旧法则亡。"③以改行金本位制作为救亡图存的根本措施。

康有为从分工的角度说明需要交易。以物易物,必难适平,于是产生一易中之代物,遂货币起焉。皮、贝、谷、帛皆为易中之代品,尚未离以物易物之意。"然则于通用爱玩之中,求其坚久不变、分析精微、运握轻小、最便于人用者,莫若五金矣。"④故五洲万国,渺不相通,不期而同用金银为易中。

《国语》中单旗的子母相权论,康有为将它申引为:"夫母权子而行,即日本译之单本位,独以金为主币,而以银、铜、锡为助币也;子权母而行,即日本所译之复本位,金、银并为主币也。"这自然是牵强附会。他以此来说明各国的币制,然后得出结论:"近者统万国考之,盖无不行金主币者,则金、银两主币之时,已过而为刍狗,况于专以银为主币者乎?"⑤

对于银贱有利于出口的观点,康有为指出:"若吾中国,只有天产物耳,物质未兴,机器未盛,化电未启,制厂甚少,从何兴工艺以增出口之货?徒令彼以其至贱之银价而购吾百产耳。故在彼无亏,而我受大害。"⑥认为近年我国物价上涨,实因银价下跌。他列举不改金主币的大害,共14条。其中为国人计6条:银价日落,物价日腾,则国人日贫落,害一;银、铜为金所持,不能自

---

① 《金主币救国议》篇目以正文中的篇目文字为据,同目录中的篇目文字有不一致之处。
② 《金主币救国议》卷上,《康有为全集》第9集,中国人民大学出版社2007年版,第45页。
③ 《金主币救国议》卷下,《康有为全集》第9集,中国人民大学出版社2007年版,第69页。
④ 《金主币救国议》卷上,《康有为全集》第9集,中国人民大学出版社2007年版,第28页。
⑤ 《金主币救国议》卷上,《康有为全集》第9集,中国人民大学出版社2007年版,第30页。
⑥ 《金主币救国议》卷上,《康有为全集》第9集,中国人民大学出版社2007年版,第42页。

主,致物价无定,供求不相应,涨落无常而市易乱、商道险,害二;银价涨落无主,铜价更随之涨落,小民愈困,害三;既无主币,称平色折,各省互殊,各市又异,则市乱,商苦生计艰,害四;银行不能遍开,开亦难办,则民资本难为挹注,而生计艰,害五;良金尽逐出国外,国中空虚,元气顿尽,害六。为国计4条:税则不能定,官吏得上下其手,理财无从下手,害一;物价日腾,银价日落,税入之额,行用日亏,而国用愈不足,害二;税入折成色,则吏易作弊中饱,民更苦之,害三;国用不足,库日困绝,国致破产,害四。为对外计4条:金日涨,银日落,偿外债息,补磅大亏,害一;入口货多于出口货,大亏,害二;银价物价,受人无穷涨落,商业难兴,害三;金融权常在外人,制我全国死命,害四。

康有为认为,中国欲行金主币,须先定金银比价。他说欧人比价为1∶15,美人为1∶16,中国仿此,可定1∶20。其实,在标准的金本位下,银币只是金币的辅币,它代表的是金币的价值。如面值半元的银币的实际价值必须低于主币的实际价值的50％,政府只要根据这一原则确定银币的重量和成色就可以了,并不需要规定金银的比价。

康有为提出,行金主币必先在国内外设立银行,国内必使银行遍于县乡,国外必使银行立于欧美。他说:"吾有一言,欲觇国与民之贫富乎,观于千人之聚有银行否,则其民与国可知也……盖国之有财,犹人身之有血脉也,脉一点不流通,则血滞而病生矣;一地无银行,财不通而他病亦生。"①如一时难以做到千人之聚都有银行,则每县必当有银行支店。都会银行以汇兑为主,乡野银行以劝业为主。如乡野银行不能骤立,可令当、押店暂充银行,或若干当、押店为一银行。乡银行当开20余万所,县银行当开1 500所。国外银行设于伦敦、纽约、巴黎和柏林,万不得已则先设伦敦、纽约二所。办银行全国需要通银行学者50万人,应从速开办银行学校。银行学生以商人子弟为宜,由各郡县保举身家万两以上的商家子弟自费就读,并由有司考察其仪状端正、乡里保证其品行无亏者参加预选。大市都会,士大夫子弟及吏人、士人、举贡、生监愿就读者,在特别科,仍以身家殷实为限。京师设立银行监,总监官秩为正二品,隶属度支部。下设各司,并设银行货币会,各司有志者可参加研讨。各省设铸钱造币局,隶属银行监,不隶督抚。

实行金本位制需要积聚足够的黄金,康有为说:"聚之未尝无术,是在妙

---

① 《金主币救国议》卷下,《康有为全集》第9集,中国人民大学出版社2007年版,第65页。

银行之用而已;苟善用之,则可化虚为实,以无为有。"①他提出了以下一些聚金的方法:纽约、旧金山、悉尼、檀香山是用金之地,也是华侨的集中之所,可在四地设立大清交通银行,向华侨吸收黄金,每年可得一亿二三千万两以上。南非若仍有华工数万人,亦可开一大清银行。美、澳、檀、非华侨皆粤人,收其现金,在广东以大清银行纸币归还。在美国、加拿大所收之金,或即在美国造币厂定造金钱。所收澳、檀、非之金,运回中国自铸。内府藏金不少,亦可尽用来铸钱,待金钱大行后,由国家银行收回再缴入内府,或附作银行股本。国民所藏金器亦不少,妇女首饰镯、钗尤多,国家可进行收兑。康有为还提出一种促兑民间藏金的办法。在改定金银比价为1∶20的前一年,部臣令地方有司宣布:"以将改定金价二十换或三十换,惟虑吾民于原买价大亏,吾政府特令各县乡银行代为收取,定以四十换为价,俾不累民。"②但政府无此大宗现银可以给民,则可给以各银行通行的银纸,待比价定后,可用银纸再行购买金器首饰。民间怕改定金银比价后受大亏,势必以所有金器首饰向官府换银,则全国之金必尽归于政府。这一主张如果由清政府来推行,只能造成扰民、欺民的结果。

  康有为也知道聚金的不易,指出有六难:向外国借金,则金价更暴涨;政府无购巨额生金的能力;以公债筹款则上下相疑,即使得巨款也移作他用;预布法定之价收民金器,得金多少难定;出口货少,进口货多,金钱流出立尽;限制金钱之用,或外人借口索现金,进行干预。因此,退而求其次,康有为又提出实行"虚金主币",即虚金本位制,也就是金汇兑本位制。他说:"今有神方大药,服之可救中国死亡者,新创之法,所谓法定虚金主币者是也。不待铸金钱,而可行金主币焉。"③赫德曾提此建议,精琦亦力主之。可惜张之洞不通理财学,以为金银市价不能限定。"夫市价纵不能以政府限定之,岂金银币比价,国家亦不能制定之乎?"④

  康有为对张之洞的反驳并不完全正确,国家固然可以规定金银币比价,但能否成功却需要具备一定的条件。例如,清政府曾规定银钱比价为银一两值钱1 000文,民间并不遵守,金银币比价也不例外。虚金本位制的金银币比价,是对国家垄断铸造的银币而言,不是对全体生银而言。国家必须控制银币铸造数量,有效地禁止伪造,并保证其能按规定比价兑换到金币或金汇

---

① 《金主币救国议》卷下,《康有为全集》第9集,中国人民大学出版社2007年版,第66页。
② 《金主币救国议》卷下,《康有为全集》第9集,中国人民大学出版社2007年版,第67页。
③ 《金主币救国议》卷下,《康有为全集》第9集,中国人民大学出版社2007年版,第68页。
④ 《金主币救国议》卷下,《康有为全集》第9集,中国人民大学出版社2007年版,第69页。

票,才能防止银币贬值。银币是金币的代表,而生银则不是。国家只是提高银币对黄金的作价,而不是提高生银的价格。

康有为提出金银币的比价为1∶20,比精琦方案的银价定得更高,银币比含银量的市价约提高一倍,这更增加实行的难度。他分析实行虚金主币的利益有:"不待聚金,行之最便易而速,利一;不待铸金钱,利二;不虞金钱少而流出立竭,利三;银价立高大半,利四。仍定二十换以上之制,则岁运偿款数千万,已少其半;使馆学生之费,亦减其少半;国民购洋货、机器于外者,亦减其少半,所获多矣。"①这表明康有为还没有真正懂得虚金本位制下的银币作价与市场银价的区别。他说提高银币的作价后,银价立高大半,对外支付也相应地大减。这就等于说政府有规定金银市价的能力,而且这能力还可以及于外国!即使不考虑这一理论上的错误,真的建立了金本位制或虚金本位制,也只能消除因银价下跌所造成的镑亏。在此制度下的银币的升值只是因为它代表黄金,而生银的价格仍是原来的价格,"银价立高大半,对外支付也相应地大减"根本无从说起。

康有为认为纸币的通行是"事势所必趋,物理所必至",将来"大同之世,竟可全世界舍弃金银,全用纸币"②。他说,西方学者将纸币分为"易中契据"(兑现纸币)和"不易法定钞"(不兑现纸币)两种。认为易中契据的办法还太死,主张代之以"易中法定钞"。易中法定钞也是兑现纸币,但具有法定的性质,比单纯由银行发行的兑现纸币有更强的流通能力。它"虽以实金为本,体同契据,而其为用之妙,则兼有自行之意。如影可因形而拓大,至于无穷,故可行之数倍,亦可发之甚多"。但数量要加以控制:"苟贪便宜而妄多发之,其究也,害于商民而累于国;苟善用之,与时消息,实为平准之妙术,而富民阜国之起基也。"③至于不易法定钞,只可作为救急之用,平时决不应发行。

六、理财救国论

1913年,康有为又出版《理财救国论》,只有上篇。自称撰于数年前,成于1912年初夏。下篇为论租税,但未见发表。所谓"理财救国",就是建立银行体系,实行币制改革,发行公债、纸币以救国。康有为介绍他的理财之道说:"理财之道无他,善用银行而已。善用银行者,无而能为有,虚而能为盈,约而能为泰……苟得其道而善用之,一年而规模立,三年而成效著,五年而

---

① 《金主币救国议》卷下,《康有为全集》第9集,中国人民大学出版社2007年版,第69页。
② 《金主币救国议》卷下,《康有为全集》第9集,中国人民大学出版社2007年版,第74页。
③ 《金主币救国议》卷下,《康有为全集》第9集,中国人民大学出版社2007年版,第75页。

国计民生裕,十年而富力无敌于天下矣。"①

康有为提出了"熔欧、美、加、日之法为一炉而冶之"建立银行体系的设想:"上用欧土中央国家银行之制,以总纸币之枢于内,副以比利时、日本正金银行之法,以平通汇兑借外债于外;下用美国民银行之制,以集资本而行公债;中用加拿大组合银行之制,以通信用于国与民;用英苏格兰、德联邦、台湾、朝鲜特权银行之制,许发纸币特权,以发边远之富源;行德、法、瑞典劝业、兴业银行,许募公债以助人民之资本;用各国股票交易所之制,而增商运之流通。"②拟设立的银行有:国家银行(中央银行),国民银行(商业银行,有中央银行股份),组合银行(地方性联合银行,分省、县、乡三级),正金银行(国际汇兑银行),宅地抵当银行(不动产抵押银行,分劝业银行和兴业银行),特权银行(边疆拓殖银行)。

康有为指出:"国家银行实为一切银行之母,为银行之银行,操纵一国金融之权,而发行纸币,托以国库,国用不足则助之。以吾国之广土众民,应定股本额为一万万两,以大昭信用。"③他说银行股本即使照例先收半数,已两倍于日本国家银行,而为东亚的第一大银行。国家银行设立后,要实行四事:(1)借外债2亿两,其中1亿两存外国银行,在汇尾不足时以供抵兑。明后年每年再借二三亿两,储之中央银行以增加准备。"则长袖善舞,母财益丰,纸币益可稍多出,国家可兴大工,拓铁路,办轮船,民间益可大增资本,兴办一切实业。"④(2)发行纸币与公债。以纸币代实金,其利有五:携藏至便,人所共愿;可免铸币磨损;省金银之用而大增国民本息;流通便利,可增加存放汇寄信用,以活跃商务;可随时增发以应市需,可救市场急需。公债可以抵押流通,持有者可得利息。银行尤赖公债为保证准备,可以多出纸币,以发行5亿两为额。(3)铸行金主币,收回旧银币、纸币、铜元。金币和纸币都以两为单位,由银行发行,禁用旧币。(4)大力搜购金银,以增加现款准备。

关于币制紊乱,康有为总结说:"吾国币制之乱极矣。铜元盛行,数在一百二十万万上,又复新旧铜钱并行,害在民间,降为铜主币国,一也;银块之锭,权量之两、钱、分、毫,与银圆、角并行而不划一,随地各异,几为无主币国,二也;新圆与旧银圆并行,中国银圆与各国银圆并行,银水火色,高下不同,市市各异,三也;权量四十种,处处不同,四也;银纸由银行各出,不归总

---

① 《理财救国论》,《康有为全集》第9集,中国人民大学出版社2007年版,第386页。
② 《理财救国论》,《康有为全集》第9集,中国人民大学出版社2007年版,第388页。
③ 《理财救国论》,《康有为全集》第9集,中国人民大学出版社2007年版,第390页。
④ 《理财救国论》,《康有为全集》第9集,中国人民大学出版社2007年版,第391页。

于国家,亦由各国银行各出,无主币于主国,五也;银价日低而不以金为主,听外人操金价之涨落,而内商无权,仰命于外,几同投机,商势危险,六也;既无主币,犹无尺度,不能量物,莫权轻重,举国不知所从,即有银行,无从措手,七也。"①他主张改金币为主币,尽收旧币;指出近年来万国都已实行金主币,只有中国不变,岂能以一国受废银之下游,大势交迫,非行金主币不可!

然而,康有为不再提倡虚金主币,并且使用了原来反对使用的"本位"概念。传统的金本位制可以分为金单本位制和跛行本位制两种。跛行本位制以金、银为本位,但只有金币可以自由铸造,故名。康有为主张中国照美、法,定为跛行复本位,金银比价为25换。"以吾国金少银多,银亦宜充准备,故依跛行复本位也。"②他主张新币仍以两、钱、分、厘计,便于计算,待尽收旧币、新币通行后,两、钱、分、厘久而遗忘,自然废除。他拟定主币金币重4分纯金,为一金圜③,折旧银1两。银币有重2钱、5分两种,分别以5枚、20枚易一金。镍币重2钱一种,以50枚易一金。铜币有重2钱、1钱、7分、4分四种,分别以100枚、200枚、500枚、1 000枚易一金。要大搜购金银。"购于外国恐其价涨,然则惟有搜之于国民而已……莫如国民以金银质块售于国家银行,斯中国大富矣,国民被润泽而大丰美,与美争衡矣。"④搜购对象,一是银行、当押、金银店,二是各金银矿,三是人家,四是华侨。

议设的其他银行中,康有为对宅地抵当银行的论述更详。宅地抵当银行始于德国,继起者有法国、瑞典、日本等,都很发达。他说法国土地、人民仅当中国十分之一,而土地抵押超过百亿。"吾土地至大,若以地宅押贷,不知若干千万万之价……今乃以无一土地抵押银行之故,吾人民虽富有田宅,而除鬻卖外,得金无术,即欲为工商,欲整耕稼,亦惟有仰屋自嗟而已。是吾国抚有万里之土地,无限之家宅,不以为本而坐弃之,吾民亦资本皆无,惟有田宅而无以抵押;则百业不兴,生齿坐困,无术甚矣!"⑤他提出可以仿日本之制而稍加增益,令每省设一劝业银行,每县设一兴业银行,乡村多设同类机构。政府先提2亿两为资本及购买银行债票之款。省立劝业银行许照资本出15倍债票,县、乡兴业银行许出10倍或5倍债票。劝导富民合资办此银行,许发债票。令国、县、乡金库皆贮款于银行,使人相信。有债票者才能贷

---

① 《理财救国论》,《康有为全集》第9集,中国人民大学出版社2007年版,第396页。
② 《理财救国论》,《康有为全集》第9集,中国人民大学出版社2007年版,第396页。
③ "金圜"是《理财救国论》原书的用字,《康有为全集》作"金圆"。
④ 《理财救国论》,《康有为全集》第9集,中国人民大学出版社2007年版,第398页。
⑤ 《理财救国论》,《康有为全集》第9集,中国人民大学出版社2007年版,第408页。

款,能使人们争购债票。初办时必苦于资本不足,至信用渐高,存款渐多,又得国家厚助,必能逐渐兴盛。市街宅地抵押尤为富国之要途,建筑愈多,则地价愈涨,人民可以坐增富源,农、工、商、矿亦随之盛长,使国富大增。康有为以过分乐观的心情总结说:"今吾国经破坏后,民尤穷,地宅尤贱,不能比昔时。若善为劝业银行补助于上,大奖兴业银行鼓行于下,以不动产为抵押,广兴电车、电厂、铁路、轮船、自来水、煤气灯、排泄渠及开河渠、修马路之业,以业生业,以富生富。但起本有赖,一年之间举国变色,三年而规模有效,五年而民丰足,十年而农、工、商、矿之业霸于大地矣。"①

关于股票交易所,康有为指出:"实业出于资本,资本有实有虚,各国股票日日出售,商店人家可借抵押,银行可以为保证准备,于是纸币可以多出,盖与公债同一妙用焉,皆以为增资本之法。"②股票流通,可以化一为万。纽约的股票交易所数时之间,商务交易以 20 亿计;而中国一年的商品交易量还不到此数,则纽约股票一市的交易就相当于中国 360 倍的交易。"故纽约市三十年前,无股票竞卖时,富百万者仅百人,富千万者寥寥;自有股票竞卖后,富千万者百人,富百万者千人,此其成效,不可废矣。"③股票买卖有投机也不可怕,两害相形取其轻,两利相形取其重,政府还可以对投机进行一些限制,不能因噎废食,害怕投机而不敢发展股票交易所。他提出,令各通商大市开股票交易所,渐推行于内地,又令各公司、商店注册后,"制为股票以出售,各报推发之;则股票流通,商店可以抵押,银行可以为保证准备,纸币可为多出,而后资本可计日大增也"④。

在《金主币救国议》中,康有为主张发行兑现纸币,在《理财救国论》中有了变化。他将他的理财之道归结为:"夫所谓理财之道者,妙用银行以为枢,通流至虚之纸币、公债以为用,搜藏至实之金银以为备,铸行划一之金币以为符而已。"所拟的办法是:政府发行公债,将公债卖给中央银行。中央银行用纸币购买公债,再将公债卖给各银行、银号、钱庄、当押、金银店等。它们各按自身资本额的一定比例购买,可按购买数发行纸币。中央银行则按搜集到的金银,以三分之一或四成的现金准备,其余以公债为保证准备发行更多的纸币,纸币又可以向政府购买公债。康有为认为实行这种"运转于无穷"的办法,"则术同点金,无而为有,虚而为盈,约而为泰,裕国富民,文明安

---

① 《理财救国论》,《康有为全集》第 9 集,中国人民大学出版社 2007 年版,第 410 页。
② 《理财救国论》,《康有为全集》第 9 集,中国人民大学出版社 2007 年版,第 410 页。
③ 《理财救国论》,《康有为全集》第 9 集,中国人民大学出版社 2007 年版,第 411 页。
④ 《理财救国论》,《康有为全集》第 9 集,中国人民大学出版社 2007 年版,第 412 页。

乐矣"。他论述这种以金银和公债为准备的纸币发行制度说:"夫古者理财用实金则有限,今之理财者善用虚金则无穷。然而以虚为虚,无所丽(附)则不能行,行必依于实;以实为实,无所拓则不能滋,故必运于虚。故无实不立,无虚不行……金银块其形,而纸币为其影也,影可大于形;公债者,其拓影也;而银行为之神。"[1]

金银为发行纸币的准备,而且要"铸行划一之金币",但金币仅是"为符",并不用来兑现或流通;也就是"必有实金而不以实金行,而善能以虚纸运"[2]。康有为提出的具体政策为:"其于实金,则国家搜购之,而禁民间之通用,务保全之,勿使轻易外溢,但以纸币通行。惟辅币可用银、铜之硬币"[3]。这说明他实际上主张实行的是不兑现纸币流通制度。

康有为主张学习外国之长,建立银行体系和股票交易所。这是符合中国发展新式金融制度的要求的。但在币制理论和主张方面,则存在许多问题:第一,纸币发行数量要适应社会的需要,不能随心所欲地增加。康有为却将它提高到"救国"的高度,甚至说"使前清得而用之,国可不亡"[4],极度夸大了纸币的作用。第二,现金准备需占纸币发行额的三分之一或四成,没有相应的现金,仍然不能增加纸币的发行。所谓"善用虚金则无穷",事实上不可能做到"无穷"。第三,不兑现纸币发行过多就会导致通货膨胀,物价上涨。康有为主张公债只卖给银行,不向民间推销,则公债成了政府实行通货膨胀的方便手段。通过发行公债来发行纸币,不过是变换手法而已。第四,康有为的理财之道仍以解决政府财政困难为首要目标,根本没有考虑到建立脱离财政而独立的货币制度。

第八节 严复的经济思想

一、资产阶级启蒙思想家严复

严复(1854~1921),初名传初、体乾,投考福州船政学堂时改名宗光,字又陵,后又改名复,字几道,晚号瘉壄老人,福建侯官(今福州)人。同治六年

---

[1] 本段引文均见《理财救国论》,《康有为全集》第9集,中国人民大学出版社2007年版,第386、387页。
[2] 《理财救国论》,《康有为全集》第9集,中国人民大学出版社2007年版,第386页。
[3] 《理财救国论》,《康有为全集》第9集,中国人民大学出版社2007年版,第395页。
[4] 《理财救国论》,《康有为全集》第9集,中国人民大学出版社2007年版,第386页。

(1867年)入福州船政学堂学习,十年以最优等成绩毕业,先后派在建威、扬武舰上实习。光绪三年(1877年)到英国留学,学习海军。留学期间,他观察英国社会,阅读英法资产阶级学术著作。五年回国,任福州船政学堂教习。次年被李鸿章调任北洋水师学堂总教习(教务长),十五年升会办(副校长),十六年升总办(校长)。二十六年义和团运动爆发后避居上海。到上海后,曾被唐才常创立的国会举为副会长。二十七年任开平矿务局总办。次年任京师大学堂译书局总办,两年后辞职。三十一年帮助马相伯创办复旦公学。三十二年正月任安徽高等学堂监督(校长),同年十月又接任复旦公学监督。三十三年二月辞安徽职。三十四年辞复旦公学职,同年被清政府聘为审定名词馆总纂。宣统元年(1909年)被赐为文科进士。二年又被任为资政院议员。辛亥革命后,严复主张恢复帝制,并在北京领衔发起成立孔教会。袁世凯先后委任他为京师大学堂校长、总统府外交法律顾问、约法会议议员和参政院参政。1915年列名于袁世凯策划称帝的御用工具筹安会,成为六发起人之一。著译编有《侯官严氏丛刻》、《严几道诗文钞》、《严译名著丛刊》、《严复集》等。

严复的资产阶级改良思想主要表现在光绪二十一年的政论和以后翻译西方学术著作所加的大量按语中。二十一年他发表了《论世变之亟》、《原强》、《辟韩》及《救亡决论》等政论,二十三年参与创办天津《国闻报》,宣传变法主张。同时还翻译了赫胥黎的《天演论》,于二十四年出版。戊戌变法期间,他曾写《拟上皇帝书》,在《国闻报》发表,并受到光绪帝的召见。但他并没有积极参加康、梁的实际变法活动。从光绪二十七年至宣统元年间,他翻译出版了《原富》、《群学肄言》、《群己权界论》、《社会通诠》、《法意》、《穆勒名学》、《名学浅说》等书,成为当时西方资产阶级社会学说的主要传播者。

在《原强》中,严复系统地提出了他的富强理论。他介绍了达尔文的进化论和斯宾塞的社会学说,指出:"西洋观化言治之家,莫不以民力、民智、民德三者断民种之高下,未有三者备而民生不优,亦未有三者备而国威不奋者也。"[①]据此,他提出了鼓民力、开民智、新民德的"自强之本"[②]。鼓民力要禁止鸦片和禁止缠足;开民智要讲西学和废八股取士之法;新民德要"设议院于京师,而令天下郡县各公举其守宰"[③]。在他后来的文章中,又认为中国设立议院的条件还不具备,而特别强调开民智的重要性。

---

① 《原强修订稿》,《严复集》第1册,中华书局1986年版,第18页。
② 《原强修订稿》,《严复集》第1册,中华书局1986年版,第32页。
③ 《原强修订稿》,《严复集》第1册,中华书局1986年版,第31、32页。

在《辟韩》中，严复猛烈地抨击了封建专制主义，宣传资产阶级的民主思想。辟韩的"韩"是指韩愈。韩愈在《原道》中鼓吹君权，严复对此进行了批驳。严复认为，因为民要从事"相生相养之事"，不能兼顾治理国家的事，所以"择其公且贤者，立而为之君"，这是"天下立君之本旨"①。但是，秦以来的帝王都是"大盗窃国者"，"其什八九皆所以坏民之才，散民之力，漓民之德者也"②。他指出，根据西方的理论，国是"民之公产"，王侯将相是"通国之公仆隶"，所以西方的民尊贵"过于王侯将相"，而中国的民卑贱得像"奴产子"③。这一说法虽然不完全符合西方的实际，但反映了严复的资产阶级民主思想。《辟韩》发表后，张之洞"谓为洪水猛兽"④，指使人写文章进行反驳，使他险遭不测。

严复翻译《天演论》的目的，是要用"物竞天择，适者生存"的进化论原理来启发人们的觉醒。《天演论》的出版，产生了很大的社会影响，被康有为称为"中国西学第一"⑤。

光绪二十八年，严复在《与〈外交报〉主人书》中批评了中学为体，西学为用；主以中学，辅以西学等观点。他引举人裘廷梁（可桴）的话批评中学为体、西学为用说："体用者，即一物而言之也。有牛之体，则有负重之用；有马之体，则有致远之用。未闻以牛为体，以马为用者也……故中学有中学之体用，西学有西学之体用，分之则并立，合之则两亡。"关于主以中学，辅以西学，他举例说："往者中国有武备而无火器，尝取火器以辅所不足者矣；有城市而无警察，亦将取警察以辅所不足者矣。顾使由今之道，无变今之俗，是辅所不足者，果得之而遂足乎？"⑥即原来的道、俗不变，有火器并不能战，有警察并不能理。他主张学西学，但并不赞成全盘西化，认为应"阔视远想，统新故而视其通，苞（包）中外而计其全，而后得之"⑦。

《原富》是亚当·斯密所著《国富论》的节译本，光绪二十六年译成，二十七年至二十八年陆续出版。严复的经济思想主要表现在《原富》的《译事例言》和6万多字的按语中。按语除补充英国经济学家罗哲斯（J. E. T. Rogers）对《国富论》的一些注释及其他经济学家的观点外，主要是抒发己见。它涉及

---

① 《辟韩》，《严复集》第1册，中华书局1986年版，第34页。
② 《辟韩》，《严复集》第1册，中华书局1986年版，第35、36页。
③ 《辟韩》，《严复集》第1册，中华书局1986年版，第36页。
④ 严璩：《侯官严先生年谱》，《严复集》第5册，中华书局1986年版，第1548页。
⑤ 《与张之洞书》，《康有为全集》第5集，中国人民大学出版社2007年版，第314页。
⑥ 《与〈外交报〉主人书》，《严复集》第3册，中华书局1986年版，第558、559页。
⑦ 《与〈外交报〉主人书》，《严复集》第3册，中华书局1986年版，第560页。

了许多资产阶级政治经济学的范畴,这在中国经济著作中是前所未有的。严复对亚当·斯密极为推崇,称之为"命世之才"①。但他并没有接受亚当·斯密理论的主要科学成分,这是中国资本主义不发达的历史条件所造成的。

二、自由贸易论

严复非常欣赏亚当·斯密的自由贸易主张。他解释自由贸易说:"自由贸易非他,尽其国地利、民力二者出货之能,恣贾商之公平为竞,以使物产极于至廉而已。凡日用资生怡情浚智之物,民之得之,其易皆若水火。夫如是,而其君不富,其治不隆者,殆无有也。"②他批评重商主义说:"争进出差之正负,斯保商之政,优内抑外之术,如云而起……保商专利诸政,既非大公至正之规,而又足沮遏国中商业之发达"③。泰西人怀重商主义之见者数千年,"自斯密氏说行,而长夜始旦"。而中国从林则徐、魏源直到"近世诸贤,皆所力持而笃信""进出差负而金银出国之说",不知道"所谓保商权、塞漏厄之说,无所是而全非"④。

以上可见,严复认为自由贸易可以降低物价,使国家富裕,而保护贸易是完全错误的。但他不了解亚当·斯密提出自由贸易理论的历史条件是英国的工业发达,国势强盛,足以同其他国家竞争,自由贸易可以获得农业国家的廉价原料,更有利于英国的经济发展。1841年,德国经济学家李斯特在其《政治经济学的国民体系》中就已指出:"实行这样一个政策的结果,将使东西两半球的剩余原料和农产品一齐流向英国,英国的纺织品将'衣被天下群生'。一切的趋向都将有助于英国的进一步富强。"⑤1841年正是中国的鸦片战争时期,在此前后,中国的许多学者、官员都为鸦片进口、白银外流而担忧,包括林则徐、魏源等。在当时的历史条件下,中国的"保商权,塞漏厄"主张同西方重商主义者的争进出差之正负不是一回事。为了抵制外国对中国的经济侵略,争取关税自主权的斗争并要求实行保护关税的政策,无疑是正确的。同资本主义国家讲自由贸易,就是给对方以经济侵略的自由,它只能使中国的民族经济遭到进一步的破坏。即使是西方的重商主义理论,也不是无所是而全非,它在历史上起过积极的作用。严复对重商主义者的批评

---

① 严复译:《原富》下册,商务印书馆1981年版,第512页案。
② 严复译:《原富》下册,商务印书馆1981年版,第519、520页案。
③ 严复译:《原富》上册,商务印书馆1981年版,《译事例言》,书首第10、11页。
④ 严复译:《原富》下册,商务印书馆1981年版,第395页案。
⑤ 李斯特著、陈万煦译:《政治经济学的国民体系》,商务印书馆1961年版,第309页。

显得有些过分,而批评中国的"保商权,塞漏卮"主张无所是而全非,则更是误入了歧途。

不过,严复这样彻底地否定重商主义,也是历史要求的一种曲折的反映,实际上是为了向清政府表明实行扶持工商业政策的必要性。他指出:"故一国财赋之事,惟其理有固然,斯其势有必至,决非在上者所得强物从我,倒行逆施也。"①他反对国家干预经济,指出设官管理,"强物情,就己意,执不平以为平"是"大乱之道"②。

反对国家干预经济,就是要给民族资本以发展资本主义的充分自由。严复说:"盖财者民力之所出,欲其力所出之至多,必使廓然自由,悉绝束缚拘滞而后可。"③就是说,只有解除对民族资本家的束缚,才能发挥他们的积极性,使他们尽可能地多发展生产。他反对洋务派"以官督商办为要图"的做法,提出国家应办理以下三方面的事情:(1)私人办理费用大,而国家办理则比较节省的,如邮政、电报;(2)对社会有大利,而私人又不愿办的,如学校的地产、制造的奖励;(3)私人还不能联合经营或联合经营的力量还不足以举办,而需要"在上者为之先导"的,但"必至不得已而后为之"④,以免扩大范围。

实际上,严复也并没有完全否定保商政策,如他认为对创造发明实行专利政策也会"致不平",但考虑到"不专利则无以奖劝激厉,人莫之为,而国家所失滋多"⑤,因此仍主张实行。保商和自由贸易主张都是为了维护民族经济的发展,只是两者强调的角度不同。严复的自由贸易主张,如果不考虑它的理论错误,则是反映了在帝国主义和封建主义双重压迫下的民族资产阶级要求解除束缚的呼声。

三、供求价值论

严复虽然承认"财之所生,皆缘民力"⑥,但他所说的"力"还是指创造使用价值的具体劳动,同价值无关。他批评亚当·斯密的劳动价值论说:"斯密氏以产物之功力为物之真值,值之高下,视功力之难易多少为差。其言虽近理,然智者千虑之一失也。盖物无定值,而纯视供求二者相剂之间。供少

---

① 严复译:《原富》上册,商务印书馆1981年版,第35页案。
② 严复译:《原富》上册,商务印书馆1981年版,第50、51页案。
③ 严复译:《原富》下册,商务印书馆1981年版,第407页案。
④ 严复译:《原富》下册,商务印书馆1981年版,第590页案。
⑤ 严复译:《原富》下册,商务印书馆1981年版,第396页案。
⑥ 严复译:《原富》下册,商务印书馆1981年版,第688页案。

求多,难得则贵;供多求少,易有则贱。方其难得,不必功力多;方其易有,不必功力少也。"不承认商品有内在价值,认为商品的价格完全决定于供求关系。他振振有词地责问:"一亩之地,处僻邑边鄙,价数金而莫售,及在都会之中,虽万金而争买,此岂有功力之异耶? 一树之果,向阳者以甘大而得善价,背日者以小酢(酸)而人弃之,此岂又有功力之异耶? 故值者直也,两相当之名而对待之数也。以功力言,则物物所独具,而无随时高下之殊矣。"①

　　商品的内在价值是看不见摸不着的,劳动价值论是科学的抽象。"对任何种类劳动的同样看待,以各种现实劳动组成的一个十分发达的总体为前提,在这些劳动中,任何一种劳动都不再是支配一切的劳动。"②中国还不具备这个前提,因此也难以理解这种抽象。商品价格反映价值,但又会随供求关系的影响而变动。有些没有价值的东西却可以成为商品而具有价格。价格与价值的不一致,使严复感到劳动价值论说不通,因而干脆用供求关系来解释关于商品价格的一切。劳动价值论是古典政治经济学的基础,否定了这一点,就否定了古典政治经济学。

　　供求价值论为严复所反复强调。他用这种理论来解释一切经济现象,甚至用来批判重农主义。重农主义者认为工商业是不生产的,严复认为这不符合供求理论。他说:"物之贵贱无常,视求其用者之缓急","急则值贵","使知价由供求之多寡缓急而成,则农宗(重农主义)工商无所生财之说将不待辨而自废矣。"③严复所认为的最根本的经济规律就是供求规律,供求价值论是严复经济理论的核心。

四、名目主义货币论

　　严复根据亚当·斯密的说法,指出:"泉币之为用二:一曰懋迁易中,二曰物值通量。"④"懋迁易中"即流通手段,"物值通量"即价值尺度。因严复对价值的看法同亚当·斯密不同,所以物值通量实际上只是指货币能给商品以价格,而价格则由供求关系决定。

　　严复认为货币不是真正的财富:"夫泉币所以名财而非真财也,使其所名与所与易者亡,则彼三品者(金、银、铜币),无异土苴(糟粕)而已。"⑤这不

---
① 严复译:《原富》上册,商务印书馆1981年版,第24、25页案。
② 马克思:《〈经济学手稿〉导言》,《马克思恩格斯全集》第30卷,人民出版社1995年版,第45页。
③ 严复译:《原富》下册,商务印书馆1981年版,第551页案。
④ 严复译:《原富》上册,商务印书馆1981年版,第21、22页案。
⑤ 严复译:《原富》上册,商务印书馆1981年版,第22页案。

是亚当·斯密的观点。既然货币不是财富,那重商主义将货币当作财富的基本形式当然是错误的。严复正是用这一观点来批判重商主义的。在这里,严复陷入了另一个极端。重商主义者将货币看成是财富的基本形式固然不对,但说货币(金属货币)是名义上的财富也不对。亚当·斯密认为金银的多少不决定国家的贫富,严复则从自己的名目主义理论出发而表示赞同。他说:"国虽多金,不必为富,此理至明。"他将货币比作赌博的筹码。"筹少者代多,筹多者代少,在乎所名,而非筹之实贵实贱也……夫博者之贫富,非筹之所能为,犹国之贫富,非金银之所能为也。"①但金银是财富的一个构成部分,它又是世界货币,如果真的多金,就能向国外购买所需要的商品。富国虽不一定靠金银,金银却可以富国。只有在与外界隔绝的国家中,可以说"国虽多金,不必为富"。

事实上,严复有时也否定了自己的上述观点。他曾批评亚当·斯密将金银对于富国的作用否定得有些过分,并指出:"顾金银为用,其与生财又曷可忽乎?使懋迁既广,而易中之用不得其宜,则在在将形其抵滞。故其物一时之甚少过多,均足为民生之大患……比者中国银值之微,较之三十年之前,几乎三而失一矣。凡吾民所前奋三倍之力而为之积累者,乃今仅有二焉。银之所积,损之所在矣。合吾国二十余行省而筹之,则坐银跌而国财受削者,岂其微哉,岂其微哉!"②这哪里是什么可代多代少的筹码呢?在尖锐的客观事实面前,严复不自觉地在修正错误的理论。

根据供求价值论,金银的交换能力也决定于供求关系。严复说:"金银本值贵贱之理,与百货之所以贵贱本同,视供求之相剂,不以多少论也。"③多少只决定供给,还要看需求,所以他说"不以多少论"。从这一观点出发,就会走向货币数量论。

严复介绍了英国于1816年(嘉庆二十一年)实行金本位制的情况,并把它视为最理想的货币制度。他还分析了复本位制的弊病。金银两种货币都是法偿币,有法定比价,而市价变动无常。"则纳赋偿负之家,必用其过实之币,而不及实者,则或聚而熔之,或攦(取)而输之外国,虽用峻典,末由禁也。"④"过实之币"是法定价值高于市场价值的货币,"不及实者"则反之。严复所说的正是金银复本位下必然发生的恶币驱逐良币现象。

---

① 严复译:《原富》上册,商务印书馆1981年版,第168页案。
② 严复译:《原富》上册,商务印书馆1981年版,第213页案。
③ 严复译:《原富》上册,商务印书馆1981年版,第179页案。
④ 严复译:《原富》上册,商务印书馆1981年版,第35页案。

严复充分肯定纸币的作用。他说:"治化之天演日深,商群之懋迁日广,易中为物,欲专用三品之泉币而不能。"金属货币的缺点,一是"多则滞重,难以转输",二是"秤量计数,繁琐启奸",三是"藏弃不周,动辄诲盗"。① 纸币可以避免金属货币的短处,而且可以随时满足市场的需要。但他担心利用纸币实行通货膨胀政策,指出:"中国自南宋来,每遇国用乏绝,皆思行钞,然往往败……近五六年来,中国大衅数起,军兴赔款诸费势将不堪。吾恐搜括不足,必有浅夫不学之徒,更动国家踵此覆辙者,则民生焦然不终日矣。"②

五、资本和三种收入论

关于资本,严复说:"民前施筋力而积其收成之实,斯为积畜。斥此以养后来之力役(劳动者),则号母财(资本)。母财者,前积之力役(劳动)也。"③说资本是"前积之力役",就把资本的范围无限扩大了,"前积之力役"只有拿来投资时才转化为资本。加上"养后来之力役"的话,则考虑到资本和劳动者的联系,范围有了限制。养力役是由养民的思路上得来的,自然没有揭示资本的本质。

亚当·斯密将资本分为农、矿、渔业,工业,批发商(包括运输商)和零售商四种用途,严复还要加上第五种用途,叫做"具资习业之事"④,即花钱学习技术。这是根据亚当·斯密以后经济学的发展所作的补充,同时也反映了严复对人力资本的重视。他也像斯密一样,将货币与资本等同,说:"是固同一泉币也,以对待交易言之,则于母财为循环(流动资本);以一国圜法言之,则于母财为常住(固定资本)。"⑤

严复对工资、利润、地租三种收入都有论述。

根据严复的供求理论,工资水平决定于劳动力的供求关系。他指出相对于资本来说的人口过剩造成了工资水平的下降。但供求关系并不能说明工资水平的基础是什么。严复认为,工资水平常超过劳动者的实际膳食费用,是一个必然规律。因为他们除了维持目前的生活外,还要有治病、养老及生养教育子孙的费用,不然的话,"则劳力之民弹指尽矣"⑥。这实际上是承认了劳动力有它的价值,并非只是决定于供求关系。

---

① 严复译:《原富》上册,商务印书馆 1981 年版,第 270 页案。
② 严复译:《原富》下册,商务印书馆 1981 年版,第 681 页案。
③ 严复译:《原富》上册,商务印书馆 1981 年版,第 96 页案。
④ 严复译:《原富》上册,商务印书馆 1981 年版,第 295 页案。
⑤ 严复译:《原富》上册,商务印书馆 1981 年版,第 235 页案。
⑥ 严复译:《原富》上册,商务印书馆 1981 年版,第 142 页案。

严复把利润分解为三个部分：一是资本利息，二是资本家的"督率之庸"（监督工资），三是为补偿经营可能失利而提取的"保险费"①。亚当·斯密明确把利润与资本利息、"监督工资"划分开来，严复却将它们混在一起。事实上在股份制企业中，职能资本家都已经提取高额工资，利润中已不包括"监督工资"。至于利息，严复指出是"市（买）用财之权"的"价"②，如果资本家所用的是借入资本，则他已另付这笔"价"，同利润无关。如果是自有资本，则等于是自己向自己"市用财之权"，这笔"价"一般也分开来计算，不计入利润。亚当·斯密指出："最低的普通利润率，除了足够补偿投资容易遇到的意外损失以外，还须有剩余。只有这一剩余才是纯利润或净利润。"③这说明他认为补偿意外损失的"保险费"是在纯利润以外的。虽然他也没有说出利润的真正来源，但他承认有纯利润，严复则没有考虑到纯利润的存在。

对于资本主义国家的利润率下降趋势，严复也用供求关系来解释，认为就是由于资本过剩。他说："母财多而商业如故者，其赢率（利润率）必日趋薄，富国之民往往病此。"④他不知道利润率下降的根本原因在于资本有机构成的提高。

严复认为，一国的人口过剩和资本过剩都会造成"穷蹙之象"："过庶（人口过剩）者母财不足以养工，而庸率（工资水平）日减；过富（资本过剩）者业场（市场）不足以周财，而赢率日微。庸率日减，则小民凋弊，户口萧条；赢率日微，则中产耗亏，闾阎愁叹。"他指出："今日西国之患，恒坐过富，母财岁进，而业场不增，故其谋国者之推广业场为第一要义。"它们在中国划分势力范围，"皆为此一事而已"。⑤

关于地租，严复说："盖财之所生，皆缘民力，其所否者，独租而已。"⑥认为各种收入中只有地租是不劳而获。但收入和"财之所生"不是一个概念。地租对地主来说虽然是不劳而获，但它的来源仍属于"皆缘民力"的范畴。而且不劳而获的也不限于地租。所以严复的这一说法是不准确的。他指出地租"起于土壤有限，而民占为产"，就是说起于对土地的垄断。他说地租是所收获的农产品的价格超过工资和利润而有剩余的部分。在这里，他忘了

---

① 严复译：《原富》上册，商务印书馆1981年版，第82页案。
② 严复译：《原富》上册，商务印书馆1981年版，第84页案。
③ 亚当·斯密著，郭大力、王亚南译：《国民财富的性质和原因的研究》上卷，商务印书馆1972年版，第88页。
④ 严复译：《原富》下册，商务印书馆1981年版，第514页案。
⑤ 本段引文均见严复译：《原富》上册，商务印书馆1981年版，第96页案。
⑥ 严复译：《原富》下册，商务印书馆1981年版，第688页案。

扣除不变资本。这本来是亚当·斯密的错误,又被严复所承袭。

六、消费论和赋税论

谭嗣同批评老子的崇俭,严复则肯定"道家以俭为宝",认为讥排它是没有道理的。但他也同样反对守财奴式的俭,指出:"所贵乎俭者,俭将以有所养,俭将以有所生也。使不养不生,则财之蟊贼而已,乌能有富国足民之效乎?"他又反对富人奢侈有利于穷人谋生的观点,指出:"奢者之所裨,裨于受惠之数家而已。至于合一群而论之,则财耗而不复,必竭之道也。"①

既主张崇俭,又主张财富要有所养,有所生,最好的办法就是将节省下来的钱用于投资。但并不是任何人都能成为资本家的,因此,严复主张发挥银行的作用,将死藏的资财转化为资本。他说:"滞财之致贫,其害烈于侈靡。"而中国就是这样:"大之则国家之府库,官司之度支,小之极于商贾之囊橐,闾阎之盖藏,盖无所往而非不生不息之积聚。""挽近十余年,欧美诸邦皆有积累版克(储蓄银行)……自积累版克兴,于是乎民乐畜聚,数稔之后,往往由穷檐而为中产之家",从而风俗也得到了改善。"由是观之,则版克者不徒富国之至术,而教化之行寓之矣。"②

然而,严复也并不主张为了增加资本积累,就一直将消费限制在低水平上。他指出:"理富之术在一国之母财、支费(消费)相酌剂为盈虚。支费非不可多也,实且以多为贵,而后其国之文物声明可以日盛,民生乐而教化行也。"如果富裕以后而不增加消费,不仅违反了"务富之本旨",而且会妨碍人们继续求富的积极性。因此要处理好资本积累和消费之间的关系,例如种粮食,"专尚支费而不知母财之用",就好比将收获的粮食全部吃光;"独重母财而甚啬支费",就好比将收获的粮食全部留种。③ 显然,这两者都会造成严重的后果。只有正确处理两者的关系,才能做到既有足够的资本来发展生产,又能随着生产的发展而不断提高人们的消费水平。

关于赋税,严复说是产生于治人者和治于人者之间的分工,而这种分工是人类最早的分工。他说:"民生而有群,徒群不足以相保,于是乎有国家君吏之设。国家君吏者,所以治此群也。治人者势不能以自养,于是乎养于治于人之人。而凡一群所资之公利……皆必待财力而后举。故曰:赋税贡助

---

① 严复译:《原富》上册,商务印书馆 1981 年版,第 280 页案。
② 本段引文均见严复译:《原富》上册,商务印书馆 1981 年版,第 249、250 页案。
③ 本段引文均见严复译:《原富》上册,商务印书馆 1981 年版,第 288、289 页案。

者,国民之公职也。"①根据这种分工关系,国家征收赋税就不是"为私",而是"取之于民者,还为其民而已"②。这种国家和赋税理论同《辟韩》一脉相承,都是将资本主义的社会制度理想化,它对于反对中国封建统治者的横征暴敛具有积极的意义。

向谁征税的问题,严复提出了"赋在有余"③的原则。他说:"国家责赋于民必有道矣。国中富民少而食力者多,必其一岁之入,有以资口体、供事畜而有余,而后有以应国课。"④他在具体解释如何实行"赋在有余"的原则时,提出不能以"养民之财"、"教民之财"和"赡疾病待羸老之资"作为征收对象。"养民之财"就是资本。他说"力必有所养而后财生","故欲财生,必不宜于母财而加之赋税",认为向资本征赋税就像"司汽机者欲汽力之长而夺其薪炭"一样。"教民之财"即"教养小民之费"。他说"商工之事大抵皆待学而后能之",这种费用就像"用之于浚田、治圳(水沟)、造机械而饲马牛"的费用一样,征收后"于国亦大损"。除此三种用途以外的财产就是有余,都可以用作征收对象。"赋在有余"的原则着眼于维持社会稳定和有利于经济发展的要求。

关于赋税的轻重,严复提出要看经济的发展情况,"赋无厚薄惟其宜",没有绝对的标准。"薄而力所不胜,虽薄犹重也。故国之所急,在为其民开利源,而使之胜重赋。"⑤中国历代财政思想的主流观点是薄税敛,严复提出使民不怕征重赋,其前提条件是使人民的收入增加,这是对薄税敛思想的一种辩证的发展。

七、其他经济观点

《原富》按语中还有一些有一定意义的零星的经济观点。

严复认为义与利是不可分的,中外旧说都将它们分开,这就造成了人们不讲仁义和治化难进的后果。"小人之见"虽然"不出乎利",只要他所求的是"长久真实之利"而不是"浅夫、昏子之利",就会"与君子同术"。这种利也就是义。而"谿刻(苛刻)自敦(厚)、滥施妄与者之义"也不是真正的义。只有懂得了它们的一致性,才能使"义利合,民乐从善,而治化之进不远"。他

---

① 严复译:《原富》下册,商务印书馆1981年版,第686页案。
② 严复译:《原富》下册,商务印书馆1981年版,第724页案。
③ 严复译:《原富》下册,商务印书馆1981年版,第688页案。
④ 严复译:《原富》上册,商务印书馆1981年版,第274页案。
⑤ 严复译:《原富》下册,商务印书馆1981年版,第724页案。

说发现义利的一致性是"计学家最伟之功"。并说:"自天演学(进化论)兴,而后非谊(义)不利非道无功之理,洞若观火,而计学之论为之先声焉。"①严复的义利统一论实际上是把义归结为长久真实之利。义、利应是既有联系又有区别的两回事,两者并不总是统一的。只看到义与利统一的一面,仍具有片面性。

严复从农业的基础作用来说明农业和工商业的关系:"盖地为百产之宗,使耕牧树畜者斥母治业而不得赢,则宇内之财只有此数,行且日微而尽,其他工商之业乌得立乎?"②这是说,农业有剩余,才能发展工商业。他认为中国古代将农业称为本业、工商业称为末业是正确的,"物有本末,而后成体",农业和工商业"理实有本末之分"。但他反对重本抑末,指出"农工商贾,固皆相养所必资,而于国为并重";"特后人于本末有轩轾之思,必贵本而贱末者,斯失之耳。"严复还将本、末业的概念扩大到世界范围,指出:"中国之往外国者无熟货,外国之来中国者鲜生货,故中国之于外国,犹郊野之于都邑,本业之于末业也。"③

在谈到选择职业时,严复分析了"业终以有地为贵"的原因:一可以获得地价不断上涨的利益;二可以享受"有地之荣","有地籍者,其声气权力常大于无地籍者"④。所以地产虽然有变转困难的不便,但因地利常优于他业,为子孙计,莫此为长。这既是现实情况的反映,也是严复封建意识的流露。

亚当·斯密认为古代利息率高是利润率高的反映,严复提出了不同意见。他指出,古时并不一定借债经商,利率的高低一看借贷双方人数的多少,二看当时的信用情况如何,与利润率并"不相涉"⑤。马克思在谈到高利贷资本时曾指出:"因此,拿这个利息的水平与现代利息率的水平加以对比,是非常荒谬的,因为除了归国家所有的部分外,高利贷者的利息会占有全部剩余价值,而现代的利息,至少是正常的利息,只是这个剩余价值的一部分。"⑥严复的认识不可能那么深刻,但已模糊地认识到借贷资本和高利贷资本具有不同的运动规律。

对于世界形势,严复也作了展望。他说,英国由于地理条件好,所以在19世纪商业甲天下。但到20世纪以后,将是"地大气厚"的国家"为文明富

---

① 本段引文均见严复译:《原富》上册,商务印书馆1981年版,第77页案。
② 严复译:《原富》上册,商务印书馆1981年版,第308页案。
③ 严复译:《原富》上册,商务印书馆1981年版,第120页案。
④ 严复译:《原富》上册,商务印书馆1981年版,第294、295页案。
⑤ 严复译:《原富》上册,商务印书馆1981年版,第275页案。
⑥ 马克思:《资本论》第3册,《马克思恩格斯全集》第46卷,人民出版社2003年版,第673页。

庶之所钟"。"然则雄宇内者，非震旦（中国），即美利坚也。"[1]该推断反映了当时向西方寻找真理的先进的中国人希望中国后来居上的共同心情。

第九节　宋育仁的经济思想

一、经济学中国化的早期探索者宋育仁

宋育仁（1858～1931），字芸子，号芸崖，晚号道复，四川富顺人。光绪二年（1876年）应童子试，受知于四川学政张之洞，以高材生调尊经书院学习。五年考中举人。十二年考中进士，改庶吉士，散馆授翰林院检讨。十七年任广西学政，著成《时务论》[2]。二十年派充出使英、法、意、比四国二等参赞。在国外期间著有介绍西方制度的《采风记》。甲午战争时，曾密电南洋大臣张之洞，建议借外款购买英吉利、智利等国兵舰，以前北洋水师提督英将琅威里为统帅编一舰队，由太平洋直捣长崎[3]。二十一年奉调回国。八月参加强学会，为都讲。二十二年曾请翰林院代奏《呈请理财折》[4]。三月，经国子监祭酒张百熙奏保赴川，五月出京，十月到川。十二月四川总督鹿传霖奏请任商务局会办，次年二月入局，十月去重庆开设商务局，二十四年十一月奉上谕赴京供职[5]。在川期间，曾创办《渝报》，后因受聘主持成都尊经书院而停办。又在成都参与组织蜀学会，与廖平等创办《蜀学报》，宋任总理。二十六年庚子事变，慈禧太后等出逃，以西安为行在。二十七年宋育仁专赴行在奏《请理财以疏国困折》[6]。二十九年参加经济特科考试。后任江苏南菁学堂监督。三十年著文参与了精琦币制方案的讨论。三十四年入直隶总督杨士骧幕府，任北洋银币厂参议。九月上谕统一银币，定大银币重库平1两，并

---

[1] 严复译：《原富》上册，商务印书馆1981年版，第508页案。
[2] 黄宗凯等：《宋育仁年谱》，《宋育仁思想评传》，西南交通大学出版社2007年版，第216页。
[3] 佚名：《宋育仁》，《民国人物碑传集》，四川人民出版社1997年版，第341页。
[4] 宋育仁《经世财政学》附《户部议覆陈请理财疏》中提到光绪二十二年五月廿一日奉朱批，户部议奏翰林院代奏的宋育仁折，故能确定原奏时间在同年五月二十一日前。但宋育仁在光绪二十七年的《请理财以疏国困折》中自述前折上于光绪二十一年。如果自述无误，则可能是原稿写于二十一年，实际代奏时间是二十二年。
[5] 宋育仁：《覆陈四川商务折》，《经世财政学》附。
[6] 宋育仁：《经世财政学》卷五《制泉币》："庚子丧乱以来，国债亟矣，乃间关归行在，以制币广国用苏民困为请。"

铸重库平1钱和5分的小银元①。宋育仁拟定《北洋银币厂改定办法》②,向度支部提出四条变通意见,后来并未实行。此外,还先后被学部奏派为一等咨议官,民政、度支、邮传部聘为顾问,京师大学堂聘为教习,礼部礼学馆聘为总纂等。宣统三年(1911年)六月礼部改为典礼院,改宋育仁为直学士。辛亥革命后,宋育仁先是隐居。1914年王闿运为国史馆长,聘其为协修,后为纂修。因得罪袁世凯,被遣送回籍。1916年主讲成都国学院。1921年被聘续修《富顺县志》,又被聘为四川通志局总纂。1924年重修《四川通志》,任总裁、主纂。1931年病逝,门人私谥为"文康先生"。

《时务论》是宋育仁对于改革的系统论述,共24 700余字,全文不分段。他批评当时学习西方的弊端说:"习于夷者未闻治道,欲一切易中国以洋法。不求其意,惟称其法,不师其法,惟仿其器。竭天下之心思财力,以从事海防洋务,未收富强之效,徒使国兴聚敛,而官私中饱。此不揣本而齐末,故欲益而反损。"③他不再说中国重的是道,西方重的是器,西方的器源于中国的道一类的话,而是说"外国富强之故,乃隐合于圣人经术之用"④。所谓"圣人经术",主要表现在《周礼》中,他列举西方制度符合《周礼》的有13条之多,以此证明言救时之策者,只有走"复古"之路。他说:"夫外域未尝闻先王之道,而其效往往合于古时者,上下之情通,而损益之途广也。"⑤"《周官》圣人经世之术,外国略得其意,而其效立睹……论者不思其本,欲举国效洋,而天下哼哼不服其名……孰明乎外国之为治有得有失乎? 其失者彼夷狄之法,其得者乃古昔圣人之意也。今取证于外国富强之实效,而正告天下以复古之美名,名正言顺,事成而天下悦从,而四海无不服。"⑥

宋育仁最主要的经济著作为《经世财政学》。这里的"财政"不专指国家财政,而是指广义的理财,所以名为"经世财政",故"经世财政学"也就是经济学的意思。此书初版于光绪三十一年,当时中国只有翻译或编译自外国的经济学著作,而这是第一部中国人自著的经济学著作。虽然其理论体系不够完整,并且存在错误,但却是一部中国化的经济学。因此,可以说宋育仁是经济学中国化的一位早期探索者。

---

① 《清德宗实录》卷五九六,光绪三十四年九月癸巳。
② 宋育仁:《经世财政学》六卷本附。
③ 《皇朝蓄艾文编》卷二,第20页。
④ 《皇朝蓄艾文编》卷二,第20页。
⑤ 《皇朝蓄艾文编》卷二,第25页。
⑥ 《皇朝蓄艾文编》卷二,第47页。

笔者所见《经世财政学》共有三个版本。第一版于光绪三十一年夏由上海新民书局印行。此版共分五卷，依次为《本农食》、《权工商》、《明士学》、《立平准》、《制泉币》。在《立平准》后记有附篇篇目二，一为《论税则》(《时务论》摘录)，一为《论权量》，内容都空缺。书末有以下附篇：《理财论》、《议借债之式》、《翰林院代奏呈请理财折》、《户部议覆陈请理财折》、《请理财以疏国困折》、《说帖》、《议变盐法设公司》、《摘录两淮盐法志斤两价值》、《覆陈四川商务折》、《特科策二篇》、《河工筹帑议》、《议整顿财政画一圜法章程》、《议圜法轻重纲目》和《财政纲要》(有目无文)。第二版于同年秋由上海同文书社印行。此版改为六卷。卷六为《正权量》，即将初版《立平准》后有目无文的附篇《论权量》补写后独立为一卷。《制泉币》的内容有扩充，并将原附篇《理财论》全文并入此卷。第二版只有《制泉币》和书末附篇，前者有《翰林院代奏呈请理财折》、《户部议覆陈请理财折》、《请理财以疏国困折》、《说帖》、《议圜法轻重纲目》、《议整顿财政画一圜法章程》六篇，书末有《覆陈四川商务折》、《特科策二篇》、《议借债之式》和《议变盐法设公司》。第三版无出版年份，仍为六章。《立平准》的附篇为《录〈时务论〉税则》和《四川商务局招设公司章程》；《制泉币》的附篇同第二版；书末附篇则比第二版又增加《摘录两淮盐法志斤两价值》、《北洋银币厂改定办法》、《制定国币善后事宜说帖》、《代拟陈币制折稿》、《代前直督陈圜法折稿》、《决定圜法附议》和《议整顿盐政说帖》等。

以下按《经世财政学》的卷目加"论"字为目。《制泉币》卷的附篇同正文关系密切，同正文一并进行论述，附篇引文另注篇名，以显示区别。又，关于《经世财政学》的所有引文都以第三版的文字为据。

二、本农食论

宋育仁在《经世财政学》中首先解释了"理财"的概念。他说："《易》曰：'理财正辞，禁民为非曰义。'[1]治天下以理财为先，理财以正辞为本。《礼》云：'生财有大道。'[2]又曰：'无政事则财用不足。'[3]政也者，一国之事也。理财者，理通国之财也。非徒聚敛而取于民，为充府库而务财用也，故曰'正辞'。"用"理通国之财"来解释理财，是一种广义的理财概念。

---

[1] 《周易·系辞下》。
[2] 《礼记·大学》。
[3] 《孟子·尽心下》。

宋育仁说《洪范》"陈八政,首曰食、货"①,货包括泉币和器物。因此,可分为物(西语谓天然生料)、器(西语谓加工熟货)、货(西语谓易中媒介)三名。"究其所以成就,皆以通工易事为原因,而成就后之价格为效果。"司马迁说"农而食之,虞而出之,工而成之,商而通之"②,宋育仁指出中国后世无虞官,以致渐失虞的职业名称。按西人分业,虞应属森林、畜牧、矿产三科,其实皆为农,《周礼》称之为山泽之农③。他解释虞、工、商、贾说:虞分自然采择和动植养成,包括矿产、渔业、森林、畜牧;工为加工增价;商为转地增价;贾为依时增价。又说:"农为生利,工为增利,商为分利。就农、虞而分论之,不独工、商、贾三民之通工易事,非借日食以为资本,则一切资本皆虚无所用;即森林、矿产、渔业、畜牧之自然采择,动植养成,皆非日食无以为资也,则生利之源,断以农食为本也。故曰'国以农为本,民以食为天',亘古今,穷中外,无以易乎此理。故四民之价值,以农为最高;百物之价值,以自然材料为最重;材料中之价值,又以食物为最贵,无足与为比者也。"西人有商宗(重商主义)计学、农宗(重农主义)计学,斯密书晚出,"较先出诸家与近出财政诸书,其理为精,而于说为备。要而求之,不外于分农、虞、工、商四业之差,而视成于政事与泉币通塞之用。有时析贾于商,有时合虞于农,约中而言,无过四业"。

宋育仁肯定斯密主张邑业(工商业)与野业(农业)相因,驳商宗与农宗之失计,矫古今之流失。他强调人力原于饮食,"由是以观四民之业,其为分利、增利、生利之别,较然可知",并举实例以说明。如铁1万斤,出矿时每斤10钱,万斤为100贯。陆运肩挑1 000里,每人挑百斤,每日行百里,则须10人行10日。如每人每日食百钱,总计运费为100贯,连铁价共200贯。而用轮船转运,不到一昼夜可到,以1人为点发验收,1人为反复搬运,可节省88个人工10天的饮食费用,加上2人9天的饮食费用,再计算轮船煤火、人工、折旧费用。其所省之数即为商运所赢之数,省出的人力即省出的食力。他还指出工价和物价各地不同,都不能作为资本,人力才是资本。"人力之所生,生于日食之消费,则日食又为人力之资本。商而通之,通此人力也;工而成之,成此人力也;虞而出之,出此人力也。故理财必重农,计学必贵食。"

宋育仁指出,中国土产材料价贱,森林、渔业、矿产、畜牧都废而不讲。

---

① 《尚书·洪范》:"三曰农用八政……一曰食,二曰货,三曰祀,四曰司空,五曰司徒,六曰司寇,七曰宾,八曰师。"
② 《史记·货殖列传》。
③ 《周礼》地官中有山虞、泽虞,故宋育仁作此说。

第三章 甲午战争后至五四运动时期的经济思想

近日有志计学者都主张开利源兴制造,而对于地产、土货反置而不问,听任操纵于洋商之手。持商宗计学之主义,以畅销出口货抵进口货价为上策。"畅销出口抵制进口之说,似是而非,《原富》既明言之矣。"但宋育仁认为土产可畅销,不能贱卖,尤其是粮食。他说:"食者人力之资本也,轻其资本者,未有能知计学者也。我国饶人力而产米谷,本为资本最富之家,然而仰屋嗟贫者,贱其资本也。"他认为劳力输出得不偿失。虽然有少数人积资成为富人,汇款回国,"不知其耗本国地产,莫此为甚也"。宋育仁持这种观点,是因为他把劳动力直接看成资本,是比货币、机器更重要的资本。他说:"地产非农务不出,农务非苦力不成,则何为置数百万苦力之民,听其转徙于外域哉?一夫当年而不耕,天下有受其饥者;一妇当年而不织,天下有受其寒者。多一流寓外洋之民,即少一劳力之工。"他们在外洋所获的工资,有贮蓄的 10 人中不过 5 人,而能汇款回中国的不过 2 人。后者如回国则成为企业家,是役财而非治生者。"役财者虽于国业有益,而于种业有损,是分利而非生利者也。"

宋育仁又引斯密的话说:"凡物之市价,皆非其真价;凡物有时价,亦非其经价。"①他指出:"各国之食物无经界,惟中国之食物有经价;各国之货物有真价,惟中国之货物无真价。"中国出口的土货操纵于洋商,洋商计镑,华商计银。洋商不必增加货价,只须涨镑价,自持其经价,华商则认为是市价。进口的洋货则与此相反。从光绪十九年(1893 年)至二十九年,海关出入货价较前增加 20%,而镑价约增 60%,实亏折 40%。人徒见入数增加,而不知输货倍增于昔。"以最高价值之土货而贱售于外人,复不惜重价以购制造之洋货。扬邑业而抑野业,此吾民之所以流亡,而野业之所以不进也。"据斯密原理,邑业盛而野业亦日进。但两国通商之邑业和野业的关系则恰恰相反。土货中以食物为最重要。"东西计学家以衣、食、住为经济之本、财政之源,顾人可廿年不筑屋,终岁不制衣,不能一日不得食。"谷贱伤农是古今定理。但今习染洋风,相尚奢侈,衣、住的费用日增,食物价格却经久如故。外洋得以加价夺我之食,用财役我之民。

最后,宋育仁对该章的总结为:"吾与斯密氏所见之理论相同,而所主之国形相反。彼谓邑业盛而庸值自增,乃递委输(输送积聚)于野业。而吾谓农食重而力价增,乃能递增其庸值,而商运贾售,始日取赢焉。由野业而增

---

① "真价"严复译本作"真值",原编者注英文为 real price or price in money。"经价"原编者注英文为 natural price。

进邑业,先租而后及庸、赢也。两业本相通,而以本国种业所占之胜位为断。"

三、权工商论

宋育仁指出,东西计学家分自然、人力、资本为生财三要素:"自然者,主于地产,专属虞、农。人力则农与工共之。资本则农与工、商皆共之。""孟子所言通工(功)易事①之原理,乃四民交易之定理……百工之事固不可耕且为,就一业而功多之事,亦不能始终出于一手,不得不分功而治。"西方计学家论分工之益,有省劳、节时、用所长、致熟练、生巧思五条;而分工之弊,则是有碍身体发达和不知业外技能。但这是就一家一业而言,"若夫理通国之财,授万民之职,则因材施教者,器才而使,有其益而无弊也"。他又说:"先王之政,处工就官府。治众事者谓之官,藏器物者谓之府。官府者,正公司之确议;公司者,正官府之确诂也。"将公司等同于官府。他认为,《周礼》生财之道广,故其财不可胜用,其渔畋诸政,后世都误认为礼文,其实都属于财政,通国之用所仰给,故其财不可胜用。他主张:"今仿官府之制、参采西人之法而设公司。公司即官府也,即此教工,即此理财,毋庸以学校重艺科为也。"

宋育仁又指出:"通功易事之理,盈天下皆然,而于农工商之交易为最著。"以有易无,以供应求,小至一家一市的互相补济,大至一国及国际的进出贸易。本国交易有关民业的盈虚,国际交易有关财政的消长。如商业偏胜,则分利者多于生利者,对一国的民业有损害,故工业必须重于商业。"但工能增利必赖资本,工能成器必赖运销,器有滞售必资囤积待求善价,均恃商为周转。"因此,权通国的通功易事,则工重于商;权国际贸易,则工商并重。工业与商业相离,则工重于商;工业与商业相联,则工商并重。他分析工有益于财政的有助成原料、改变物质、整顿土地、建筑场所、利用废物、推广机器等六条;商有益于财政的有流通有无、厚集人力、消纳废滞、周转国币等四条。

工业要耗费农食,而能增进器物。对此宋育仁指出:"但食业于工之人数,不可过于食业于农之人数。农者日消其食力,而日进其生材。工者日消其食力,而日成者乃就其生材以之成熟货。"熟货如不能出售,枉废食力之

---

① 《孟子·滕文公下》,孟子答彭更问:"子不通功易事,以羡补不足,则农有余粟,女有余布;子如通之,则梓匠轮舆皆得食于子。"

日,然化废料为有用,损益亦约略相当。商则通过交易以取赢,有奢侈欲望的所求多,有本分欲望的所求寡。奢侈之欲望无穷,为圣王所当禁,应以本分之欲望为断。商业有益有损,有损国家财政的有启奢侈(市埠之民,奢侈成风);耗日力(往返道途,闲坐市肆);易流亡(习惯远出,有时亏损而子孙流亡)。宋育仁认为:"此三者,实业家所讳言,事发于无形,而流害于政教。此圣王之世所以立市政之条,而归商权于国,其意深远,非时俗计业家所能知。"他又指出,论国内贸易,商之益十之三,商之损十之七;而论国际贸易,则商之损十之一,商之益十之九。他引日本学者葛冈的观点,说国际贸易能降低物价、平均物价、矫垄断之弊、竞进艺学、坚固民信。

关于放任贸易和保护贸易,宋育仁介绍了斯密反对保护贸易的观点,认为保护贸易使母财和国殖愈困。他指出,斯密是就英国的情形而言,而对中国而言,国际贸易之利益犹大。"我既饶于地产,而绌于银币,正利于敛市之不售、货之滞于民用以畅其销路,所谓用之者舒,畅流以开源,邑业兴而野业乃更进也。非有大商任其国际贸易者,不能为托辣斯托也。尤利在持土货之高价,俾能与彼制造之货争衡。非有大商能为托辣斯托者任其国际贸易,不能以收桑榆之效也。"在这里,宋育仁实际上已改换了主题,不是讨论放任贸易和保护贸易的利弊,而是说国际贸易对于中国的重要性,所以他的结论是:"故曰,论其国际贸易,则商与工轻重相等;商与工联,则商与工轻重相等。"宋育仁指出,工有赖于商之事五条:大工业资本有赖于商;产品推广销路有赖于商;产品供过于求,赖商为收买囤积,待价而沽;企业家须待持筹而算,始成完全生业;借贷以资周转。

四、明士学论

宋育仁说:"中国重农,故兴士于甿(农民);外国重工商,故设工商学于学。"世人皆知工学宜讲,或未知商之宜有学。未学商学,以致银行不能设,公司莫能举,物价低昂不能与外相持,钱币轻重莫能知其缘故。他指出商学的纲领有三:一是商务。"商务者,政之事也。经商而不必执事,东(日本)语称为'企业家'。生材、劳力、资本为生财之三要素,合三者而成商业。"生财的衰或旺,主要决定于总理人的组织能力,要负责订条约,立章程,进退赏罚,运动进出,平其争讼。小者组织一二商业,大者维持众多商业。二是商业。商业兼劳力家和资本家而言。其持筹而算,近于劳心,但躬亲市肆,实为劳力家。有大资本而委人办事的,是资本家;出资而兼办事的,如商部的商官、商会的商董,是企业家。一公司一工厂的总办,以及工匠,都是劳力家,股东则是资本家。劳力、资本都属商业家,而不能称为商务。办理商务的可以兼办商业,但不一定办商业。分不清商务和商业,就不足与言商矣! 三是商学。企业、劳力、资本三者各有其学,各有应知。企业家不必熟悉买卖,劳力家不必深于条理,资本家不必精通营运。"惟商业之原理以何为要素,合群之公益以何为切点,期望之成效以何为归宿,此皆普通之程度,不必其为士,皆所宜共知。即不必其在商,亦所宜知也。故明士学,然后通商学。"

宋育仁指出:商学首先要明公司之理,其次要知银行之务,尤其要熟悉钱币和货物出入之比较。"公司者,托辣斯托之小者也。托辣斯托,公司之大者也。"公司有自治之政,无亏闭之理。"有商董担任,而后能集公司;有银行担任,而后能售股票;有公家保险,而后成公司产业;保本业价值,然后得国家利权。与国俗习惯,有公益之利;与国家法律,有相因之理。"不知道这些,就不是良贾,不能办公司。又指出,中国的票号、金店、银号都不是银行,就是中国今天的银行也不是银行。中国不能办银行,是因为商学程度不足。讲理财之学必自银行始。他提到的银行有普通银行(商业银行)、贮蓄银行、转运银行(汇兑银行)、押借银行(不动产抵押银行)、殖民银行、劝业银行、动产银行(经营公司股票)、国家银行(中央银行)八种。

西方计学家有种业(行业)、国业、邑业、野业、生利、分利、役财、治生等名称。宋育仁说纷沓之名词,未必都恰当。"邑业与国业,名异而实同,惟国之为义较邑为广耳"。"独认工商为实业,而不知非合以企业家,则种业不能成;非明于商际学,则种业亦无能发达。然则国业与种业,名分而实不分;生利与分利,易辨而实难辨;役财与治生,可分而实可合;种业与学业,相反而实相成。故曰明士学,而商学可知也。"这里的分辨总的来说是对的,但实业的概念包括农工商,并非仅指工商。他又说:"举其纲要,则《大学》'生财有大道'之四语①为至括,孟子'通功易事'一篇之论为最精。独就商界而言,则《史记》平准、货殖之数语为至要。""平准、货殖之数语"是指《平准书》和《货殖列传》中的经济观点。

关于通功易事,宋育仁说:"通功易事,古今之通义,天下之公理,统士、农、工、商而立之平,即国业、种业以明其故。不通功易事,以羡补不足,则货壅不通,器滞不售。此即商业之原点。知通功易事,则农以粟易械器,不为

---

① "生财有大道"四语即"生之者众,食之者寡,为之者疾,用之者舒"。

厉工以自便；工以械器易粟，不为厉农以自养。此即工资乎商之界说。知百工之事不可耕且为，则知劳心者以治人为务。此士业与三民通业之重心，即学业与实业交资之切点。"关于生财之道，宋育仁说："生之者众，指谓农之生材者也……食之者寡，指谓士之治人者也，不独企业之家在焉，即资本家之役财者视此矣。为之者疾，指谓工之成器者也。用之者舒，指谓商之通货者也。"对为之者疾、用之者舒的解释并不符合《大学》的原意，原意是指生产和消费的关系，宋育仁将它改成了工业和商业的关系。

宋育仁强调商界要懂商学、计学。他说，中国的商界专恃阅历，不明士学，不知公理，但见目前，不知久远。他列举了许多中国商界的不良表现，然后指出："此则中国贱商之原点矣。以其于国业无裨，于种业有损，于分利为幸获，于生利为猎取，于民生为长嗜欲之源，于民德为灭廉耻之心，其不足贵宜也。因而抑之，谁曰不宜？"他认为，归根到底是"由于不明士学之故，非徒为商业者不明士学之故，凡涉于商务者不明士学之故"。

宋育仁特别赞扬司马迁对明士学的贡献。他说："太史公之言商政出于士学①，初立术语未兴之际，而独能撷其精英，寓于文言，创为术语，伟哉非后世之文人学士道学儒林之所及也。"他引《货殖列传》中的一些术语作了发挥。司马迁说：农、工、商、虞"四者，民所衣食之原也。原大则饶，原少则鲜。上则富国，下则富家。贫富之道，莫之夺予，而巧者有余，拙者不足"。宋育仁对这段话按己意作了发挥：

"原大则饶，原少则鲜"是揭明资本的术语，"原"乃纳资本于地产之说。居山者，以植木为原；居水者，以渔、卤为原；居市者，以钱币为原。原之所以大者，合群之力；群之所以能合者，视己之能。他强调任何人都不是全才，应该懂得自己的能和不能。商学需兼地产、人力、资本、企业四样知识，各人不可能"以一身肩乎四业而为之谋"，只能聚集地产、人力、资本三家合作办企业。"夫能举地产、人力、资本之三家而聚而谋，通力合作，斯其为原也大矣，而焉得不饶？故其言曰：上者富国，次者富家。""上则富国，明乎商务之通于政，又明乎商务之施于有政也，托辣斯托是也。次则富家，其分子也……故曰：士学明而商学可知也。"

"贱之征贵，贵之征贱"宋育仁引作"少之征贵"，"多之征贱"。他说："少之征贵，求过于供之说也。多之征贱，供过于求之说也。"所谓少之，不是说

---

① 《史记·货殖列传》介绍计然、范蠡、子贡、白圭等的商业思想和实践，应是宋育仁所说的"太史公之言商政出于士学"的根据。

市场上货物少,"其有货之不售,我能使之少也";所谓多之,不是说市场上货物多,"其有左右而罔市者,我能使之多也"。"征之云者,非曰少之,而证其物价当贵;多之,而证其物价当贱也。"少之、多之的权衡由我操,"则夫所以征之者,举出产之地与销场之所,悉握于运动之重心,乃所谓莫之与夺,巧者有余"。又解释说:"莫之与夺者,其与夺之权操之自我也。顾此之所谓巧者,非夫人之谓巧也,合地产、人力、资本之群力,而举操纵于企业之家,乃为政之事也,托辣斯托是也。"这样才能立于商战之世,而操必胜之权!

五、立平准论

宋育仁指出:"《史记》之言平准,乃太公立九府圜法之遗,而《管子》轻重之策也。九府圜法,计学所由生也。"这是将三部古籍中的文字综合在一起,再加上自己的发挥。《史记》言平准,就篇目言,有《平准书》;就政策言,是桑弘羊"置平准于京师……大农之诸官尽笼天下之货物,贵即卖之,贱则买之",是指官营商业。《汉书·食货志下》有"太公为周立九府圜法",那是指币制。《管子》的轻重之策主要也是指政府垄断经济。但宋育仁的"立平准"只是借用历史上的术语说当前之事,同历史上的平准概念不是一回事。

宋育仁提出的方法是,综计通国的食货(原注:此"货"字指器物之统名,不谓货币),计算其消费量和积余量,按 30 年为一周期①,求出其平均积余量。再由此决定钱币(货币)的铸造数量,使其与食货积余数量相当。由此形成适当的比例关系,定为食货的经价。食与货之间的比价,则按人的食物消费来计算。"以一人终岁之食,当人力一年之值,为正比例,即此为人力之真价。"器物之成,食力所致,则定此物之真价,必与所输之人力相当,而人力则决定于其食力。对此,宋育仁还用数字来说明。如每人每年食粮食 3 石 6 斗,每石价约 5 元,每年所食粮食价共 18 元。造器物者每年做 360 工,每工价约 5 分,每年工价也共 18 元。按 4 亿人口计算,约岁食 14.4 亿石,按三分余一,余食 4.8 亿石,每石 5 元,值 24 亿元。又器物人工 100 工值食力 1 石,共 480 亿工。准此立圜法,需货币 24 亿元,即为造币之数。据此,宋育仁说:"会计通国之中,食力所余之价值,即民力所生之价值。准此以制为钱币之数,即用以为运动通国器物之交券。举凡食与货,皆食力之所积,即约分泉布之数,支配为食力之代数,而以食力之代数,准为百物之经价,即百物之真价,与其物所积之力适得其平。则四民皆得通工易事之利,而无病人利己之

---

① 《礼记·王制》:"以三十年之通制国用,量入以为出。"

害。此无所谓谷贱伤农,亦无虑械器之厉农夫也。"

以上是宋育仁的价值论。他将价值的产生归结为劳动力的耗费,劳动力的形成归结为粮食的耗费。这是一种劳动价值论,但是一种存在着错误的劳动价值论。其主要错误有三:一是将劳动力的量归结为产生劳动力的粮食的消费量,实际上还要包括其他维持劳动力的必需的消费以及繁育后代的费用等;二是认为价值只产生于农业部门,而且只能产生于粮食生产部门;三是不懂得劳动力创造的价值大于形成劳动力的商品的价值,也就是不懂得剩余价值的产生。

对于货币需要量的决定,宋育仁说:"先王之立圜法,始于计口授食;《管子》之理盐政,亦始于计口授食。如此其详密也,则百物之价焉有不平准者乎?"他说斯密言"力者物之所以相为易也,若是者谓之真值,可谓知其理矣"。但他认为斯密说的"因钱币以定市价,尚未知准人力以制泉币,乃泉币价格之原也,知之犹为未尽也"。他的意思是货币的价值不是决定于货币材料的价值,而是反映流通商品的价值。因此,他认为根据器物的价值就可决定造币的数量。上述造币数量的主张除否定货币本身的价值外,还没有考虑到货币流通需要量的决定受多种因素影响,如货币材料的价值、货币的流通速度、货币的储藏手段职能、信用的发展程度、社会风气的奢俭,以及对外开放的程度等都会对其产生影响,不能用单一的指标来决定。

关于对外贸易,宋育仁指出斯密主张放任贸易,比商宗计学主张保护贸易更为进步,"然尚未求所以自剂于平之故"。他说自由贸易只适用于条件相当的国家,而中国则保护贸易和放任贸易都不能剂其平。其理由是,华商贸易不能自达于欧美,则运送之迟速不同;中国地产多于欧美,则人工之贵贱不同;中国制造不如欧美,则时间之长短不同;中国钱币无定率,则资本之赢绌不同。"况于国际之贸易,聚各省参差不齐远近不一之百物,而举以供于垄断之家。求售之家百,而占买之家一,运费、物价、币价悉授柄于人,乌在其能自剂于平也!"他再将要害归纳为三条:途道不流通;钱币之数不敷周转;人工价贱。又将三害归结为"地产之数浮于钱币之数"。

宋育仁说地产丰、人工贱本为富强之所资,但中国却因此而坐受其患。对此他解释说:"一言以蔽之曰:钱币之数寡,不敷周转之故。钱币不敷周转,其影响先及于人工之值贱,递及于途道之不流通。又一言以蔽之曰:运动力不足之故。譬如物之积力千万吨,而起重之机仅百万吨,其不能将所积之重,起而转徙自如,明矣。"这种解释夸大了货币的作用。又据斯密理论,庸(工资)率与国势盛衰成正比例,与赢(利润、利息)率则成反比例。宋育仁认为列国形势大致如此,唯中国独异,他说:"欧美之庸率,十倍于中国之商埠,三十倍于中国之内地,而中国放本之赢息恒三倍于欧美。此由母财少故赢息厚,财用乏故庸值薄。庸、赢之迭为高下,乃物价所以贵贱之因,而以地产所得之租为结果。"这是中国人力众、物产丰而钱币少的明验。洋人役财以奴使中国,即此可以亡人国,何必兵力?这种情况非一般自由贸易所能自剂于平。因此宋育仁认为,不必过于求机器制造之效,而在于会计通国人力所出地产之数,比较外国物价、人力之差,增多本国的钱币之数,以增高庸值率,减抑利息,才能有术以剂地亩高下之平。他说:"平准之权本在于国,安有仰资本于外人,据富有地产之权,而反为外人所役者哉?"针对这一问题,宋育仁提出了增制划一国币、通筹划一税则、实行划一权量、广设转运公司(仿托辣斯办法)共四条"平准之术"。

六、制泉币论(上)

关于货币的作用,宋育仁指出:"泉币为百物之易中,夫人而知之矣。国人与国人相交易,所欲得者器物,所以交易者人力,是物与物之交易,其实为力与力之交易,与易中之契券无与。国际与国际之交易,所转相委输者泉币,而其所得者货物,仍属两国之民力与民力通工易事,其归根结果,视乎所得货物之多寡,以为正负之差。"这是强调货币的流通职能,虽然买卖必有价值的比较,但宋育仁并没有将它作为一种货币职能来看待。

关于货币的价值,宋育仁明确表示了货币数量论的观点。他说:"钱币之与食货如权衡,一仰则一俯,一低则一昂。重钱币之价格者,乃以抑食货之价格也;轻钱币之价格者,适以昂食货之价格也。钱币之价格则何由而轻重之乎?则系乎多寡之数矣。"

关于货币的本位,宋育仁说西东的泉币史、财政学有单本位、复本位、铜本位、银本位,进而至于银铜复本位。而关键性的金银复本位和金本位,他却无一字提及,接着就谈中国古时的货币,似乎是为了彰显中国古代货币的先进性。他说"先王之为圜法币制者,其术密矣",主要是根据《周礼》、《国语》、《管子》、《史记》、《汉书》等古籍中的记载,加上自己的发挥。他说三代圜法皆行铜本位,汉武帝时兼行白金三品,则为银铜复本位;中外用银的时代接近,用金则中国最先,皆为复本位。这些关于本位的名称,都是不严格的说法。宋育仁认为清末的币制讨论"不揣其本,而惟斤斤于单、复本位之间"。对此,他批评说:"夫既知泉布为易中之媒介,信用之契券,而何单、复之断断?譬之于权量则悟矣。二十四铢为两与一钱为两,十六两为斤与十二两为磅,何足优劣乎?"实际上清末的币制论争并不是单、复本位问题,而是实行金本位(包括金汇兑本位)或银本位的问题,对银本位币则有重量之争,宋育仁的批评并不准确。关于制币的利益,宋育仁举出了五条:一是增母财周转之利,国本饶而民业悉举;二是取铸头羡余之利,取于民而民不损;三是获币票腾挪之利,一项成本化为两项;四是收银行出入之利,一出一入皆取其赢,利于公而民亦便;五是聚矿产委输之利,铸币为国家专有之权,即专有之利,民间百处开矿,归官家一处销售,即大托辣斯也。

从第二版起,宋育仁将"先后之言于当事者"的纲领条目列于本卷。他将光绪二十二年(1896年)由翰林院代奏的《呈请理财折》归纳为四条纲领条目:一为开矿以裕来源,包括金、银、铜、铅矿等铸币材料和煤、铁等用于铸造的资本;二为铸金镑以正圜法,银元、铜元都依金价为权衡,始有国币价格;三为设银行以通财力;四为行票币以运商途。又将二十七年在西安行在奏的《请理财以疏国困折》中的货币主张归纳为制泉币四要:法定金位;通制银币;推广铜元;通行币票。再列举《议圜法轻重纲目》中提出的四纲五目等内容。四纲是:通计本国之盈虚,不得牵涉赔款之出入;统筹全局之利便,不得偏重公款之羡余;会计各省之度支,不得专注一局之利益;预筹积年之进益,不得但计目下之盈亏。五目是:整齐圜法,不得任各省轻重参差;普设银行,不可计目前孳息小利;通行币票,不得言公款搭用几成;厘清税则,不得任各省名目纷歧;划一权量,不可恤目前私益浮议(五卷本原作"划一权量,不可省目前经创烦费")。其中整齐圜法又有细目三条:法定金位;通制银元;推行铜元。普设银行又有细目二条:司公款出纳;司民间与公款交涉之出纳。

对以上条目,宋育仁还作了一些解释。关于币票,他指出:"各国皆行币票,在欧遍欧,在美遍美;俄跨两洲,行之久矣;东瀛又踵而行,而四海密如,未闻盗铸之不能禁也,惟其有银行之故。各国泉币,金、银、铜三品相权,均有一成不易之价格,未闻铢铢而称之,有平色之差,为中饱之利也,惟其有银行之故,亦惟其有圜法之故。"中国则相反,币票议而不行,是因为没有银行;议定币价又不行,是因为没有银行和圜法。"然则设银行、正圜法诚当务之宜急矣。"而其不行,则因财政未修。他又说:"经世之财政,以制泉币为主名,断断乎其无可疑者也。正圜法为其体,而设银行为其用也。试言所用,正圜法其中心点,而设银行其运动力也。"正圜法的关键在于理财,因此又将《理财论》全文并入作为该卷的结束。《理财论》以论述广义的理财为中心,同原来各篇有重复,而且用词也有差异,如说:"夫财币所以枢转百货之低昂，为国家独有之利权，而即对外交不易之良策也。用金之国制财币之权，而用银之国受其弊。"对照全书，这里的"财币"应作"泉币"。

七、制泉币论（下）

以上论述了《制泉币》卷的正文，其中包括宋育仁提出的币制纲目。但从这些纲目中并不能了解其具体的内容，本节再分述各相关附篇的要点，以更完整地显示宋育仁的货币理论和主张。

（一）《翰林院代奏呈请理财折》

此折上于光绪二十二年（1896年）。宋育仁称，今日理财"必谋所以生财。非开矿则金无来源，非铸镑①则金无用处，非设行则公家之财为朽蠹，非行票则民间之用不流通"，概括地说明了开矿、铸钱、设银行和行纸币是当时的理财要策。他分析中外货币流通的差异，指出："外国土产，货物少而钱币多；中国土产，货物多而钱币少。彼用钱币以易我之货物，以我之货物为材料，加制造鬻还中国，以易我之金银，复将我之金银以铸钱币。"因此中国要更改圜法。他说：英金镑1枚重2钱2分，换银钱先令20枚。1先令重1钱5分，以金易银不足15换。1先令换铜钱名便士者12枚，1便士重2钱2分，以银易铜不足21换。其与中国交易，1金镑换银7两，则抵30余换。这是洋人常以彼国值3两银的金镑，换中国值7两银的觅货。这种比较恰恰表明宋育仁缺乏对本位制度的正确认识。在本位制度下，金镑是主币，有实足价值；先令、便士是辅币，代表主币的价值，本身是不足值的。所以所谓外国以值3两银的金镑换中国值7两银的觅货，根本不能成立。这种不懂得主辅币关系的观点，在当时中国并不是个别人的认识。宋育仁主张"比照英镑轻重成分，令天下通行"，认为"以镑偿镑，彼无从取赢；以镑易镑，彼不能扼价"。这种主张是行不通的，各国都应实行符合本国特色的币制，绝不能照搬外国的模式。

关于设银行，宋育仁指出设官银行有六利：一是夺洋银行之势，足以制欧商营运之权；二是进出口税可实收金镑，以资银行成本；三是所铸金镑寄储于银行，接济不穷，转输又便；四是内地解截支拨各款，统归银行出纳，既不致存为朽蠹，又免转运烦费，经手侵渔；五是商家入股，或另设分行，亦附于官，一气相联，随地兴工，拨饷应手立办；六是民间有钱皆得寄银行生息，成本既益，而商业民业随地可察盈虚。

---

① "镑"原写作"磅"。后有些已改为"镑"，有些未改，现统一为"镑"。

关于行币票,宋育仁提出,官银行存本,除期票、暂存、用出三项不计外,按存银数添造五成币票,分发京、省总银行及各埠官银行,各照所存成本多少给票。凡官款收支解拨及民间汇兑、交易都一例行用。商家、票号、钱庄愿领票者,交纳实银于总行,如数给票,所交实银量给利息。"如此则中国官私汇兑,不受欺于票号,足以资周转而流通不穷。按炉征税,明取一成;收金铸镑,暗取二成;设行造票,又暗中增币十分之三。通计中国之财,譬如有银万万两,则空中增出银六千万两。此皆因民所利以生财,而非括民所有以益上,一理财而百废举矣。"

(二)《请理财以疏国困疏》

光绪二十七年,宋育仁在行在奏。此时清政府又增加了庚子赔款,财政更为困难。宋育仁认为"工商之收利较缓,而国债之追逋甚急,筹捷效以济时艰,保利权而固国本,惟在治圜法而已"。将改币制作为主要的生财之道。他主张铸金、银、铜币,造币票,停铸制钱,禁用银锭。他说外洋各国的钱币都是1金钱换20银钱,1银钱换12铜钱。实际上这仅是英国的制度。他又说:金价三四十倍于银,造金钱一枚,可以增加银根三四十两,多出铜钱三四万枚。查光绪二十五六年《海关出口税册》,每年出口金值银八九百万两,内地收藏和市面兑换金叶、金条不计。"应饬禁市廛用金叶、金条兑换银两,不准足金出口。略一收集,增入金价至值银一千万两,必有赢无绌。"他主张金币仿英镑,每元重2钱2分,每年可铸金元一百四十五万枚。如以二成羡银200余万两随地买金,不待另开新矿,就已收回利源。令各省已举办商务、兴设公司、报纳关税的,都以金镑纳税,逐渐推广。银元重1两,以八成当足色。铜元与银元一式,每枚重2钱1分,搀和铅4分余。计净铜1斤铸铜元100枚,值制钱1 000。以每斤净铜值钱400文核计,每铸铜元100枚,可得羡余600文,合银4钱2分2厘多。由近江海省份五六处分铸,每年可铸出20亿枚,共羡余1 200万串,合银800余万两。"通计三币,岁可生财一千万两,有赢无绌。"此外用机器夹花纸印币票,随时随地可取金镑、银元,又生出一倍之财。"腾出实金实银,增铸金币、银币,则国富可立致,而一切兴作皆借以为资。"

以上的币制设计,比较粗糙,理论分析也不多。虽铸造和使用金币,但并没有说实行金本位制。金属货币有三种,实际上都是主币,无论政府是否规定比价,对市场都无约束力,就同原来的银钱比价由市场决定一样。已经通行的银元是按实际价值流通的铸币,新方案却要改为按名义价值流通的铸币。铸造货币的利益,从理论上来说,本位币的铸造是无利可图的,只是在开始时,正常的货币流通体系尚未形成,才可能有例外。辅币铸造确有利可图,但政府必须保证辅币持有者能向发行机构按法定比价兑换到主币。发行纸币利益更大,但在金属货币流通制度下,必须能保证兑现。总之,宋育仁的币制方案施行的效果究竟如何,并不能给人以充分的信心,而且当时恰在乱后不久,朝廷绝不会冒险推行。所以,宋育仁特地到行在上书献策,其志可嘉,而其设计的币制方案却只能被束之高阁。

(三)《议圜法轻重纲目》

该文作于光绪三十年,同下一篇《议整顿财政画一圜法章程》的写作时间相近①。

宋育仁说:"金为本位则物价昂,银为本位则物价低,铜为本位则物价至贱。"这是倒果为因的说法,就货币价值与商品价值的比较而言,应该是货币价值低则物价高,货币价值高则物价低。他的本意是想说,低值货币流通阻碍了物价的提高,高值货币流通则相反。因此他接着说:中国土货收买于所产之地,都以铜钱计算,"则铜为本位,故其价甚贱"。运至通商口岸,大商收买于零贩,转售于洋商,乃以银计算,"则银为本位,故其价稍昂"。西商以金为本位,都以金镑核算本利,则其价更高。

宋育仁完全用货币原因来解释中国对外贸易的盈亏。他说:"华商以银计算收买于土贩,则利于银贵钱贱,可以少出银而多得货。转售于洋商,则利于金贵银贱,可以少出货而多得银……华商所获者,镑价合银之羡余;本国所亏者,土货输出之实数也。所以通商以来,出口货价似岁有增加,其实货价未尝涨,由于镑价之涨。银价似日见亏落,其实未尝落,由于土货随商埠百物之价而稍增也。"因此,他认为:"是中国只有银钱之贸易,并无货物之贸易,不足以言商业,何从而论商战乎!"

宋育仁又指出:由于物价受制于镑价,洋商可能有因镑价高而放松物价之时,华商则绝对无因镑价低而高抬物价之日。"故洋商有赚无折,华商则有赚有亏。其赚者赚于土贩,并不能抬价以取赢于洋商;其亏者亏于洋商,则必且抑价以取偿于土贩。"这种情况,原因在于中国"产金而不用金,金由外人定价;用银而不制币,银又随时市低昂。不但金无本位,并银亦无本位矣"。他说今议整齐圜法,即使能以银为本位,但定价与金镑不能划一,则通

---

① 《议圜法轻重纲目》中有光绪"廿九年所议银行章程"字样,故定其写作时间为光绪三十年。又,此文在五卷本中排在《议整顿财政画一圜法章程》后,而六卷本则改排在该文前,反映了两文写作时间的接近。

第三章　甲午战争后至五四运动时期的经济思想

商受制于镑价如故。只有收本国之金,制本国之币,用于本国之中,才能维护自主之权。他批评有些担心外国不用中国金币的人语殊隔膜:"试问整顿圜法,增铸新币,为国裕财乎,为人服役乎?无怪乎驳用金圜,而又主开金矿,其将以金易银乎,抑亦以资敌人之铸币也?"他还批评了其他反对用金的观点。

用银有以两还是以元为单位的争论,即"两元之争"。宋育仁主张以元(圜)为单位,但重量标准和"两元之争"中的用元派并不相同,而是要另起炉灶,这点从他设计的币制方案中可见。他批评原有的银元流通说:"旧式(银元)原定七钱五分,而于后各省所铸参差不齐,轻者至七钱二分二厘五①。其小圜成色则自一成八以至二成二,高低不等。因而各省互分畛域,市价以意低昂……各省银元出境,则均当减水。小圜名为一毫一角,而以易大圜,须十一枚或十二枚始当一枚,且有零奇用铜元、制钱贴补,至为杂乱无章。"不过他并不主张在实行新币制后就废除旧银元,而主张旧银元的使用听民自便。他认为采取这一政策后,内地旧有银元将陆续输于通商口岸,内地会不禁而自无。

宋育仁主张推广铜元流通,认为铸铜元的"羡余可为筹款之一大宗"。并主张"以各省所铸铜圜多寡,为所司官吏之考成,极力推广,多多益善"。他说:"铸圜愈多,则羡余所入益巨,可罢去一切加捐,以苏民困,而兼救钱荒,自不待言矣。"铜元是低值辅币,应属有限法偿,铸造数量不能无限扩大,而且当时铜元已在贬值。宋育仁视铜元为主币之一,主张无限制发行,只讲发不讲收,为滥铸铜元起了推波助澜的作用。这是他的货币主张中最严重的失误。这失误表明宋育仁还不懂得本位制度下的主辅币制度。

为了迅速发展银行,宋育仁提出将公款出纳全归银行经手,认为这办法虽夺了票号的汇费之利,但票商损失甚微,而有利于公家甚巨。银行为民间司出纳,代为积财资息,押借通财,兼有保险和当铺二义。可通饬各省转谕州县各局将民间漕粮、捐税用金、银、钱、币票由银行缴纳,收取手续费。原税铺、粮铺、报关行仍予保留,不过是分其一二成用费。待商民习惯以后,再慢慢取而代之。

宋育仁指出,过去的银元币票不能通行,原因有二。一是规定在纳粮缴税中可搭几成。宋育仁批评说:"夫行票者国家之政令,注明若干者,其值若干。票可以取银,银可以换票;银即是票,票即是银。何得有搭放几成、搭收

---

① 张之洞原定银元(龙洋)重库平7钱3分,后改为7钱2分,无7钱5分之说。接下来说"轻者至七钱二分二厘五"也有误,库平7钱2分已经符合龙洋的标准重量。

几成之说……不知适示民以不信,而明告以此票之无用也。"他主张币票必须兑现,由国家银行经手,票从银行发出,仍取实银于银行,辗转使用,与实银无异,才能通行。二是各省自行出票,实数无稽,票浮于币,仍会成为废物。铸币、设行、行票必须联为一事,缺一不可。

(四)《议整顿财政画一圜法章程》

光绪三十年美国精琦等来华设计币制,提出了实行金汇兑本位方案,因其有明显的侵略性,加上中国朝野许多人还不懂得这种币制,反对者颇多。宋育仁则作《议整顿财政画一圜法章程》,其中提到"美国条议顺中国市面情形酌中定价,以三十二换为率",表示了对条议所定金银币比价的肯定态度。

宋育仁指出,外洋金银币比价为 16 换、中国定为 32 换,"金价积重,亦一时不能骤抑,不如姑照现在行情,徐图将来进步。"他主张银币重 1 两,并铸 5 钱重半数银币,用实银八成作为金币的代表,金银币比价为 32 换。他明确提出了金银币比价与生金银比价的区别:"今欲究明此理,须将金材料与金币、银材料与银币划分为二,始能比较以得其平。我之所谓金价者,生金材料与生银材料交易之价值也。彼之所谓镑价者,已铸成之金币与无本位之银币汇换之价值也……今欲将积弊一扫而空,必须分明生金、生银与金币、银币之判然二物,绝不相混。"这话有对的一面,即应将金材料与金币、银材料与银币划分为二。但他又认为各国规定的金银币比价也可以适用于他国。例如,中国应付美国黄金 1 亿镑,折算银币支付,因为银币成色为八成,计兑金一镑,应收回银币 2 元;如偿款 1 亿镑,共收回 2 亿元银元。其实这种情况是不可能发生的,因为银元只在中国国内代表金币,在国际上必须还原为生银,再按市价折算为黄金。

宋育仁计算了中国铸金币的成本。用银买金,按 36 换计算,本银 1 000 万两可购金 275 180 两,可铸金元 1 254 440 余元。按法定比价 32 换计算,每元应贴银本 4 两,共亏银本 1 103 520 两。但铸成金镑,每镑应长出银 1 两 2 钱,实长出银 1 504 700 余两,除铸金损耗外,尚多进银款 40 余万两。又以银币代表金币,约计兑银 1 两之金价为准,应以 8 钱实银合入铜、铅,共重 9 钱 9 分,作实银 1 两。定价 8 元抵金币 1 元。均准持此币向银行换金票。银币代表金币,半元换铜元 50 枚,至 5 元止,换铜元 500 枚。"制钱法敝而不能理,银定(锭)兑换万弊所丛。"但一时尚难骤革,可作为货物交易,不与圜法国币相涉。制钱陆续收回。"照现行新式为铜圜本位,再铸半元至五分之一、十分之一,以为辅助。"

宋育仁指出,当时中国"不但无中央银行之制,并且无国家银行之实,故币权操于市贾,而币价听之外人"。他建议以公款为铸局成本,以铸出之币为银行成本;以本国公款、汇解关税支拨,为内地银行的进出贸易;以外国采买付价、赔款汇兑,为外国分庄(分银行)的进出贸易。借银行之贸易,联络外国银行,彼此汇通币票,使金银具有准价。他说:"议者每虑我制金币彼不照行,而不知前此之受制,由于无银行之故;又虑我设银行,仍虑为人所制,而不知行情之所在,非其国朝廷之所能独专。"他还主张各地官绅商民愿承办分银行者,以纳银 15 000 两为起限,准作国家分银行,发给币票 3 万元,多纳银者等而上之。最后总结说:"财政既理,银行遍设。银行悉国家之经手,公司悉银行之伙业。各商货所入之价值,悉国家运动之资财。无不能联合之商,即无不可移抵之款……则代表本位之金币可行。代表金币既行,则代金币票自然信用,汇兑金票自通周转。腾出实银,鼓铸之源自裕……行之三年而天下裕,不到十年而百政悉举矣。"产生这一良好结果的前提是要有一个能实行这一政策的良好政府。然而,这个前提并不存在,宋育仁的这一愿望只能是一种难以实现的理想。

八、正权量论

正权量的"权"即度量衡的"衡","正权量"指建立正确的称量标准。宋育仁在分析正权量的重要性时说:"立财政之要在乎正圜法而已。正圜法之用在乎权国计与民生之出纳而已。国计民生之出纳交涉,一通工易事之理,使上下各得其平、各给其用而已。权量者所以制货物之平准,表价格之多寡,附属于泉币而为之执役者也;又附属于百物,使百物之供适当于泉币之求者也。故不可不谨也。"他说中国的古圣人治国,深知其事的重要,故推本于律,建立度量权之制,"累黍为寸,容黍为龠,权黍为铢",使三者都合于律。累黍为寸确定长度的标准,容黍为龠确定容量的标准,权黍为铢确定权重的标准。他说如今中国的度量权,21 行省几乎府异其制。粮食"交易至广,而售欺者众,异方殊俗,同一量一名,而相差至三倍有奇"。如吴、越三斗合蜀、黔一斗,京师斗、石多立名目,闽、粤有大斗、小斗之名,湘、楚、蜀改称挑或担。但其实数都以重若干斤为准率,故斤、两则是通国的实数。"此则见度、量之起于权,定其权衡而度、量自正,易简而天下之理得也。"

宋育仁又指出:"权为交易价格之重心,泉币又为交易价格之代表。"中国以斤为本位,西方以磅为本位。对于中国财政得失、交易出入关系尤巨者则为银平砝码之差。钱币受权币平码的影响,差之毫厘,积成巨万,不可不慎。"故华商于国内之贸易,注重平色之奇赢,而忘货物之经价;于国际之贸易,更惟知有银钱之买卖而已。"中国使用银锭有平、色之差,宋育仁认为平与色虽名为二,实则为一。名为库平者即库色,名为足平者即足色。这说法其实有误。平、色是中国实行银两制度时的两种衡量标准,平指重量,色指成色,任何银锭都要计算两方面的数据,不能合而为一。

宋育仁继续说明中国权量的混乱及解决办法,他说:"曰九八,曰九七,名相迩也,实相远也。自库平至规元,每百两之差乃至十两,积十而进一百。弊所丛生,关于政界商界者至巨,世之注目者亦以此为斤斤然。则正权量者正平码而已,正平码者正圜法而已,圜法定而金、银、铜之汇拨变为货物之交易。"他提出正权量的办法是用西人的磅称(秤),由官府制造,颁发市场。小的平银,大的平货,使国中无伪,就没有遁法而罔利的人了。"平码既定,而称斤自一律率从,所谓正其本万事理。故论财政以此终篇,诚见夫财政者先王之政,而非取法于西人之法也。其采用磅称,器也,而非法也。"他还指出秦始皇有一可法于后世的政策就是统一权量。权量都造于工官,颁行于天下,刻以诏书、铸造年月、监督工名,杜其伪作。由此周知户口虚实,生业盈耗。"仿其法而行之,既握财政之枢,且有生财之用。"

《经世财政学》以"正权量"卷结束全书。该卷字数在各卷中是最少的,而且有些论述有误,这反映了宋育仁对此问题研究的不足。如前面笔者已指出其所称库平即库色、足平即足色之误。还有一个更大的错误是将关于商品的衡制与关于货币的衡制混为一谈,没有分清计重的"磅"和货币单位名称的"磅(镑)"的区别,认为用磅秤就能解决货币权量的问题。而且将货币等同于一般商品,说"正平码者正圜法而已,圜法定而金、银、铜之汇拨变为货物之交易",这仍是一种称量货币的概念。

第十节 梁启超的经济思想

一、资产阶级启蒙宣传家梁启超

梁启超(1873~1929),字卓如,号任公、沧江、饮冰室主人,广东新会人。光绪十五年(1889年)考中举人。次年赴京会试失败,回家时经过上海,看到徐继畲的《瀛环志略》,知道有五大洲各国。同时还接触到江南制造总局翻译的西书数种。十六年秋天经陈千秋的介绍,拜康有为为师。随康有为学习三年,参加了《新学伪经考》的校勘和《孔子改制考》的分纂工作。二十一年再到京师应考,同康有为一起发动公车上书,并参加强学会,任书记员,为《中外纪闻》写稿。二十二年,原上海强学会会员黄遵宪、汪康年在上海创办《时务报》(旬刊),宣传维新思想,由梁启超主笔。他的文章因观点新颖,文笔流畅、通俗,而产生了广泛影响。因此,人们将他和康有为并提,合称"康梁"。在此期间,他还编辑《西政丛书》,创办澳门《知新报》和上海大同译书局,推广不缠足学会。二十三年十月,梁启超脱离《时务报》,被湖南巡抚陈宝箴和按察使黄遵宪聘为长沙时务学堂中文总教习,协助谭嗣同进行维新运动。二十四年二月,再到北京,协助康有为开保国会。变法期间,受光绪皇帝召见,赏六品衔,办理大学堂和译书局事务。政变后逃亡日本。在日本继续进行改良宣传,先后创办《清议报》、《新民丛报》、《新小说》、《政论》、《国风报》等。二十八年到檀香山,利用孙中山的关系在华侨中间活动,把多数兴中会会员拉入保皇会。三十二至三十三年间,公开同革命派论战。三十三年,成立政闻社,虽以保清室为宗旨,仍遭到清政府的封禁。辛亥革命后回国,参加袁世凯政府。创办《庸言》报;组织民主党,1913年扩充为进步党,与国民党对抗。同年任司法总长,参与币制讨论,起草《国币条例》和《国币条例施行细则》。1914年2月8日条例公布后,改任币制局总裁,因推行困难,同年12月辞职。1915年创办《大中华》月刊。反对袁世凯复辟帝制。在袁死后组织宪法研究会(人称研究系),依附段祺瑞。1917年一度出任段内阁的财政总长。晚年在清华学校(1928年改为清华大学)任教。著作编有《饮冰室文集》和《饮冰室合集》等。

梁启超是杰出的资产阶级意识形态的通俗宣传家,他所介绍的西学范围极为广泛,其社会影响较严复大得多。对资产阶级的经济学也作了许多通俗的宣传。光绪二十八年"辑译英人英格廉(Ingran)、意人科莎(Cossa)、日人井上辰九郎三氏所著之《生计学史》,而删繁就简,时参考他书以补缀之"①,成《生计学学说沿革小史》。这是中国人编的第一部西方经济学说史著作。还撰有《管子传》和《墨子学案》等同中国经济思想史有关的著作。

戊戌变法前,梁启超积极宣传变法,著《变法通议》,其中大部分都在光绪二十二年、二十三年的各期《时务报》中发表过。他在《自序》中指出:天地间一切事物"莫不变","故夫变者,古今之公理也"②。《自序》说《变法通议》共60篇,分12类。但现存的《变法通议》中共13篇,分别题为:论不变法之

---

① 梁启超:《生计学学说沿革小史·例言七则》,《饮冰室合集·文集》,中华书局1989年版,(12)第1页。

② 梁启超:《变法通议》,《饮冰室合集·文集》,中华书局1989年版,(1)第1页。

害,论变法不知本原之害,学校总论,论科举,论学会,论师范,论女学,论幼学,学校余论,论译书,论变法必自平满汉之界始,论金银涨落,论变法后安置守旧大臣之法。最后3篇发表于戊戌政变以后。

梁启超指出变法的迫切性时说:"法者天下之公器也,变者天下之公理也……变亦变,不变亦变。变而变者,变之权操诸己,可以保国,可以保种,可以保教。不变而变者,变之权让诸人,束缚之,驰骤之。"[1]希望清统治者主动变法,以免发生不堪设想的后果。他赞成西方的"人人有自主之权"之说,指出自主之权即"各尽其所当为之事,各得其所应有之利",反对"以一人而夺众人之权"[2]。他认为泰西各国之强在于议院,议院可以做到"君权与民权合,则情易通;议法与行法分,则事易就"[3]。但中国必待"风气已开,文学已盛,民智已成,乃可设议院。今日而开议院,取乱之道也"[4]。还说"权与智相倚……欲伸民权,必以广民智为第一义";"欲兴民权,宜先兴绅权。欲兴绅权,宜以学会为之起点"[5]。

在逃亡日本的初期,梁启超一面主张保光绪帝,一面又对封建制度和腐朽的清王朝进行了尖锐的批评。他指出,英、法、德、美诸国之进于今日之治,"不过以一国之人,办一国之事,不以国为君相之私产,而以为国民之公器"[6]。而中国"数千年之民贼(帝王)"却"攘(窃)国家为己之产业,挚(拘禁)国民为己之奴隶"[7]。他揭露清政府所实行的都是亡国政策,批评张之洞的东南互保是要"将长江一带选举、黜陟(官职升降)、生杀之权全移于外国之手",指出外国侵略中国的目的是要使中国人成为它们的"奴隶之奴隶"[8]。他反复强调民权与民主的区别,说民权包括君主立宪和民主立宪两种,而他的目标只是要实行君主立宪。当他同革命派论战时,则宣称中国连实行君主立宪的条件都还没有具备,而提出"开明专制"的主张。

辛亥革命后,梁启超把自己说成是同革命派殊途同归的人。他说清王朝的被推翻,是十几年来激烈派和温和派人士共同努力的结果。"以云有功,则两俱有功;以云有罪,则两俱有罪。"[9]五四运动以后,中国的社会主义

---

[1] 梁启超:《变法通议》,《饮冰室合集·文集》,中华书局1989年版,(1)第8页。
[2] 梁启超:《论中国积弱由于防弊》,《饮冰室合集·文集》,中华书局1989年版,(1)第99页。
[3] 梁启超:《古议院考》,《饮冰室合集·文集》,中华书局1989年版,(1)第94页。
[4] 梁启超:《古议院考》,《饮冰室合集·文集》,中华书局1989年版,(1)第96页。
[5] 梁启超:《论湖南应办之事》,《饮冰室合集·文集》,中华书局1989年版,(3)第41、43页。
[6] 梁启超:《爱国论》,《饮冰室合集·文集》,中华书局1989年版,(3)第75页。
[7] 梁启超:《中国积弱溯源论》,《饮冰室合集·文集》,中华书局1989年版,(5)第17页。
[8] 梁启超:《灭国新法论》,《饮冰室合集·文集》,中华书局1989年版,(6)第43、46页。
[9] 梁启超:《初归国演说辞》,《饮冰室合集·文集》,中华书局1989年版,(29)第5页。

思潮更加发展,而梁启超则对社会主义继续持否定态度,1920年他公开提出了社会主义不适合于中国的观点。他说中国国民对于政治,积极改良的兴味甚薄,消极节制的势力甚强。社会上好像有一种堡垒线,为政治所不能侵入,侵入必致失败。因此,国民对政治日益冷淡。近十数年来,梦想德国、日本式的保育政策,因违反国民性,已完全失败。"自今以往,若欲举马克思所理想、蓝(列)宁所实行之集权的社会主义移植于中国,则亦以违反国民性故,吾敢言必终于失败。"①

二、《货殖列传》今义论

光绪二十三年(1897年),梁启超作《〈史记·货殖列传〉今义》,将司马迁《史记·货殖列传》的部分内容以加按语的形式,给予了符合西方资产阶级经济学的阐释,以表达发展资本主义经济的观点。

梁启超强调发展生产力的重要。他指出"衣食之原"的大小,"不以地为界,不以人为界,不以日为界,当以力为界"②。这里所说的"力",是人力、地力和机器力的结合,也就是生产力。他认为生产首先是人力和地力的结合:"大地百物之产可以供生人利乐之用者,其界无有极,其力皆藏于地,待人然后发之。"③"尽地力者,农、矿、工之事也。"④农是"地面之物",矿是"地中之物",工则"取地面地中之物,而制成致用",然后由商"流通于天下"⑤。但是单靠人力和地力,生产能力有限。"凡欲加力使大莫如机器,各种机器,农矿工之机器也,修通道路,利便转运,商之机器也。"机器要靠人的智力来创造。"是以用智愈多者,用力愈少,故曰'巧者有余,拙者不足'。"⑥

发展机器生产要有资本,梁启超指出:"《周礼》有保富之义",而"泰西尤视富人为国之元气",因为富人"必出其资本兴制造等事,以求大利"⑦。投资新式企业不仅可以使投资者本人获大利,而且能因此企业而带动其他有关企业的生产,增加许多就业的机会,增加社会的消费能力,从而又推动他业的产生,"沾其益者,至不可纪极"。由此梁启超说:"今以富者之财,贫者之

---

① 梁启超:《历史上中华国民事业之成败及今后革进之机运》,《饮冰室合集·文集》,中华书局1989年版,(36)第31页。
② 梁启超:《〈史记·货殖列传〉今义》,《饮冰室合集·文集》,中华书局1989年版,(2)第39页。
③ 梁启超:《〈史记·货殖列传〉今义》,《饮冰室合集·文集》,中华书局1989年版,(2)第37页。
④ 梁启超:《〈史记·货殖列传〉今义》,《饮冰室合集·文集》,中华书局1989年版,(2)第44页。
⑤ 梁启超:《〈史记·货殖列传〉今义》,《饮冰室合集·文集》,中华书局1989年版,(2)第38页。
⑥ 梁启超:《〈史记·货殖列传〉今义》,《饮冰室合集·文集》,中华书局1989年版,(2)第39页。
⑦ 梁启超:《〈史记·货殖列传〉今义》,《饮冰室合集·文集》,中华书局1989年版,(2)第39页。

力,合而用之,以取无量之财于地,故两有所益,而财亦不见其损也。"①

梁启超反对"黜奢崇俭",说俭是"上古不得已之陋俗,而老氏欲持此以坊(防)民,非惟于势不行,抑于义不可";尚俭会造成"弃货于地……举国尚俭,则举国之地利日堙月塞,驯(渐)至穷蹙不可终日"。②他也像中国历史上的崇奢主张者一样,认为富人过着"骄奢淫佚"的生活虽然对个人有损,但有利于社会上借此谋生的人们。他指责那些"朘削兼并他人之所有"而又过着"食不重肉,妾不衣帛,犹且以是市俭名于天下"的守财奴,说他们是"世界之蟊贼,天下之罪人"③。

对于司马迁所说的"善者因之,其次利道(导)之,其次教诲之,其次整齐之,最下者与之争",梁启超也按己意作了解释:"因之"是研究土性、物性,"各因而用之"。"故因之之学,今日地球上方始萌芽,他日此学大行,地力所能养人之界将增至无量数倍,故史公以为最善也。""利导"是实行专利政策等。"教诲"是设立农、矿、工、商学堂。"整齐"是整顿旧利益,厘剔其弊,这已属于中下策。"与之争者,不思藏富于民之义,徒欲朘民之脂膏以自肥。挽近之计臣日日策画筹度者,大率皆与之争也。"④

《史记·货殖列传》中引计然的"积著之理",其中有"贵上极则反贱,贱下极则反贵"的话。梁启超指出:"其理甚浅,而治生家往往不能察者,因其上极下极之界至难定,间有未极而指为已极者,亦有已极而拟为未极者,苟非善观时变,则易生迷惑也。"⑤他举康熙五十六年(1717年)英国太平洋商务公司倒闭为例。倒闭前该公司股票值骤涨数倍,科学家奈端(牛顿)曾托友人购买此股票,等买到时,该公司已倒闭。"西人富国之书,斤斤以此为言。盖谓苟国中人人尽明此理,则追逐风气者,不至举国若狂,而气泡不至屡张速散,而一国之群商,亦可无受其牵累也。此有国者保商之道也。"⑥"气泡"即"泡沫经济"的泡沫。

梁启超批判了闭关锁国的思想,指出:"且一国之中,势不能尽百物而备造之。故无论何国人,欲屹然独立,不仰给于他国所产之物,必无是理。"⑦他

---

① 梁启超:《〈史记·货殖列传〉今义》,《饮冰室合集·文集》,中华书局1989年版,(2)第43页。
② 梁启超:《〈史记·货殖列传〉今义》,《饮冰室合集·文集》,中华书局1989年版,(2)第37页。
③ 梁启超:《〈史记·货殖列传〉今义》,《饮冰室合集·文集》,中华书局1989年版,(2)第44页。
④ 本段引文均见梁启超:《〈史记·货殖列传〉今义》,《饮冰室合集·文集》,中华书局1989年版,(2)第38页。
⑤ 梁启超:《〈史记·货殖列传〉今义》,《饮冰室合集·文集》,中华书局1989年版,(2)第42页。
⑥ 梁启超:《〈史记·货殖列传〉今义》,《饮冰室合集·文集》,中华书局1989年版,(2)第42页。
⑦ 梁启超:《〈史记·货殖列传〉今义》,《饮冰室合集·文集》,中华书局1989年版,(2)第41页。

也像谭嗣同一样,说通商是"主国之利九,而客邦之利一"①。他主张自由通商,说西方"明于富国学者",都知道用"重收进口税"的办法来"保本国商务"是"病国之道"②。认为商品流通"能平能齐,则天下蒙其福;不平不齐,则天下受其害"③。这里,他好像对保护关税政策是完全否定的。但当他谈到消除中国对于通商的阻力时,又强调了国家保护政策的必要性。所谓阻力有三:一是交通不便,商品运输慢,运费贵;二是捐税繁多,吏役勒索;三是外商控制市场,排挤中国工商业。他指出要去除这些阻力,"非借国力保护不为功"④。因此,他不像严复那样绝对否定重商主义,到光绪二十八年编《生计学学说沿革小史》时,则在按语中进一步指出重商主义在 16 世纪以后的欧洲虽然会阻碍经济发展,但"若移植于今日之中国,则诚救时之不二法门也……无论何国,必经一度之保护奖励,然后商务乃盛"⑤;亚当·斯密的理论是"治当时欧洲之良药,而非治今日中国之良药也"⑥。

三、生利分利论

梁启超在光绪二十八年(1902年)作《新民说》,其中有一节是《论生利分利》。生利,即生产劳动。分利,包括"不劳力而分利"和"劳力而仍分利"两种,前者不劳动,后者虽劳动,然而是非生产劳动。他以"总资本总劳力之有所复无所复"作为生利和分利的标准。有所复,即"资母孳子,《大学》谓之'生之者'",也就是能产生剩余价值的,这是生利;无所复,即"蚀母亡子,《大学》谓之'食之者'",也就是使资本减少或不能产生剩余价值的,这是分利。⑦他把生产剩余价值作为生产劳动的标准。

亚当·斯密对生产劳动有过两种不同的解释:一种是说生产商品的劳动;另一种是说直接同资本交换的劳动,即为资本家生产剩余价值的劳动。这两种解释都反映了资本主义的生产关系。马克思指出:"商品是资产阶级财富的最基本的元素形式。因此,把'生产劳动'解释为生产'商品'的劳动,比起把生产劳动解释为生产资本的劳动来,符合更基本得多的观点。"⑧梁启

---

① 梁启超:《〈史记·货殖列传〉今义》,《饮冰室合集·文集》,中华书局1989年版,(2)第39页。
② 梁启超:《〈史记·货殖列传〉今义》,《饮冰室合集·文集》,中华书局1989年版,(2)第40页。
③ 梁启超:《〈史记·货殖列传〉今义》,《饮冰室合集·文集》,中华书局1989年版,(2)第41页。
④ 梁启超:《〈史记·货殖列传〉今义》,《饮冰室合集·文集》,中华书局1989年版,(2)第42页。
⑤ 梁启超:《生计学学说沿革小史》,《饮冰室合集·文集》,中华书局1989年版,(12)第21页案。
⑥ 梁启超:《生计学学说沿革小史》,《饮冰室合集·文集》,中华书局1989年版,(12)第34页案。
⑦ 梁启超:《新民说·论生利分利》,《饮冰室合集·专集》,中华书局1989年版,(4)第83页。
⑧ 马克思:《剩余价值理论》,《马克思恩格斯全集》第33卷,人民出版社2004年第2版,第159页。

超的标准则接近于后一种解释。

梁启超把"生利之人"分为直接生利的人和间接生利的人两种,前者指工人、农民等直接生产者(他认为直接生产者也不全是"生利之人",后面还要谈到);后者指商人、军人、政治家、教育家、文学家、医生等"保护生利"和"助长生利"的人。因此,"生利之力"也有两种:"一曰体力,二曰心力。"而心力又可细分为两种:"一曰智力,二曰德力。"①把生产劳动分为直接生产劳动和间接生产劳动,说官吏、军人等都为生产出力,因此参加了间接生产劳动,这是庸俗经济学家的观点。后来梁启超还进一步发挥了这一庸俗观点,说:"夫生产与不生产,其界说至难定者也……凡国家一切政务,何一不为生产之资?非直接的生产,则间接的生产也;非积极的生产,则消极的生产也;非有形的生产,则无形的生产也。"②

"不劳力而分利"的人有乞丐、盗窃、棍骗、僧道、纨袴子弟、浪子、兵勇及应武试的人、一大半官吏、依附于官为生的人、土豪乡绅、一大半妇女、废疾、罪人。梁启超认为资本主义国家的军人是间接生利的人,而中国的兵勇和应武试的人则是分利的人。他说:"中国之兵勇,实兼浪子、盗骗、乞丐三者之长而有之者也。"③他认为中国的官吏不仅是分利的人,而且其中一大半是完全不干事的分利者。所谓一大半妇女,则指连主要家务劳动都不做的人,这比例显然太高。

以上几种人没有包括儿童、老人和一般地主。梁启超认为儿童是后备劳动力,老人"已过生利之年,其前此所生之利,既有所储备,而今之所享,非分之于他人者也",两者都不能列为分利的人。但他又说,儿童若少年时代荒废学业,长成后百无一能;老人壮年时无业游手,未曾有所贡献,因此分利者仍占十分之六七。对于地主,他说:"彼其前此之所以得此土地者,未有不从劳力而来,今之所享,即其前此劳力之所储备,而用之未尽者也。"④这也不属于分利之人。但中国继承父兄土地的地主,一无所事,只靠地租为生,这种分利者亦占十分之六七。这种地主可以用纨袴子弟代表,故不为之另立一门。

"劳力而仍分利"的人有奴婢、优妓、读书人、教师、一小半官吏、商业中

---

① 梁启超:《新民说·论生利分利》,《饮冰室合集·专集》,中华书局1989年版,(4)第83、84页。
② 梁启超:《外债平议》,《饮冰室合集·文集》,中华书局1989年版,(22)第71页。
③ 梁启超:《新民说·论生利分利》,《饮冰室合集·专集》,中华书局1989年版,(4)第86页。
④ 梁启超:《新民说·论生利分利》,《饮冰室合集·专集》,中华书局1989年版,(4)第88页。

的分利者、农工业中的分利者。梁启超认为,西方的读书人十分之七八是生利的,而中国的"读书人实一种寄生虫也,在民为蠹,在国为虱"[①],只能归入这一类。教师教成的是一群的公益,则谓之生利;教成的是一群的公蠹,则谓之分利。中国的读书人是前此及他日的教师所产,日产公蠹,也只能归入这一类。"中国之官吏,实分利之罪魁,而他种之分利者,大率由彼辈而生者也。"梁启超还认为:"劳力而分利之官吏,其罪倍于不劳力而分利者。"[②]商业中的一部分人是指进行投机射利,开设戏园、酒楼,经营鸦片、烟、酒等有害卫生之物,经营脂粉、首饰及妇女的化妆品,经营香烛、纸爆及一切迷信品,经营古董、书画及一切名士玩耍之物,印刷八股、小说、考据、词章等无用书籍和供文人墨客用的特别精致之物的人们。农工业中的一部分人是指种罂粟、烟叶和制造各种有害无益之物的人们。他甚至认为劳动生产率低的劳动也是分利。

根据以上的划分,梁启超认为,中国 4 亿人,其中女子约 2 亿,分利的人约 1.3 亿。男子约 2 亿,其中老幼约 8 000 万,分利的人约 4 500 万;丁男约 1.2 亿,分利的人约 2 970 余万(官吏约 30 余万,读书人约 300 万,兵勇及应武试者约 400 万,依附于官为食者约 400 万,僧道约 30 万,纨袴浪子、土豪乡绅约 500 万,盗贼、棍骗约 500 万,乞丐约 300 万,奴婢、娼优约 50 万,罪囚约 40 万,废疾约 20 万,农工商业之分利者约 300 万,其余不便分类者约 100 万)。按以上统计,不计余数,1.3 亿、4 500 万和 2 970 万三者合计为 2.047 亿,梁启超说分利的人总计占 2.1 亿有奇,超过中国总人口的半数。

梁启超还按五大民族来分别计算分利和生利者的比例:汉族分利者约 50% 有奇,生利者约 40% 有奇;关外满族分利者和生利者比率约与汉人相等,内地满族都是分利者,无一生利者;苗族分利者约 20%,生利者约 80%;回族分利者约 30%,生利者约 70%;蒙古族分利者约 40%,生利者约 60%。

梁启超希望有尽可能多的人参加生利,指出:"使无彼二万万之分利者以蚀之,则彼二万万生利者之所殖必四五倍,是全国之总岁殖视今日增四五倍也。使彼二万万分利者更转而生利焉,则全国之总岁殖视今日必增八倍乃至十倍,又昭昭然也。"[③]他说在生产三要素中,中国独缺资本,如果增加八倍十倍资本,则与万国争商战于地球就能立于不败之地。

梁启超的生利与分利理论,虽然源于西方经济学的生产劳动和非生产

---

① 梁启超:《新民说·论生利分利》,《饮冰室合集·专集》,中华书局 1989 年版,(4)第 90 页。
② 梁启超:《新民说·论生利分利》,《饮冰室合集·专集》,中华书局 1989 年版,(4)第 91 页。
③ 梁启超:《新民说·论生利分利》,《饮冰室合集·专集》,中华书局 1989 年版,(4)第 94 页。

劳动的概念,但他并没有完全按照西方经济学的观点来分析中国社会的劳动力利用情况。他只是根据自己的理解来说明中国社会的生利和分利现象。他虽然接受了庸俗经济学的观点,认为资本主义国家的官吏、军人等是生利的,但并没有将这种观点应用到中国社会。他明确指出中国当时的官吏、军人等都是分利的人,这表明他并没有为封建统治者辩护的思想。这一立场使他的这一理论具有积极的批判精神以及启蒙的作用。

不过,他的理论也存在着一些错误之处。

首先,他对生利、分利所定的标准和所作的具体划分是不一致的。根据"有所复"的标准,则不管从事哪一种劳动,只要这种劳动能为资本家带来剩余价值,那就是生产劳动,这同生产或经营的商品是否对社会有害是两回事。而有些劳动即使是正当劳动,却不能为资本家提供剩余价值,则这种劳动也不能算是生产劳动。他在具体划分生利和分利时,实际上根据的是一种道德标准。道德标准对社会效益来说自然是必要的,但不能作为划分生利与否的标准。更何况即使根据封建社会或资本主义社会的道德标准,他所举的有害的工商业也不全是有害的。

其次,划分生产劳动和非生产劳动要根据现实的劳动,既不能算过去账,也不能算未来账。他对儿童、老人和劳动起家的地主算的就是这种账。他说地主"前此之所以得此土地者,未有不从劳力而来",这只适用于某些地主(特别是自耕农),但也有许多地主的土地却是凭某种特权而获得的,梁启超将地主一概说成是劳动起家,显然不符合实际。

四、振兴实业论

梁启超主张沿着资本主义的道路振兴实业,把振兴实业的希望寄托在中国的资本家,特别是大资本家身上。

光绪二十九年(1903年)梁启超游历美洲,对美国的垄断组织托拉斯产生了深刻的印象。回到日本后,他就写了《二十世纪之巨灵托辣斯》加以介绍。他把托拉斯称为"生计界之帝国主义",认为由于出现这一巨灵,"不及五十年,全世界之生计界将仅余数十大公司"[①]。

关于托拉斯之利,梁启超称赞说:"生计学有最普遍最宝重之公例一焉,曰:以最小率之劳费,易最大率之利益是也。而托辣斯则达此目的之最善法

---

① 梁启超:《二十世纪之巨灵托辣斯》,《饮冰室合集·文集》,中华书局1989年版,(14)第38、33页。

门也。"①他举出托拉斯之利有 12 条：(1)可以得廉价原料品；(2)可以善用机器而尽其所长；(3)可以实行分业之学理日趋精密；(4)可以制造附属副产物,使无弃财；(5)能节制生产,毋使有羡不足,免物价涨落无定；(6)能光大事业,扩张销路；(7)能淘汰冗员,节减工薪；(8)可以节省一切竞争冗费；(9)可以节省运费；(10)供给确实,能坚定对购货者的信用；(11)不畏市场恐慌；(12)可以交换知识,奖励技术,为全社会谋利益。他又举托拉斯之弊 10 条：(1)监督方法不如寻常公司完备,如不得其人,全局将归于失败；(2)规模太大,统一、监督大非易事；(3)无竞争之刺激,故生产技术之改良、进步日怠,以此与自由竞争之国民相遇,不久必至退步劣败；(4)使多数劳工糊口路绝；(5)使小资本公司不能生存；(6)强以廉价买原料品,对生产者不利,强以高价卖制造品,对消费者不利；(7)虽日杂所产粗窳物品上市,而市民莫可谁何；(8)输出外国的制品,售价或反较低于内地,病本国消费者而利外人；(9)托拉斯初设立时,必关闭多数工场,原受雇之工人因而失业,再求雇佣,则降低其工资,延长其劳动时间,多数工人深受其病；(10)号称之资本数倍于其实额,如有不测,全国之资本皆受牵连,造成社会危机之象。

对于所述托拉斯之弊,梁启超又往往提出相反的意见。如对于第四弊,他接着又说："今托辣斯之果病庸与否,尚未能确言。借曰有之,然使斯举苟诚为生计界进化之正轨,为国民社会之公益,则虽使劳力者忍一时之苦痛,亦当得已？"②在第九弊中,他又说："夫因托辣斯而劳庸之一部分或致失业,固也。然社会之进步,必须忍其苦痛,不能以少数之不便不幸而为全体障也。况所谓不便不幸者,又不过一时之现象,过其时而食其利者或更进远前也。"③梁启超还引用美国劳工局和乔治·康顿博士所著《托辣斯及社会》中的统计表来证明托拉斯成立后,雇佣工人人数和工资率都增加很多的事实,以说明托拉斯对工人有益无害,从而认为："故托辣斯者,亦调和资本家与劳力者之争阋一法门也。"④

梁启超对于托拉斯将会加强对中国的侵略发出了警告,指出"不及十年,将披靡于我中国"。他提出的对策就是发展中国的托拉斯,主张中国的丝、茶、皮货、瓷器、纺织品等重要产品"苟以托辣斯之法行之,安见不可以使

---

① 梁启超：《二十世纪之巨灵托辣斯》,《饮冰室合集·文集》,中华书局 1989 年版,(14)第 45 页。
② 梁启超：《二十世纪之巨灵托辣斯》,《饮冰室合集·文集》,中华书局 1989 年版,(14)第 52 页。
③ 梁启超：《二十世纪之巨灵托辣斯》,《饮冰室合集·文集》,中华书局 1989 年版,(14)第 53 页。
④ 梁启超：《二十世纪之巨灵托辣斯》,《饮冰室合集·文集》,中华书局 1989 年版,(14)第 57 页。

欧美产业界瞠然变色也"。①

在同革命派论战时,梁启超于光绪三十二年发表《杂答某报》,三十三年发表《驳某报之土地国有论》。他指出:"曾亦思自今以往,我中国若无大资本家出现,则将有他国之大资本家入而代之。而彼大资本家既占势力以后,则凡无资本者,或有资本而不大者,只能宛转瘦死于其脚下,而永无复苏生之一日……但使他国资本势力充满于我国中之时,即我四万万同胞为牛马以终古之日。"因此,他认为从中国今日经济界之前途考虑,"当以奖励资本家为第一义,而以保护劳动者为第二义"。采取这一政策虽然开始几年间,"稍牺牲他部分人之利益,然为国家计,所不辞也"。所谓"稍牺牲他部分人之利益",具体地说,就是稍稍牺牲地主和工人的利益。他说:"经济学公例,租与庸厚,则其赢薄;租与庸薄,则其赢厚。"即地租、工资与企业利润成反比。据此梁启超指出:"我国民于斯时也,苟能结合资本,假泰西文明利器,利用我固有之薄租薄庸以求赢,则国富可以骤进。十年以往,天下莫御矣。"②想借助于低地租、低工资来保障资本家的高利润,以加强资本家的对外竞争能力。在梁启超看来,只有把资本家的利益放在首位,才能振兴实业。

梁启超还指出企业家的本意是求利。为了求利,就要迅速发展生产以满足消费,其结果,"则能养国民之欲,给国民之求,而国民之享福增焉矣";为了求利,就会将资本从生产过剩的部门转移到生产不足的部门,其结果,"则全国生产力不至耗糜于无用,而国民之幸福又增焉矣"。这两者都表现出企业家在"司生产之枢机"。企业家将自然、资本、劳力三生产要素结合,"冒险以求利润"。地租、利息、工资三者都经企业家之手发给,有余部分才是企业家的赢余,有损失由企业家承担。"彼三阶级之所得,常立于安全之地位;企业家之所得,常立于危险之地位。"这是企业家在"司分配之枢机"。因此,梁启超说企业家是"国民经济之中坚"。③ 他反对革命派主张的大企业国营,认为会造成国民经济萎敝。

宣统二年(1910年),梁启超作《敬告国中之谈实业者》。他指出:"今日

---

① 梁启超:《二十世纪之巨灵托辣斯》,《饮冰室合集·文集》,中华书局1989年版,(14)第61页。
② 本段引文均见梁启超:《杂答某报》,乙丑重编《饮冰室文集》,中华书局1926年版,卷三一,第22、23页。
③ 本段引文均见梁启超:《驳某报之土地国有论》,《饮冰室合集·文集》,中华书局1989年版,(18)第52页。

欲振兴实业,非先求股份有限公司之成立发达不可。"[1]妨碍股份公司发达的直接原因有四:

第一,股份有限公司必须在强有力的法治国家才能生存,中国则不知法治为何物。中国近日已制定《公司律》,"其律文卤莽灭裂,毫无价值"。即使律文尽善,在今日政治现象下也不能为民保障。"中国法律,颁布自颁布,违反自违反,上下恬然,不以为怪……今中国者,无法之国也。"[2]新式企业专恃法律的监督保障,而中国纪纲颓紊,故股份有限公司难以发达。

第二,股份有限公司必须有责任心强固的国民才能行之而少弊,而中国人则不知对于公众的责任。股份公司职员不过占公司股份的一小部分,对公司克尽其责的人少,尤不肖者则借公司职务以营其私。欧美诸国法律严明,狡者尚能有术以避之,何况是绝无纲纪之中国。"中国人心风俗之败坏,至今日而已极,人人皆先私而后公,其与此种新式企业之性质实不能相容,故小办则小败,大办则大败。即至优之业幸而不败者,亦终不能以发达。"[3]而股东以法律状态不定,不能行确实的监督权;且怠于责任亦太甚,以致职员作弊更肆无忌惮。梁启超还指出中国股份公司股东不能监督,坐令职员专横的特别原因有三点:每股股银太少,使股东易生放弃权利之心;成立公司往往不以企业观念为动机,而以挽回国权为指导思想,"此等公私杂糅暧昧不明之理想,似爱国而实以病国也"[4];公司官利是中国公司特有的习惯,股东但求官利无缺,职员或高其官利以诱人,不知不数年而资本尽矣。

第三,股份有限公司必须有种种相辅机关,而中国则全缺此种机关。股份公司的最大特色是其股票成为一种有价证券,循环转运于市面,使金融活泼而无滞。而之所以能收此效,则赖有两大机关以夹辅之:一为股份懋迁公司,二为银行。缺此两种机关,创立公司者只能托亲友或登报招股,集资之难可想而知;股东如欲转卖、抵押股票,也只能托亲友介绍,非但不便,且将遭受损失。"夫股份有限公司所以能为现今生产界之一利器者,在于以股票作为一种商品,使全社会之资本流通如转轮。我国股份公司全不能有此作用,是股份公司之特色失其强半矣。"[5]是故有资本者宁自营小企业,或贷人

---

[1] 梁启超:《敬告国中之谈实业者》,《饮冰室合集·文集》,中华书局1989年版,(21)第114页。
[2] 梁启超:《敬告国中之谈实业者》,《饮冰室合集·文集》,中华书局1989年版,(21)第114、115页。
[3] 梁启超:《敬告国中之谈实业者》,《饮冰室合集·文集》,中华书局1989年版,(21)第115、116页。
[4] 梁启超:《敬告国中之谈实业者》,《饮冰室合集·文集》,中华书局1989年版,(21)第117页。
[5] 梁启超:《敬告国中之谈实业者》,《饮冰室合集·文集》,中华书局1989年版,(21)第118页。

取息，而不甚乐附公司之股，此为股份公司不能发达之一大原因。在该条，梁启超准确说明了股份懋迁公司和银行对于发展股份公司的重要性，但说中国全缺此种机关则是夸大之词。清末中国银行业已有一定发展，梁启超写此文以前即已有中国通商银行、大清银行、交通银行、濬川源银行、浙江银行、奉天阜丰银行、上海四明银行、天津志成银行、厦门信用银行、上海信成银行、浙江兴业银行等十几家银行。股份懋迁公司也不是完全没有，光绪三十四年上海华商设立的股票交通公司，办得就很成功。因此只能说中国这两种机关还很不发达，不能说是"全缺"。

第四，股份有限公司必须有具备健全的企业能力的人，才能办理有效，而中国则太缺乏企业人才。股份有限公司是大规模的企业，公司内部机关复杂，规模愈大，则事务愈繁重。对外竞争，"其剧烈殆甚于军事，非具有生计学之常识，富于实际阅历，而复佐之以明敏应变之天才，以之当经营之冲，鲜不败矣"。梁启超引《史记·货殖列传》中白圭关于治生的一段话："吾治生产，犹伊尹、吕尚之谋，孙、吴用兵，商鞅行法。是故其智不足以权变，勇不足以决断，仁不能以取予，强不能有所守，虽欲学吾术，终不告之矣。"然后指出："夫白圭之时代且有然，况今日生计界之现象，其繁赜诡变，千百倍于古昔而未有已耶！故古代之英雄，多出于政治家与军人；今日之英雄，强半在实业界。"[①]希望中国也能多多出现这一类英雄。

梁启超认为，中国欲振兴实业，"首须确定立宪政体"；"养公德、整机关、奖能力之三事，皆非借善良之政治不能为功。"他仿拿破仑回答战胜之术"一则曰金，再则曰金，三则亦曰金"之说，提出："试有人问我以中国振兴实业之第一义从何下手？吾必答曰：改良政治组织。然则第二义从何下手？吾亦答曰：改良政治组织。然则第三义从何下手？吾亦惟答曰：改良政治组织。"改良政治组织就是要成立"国会"和"责任内阁"。他宣称："今之中国，苟实业更不振兴，则不出三年，全国必破产，四万万人必饿死过半。"[②]历史并不像梁启超所预期的那样发展，政治组织没有改良，而清王朝却很快地被推翻。

振兴实业要靠资本家，这好像是天经地义的事。但问题在于，在帝国主义控制中国经济命脉的条件下，不推翻帝国主义和封建主义的统治，中国有没有可能产生足与西方资产阶级抗衡的大资本家？回答是否定的。因此，

---

① 本段引文均见《敬告国中之谈实业者》，《饮冰室合集·文集》，中华书局1989年版，(21)第119页。

② 本段引文均见《敬告国中之谈实业者》，《饮冰室合集·文集》，中华书局1989年版，(21)第121、122页。

尽管梁启超迫切希望中国能振兴实业,按照他当时坚持的政治主张却是一种无法实现的空想。

五、反土地国有论

孙中山主张政治革命与社会革命并行,社会革命的内容在同盟会成立时期是指平均地权,主张"土地公有",《民报》的文章中则或称为"土地国有"。土地公有并不是在新政府成立后剥夺地主的土地所有权,只是要将经济发展后土地加价的部分归国家所有。梁启超既否定中国有社会革命的需要,也对"土地国有"之说进行了尖锐的批驳。

梁启超承认"欧美今日之经济社会,殆陷于不得不革命之穷境"[1],但不承认中国的经济社会也需要进行社会革命。他说:"盖欧人今日之社会革命论,全由现今经济社会组织不完善而来。而欧人现今经济社会组织之不完善,又由工业革命前之经济社会组织不完善而来。"[2]中国现在的经济社会组织与欧洲工业革命前的组织则是有区别的:"中产之家多,而特别豪富之家少。"[3]他列举了造成这种区别的三个历史原因:

(一)无贵族制度。"中国自秦以来,贵族即已消灭。此后虽死灰偶燃,而终不能长存。及至本朝,根株愈益净尽。"[4]因此,全国无阶级之可言,没有剧烈的兼并。

(二)行平均相续法。中国自汉以来,已行平均相续法,祖父所有财产,子孙得以均分。因此,中国"生产方面虽日蹙促,而分配方面则甚均匀",不可能产生"极贫极富之阶级"[5]。

(三)赋税极轻。无田的人没有赋税负担,劳动所得能全部归自己所有,"以俭辅勤,积数年便可致中产"[6],因此中产之家很多。

这些原因都是不能成立的。中国在秦以后虽然没有欧洲的那种贵族制度,但地主对农民的剥削严重,土地兼并剧烈。遗产平分并不能改变土地集中的趋势。至于"赋税极轻",则更是违心之论。在《〈史记·货殖列传〉今义》中,他自己也说过中国"捐税繁多,吏役勒索"。无田的人虽然没有田赋负担,但在帝国主义的侵略和腐朽的清政府的统治下,绝大多数劳动者根本

---

[1] 梁启超:《杂答某报》,乙丑重编《饮冰室文集》,中华书局1926年版,卷三一,第16页。
[2] 梁启超:《杂答某报》,乙丑重编《饮冰室文集》,中华书局1926年版,卷三一,第20页。
[3] 梁启超:《杂答某报》,乙丑重编《饮冰室文集》,中华书局1926年版,卷三一,第19页。
[4] 梁启超:《杂答某报》,乙丑重编《饮冰室文集》,中华书局1926年版,卷三一,第19页。
[5] 梁启超:《杂答某报》,乙丑重编《饮冰室文集》,中华书局1926年版,卷三一,第20页。
[6] 梁启超:《杂答某报》,乙丑重编《饮冰室文集》,中华书局1926年版,卷三一,第20页。

不可能成为"中产之家"。

根据这些所谓原因,梁启超就说"我国现今经济社会之组织虽未可云完善","其于分配一方面",却"已比较的完善"①。只要继续"循此进化之轨以行",将来"举国中产以下之家,悉举其所贮蓄以投于公司",工人"半皆兼有资本家之资格"②,就不会发展成欧洲那样了。因此,他认为:"今日中国所急当研究者,乃生产问题,非分配问题也。"③

光绪三十三年(1907年)初,《民报》发表《告非难民生主义者》,解释了土地国有主张。梁启超发表《驳某报之土地国有论》,提出了种种反对的理由:

首先,梁启超说:"谓土地本当属于社会者,根据自然法以立言。"④18世纪的思想家盛称有自然法的存在,近世社会学上的历史研究已否定自然法的存在。在太古时,土地虽属人类公有,后来随着社会的发展,"为增进社会一般幸福起见,驯致认私有制度之必要……而土地自共有制度递嬗而为私有制度,实有历史上之理由"⑤。

古代有无自然法存在过是一个学术问题,同后人应该实行何种土地制度并无必然的联系。私有制的产生确"有历史上之理由",但不能得出凡是历史上产生的都是永恒的结论,土地能否国有不能以这样的理由为依据。

其次,梁启超说:"今日一切经济行为,殆无不以所有权为基础,而活动于其上。"⑥私有制度是"现社会一切文明之源泉";土地所有权是"财产所有权最重要之部分",取消了这种私人所有权,"个人勤勉殖富之动机将减去泰半"⑦,就会影响经济的发展。

土地国有只是妨碍了通过占有土地而致富的动机,并不否定其他的"勤勉殖富之动机",而且它还会更加激发资本家们的"勤勉殖富之动机"。不能将取消土地的私人所有权与取消私有制相提并论,更何况孙中山所主张的土地国有实际上并没有完全否定地主的土地所有权。

再则,梁启超说:中国在"汉、魏时患土地兼并最甚,而其后则递减,逮(到)今日而几复无此患"。因为土地所有权虽一度集中,一个豪家衰败后,

---

① 梁启超:《杂答某报》,乙丑重编《饮冰室文集》,中华书局1926年版,卷三一,第20、22页。
② 梁启超:《杂答某报》,乙丑重编《饮冰室文集》,中华书局1926年版,卷三一,第21页。
③ 梁启超:《杂答某报》,乙丑重编《饮冰室文集》,中华书局1926年版,卷三一,第24页。
④ 梁启超:《驳某报之土地国有论》,《饮冰室合集·文集》,中华书局1989年版,(18)第21页。
⑤ 梁启超:《驳某报之土地国有论》,《饮冰室合集·文集》,中华书局1989年版,(18)第21页。梁启超自注:上述观点译自日本田中穗积著《高等租税原论》第六章,田中氏所言亦本于欧洲学者之说。
⑥ 梁启超:《驳某报之土地国有论》,《饮冰室合集·文集》,中华书局1989年版,(18)第23页。
⑦ 梁启超:《驳某报之土地国有论》,《饮冰室合集·文集》,中华书局1989年版,(18)第22、24页。

土地"往往散而为数十人数百人之所有";由于遗产平分,大地主经过几十年就"析为数十小地主"。"故自今以往,我国农业上用地,决不虑其集中过甚。而以怵豪强兼并之故,乃倡土地国有论者,实杞人忧天也。"①

这一条除前面提到的遗产平分外,加上了土地自由买卖。实际上,土地自由买卖恰恰是造成土地集中的有力杠杆,更何况还有封建特权在起作用。一面分散,一面集中,正是中国封建土地制度的特点。用土地分散的一面来否定土地集中的一面,是以局部代替整体。

最后,梁启超说:中国"普通小农,大率以勤俭贮蓄之结果,获得土地所有权,即复以勤俭贮蓄而保持之,扩充之。质而言之,则虽小农之本无田者,往往勤劳数年,即能进为田主"。进为田主以后,大多数人仍然自耕其田,其收入"实为其前此及现在之勤劳所应享之报酬"②。这报酬就是"我或我祖、父勤劳之结果,保留迄今日而食其赐者也"。因此,取消土地私有权对自耕农来说就是国家"掠夺我勤劳之结果"。"夫自耕其地之小地主,实一国之石民也……今以剥夺其所有权之故,其结果将使此辈失其独立之地位,则不惟经济上蒙莫大之损害,即政治上之危险且随之矣!"③

这里梁启超以维护自耕农的利益为由来反对土地国有。当时中国没有进行过农村调查,不知道自耕农在中国当时的土地所有者中占有多少比例,但肯定是比较低的。而且孙中山的平均地权主张主要也不是针对自耕农。所以梁启超为自耕农鸣不平,以自耕农来代表所有的地主,虽然说得义愤填膺,却并不符合逻辑。

梁启超对孙中山社会革命论的批评也有正确之处。孙中山社会革命论的致命弱点就是认为只要解决了土地问题,就已经大体上完成了社会革命的目标。梁启超抓住了这一漏洞进攻,指出:"今排满家之言社会革命者,以土地国有为唯一之揭橥(标志)。不知土地国有者,社会革命中之一条件,而非其全体也……近世最圆满之社会革命论,其最大宗旨,不外举生产机关而归之国有。土地之必须为国有者,以其为重要生产机关之一也。然土地之外,尚有其他重要之生产机关焉,即资本是也。"他指出地租、地价上涨是由资本引起的,因此"欲解决社会问题者,当以解决资本问题为第一义,以解决土地问题为第二义"。"质而言之,则必举一切之生产机关而悉为国有,然后可称为圆满之社会革命。若其一部分为国有,而他之大部分仍为私有,则社

---

① 梁启超:《驳某报之土地国有论》,《饮冰室合集·文集》,中华书局1989年版,(18)第28页。
② 梁启超:《驳某报之土地国有论》,《饮冰室合集·文集》,中华书局1989年版,(18)第28页。
③ 梁启超:《驳某报之土地国有论》,《饮冰室合集·文集》,中华书局1989年版,(18)第29页。

会革命之目的终不能达也。"①这些话正确地指出了社会革命的目标不是单靠土地国有就能实现的。

六、货币论

梁启超对西方的货币理论和近代货币制度作了许多通俗的解释,并提出币制改革的意见。1915年他自称,早在日本时,"辄以为中国救亡图强之第一义,莫先于整理货币,流通金融"②。这表明了他对中国货币、金融问题的重视。

光绪三十年(1904年),美国专使精琦等来华,提出《中国新圜法条议》和《中国新圜法案诠解》。当时在上海的梁启超看到这两个文件后,颇赞成其改革方案。"顾其所根据之学理颇深邃,非研究斯学者,骤读竟难索解,虽有汉译本,然诘鞠为病,讹谬至多,读之更堕五里雾矣。乃撮译其大意,附以鄙见,旁参近世生计学者所发明之原理,博引各国改革货币之故实,以证其立案之所由,且于将来推行之法,所以挽国权勿使旁落者,亦缀论焉。"③并写成《中国货币问题》一文。但此时梁启超似乎还不知道金汇兑本位制的名称,或者是故弄玄虚,宣称:"精琪氏此案,则亦金本位,亦银本位,亦复本位;非金本位,非银本位,非复本位,一奇形怪状不可思议之币制也。"④他认为"中国不改革币制则已,苟改革,则其大体势必采用精氏原案……精氏案之必可行,吾保证之"。但他也批评了精琦的侵略企图,指出:"谓精琪之造此案与各国之赞成此案,非有野心存乎其间焉,吾所不能信也。"⑤

宣统元年(1909年),梁启超作《中国改革财政私案》⑥。其中有《货币政策》一节,提出了解决当时货币问题的理论和主张。

首先是对当时的"两元(圆)之争"作出了评论。梁启超指出,"圆"是货币单位的名称,"两"是金块、银块重量的名称,作为货币单位,重1两或重7钱2分都无不可。选择何种重量,一要看以何种重量为便,二要看国中现有

---

① 本段引文均见梁启超:《杂答某报》,乙丑重编《饮冰室文集》,中华书局1926年版,卷三一,第24、25页。
② 梁启超:《余之币制金融政策》,《饮冰室合集·文集》,中华书局1989年版,(32)第38页。
③ 梁启超:《中国货币问题》,《饮冰室合集·文集》,中华书局1989年版,(16)第98、99页。
④ 梁启超:《中国货币问题》,《饮冰室合集·文集》,中华书局1989年版,(16)第108页。
⑤ 梁启超:《中国货币问题》,《饮冰室合集·文集》,中华书局1989年版,(16)第123页。
⑥ 《饮冰室合集·文集》目录署《中国改革财政私案》作于光绪二十八年。据李国俊《梁启超著述系年》,该文"手稿署1909年",即宣统元年。查文中《银行政策》一节有"明治三十二年……距今不过十年前耳"之说。从明治三十二年(1899年)算起,10年后正是宣统元年。此为该文作于宣统元年的内证。

货币以何种便于换算,三要看国民之习惯,四要看对外贸易以何种为便。"就此四者一一核之,则用七钱二分之便十而八九,用一两之便不过一二耳。"①从第一条看,重1两之币不便携带,其理甚浅,不必多辩。从第二条看,中国已铸很多7钱2分重银元,市面通行,岂能一一改铸,再铸1两银元,只能增加币制的混乱。还有小银元10枚、铜元100枚各换银元一枚,改为1两银元后,这些小银元、铜元如何处置?又7钱2分银元一枚可合制钱1 000文,作为补助货币(辅币),其事甚顺;改为1两,则值制钱一千三四百文,若强令改为易1 000文,厉民甚矣。从第三条看,既称为货币,则应以枚计数。中国人民向来惯用银块,新币颁行后,人民仍计重量而不计枚数,诚所难免,但矫正旧习正是政府之责任。今试颁定法令,无论库平、京平、松江平、漕平、关平,以及其他种种平,一概以新币1.5元当1两,一两年后币制就能大定。"若如持一两说者之思想,恐更历数十年,而我国犹不能脱用银块之习也。"②从第四条看,中国附近各国,如日本、美国、南洋群岛,所用币制之重量都接近于7钱2分,换算较易。最后梁启超总结说:"要之货币之为物,惟以法定若干重量之一枚为单位,其重量若干,毫不必问……而有取于七钱二分之说者,徒以其与现行种种货币相合,无别生枝节之虞。而所恶乎一两之说者,以其益增长用银块之陋习,而抹却货币之效耳。"③他批评持一两说者是挟村妪之见,为无谓之辨,小题大做,使币制至今不能决定,阻碍国家的进步。

其次,梁启超还提出了一些与币制有关的其他问题。如原有银币上铸有"库平七钱二分"字样(1角、2角类推),应该改变;各国的最低补助币,币值多为本位币的1%,中国的制钱是银元的1‰,而10枚制钱的价值超过1枚铜元,在流通中制钱必会被私销,要另想解决办法;补助币行使数量应有限制,以免在流通中本位币被补助币所驱逐。

关于金贵银贱的利弊,梁启超说,中国若能大劝工艺,则利用银价低落,可以从对金本位国的贸易中获得莫大利益;但中国所欠外债太巨,又未免吃亏,且金银涨落不定,则国际贸易不能发达。"故必须用金币汇兑之本位制,即前此美国人精琪氏所献策是也。此刻印度、菲律宾实行之已确著成效,实为维持银本位之不二法门,我国必当采者也。"④5年前说精氏此案是一奇形怪状不可思议之币制,此处则明确说是金币汇兑之本位制,反映了梁启超对

---

① 梁启超:《中国改革财政私案》,《饮冰室合集·文集》,中华书局1989年版,(8)第33页。
② 梁启超:《中国改革财政私案》,《饮冰室合集·文集》,中华书局1989年版,(8)第35页。
③ 梁启超:《中国改革财政私案》,《饮冰室合集·文集》,中华书局1989年版,(8)第35、36页。
④ 梁启超:《中国改革财政私案》,《饮冰室合集·文集》,中华书局1989年版,(8)第38页。

各种币制的区分认识更加清晰了。但说金汇兑本位制"实为维持银本位之不二法门",则存在着语病。实行金汇兑本位制就要废除银本位制,国内的银币已是金币的价值符号,根本不是在"维持银本位"。

　　文中还讨论了发行纸币问题。梁启超说纸币原应该兑现,但财政学家说在万不得已时,也不妨发行不兑现纸币。他指出不兑现纸币的性质与公债无异,但公债须付利息,故发行不兑现纸币利益更多。发行不兑现纸币必须遵守两条极严之律:"其一曰,凡不换钞币无论迟早终须收返……若永不收返,是无异国家强紾(扭转)民之臂而夺其财也,是故当于发行之前而预筹收返之计。其二曰,所发者万不可太多,若太多,则为格里森(即格雷欣,T. Gresham)原则所支配,必将国中所有金币银币尽行驱逐流出于外国,极其敝则钞币等于废纸,不值一文。"①中国一年的租税收入约 1 亿两,发 1 亿元的不兑现纸币,其价必不至低落。对于各省督抚发行的纸币,应立时禁止其再发,已发的予以收回销毁。

　　宣统二年,梁启超说有 10 亿元的准备金,就可发 30 亿元以上的兑换券。他还指出发行不兑现纸币"为道诚险,然苟善利用之,往往足以济国家之急",只要不"滥发过度",使供给不超过需要,就可以"代实币之用"②。他认为在兑现纸币制度确立以前,先发三四亿元不兑现纸币当无问题。又警告说:"然不换纸币,常与滥发相缘,一经滥发,其危险亦不可思议。"③

　　同年,梁启超作《币制条议》,再次提出了对银本位币重量的意见和中国应实行虚金本位制的理由。对于银本位币重量,梁启超说:"主一两者与主七钱二分者,皆非有学理以为根据也。叩其说,则曰取便民之所安习而已。"梁启超指出这回答是不明货币的性质。"今世货币之性质,以计枚不计重为原则。各种货币,皆数其枚数以为物价之尺度,不衡其重量以为物价之尺度也。"而且 1 两或 7 钱 2 分都是总重量。以银币含纯银九成计算,"则所谓一两者,其纯银不过九钱;所谓七钱二分者,其纯银不过六钱四分八厘耳。以因习言之,则一两与七钱二分,诚若有优劣之可言;若九钱与六钱四分八厘,则有何优劣之可言?"④梁启超在上一年还赞成 7 钱 2 分说,但在《币制条议》中则从便于交易运带、符合人民生活程度、便于国际汇兑、符合行虚金本位制要求、避免原有债权债务关系复杂化等五个方面,提出了银本位币重 7 钱

---

① 梁启超:《中国改革财政私案》,《饮冰室合集·文集》,中华书局 1989 年版,(8)第 38 页。
② 梁启超:《外债平议》,《饮冰室合集·文集》,中华书局 1989 年版,(22)第 90 页。
③ 梁启超:《外债平议》,《饮冰室合集·文集》,中华书局 1989 年版,(22)第 91 页。
④ 本段引文均见梁启超:《币制条议》,《饮冰室合集·文集》,中华书局 1989 年版,(22)第 5 页。

4分(含纯银6钱6分6厘)的主张。他说7钱4分同龙洋的重量略同,最为得中。但龙洋的重量却是库平7钱2分。提出7钱4分的主张是脱离实际的,而清政府于同年颁布的《币制则例》,则定银本位币重库平7钱2分(含纯银6钱4分8厘)。

关于今后实行何种币制,梁启超说,中国宜行金本位制,但行纯粹金本位制还没有条件,只能行虚金本位制。他说虚金本位制实由银本位制蜕变而成,不先确立银本位制,虚金本位制就无法施行。故他主张一方面为虚金本位制做准备,一方面确立银本位制;以金本位制为目的,以银本位制为达此目的之手段。他说:"泰西生计学家常言,虚金本位制者,贫弱国之续命汤也。何以故?以其不必蓄多金而能收用金之利故。"[1]他在介绍虚金本位制时说:"虚金本位制实最近十余年间始行发明,而现在印度、墨西哥、菲律宾及南洋群岛之英属等所共行,而灼著成效者也。"[2]又称:"此法实为银本位国自卫之妙策。我国采行之,有百利而无一害,其理甚明。"[3]他完全没有考虑到实行这种币制也包含许多不利因素和危险性。

同年,梁启超又作《各省滥铸铜圜小史》,尖锐地批评了清政府借滥铸铜圜来搜括民财的行为。他强调铸币必须有十足的价值:"然实价低劣之货币,必不能保其所浮之名价,此一定之理,非国家威力所能强也。"[4]因此,国家"万不能视之为筹款之具。无论财政若何支绌,只能向他处设法筹补,而断不容求诸铸币局"[5]。文中记述了铜元不断贬值的过程,指出各省滥铸铜元的流毒比增征恶税剥夺民财还要严重10倍。他还著文宣传格雷欣的恶币驱逐良币规律,作为"建设一完善巩固之币制"[6]的参考。

1912年,袁世凯政府财政困难,有人倡议发行不兑现纸币。梁启超提出《吾党对于不换纸币之意见》,指出"不换纸币,骤难施行,强欲施行,弊且立见"[7]。并且指出,防止纸币滥发的办法有二:一是金纸平均法,在纸币贬值时立即收回一部分,升值时再发出;一是对外贸易平均法,奖励输出,使对外汇兑常处顺境,以免实币流出。两法必须兼用,才能奏效。中国近30年对外贸易都是入超,对外贸易平均法根本不能实现。"吾恐不换纸币发行后,不

---

[1] 梁启超:《币制条议》,《饮冰室合集·文集》,中华书局1989年版,(22)第14页。
[2] 梁启超:《币制条议》,《饮冰室合集·文集》,中华书局1989年版,(22)第15页。
[3] 梁启超:《币制条议》,《饮冰室合集·文集》,中华书局1989年版,(22)第22页。
[4] 梁启超:《各省滥铸铜圜小史》,《饮冰室合集·文集》,中华书局1989年版,(21)第16页。
[5] 梁启超:《各省滥铸铜圜小史》,《饮冰室合集·文集》,中华书局1989年版,(21)第14页。
[6] 梁启超:《格里森货币原则说略》,《饮冰室合集·文集》,中华书局1989年版,(21)第111页。
[7] 梁启超:《吾党对于不换纸币之意见》,《饮冰室合集·文集》,中华书局1989年版,(28)第3页。

及一二年,我国国际汇兑上之债务……——皆须用纸币折收现款以輂诸境外。三数年后,国内欲求一厘之金、一分之银而不可得,四万万人托命于废纸,而全国真破产矣。"①但是,梁启超又认为在确立兑现基础为理财方针的前提下,在极短的期限内,暂时发行不兑现纸币,仍可作为今日的权宜之法。

是否实行金本位制,直到民国初年还在争论,但比较一致的意见是先实行银本位制。梁启超主持拟订的《国币条例》,以银元为本位币,本位币的重量仍为 7 钱 2 分(银九铜一)。然而,实行《国币条例》的阻力重重,1914 年 2 月颁布《国币条例》,而"三四月间,政府一部分人复有倡以两为单位之议者"②。梁启超无能为力,不得不辞职,币制局亦随之而撤销。1915 年 1 月,梁启超作《余之币制金融政策》,说明中国国币(银元)难以行使货币的职能,阻力在于过账银(即虚银两)。"必战胜过帐银,然后能广国币之用途。国币用途广,则代表国币之兑换券,其用途亦随之而广。岂惟国民生计利赖之,即救济目前窘涸之财政,操术亦莫捷于是矣。"③这说明他认为中国银本位制的难以实行,关键在于占统治地位的以虚银两为计算标准的银两制度的阻挠。他还说,过账银制度不废除,"则所铸新币,不过为市面上增一种媒介货物耳,本已棼乱之币制,将益加棼乱"④。

关于货币的职能,梁启超在光绪三十四年指出:"货币之职务有四:一曰交易之媒介,二曰价值之尺度,三曰支应之标准,四曰价格之贮藏。"⑤他在 1915 年又说:"货币之职务四:曰交易媒介,曰价格尺度,曰借贷用具,曰价值蓄藏。"⑥两者文字略有不同,意思一样。他还指出币材"当具八德:一曰为社会人人所贵,而授受无拒者;二曰携运便易者;三曰品质巩固,无损伤毁灭之忧者;四曰有适当之价格者;五曰容易割裂,且不缘割裂而损其价值者;六曰其各分子以同一之品质而成;七曰其表面得施以模印标识者;八曰价格确实而变迁不剧者"⑦。他说金属都具有这八德,而铜铁不如金银,银又不如金;近几十年来银价下跌,银的第八德已不具备。其货币职能和币材条件的观点来源于日本的经济学著作,而稍加发挥。当时的日本经济学著作一般将货币定为四个职能,如编译自日本书籍的《政法类典》,于光绪二十九年由作

---

① 梁启超:《吾党对于不换纸币之意见》,《饮冰室合集·文集》,中华书局 1989 年版,(28)第 9 页。
② 梁启超:《余之币制金融政策》,《饮冰室合集·文集》,中华书局 1989 年版,(32)第 50 页。
③ 梁启超:《余之币制金融政策》,《饮冰室合集·文集》,中华书局 1989 年版,(32)第 65 页。
④ 梁启超:《余之币制金融政策》,《饮冰室合集·文集》,中华书局 1989 年版,(32)第 66 页。
⑤ 梁启超:《中国古代币材考》,《饮冰室合集·文集》,中华书局 1989 年版,(20)第 58 页。
⑥ 梁启超:《余之币制金融政策》,《饮冰室合集·文集》,中华书局 1989 年版,(32)第 64 页。
⑦ 梁启超:《中国古代币材考》,《饮冰室合集·文集》,中华书局 1989 年版,(20)第 71 页。

新社出版。该书丁部有《货币论》一书,其中有货币之职分四条:"第一,为交换之媒介;第二,为价值之尺度;第三,为借贷之标准;第四,为价值之贮藏。"①又有货币的七大性质:"第一,必尽适各人之所好;第二,必利便于搬运;第三,不可有毁损磨灭之虞;第四,不可不同质;第五,必易于截断;第六,其价值当少变更;第七,必易于认识。"②梁启超所说的第四条为后者所无。两相比较,梁启超的文字要精致得多。

在梁启超的心目中,价值和价格是一回事。他既把价值尺度叫做"价值之尺度",贮藏手段叫做"价格之贮藏";又把价值尺度叫做"价格尺度",贮藏手段叫做"价值蓄藏"。价值、价格是可以互相替换的。他说:"天下之物,惟有效用者为能有价值,此生计学上一大原则也。"③从字面上看,这是说有使用价值的东西才有价值,但他用这一条来证明公债等有价证券也具有价值,则这里的价值不过是指价格。他又说:"夫百物价值,恒视其供求相剂之率以为高下,此生计学之公例也。"④这同严复的观点完全一致,而说的实际上也是价格。

在货币的各种职能中,梁启超最重视价值尺度职能。他说:"夫货币最大之功用,则在其能为物价之标准耳。质而言之,则量度一切价值之尺也。"⑤1912年,他对货币下了一个定义:"货币者何?立一单位以为价格标准,全国画一通行之,而此单位之上有倍数焉,此单位之下有分数焉,成一系统,秩然不紊,斯可谓之货币矣。"⑥根据这一标准,则称量货币就不是货币了。他认为,不仅是称量货币,就是龙洋、小银元、铜元及在中国流通的外国银元、外国纸币等也都是货物之一种,不能指为货币。这说明梁启超只承认符合货币本位制度的本国货币才可称为货币,但这是一种矫枉过正之论。

七、银行论

在《中国改革财政私案》中,有《银行政策》一节,提出了发展中国银行制度的设想。梁启超说:"银行为国民经济之总枢纽,所关者不徒在财政而已。"⑦发展银行的目标,一是要使银行在全国普及;二是使人民食银行之利,

---

① 《政法类典》丁部《货币论》,作新社光绪二十九年版,第9、10页。
② 《政法类典》丁部《货币论》,作新社光绪二十九年版,第20、21页。
③ 梁启超:《公债政策之先决条件》,《饮冰室合集·文集》,中华书局1989年版,(21)第45页。
④ 梁启超:《公债政策之先决条件》,《饮冰室合集·文集》,中华书局1989年版,(21)第53页。
⑤ 梁启超:《币制条议》,《饮冰室合集·文集》,中华书局1989年版,(22)第18页。
⑥ 梁启超:《吾党对于不换纸币之意见》,《饮冰室合集·文集》,中华书局1989年版,(28)第4页。
⑦ 梁启超:《中国改革财政私案》,《饮冰室合集·文集》,中华书局1989年版,(8)第41页。

而不受银行之害。

梁启超认为,要使银行普及,应给开银行者以方便而易于获利,方法是使私立银行在一定条件下有发行钞币之权。银行主要靠利差收入,存入之银利息低,贷出之银取息高。但在风气未开之地,有财者不肯将银存入银行。银行只能周转自有资本,获利不如他业,所以银行业不能兴盛。发钞币不用付利息,银行如果能发100万元钞币,即相当于有100万元不付利息的存款。"苟善于经营,则利用此'存款',常可以得一分二厘之利,是每年可赢十二万元也。钞币之利,在此而已。"[1]在风气未开的国家,除允许发钞外,别无鼓励银行发展的办法。

梁启超指出,现在世界各国的发钞之权,或专归一中央银行,如英、法、德、日等国;或委诸多数国民银行,如美国与英属加拿大、澳洲联邦,及以前的英国、日本。由一中央银行掌管全国金融总枢纽,利益固不可胜言,但行之于小国易,行之于大国难,行之于交通不便的大国则更难,因此中国当前只能行国民银行制度。他还指出,中国政府即使不给人民所立银行以发钞权,实际上民间早已擅自行之。"即以北京论,满城之银票、钱票,其数何止数百万两,其在外省亦莫不皆然。发此等票之银号、钱店,其资本多少,官不知也;其所发出之票多少,官不稽也。其中岂无一二老号,顾永远之利益而常守信用者,然其多数皆贪目前之小利,滥发多票,以致倒账频仍,摇动市面。"[2]此积弊难以骤然禁止,只有奖励设立合法的银行以抵制之。而银行有发钞权,市民有此新货币流通,银根骤松,各种事业都有起色,银行则贷出纸币以求利息。"银行愈多,争竞愈盛,市场利率愈减,营业者易于得资,而各种工商业皆将缘此而浡兴,我国民将来能以商战雄于世界,其枢机皆在是矣。彼美国与日本,实前事之师也。"[3]对于已经存在的"度支部银行"(大清银行),梁启超认为如欲办成中央银行,则非大变规模不可,不如暂仍旧贯。

参考美国、加拿大的《国民银行条例》和日本的前《国立银行条例》,梁启超为中国的银行制度拟定了一个大概章程:银行资本不少于5万元;发行纸币的银行,可将其资本的十分之八买公债券,度支部准许其发行同额的纸币;发行纸币的银行需存贮通行货币(包括正币和政府发行的不兑现纸币)为准备金,不少于纸币发行额的十分之二;纸币由度支部制造发给,银行需交制造费;纸币凡完粮纳税及其他交易一切通用,与正币无异;若遇该银行

---

[1] 梁启超:《中国改革财政私案》,《饮冰室合集·文集》,中华书局1989年版,(8)第42页。
[2] 梁启超:《中国改革财政私案》,《饮冰室合集·文集》,中华书局1989年版,(8)第43页。
[3] 梁启超:《中国改革财政私案》,《饮冰室合集·文集》,中华书局1989年版,(8)第46页。

倒闭,人民持有该银行纸币者,可向各地官私立银行换取正币或其他银行纸币。实行此制度,银行可得两方面利益,一是公债的利息收入,二是以纸币展转借贷的利息收入;政府则可大开利用公债之途以及获得其他直接、间接的收入。对于原来银号、钱庄的银票、钱票,可以暂时不予过问,待新银行发展后,它们也会成为银行。他说:"启超敢信此银行章程颁布之后,不及数月,而国中必有极大之数银行出焉,即山西票号所联合组织者是也;京都及各省城与夫诸大市镇必各有数家之中等银行出焉,即前此该地之银号、钱庄等所联合组织者是也。"①

1914年,梁启超对中国的银行制度又有了新的设想,并且加强了理论性的分析。他说:"现今世界各国发行银行制度分为两种:一曰单一银行发行制,一曰多数银行发行制。单一银行发行制者,谓国家以兑换券发行之权,畀诸一银行,而其余银行均无发行之权,世所称为中央银行制者即此也。多数银行发行制者,谓国家定一发行银行之条例,凡依此条例设立之银行,皆得发行兑换券,而别无中央银行之设立;其条例中最重要之点,则在银行必须以与发行额相当之公债票提供于政府,作为发行之保证,即所称为国民银行制者是也。"②他认为中国国情特殊,这两种制度对中国都不完全适用。若采纯粹单一制,市场中缺乏私立银行,仅靠一中央银行,难以照顾市面。而且中央银行直接放款给商人,极为危险。前大清银行放款之滥,几至不可收拾,可以为鉴。"是故设立中央银行,固为不易之政策;而奖励私立银行之发达,尤为当今之急务……为今之计,惟有执衷二者之间,定一通融办法,以纯粹单一制为最后之目的,而以兼采多数制为过渡之手段。"③采取这种办法,一足以唤起内国公债的需要,二足以销却各省之纸币,都有利于财政。他指出美国银行制度的缺点正在于无中央银行,使兑换券缺乏伸缩能力,难以操纵市面,而他的主张可以矫正美国之弊。最后他还说:"吾闻今日国中人士对于银行制度,主张专采用单一发行制者颇不乏人,故特深长言之,而不觉其词之费也。"④

八、财政论

《中国改革财政私案》中关于财政本身的问题,有改正田赋之法、整顿盐

---

① 梁启超:《中国改革财政私案》,《饮冰室合集·文集》,中华书局1989年版,(8)第46页。
② 梁启超:《银行制度之建设》,《饮冰室合集·文集》,中华书局1989年版,(32)第8、9页。
③ 梁启超:《银行制度之建设》,《饮冰室合集·文集》,中华书局1989年版,(32)第10页。
④ 梁启超:《银行制度之建设》,《饮冰室合集·文集》,中华书局1989年版,(32)第12页。

课之法、应增之新税目、应裁之旧税目、租税以外国家之收入、改革后岁入预算之大概、举办公债之法、改革财务行政之要端,并附地方财政等。内容繁复,只能述其大概。

(一)改正田赋之法。当时田赋征银3 100余万两,实收2 800余万两。而中国土地,除东三省、新疆、蒙古外,18行省田亩可征税的估计有25亿亩,如每亩税银1钱(税率并未提高),就可得银2.5亿两。又中国耕地有税,城市宅地无税。"现今通商口岸,其地价每亩动至数万。将来铁路大开,市镇地价之飞涨,更不知所届。有此等地一二亩者,其岁入视拥数顷之田过之远甚,而曾无分毫贡献于国家。而终岁勤动之农民,反荷至重之负担,岂可谓平?"①应仿各国之例,耕地税较轻,宅地税较重。调查土地必当举办,为防止民怨,宜明定条规,向来匿税之地,全不追究,仍归旧业主掌管。重订印契,确定其所有权,交纳田赋。改正田赋后,田赋总额约2.5亿两以上,加上东三省、新疆,可达3亿两以上;城市、镇、乡宅地升税初年在500万两以上,以后逐年增加;匿税之印契税约2亿两;充公之田发卖,收回地价每亩以5两计,如1亿亩即得5亿两,也可能达10余亿两。但"能有成效与否,则全视乎董率之人何如,夫不得其人,则万事皆无可言"②。

(二)整顿盐课之法。德国盐税2 700余万元,法国1 300余万元,意国3 100余万元,日本2 300余万元。"内中惟意国收税太重当别论,其余各国所税尚不为厉民,而所得乃若是之巨。彼诸国者,其人数大率不及我国十之一,以此例推之,我国所入当十倍于彼亦不为过。"③但各省盐税、盐厘解度支部者,不过1 300余万两,加各省外销之数,当不出2 000万两。参考各国年人均食盐量,中国年人均食盐量可按14斤算。中国人口以4亿计,每年食盐总量应为5 600万担,而现在官盐票引不过28 125 000担,仅得其半数。按每百斤收税1.5两计算,每年盐税可达8 400余万两,而实际盐税收入仅为七分之一,其余皆为私盐所蚀。私盐之盛原因有三:税率太高,苛捐太多,致官盐成本太重;行盐之地分疆界,共有10区,而盐商又各有引地,越境卖盐即为邻私;盐商垄断权利,贩盐业不能普及,奸侩得因缘为奸。针对此种弊端,梁启超参酌各国专卖办法,拟定了专卖法纲领8条,认为实行此法,私盐之弊可以渐绝。其改革精神,是"仿刘晏之法,一税之后,任其所之"④。

---

① 梁启超:《中国改革财政私案》,《饮冰室合集·文集》,中华书局1989年版,(8)第4页。
② 梁启超:《中国改革财政私案》,《饮冰室合集·文集》,中华书局1989年版,(8)第6页。
③ 梁启超:《中国改革财政私案》,《饮冰室合集·文集》,中华书局1989年版,(8)第7页。
④ 梁启超:《中国改革财政私案》,《饮冰室合集·文集》,中华书局1989年版,(8)第12页。

(三)应增之新税目。应增税目共10种:(1)所得税。财政学家都以此为最良税则,各国都行之,将来中国亦当采行,但现在尚办不到,故不论。(2)家屋税。可作为各城镇乡之地方税。(3)营业税。可作为各府县之地方税。(4)酒税。酒为奢侈品,各国都征重税,为国家一大财源。如办理得宜,全国可得5 000万两左右。(5)烟税。各国亦课重税,或已改为专卖,为国家一大财源。中国销售,丝烟占十分之九,或可先行烟叶专卖制。政府可以指定种烟区域,区域以外不许种。日本行烟叶专卖时,年收入1 000万元,中国人数为日本10倍,则为1亿元,初办时当可得二三千万两。(6)糖税。中国每年食糖3 000万担,赤糖、白糖、冰糖平均每担约税银3钱,国家收入可得900万两左右。(7)登录税。中国原来有印契税、牙帖税等,外国还有船舶登录税、公司登录税、法人登录税、商标登录税、著作权登录税等。"其所税不重,而人民蒙保护之益,故民咸便之。"[①]如办理得宜,每年可得500万两。现在全国有税之田7亿余亩,每亩平均收换契税银5分,即已3 500余万两。(8)印花税。此种税在商业大发达,银行、公司等设立日多以后,收入才能旺盛。今日实行,至多不过200万两。(9)遗产税。各国通例,遗产额小者免税,遗产额愈多则税愈重,用累进法,最合于平均负担之原则。此项税在今日即可实行,初年可能得一二百万两,要试办后才能知道。(10)通行税。于轮船、铁路、电车卖票时,随票税之,视其所行道路之远近,及其票之等级,而税率有高下。"以租税学理论之,此项税实为恶税,以其性质恰如谚所谓买路钱也。虽然,所取甚微,民不以为苦。"[②]可以先在长江及沿海各轮船、已开通各铁路实行,每年最少可得200万两左右,以后年增加率不可思议。

(四)应裁之旧税目。应裁之税都同聚敛有关,故梁启超首先指出:"孔子曰:'百姓足,君孰与不足? 百姓不足,君孰与足?'诚至言也。若国家专务聚敛,而不计及其病民与否,此犹艺果蔬者不务获实,而伐其树以作薪也。"[③](1)厘金。厘金如所谓买路钱,节节设卡,一货物抽数次或数十次,不啻故意保护洋货,使土货不能与之竞争。厘金岁入1 200余万两,居总岁入十分之一。近来有一两省改厘金为统捐,可免一货多抽及减少需索留难之弊。厘金在必废之列,统捐亦非革不可。(2)常关税。海关设立后,常关征进口税之职能完全消灭,还保留抽通过税职能,已与厘卡无异,所收不过100万两左

[①] 梁启超:《中国改革财政私案》,《饮冰室合集·文集》,中华书局1989年版,(8)第17页。
[②] 梁启超:《中国改革财政私案》,《饮冰室合集·文集》,中华书局1989年版,(8)第19页。
[③] 梁启超:《中国改革财政私案》,《饮冰室合集·文集》,中华书局1989年版,(8)第19页。孔子语见《论语·颜渊》。

右。国家虽贫,何必为此而使人民受无穷之苦累。(3)茶税。全国茶引收入不满 70 万道,每道课 1 钱,仅 7 万两。茶厘、茶捐收入总数不能确定,皖南茶厘局收入,最多之年仅 32 万两。茶商为专卖商。"彼辈惟知与外商狼狈,鱼肉茶农,以图不当之利。茶商日肥,茶农日瘠。茶农欲改良茶业,非徒无此智识也,亦无此资本。茶商有此资本,莫肯从事。坐使中国茶之品质日低,声价日落,渐为外人所厌。"①为今之计,不但要尽废茶税,还要立奖励茶业法,给改良茶业者以补助金。(4)赌博税。广东公然收赌博税,其数五六百万两。各省彩票也属此类。"赌博者,纯然销蚀一国之母财者也。而税赌博者,则无异饮鸩以止渴也。今各国皆名吾国曰赌国,国家之耻,孰有过此!"②(5)其他诸杂税。如牙税、当铺税、猪捐、渔捐、船捐、车捐、芦课、油税等种种,各省不同,不可枚举。少者仅数千两,多者十几万两,宜尽行蠲免。

(五)租税以外国家之收入。(1)国有财产。一是国有土地。除现有的官田外,清丈田亩之后,无税土地中约有三分之一可以拨归国有。又东南各省年年新涨的沙田,东三省、新疆的未垦土地,妥办八旗生计后的八旗庄田,都可归国有。已开垦的国有土地可卖给人民,未开垦的国有土地募民耕种,开垦之后卖给人民。如办理得宜,20 年内,平均每年可得 1 亿两左右。二是国有森林,面积当不下数亿亩。如办理得宜,将来每年得一两千万,并非难事。(2)官办事业。一是邮政、电报,如稍加整顿,筹数百万元决非难事。邮政、电报之弊都在不普及。电报取价太高,因而用之者少。二是官办铁路,办理得当,是国家莫大财源。(3)政费酬金。分为司法酬金、行政酬金两种。后者种类极繁,有当采用者,有不必采用者。此项收入为数不多,大半应归地方财政,或归官吏自得。

(六)将来岁入预算之大概。梁启超估计现在岁入约 1.3 亿余两,按他上述所拟,改革后的岁入约可达 7 亿两,其中田赋 3 亿两,盐税 1 亿两,海关税 4 000 万两,酒税 3 000 万两,烟税 3 000 万两,糖税 800 万两,登录税 500 万两,印花税 200 万两,遗产税 100 万两,通行税 200 万两,鸦片专卖 5 000 万两,国有土地卖价 1 亿两,国有森林 200 万两,邮政电报 200 万两,官办铁路 2 000 万两。按 1 两换算 1.5 元计算,7 亿两相当于 10.5 亿元。

(七)举办公债之法。"公债为财政伸缩一大妙用,无论何国必须有之,非徒以补国库临时之缺乏而已。"③中国举办的昭信股票、直隶公债都以失败

---

① 梁启超:《中国改革财政私案》,《饮冰室合集·文集》,中华书局 1989 年版,(8)第 21 页。
② 梁启超:《中国改革财政私案》,《饮冰室合集·文集》,中华书局 1989 年版,(8)第 22 页。
③ 梁启超:《中国改革财政私案》,《饮冰室合集·文集》,中华书局 1989 年版,(8)第 29 页。

告终,至今视为畏途。公债利息比市场利息低,然而各国之民争买公债,是由于公债性质最稳当,用之于抵押最便。向银行贷款,用房地产券等类抵押,银行嫌其变卖不便,不愿承受,抵押者亦不能另生利息。故必须以有价证券抵押,公债券尤为稳便。外国市场公债价格时高时下,善于居积者人弃我取,人取我与,或因此而博奇利。公债用途之广,中国人未知,则在政府有以导之。日本明治初年,人民不知公债之用途,政府乃设一法,令人民设立银行者,得以此项债券抵押于政府,政府许以发行同额纸币之权,于是人民纷纷争购此券,而银行因此盛开,全国经济日益发达。此法实取法于美国南北战争时的政策。今适有八旗生计问题,可先办八旗生计公债5 000万元,同时颁布银行条例,用同样办法推销债券,运动旗人和非旗人各开一家银行。此二银行必获大利,而购买债券者必日多,债券必逐日飞涨。利用公债还有其他办法,如政府专卖食盐,缴价以公债券作抵者,准赊以三个月或半年之期,盐商必相率而买债券。除八旗生计债券外,以后之债券宜用低价廉息发行法。"譬如市场普通之利息须六厘者,政府则给以五厘,惟一百圆之债券则以八十三圆之低价卖之。此法就偿还时计之,则前此实收八十三圆者,后此须还以百圆,政府似甚吃亏。然就每年给息计之,则实收一千万之六厘债券每年需息六十万,而号称一千万实收八百三十万之五厘债券每年需息五十万,其比例恰相等。"①各国之募公债,大率皆用此法。

（八）改革财务行政之要端。梁启超指出:"窃尝以今日中国之财政机关,虽管仲、刘晏复生,亦无所设施。故改革财务行政,实为根本之根本也。"财务行政应改革之处很多,最重要的有两条:一为速讲统一之策。《礼记·王制》有"冢宰制国用,必于岁之杪,五谷皆入,然后制国用"的话,梁启超据此说中国古制,制定国用的责任专于一人,这与各国度支部大臣每年制定预算案正相吻合。而中国部与部不相联属,各部自相请旨拨款,但得俞允,即据为己有,用别法能筹得进项者,尤视若私产,故十部不啻十国。各省则更严重,以种种手段筹款,督抚据为私产供自己挥霍,并分润于所私爱之人。此疆彼界,划若鸿沟,18省成为18国。"循此不变,则无论有若何完善之财政案,而人民所出者愈多,则官吏所瓜分者愈厚,而国库终无一钱之增益,国家则何苦府怨于民而为彼辈作嫁衣也。"②今日欲整顿财政,度支部尚书须确知国家岁入总数。岁出之项由各部提出要求之额,度支部根据其缓急而应

---

① 梁启超:《中国改革财政私案》,《饮冰室合集·文集》,中华书局1989年版,(8)第32页。引文中最后一个"圆"字,原作"元",亦统一为"圆"。

② 梁启超:《中国改革财政私案》,《饮冰室合集·文集》,中华书局1989年版,(8)第48页。

允或拒绝。各省则要划分中央和地方行政系统,中央行政系统由中央拨给,地方行政系统以地方税及其他地方收入充当。还有不足,则向度支部提出要求补助案,度支部亦根据其缓急而应允或拒绝。"如此则国家财政脉络分明,如身使臂,如臂使指,而整顿之实效乃可期矣。"①二为根本改革征收税课之法。现今的征收课税法,一言以蔽之,曰包征包解而已。行此制度,政府官吏最为省便,但实为财政上最拙之伎俩。"故人民所出者恒数倍于正供,苛索骚扰,不知纪极。上之国家无丝毫之利,而下之人民有丘山之损,怨声载道,皆此之由。"②如不改此制,财政终无清理之一日。

(九)地方财政。本条为附录,未详细展开,仅有以下主要内容:地方团体有法人资格者有三种,一为省,二为府州县,三为城镇乡。城镇乡的主要税目为家屋税(房捐)。此税若定为国税,民必大以为扰,定为省税、府县税民亦不乐,故以归于城镇乡为最宜。府州县的主要税目莫如营业税,但大公司、大银行等营业税归国或省。省的主要税目莫如田赋之附加税,但所附加之数不许超过国赋的十分之一。除各级各有主要税外,其他杂税经该省咨议局、该府州县城镇乡董事会议决后实行。

九、利用外资论

对于帝国主义对中国进行的资本输入,梁启超也作了分析。他在光绪三十年(1904年)指出:"今日中国立于列强间,至危极险之现象,不啻千百。语其最甚者,则外国纷纷投资本以经营各大事业于我腹地,直接生影响于生计上,而并间接生影响于政治上,此最为惊心动魄者矣。"③输入的资本有的用借款名义,有的用合股名义。无论以何种名义,"其管理营业之全权,纯在外人"④。输入资本的目的是为了控制中国的生计权和政治权。他对清政府以出卖主权来换取外债的卖国政策进行了揭露和批判。

然而,梁启超并不是一般地反对利用外资。他指出利用外资可能有两种结果:利用得好,可以大大加速经济的发展;利用得不好,就会被债权国所控制,甚至导致国家灭亡。前者的例子有法国、意大利、俄国、日本、美国等,后者的例子有埃及、波斯、土耳其、委内瑞拉、哥伦比亚、阿根廷。

借外债容易使债务国灭亡的原因,梁启超于宣统二年(1910年)列举了

---

① 梁启超:《中国改革财政私案》,《饮冰室合集·文集》,中华书局1989年版,(8)第49页。
② 梁启超:《中国改革财政私案》,《饮冰室合集·文集》,中华书局1989年版,(8)第50页。
③ 梁启超:《外资输入问题》,《饮冰室合集·文集》,中华书局1989年版,(16)第61页。
④ 梁启超:《外资输入问题》,《饮冰室合集·文集》,中华书局1989年版,(16)第77页。

七条:(1)财政长期紊乱,因有外债可借,使财政紊乱的局面继续维持下去;(2)政治极端腐败,恶政府因有外债可借而有恃无恐,不断送全国而不止;(3)外债不得则已,既得则其来也速,且数额巨大,到手后造成滥费,至期不能归还;(4)容易引起全国的奢侈之风,使外债不用于生产而用于消费,转瞬而消费殆尽;(5)其民绝无生计学常识,缺乏经营新式企业的经验,借外债投资而亏损,以致本息无着;(6)借外债而引起投资狂热,继而引起大恐慌,不能履行债务,引起债权国干涉;(7)外资输入,通货增加,物价必上涨,刺激外货输入,造成贸易逆差,又使通货外流,扰乱金融和物价,使国民生计发生意外损害,不能履行债务。他总结说:这七条中,前三条受病起于政府,后四条受病起于国民;前三条是直接之病,后四条是间接之病;前三条是外债召亡之主因,后四条是外债召亡之从因。"前三者则本与外债无涉,而实为一国政治上之病态借外债以发现。是故平心论之,外债之本质,非有病也;即有之,其病亦微,而非不可治。"①"苟政府财政之基础稳固,而所以运用之者适其宜,则外资之必不足为国病明矣。"②

既然外资输入的致病原因在于政治,那么腐败的清政府自然是不会正确地利用外资的。因此,梁启超说:"吾既为欢迎外债论者之一人,同时亦为反对外债论者之一人。而欢迎与反对,要以政治组织能否改革为断。以现政府而举外债,吾所认为有百害而无一利者也。"③这就表明了他同当时积极主张借外债的盛宣怀的区别。他所说的政治改革,是他所主张的君主立宪、国会和责任内阁。

梁启超强调在"新政府"成立后,为了迅速开发利源,非利用外资不可,决不能"专恃吾固有涓滴散漫之母财"④。他主张借洋债而不用洋股,由官借而不由商借,借债要将债权与事权划分开来。他批评盛宣怀的"借何国之款即用何国之人"的借外债造铁路的原则,指出这是中国"近年来对待外资种种失败之源泉"⑤。利用外资的原则,他起初提了两条:一要用于生产,"用之于生产的,往往食外资之利;用之于不生产的,势必蒙外资之害";二要管理得法,"苟能全盘布画,分期偿还,则虽多而或不为病;反是则其末路之悲惨,不可思议"⑥。对于第一条,后来他又说:"夫生产与不生产,其界说至难定者

---

① 梁启超:《外债平议》,《饮冰室合集·文集》,中华书局1989年版,(22)第57页。
② 梁启超:《外资输入问题》,《饮冰室合集·文集》,中华书局1989年版,(16)第78页。
③ 梁启超:《外债平议》,《饮冰室合集·文集》,中华书局1989年版,(22)第90页。
④ 梁启超:《外资输入问题》,《饮冰室合集·文集》,中华书局1989年版,(16)第91页。
⑤ 梁启超:《外资输入问题》,《饮冰室合集·文集》,中华书局1989年版,(16)第95页。
⑥ 梁启超:《外资输入问题》,《饮冰室合集·文集》,中华书局1989年版,(16)第83页。

也……然则外债之标准于何决之,亦曰取决于'生计主义'而已,即所谓'以最小之劳费得最大之效果'之一原则也。"[1]此为一切生计行为所莫能外的原则。

关于外债的用途,梁启超在《外债平议》中指出,不能用于弥补行政费之不足,不能用于扩张军备。他提出最适宜于利用外债的几个项目:一是作为银行准备金以确立发行兑换券制度;二是在国外设立大清银行支行,实行虚金本位之币制;三是整理旧债;四是改正田赋并整理其他税法;五是开办移民银行及农业银行,移民实边和改良农业;六是大筑铁路。

梁启超对利用外资问题所作的分析比较全面。他既指出外人向中国输入资本是为了控制中国,又指出中国政治改革后仍有必要利用外资,这是很有见地的。但他把政治改革限于清政府实行君主立宪,这样的政府怎么能独立自主地正确利用外资?!因此,梁启超的利用外资主张同他的政治立场是矛盾的。

第十一节　孙中山的经济思想

一、民主革命先行者孙中山

孙中山(1866~1925),名文,字德明,号日新,后改号逸仙,广东香山人。光绪二十三年(1897年)在日本进行革命活动时,曾经化名中山樵,后来被人称为中山,这是中山一名的由来。孙中山出身于贫苦的农民家庭。他的哥哥到檀香山谋生,由工人上升为资本家。孙中山幼年时参加了农业劳动,并在村塾中读书。光绪四年随母亲到檀香山,进教会学校读书。九年回国,又到香港读书,加入了基督教。中法战争的失败,使孙中山产生了改造中国的思想。十二年开始学医。次年进入何启创办的西医书院学习。除学医外,还广泛阅读西书,寻求救国真理。十八年在西医书院毕业后,在澳门行医并开设中西医局。因受到澳门当局的刁难,于次年回广州行医,开设东西医局。二十年上书李鸿章,希望清政府主动进行改革。李鸿章不予理睬。甲午战争爆发后,孙中山到檀香山宣传革命,创立了资产阶级革命小团体兴中会。二十一年在香港成立兴中会总部,扩大组织。同年举行了广州起义,失败后逃往日本。次年到美国、英国向华侨宣传革命,在伦敦遭到清驻英使馆

---

[1] 梁启超:《外债平议》,《饮冰室合集·文集》,中华书局1989年版,(22)第71、72页。

的秘密囚禁,经他的西医书院老师英人康德黎营救脱险。二十三年回日本。二十六年举行惠州起义,仍失败。三十年至三十一年间到欧洲向中国留学生宣传革命主张,回日本后发起成立了中国同盟会,被推为总理。同盟会成立后,以《民报》为机关报,进行革命宣传,又举行了多次武装起义。他一直往来于亚、欧、美洲各国,为革命而奔走。辛亥革命爆发后回国,1912年元旦就任中华民国临时大总统。南北议和,孙中山于2月13日辞去了临时大总统职务。8月,同盟会联合统一共和党等四个小政党成立了国民党,推孙中山为理事长,但他不愿过问,委宋教仁代理。9月,被袁世凯任命督办全国铁路。次年从日本回国发动了讨袁的二次革命,失败后避居日本。1914年在日本创办《民国》杂志,成立中华革命党,继续进行反对袁世凯和北洋政府的斗争。1917年在广州组织军政府,任海陆军大元帅,进行了护法战争。1918年5月因桂系军阀操纵国会,辞大元帅职,离广州到上海。1919年8月派朱执信、廖仲恺等创办《建设》杂志,10月将中华革命党改组为中国国民党。1920年冬回广州重组军政府,次年被选为非常大总统,出师北伐。1922年因陈炯明叛变,又退居上海。在中国共产党和苏联的帮助下,孙中山决定改组国民党。1923年1月,滇桂联军驱逐了陈炯明,孙中山回广州重建大元帅府,任海陆军大元帅。1924年1月,在广州召开了中国国民党第一次全国代表大会,确定了"联俄、联共、扶助农工"的三大政策。会后积极准备北伐。10月,冯玉祥在北京推翻了直系军阀吴佩孚的统治,邀请孙中山北上商讨国事。他于11月动身,经日本到天津后,忽然肝癌发作。1925年3月12日在北京逝世。著作编有《总理全集》、《孙中山选集》、《孙中山全集》等。

孙中山是中国伟大的民主革命先行者。1956年毛泽东在《纪念孙中山先生》一文中对他的一生作出了很高的评价。肯定了他在领导人民推翻帝制、建立共和国和把旧三民主义发展为新三民主义的丰功伟绩,指出"他在政治思想方面留给我们许多有益的东西",称赞"他全心全意地为了改造中国而耗费了毕生的精力",做到了"鞠躬尽瘁,死而后已"[①]。

孙中山的思想是不断向前发展的。中法战争至甲午战争期间,他还想通过改良的道路改造中国。在西医书院学习时他受到何启的影响。光绪二十年又在上海结识了郑观应和王韬。他在《上李鸿章书》中指出:"窃尝深维欧洲富强之本,不尽在于船坚炮利、垒固兵强,而在于人能尽其才,地能尽其

[①] 《纪念孙中山先生》,《毛泽东文集》第7册,人民出版社1999年版,第156、157页。

利,物能尽其用,货能畅其流——此四事者,富强之大经,治国之大本也。"①这同郑观应写于两年前的《盛世危言·自序》中的提法很接近。

甲午战争的失败使得孙中山对清王朝的腐朽性有了进一步的认识,从此树立了进行民主革命的思想。中国同盟会成立时,他为同盟会规定了"驱除鞑虏,恢复中华,创立民国,平均地权"的16字纲领,同年在《〈民报〉发刊词》中正式提出了他的三民主义——民族主义、民权主义和民生主义。1924年改组国民党后,孙中山重新解释三民主义,将旧三民主义发展成为新三民主义。

旧民族主义是指推翻清王朝的统治,实现国内各民族的平等,在国际上保持中国的独立。辛亥革命后孙中山一度认为民族主义的目标已经实现,后来进一步认识到不反对帝国主义,就不能维护中华民族的独立。他说中国是许多国家的奴隶,是"比较完全殖民地的地位更要低一级"的"次殖民地"②国家。在1924年的《中国国民党第一次全国代表大会宣言》中,他明确指出:"盖民族主义对于任何阶级,其意义皆不外免除帝国主义之侵略。"③"民族主义是对外国人打不平的。如果外国人和中国人的地位有不平,中国人便应该革外国的命。"④这是将旧民族主义发展为新民族主义。

旧民权主义是指推翻帝制,建立资产阶级民主共和国。辛亥革命后孙中山一度认为民权主义已经实现,但又很快地否定了这一看法。1920年他指出:"现在的中华民国只有一块假招牌,以后应再有一番大革命,才能够做成一个真中华民国。"⑤人民的处境比革命前更坏。"吾人所已破坏者一专制政治,而今有三专制政治起而代之,又加恶焉。"⑥所谓"三专制政治",是指掌握最高权力的官僚、军阀和阴谋政客。他在《中国国民党第一次全国代表大会宣言》中指出:"近世各国所谓民权制度,往往为资产阶级所专有,适成为压迫平民之工具。若国民党之民权主义,则为一般平民所共有,非少数者所得而私也。"⑦这是将旧民权主义发展为新民权主义。

民生主义是孙中山的经济学说,留待后面分析。

孙中山坚信历史潮流不可阻挡,他说:"世界潮流的趋势,好比长江、黄

---

① 《上李鸿章书》,《孙中山全集》第1卷,中华书局1981年版,第8页。
② 《三民主义·民族主义》,《孙中山全集》第9卷,中华书局1986年版,第241页。
③ 《中国国民党第一次全国代表大会宣言》,《孙中山全集》第9卷,中华书局1986年版,第119页。
④ 《对驻广州湘军的演说》,《孙中山全集》第9卷,中华书局1986年版,第502页。
⑤ 《在上海中国国民党本部的演说》,《孙中山全集》第5卷,中华书局1985年版,第262页。
⑥ 《在上海寰球中国学生会的演说》,《孙中山全集》第5卷,中华书局1985年版,第141页。
⑦ 《中国国民党第一次全国代表大会宣言》,《孙中山全集》第9卷,中华书局1986年版,第120页。

河的流水一样,水流的方向或者有许多曲折,向北流或向南流的,但是流到最后一定是向东的,无论是怎么样都阻止不住的。"①他认清了世界潮流,就百折不回,为顺应这一潮流而奋斗终生。这一信念,又以进化论思想为基础。他认为自然界和人类都是不断进化的,进化分三个时期:一为物质进化时期,二为物种进化时期,三为人类进化时期。人类进化又分三个时期:"第一由草昧进文明,为不知而行之时期;第二由文明再进文明,为行而后知之时期;第三自科学发明而后,为知而后行之时期。"②他既肯定认识来源于实践,但又把认识与实践的关系机械地割裂开来。

为了教育革命党人,孙中山于1918年提出了"知难行易"的学说,作为建国方略之一的心理建设的内容。他把有些革命党人的丧失革命信念归之于受了"知之非艰,行之惟艰"③的传统思想的毒害。为了"破此心理之大敌"④,他列举了10个例子来证明是知难行易,而不是知易行难。

二、民生主义总论

欧美资本主义国家资产阶级与无产阶级的尖锐矛盾和冲突,使孙中山感到资本主义社会的社会革命(社会主义革命)是不可避免的。他希望中国民主革命成功后不致出现这一情况,因此提出:"吾国治民生主义者,发达最先,睹其祸害于未萌,诚可举政治革命、社会革命毕其功于一役。还视欧美,彼且瞠乎后也。"⑤"我们实行民族革命、政治革命的时候,须同时想法子改良社会经济组织,防止后来的社会革命,这真是最大的责任。"⑥

为了进行社会革命,孙中山提出了民生主义。1924年,他解释"民生主义"的涵义时说:"'民生'两个字是中国向来用惯的一个名词。我们常说什么'国计民生'……恐怕多是信口而出,不求甚解,未见得涵有几多意义的。但是今日科学大明,在科学范围内拿这个名词来用于社会经济上,就觉得意义无穷了。"他对民生主义下定义说:"民生就是人民的生活——社会的生存、国民的生计、群众的生命便是。我现在就是用民生二字,来讲外国近百十年来所发生的一个最大问题,这个问题就是社会问题。故民生主义就是

---

① 《三民主义·民权主义》,《孙中山全集》第9卷,中华书局1986年版,第267页。
② 《建国方略之一》,《孙中山全集》第6卷,中华书局1985年版,第199、200页。
③ 语出《尚书·说命中》。"知之非艰"原作"非知之艰"。
④ 《建国方略之一》,《孙中山全集》第6卷,中华书局1985年版,第159页。
⑤ 《〈民报〉发刊词》,《孙中山全集》第1卷,中华书局1981年版,第289页。
⑥ 《在东京〈民报〉创刊周年庆祝大会的演讲》,《孙中山全集》第1卷,中华书局1981年版,第326页。

社会主义,又名共产主义,即是大同主义。"①为什么民生主义就是社会主义呢?孙中山解释说,由于发明了机器,机器生产力和人工生产力有了很大的变化。用机器来做工,生产力可以超过一个人力的几百倍或千倍,有机器的人便把没有机器的人的钱都赚去了。这种大变动,外国叫做"实业革命"。它使工人受到很大的痛苦,所以近几十年便发生了社会问题,也产生为了解决这个问题的社会主义。现在中国社会主义和共产主义很流行。"社会主义的范围,是研究社会经济和人类生活的问题,就是研究人民生计问题。所以我用民生主义来替代社会主义,始意就是在正本清源,要把这个问题的真性质表明清楚。"②民生主义就是要改善人民的物质生活,解决人民的吃饭、穿衣和其他生活需要问题,而防止出现贫富的严重对立。

孙中山认为:"人类求生存,才是社会进化的原因。阶级战争不是社会进化的原因,阶级战争是社会当进化的时候所发生的一种病症。这种病症的原因,是人类不能生存。"③人类求生存就是民生问题,民生问题才是社会进化的原动力。"民生就是政治的中心,就是经济的中心和种种历史活动的中心,好像天空以内的重心一样。"④这就是孙中山的民生史观。他否认阶级斗争是阶级社会中的普遍规律。他说:"物种以竞争为原则,人类则以互助为原则。"⑤"社会之所以有进化,是由于社会上大多数的经济利益相调和,不是由于社会上大多数的经济利益有冲突。"⑥

孙中山强烈同情劳动人民,反对大资本家对劳动人民的残酷剥削。他指出:"资本家者,以压抑平民为本分者也,对于人民之痛苦,全然不负责任者也。一言蔽之,资本家者无良心者也。"⑦民生主义就是要"对资本家打不平"⑧。他所说的资本家是资本主义国家的大资本家和地主(孙中山有时也把地主称为资本家)。在光绪三十二年(1906年),他曾认为"中国现在资本家还没有出世"⑨。到新民主主义革命时期,则认为中国还没有大资本家,地主也只是小地主。因此,他说中国是患贫,不是患不均。"中国人所谓'贫富

---

① 《三民主义·民生主义》,《孙中山全集》第9卷,中华书局1986年版,第355页。
② 《三民主义·民生主义》,《孙中山全集》第9卷,中华书局1986年版,第359页。
③ 《三民主义·民生主义》,《孙中山全集》第9卷,中华书局1986年版,第369页。
④ 《三民主义·民生主义》,《孙中山全集》第9卷,中华书局1986年版,第377页。
⑤ 《建国方略之一》,《孙中山全集》第6卷,中华书局1985年版,第195、196页。
⑥ 《三民主义·民生主义》,《孙中山全集》第9卷,中华书局1986年版,第369页。
⑦ 《在武昌十三团体联合欢迎会的演说》,《孙中山全集》第2卷,中华书局1982年版,第333页。
⑧ 《对驻广州湘军的演说》,《孙中山全集》第9卷,中华书局1986年版,第503页。
⑨ 《在东京〈民报〉创刊周年庆祝大会的演说》,《孙中山全集》第1卷,中华书局1981年版,第328页。

不均',不过在贫的阶级之中,分出大贫与小贫。其实中国的顶大资本家,和外国资本家比较,不过是一个小贫,其他的穷人都可说是大贫。"①从这一估计出发,所以他认为中国应预防将来出现贫富不均的问题,用不上采取"马克思的阶级战争、无产专制"②的办法。

对于资本主义国家的阶级对立,孙中山从生产资料所有制和分配关系上进行了分析。他指出地主是靠占有土地,资本家是靠占有机器,在产品中取得收入。特别是对于资本问题,他分析得更为详细。

资本是什么?孙中山说:"凡物产或金钱以之生产者,可皆谓之资本。"③这是把资本看成单纯的物,因此他认为荒岛上的鲁滨逊的斧头和粮食也是资本,又认为民生主义是"反对资本家"而不是"反对资本"④。出于同样的原因,他特别强调生产资本,有时将生产资本与货币资本对立起来,说:"世人多以为金钱即资本也。此实大谬不然。夫资本者,乃助人力以生产之机器也。今日所谓实业者,实机器毕生之事业而已。是故资本即机器,机器即资本,名异而实同也。倘金钱果为资本,则中国富室所藏之金块,与市面流用之银元,较之外国所有实不相下也,而何以尚有资本缺乏之忧耶?"⑤以此证明只有机器才是资本。

对于价值的形成,孙中山有两种矛盾的说法。一方面,他指出只有工人是生利的,地主和资本家都是分利的,并说:"世界一切之产物,莫不为工人血汗所构成。故工人者,不特为发达资本之功臣,亦即人类世界之功臣也。"⑥另一方面,他又反对马克思的剩余价值学说,批评马克思"把一切生产的功劳完全归之于工人的劳动,而忽略社会上其他各种有用分子的劳动";认为"所有工业生产的盈余价值,不专是工厂内工人劳动的结果,凡是社会上各种有用有能力的分子,无论是直接间接,在生产方面或者是在消费方面,都有多少贡献"⑦。对生产有直接或间接的贡献与是否产生剩余价值是两个不同的概念,如所谓消费方面的贡献,实际上说的是剩余价值的实现问题,与剩余价值的产生无关。

孙中山指出资本主义社会的分配制度极不合理。他说,按土地、人工、

---

① 《三民主义·民生主义》,《孙中山全集》第9卷,中华书局1986年版,第381页。
② 《三民主义·民生主义》,《孙中山全集》第9卷,中华书局1986年版,第392页。
③ 《在上海中国社会党的演说》,《孙中山全集》第2卷,中华书局1982年版,第511页。
④ 《在上海南京路同盟会机关的演说》,《孙中山全集》第2卷,中华书局1982年版,第338页。
⑤ 《中国实业如何能发展》,《孙中山全集》第5卷,中华书局1985年版,第133页。
⑥ 《在上海中国社会党的演说》,《孙中山全集》第2卷,中华书局1982年版,第519页。
⑦ 《三民主义·民生主义》,《孙中山全集》第9卷,中华书局1986年版,第369、370页。

资本这三个生产要素按比例进行分配的原理,"为人类以来所固有,得经济学者昌明之,遂成铁案"①。按照亚当·斯密的分配理论,地主占一部分,资本家占一部分,工人占一部分,深合于经济学原理。"殊不知此全额之生产,皆为人工血汗所成,地主与资本家坐享其全额三分之二之利,而工人所享三分之一之利,又析与多数之工人,则每一工人所得,较资本家所得者,其相去不亦远乎?"②实际上工人的所得还不到三分之一,如英国"人工所得不及百分之十,而地租、利息则百分之九十余"。他尖锐地指出:"生利之工人,则恒受饥寒,而分利之大地主及资本家,反优游自在,享社会无上之幸福,岂非不平之甚耶?"③特别是对于地主,他更责问说:"取生产三分之一之利,而坐享其成,与工作者同享同等之利益,不平之事,孰有过于此者?"④孙中山认为这种分配上的严重不平等只是产生于产业革命以后,在产业革命以前,"其生产之结果,按经济学旧说以分配,土地、人工、资本各得一分,尚不觉其弊害"⑤。这就是说,他认为像中国这样以手工生产为主的社会,分配上的弊害还不大。因此,当他将目光转到国内时,就只从防患于未然的角度提出了他的民生主义。

  在旧民主主义革命时期,孙中山还没有谈到中国的阶级剥削情况,只是到改组国民党以后,才提出"小地主"对农民的剥削问题。《中国国民党第一次全国代表大会宣言》指出:"中国以农立国,而全国各阶级所受痛苦,以农民为尤甚。"⑥会后他说:"我们这些小地主,总是孳孳为利,收起租来,一升一勺、一文一毫都是要计算,随时随地都是要刻薄农民。"⑦他认为中国农民所受的痛苦比俄国农奴所受的痛苦要厉害得多。他还指出:"中国现在虽然是没有大地主,但是一般农民有九成都是没有田的。他们所耕的田,大都是属于地主的……农民耕田所得的粮食,据最近我们在乡下的调查,十分之六是归地主,农民自己所得到的不过十分之四,这是很不公平的。"⑧对于资本家,他则认为"中国工人现在还不受本国资本家的害,本国还没有大资本家来压迫工人";"中国工人现在不但是不受本国资本家的压迫,并且反想种种方法

---

  ① 《在上海中国社会党的演说》,《孙中山全集》第2卷,中华书局1982年版,第511页。
  ② 《在上海中国社会党的演说》,《孙中山全集》第2卷,中华书局1982年版,第512页。
  ③ 《在上海中国社会党的演说》,《孙中山全集》第2卷,中华书局1982年版,第518页。
  ④ 《在上海中国社会党的演说》,《孙中山全集》第2卷,中华书局1982年版,第514页。
  ⑤ 《在上海中国社会党的演说》,《孙中山全集》第2卷,中华书局1982年版,第517页。
  ⑥ 《中国国民党第一次全国代表大会宣言》,《孙中山全集》第9卷,中华书局1986年版,第120页。
  ⑦ 《在广州农民运动讲习所第一届毕业礼的演说》,《孙中山全集》第10卷,中华书局1986年版,第556页。
  ⑧ 《三民主义·民生主义》,《孙中山全集》第9卷,中华书局1986年版,第399、400页。

来压迫本国资本家"①。所谓"压迫本国资本家",反映了孙中山对当时正在兴起的中国工人运动的一种看法。

要实行民生主义,必须反对列强的经济侵略。孙中山指出列强的侵略靠政治力和经济力两个方面。在经济侵略方面,他在1924年估计中国每年要遭受以下一些损失:"其一,洋货之侵入,每年夺我权利的五万万元;其二,银行之纸票侵入我市场,与汇兑之扣折、存款之转借等事,夺我利权者或至一万万元;其三,出入口货物运费之增加,夺我利权者约数千万至一万万元;其四,租界与割地之赋税、地租、地价三桩,夺我利权者总在四五万万元;其五,特权营业一万万元;其六,投机事业及其他种种之剥夺者当在几千万元。这六项之经济压迫,令我们所受的损失总共不下十二万万元。"②为了挽回利权,他强调要效仿德国、美国的保护政策,抵制外国的洋货,保护本国的土货,发达中国的工业。但专从经济范围着手,一定是解决不通的。"要民生问题能解决得通,便要先从政治上来着手,打破一切不平等的条约,收回外人管理的海关,我们才可以自由加税,实行保护政策。"③

民生主义要以发展生产力为物质基础。孙中山指出:"能开发其生产力则富,不能开发其生产力则贫。"④开发生产力的目的是为了满足人民食、衣、住、行等方面的生活需要,而不是为了赚钱。"民生主义和资本主义根本上不同的地方,就是资本主义是以赚钱为目的,民生主义是以养民为目的。"⑤

发展生产力要靠机器和人力,1919年孙中山对中国从事生产劳动的人数作了估计。他说:"我中国人口四万万,除老少而外,能作工者不过二万万人。然因工业不发达,虽能作工者亦恒无工可作,流为游手好闲而寄食于人者或亦半之。如是有工可作者,不过一万万人耳。且此一万万人之中,又不尽作生利之工,而半为消耗之业,其为生产之事业者实不过五千万人而已。"⑥这是中国患贫的原因之一。梁启超在光绪二十八年估计中国有1.9亿人从事生产劳动。两人都没有精确的统计数字作为依据,由于对生产劳动的解释不完全一样,估计的数字也大有出入。

关于中国土地可以养活的人数,孙中山指出中国土地比法国大20倍,如

---

① 《在广州市工人代表会的演说》,《孙中山全集》第10卷,中华书局1986年版,第145、146、148页。
② 《三民主义·民族主义》,《孙中山全集》第9卷,中华书局1986年版,第208页。
③ 《三民主义·民生主义》,《孙中山全集》第9卷,中华书局1986年版,第424页。
④ 《在南京同盟会会员饯别会的演说》,《孙中山全集》第2卷,中华书局1982年版,第322页。
⑤ 《三民主义·民生主义》,《孙中山全集》第9卷,中华书局1986年版,第410页。
⑥ 《建国方略之一》,《孙中山全集》第6卷,中华书局1985年版,第226页。

果效仿法国来经营农业,至少可以养活 8 亿人。从中国的民族前途考虑,他担心中国人口的减少。他说近百年来,美国人口增加十倍,英国、日本增加三倍,俄国增加四倍,德国增加二倍半,法国只增加四分之一。"法国在百年以前的人口比各国都要多,因为马尔赛斯的学说宣传到法国之后很被人欢迎,人民都实行减少人口。所以弄到今日,受人少的痛苦,都是因为中了马尔赛斯人口论的毒。"①他说中国在乾隆时就已有 4 亿人,美国公使乐克里尔②曾到中国各地调查,说中国人口最多不过 3 亿,"若照美国公使的调查,则已减少四分之一"③。因此,孙中山说:"用各国人口的增加数和中国的人口来比较,我觉得毛骨耸然!"④这一害怕人少不怕人多的思想后来曾经发生了一定的影响。

在发展生产力的同时,孙中山还提出要恢复中国的民族精神,包括中国固有的道德、知识和能力。他认为,中国"人民受四千余年道德教育,道德文明比外国人高若干倍,不及外国人者,只是物质文明"⑤。他提倡的固有道德为忠孝、仁爱、信义、和平,指出"忠"已不是忠于君,而是"要忠于国,要忠于民,要为四万万人去效忠"⑥。"这种特别的好道德,便是我们民族的精神。我们以后对于这种精神不但是要保存,并且要发扬光大,然后我们民族的地位才可以恢复。"⑦固有知识为《大学》所说的格物、致知、诚意、正心、修身、齐家、治国、平天下。固有能力为中国古代的发明能力,包括发明指南针、印刷术、火药及衣食住行的各种设备等。这种恢复不是为了复古,而是为了创新,所以孙中山说:"恢复我一切国粹之后,还要去学欧美之所长,然后才可以和欧美并驾齐驱。"⑧在这里,孙中山实际上已经提出物质文明和精神文明对于中国现代化来说是缺一不可的。精神文明的一个重要方面是继承中国传统的道德文明。继承中要包括改造,如"忠"已不再指忠君就是一例。这种继承是必要的,不是什么"中学为体,西学为用"。

---

① 《三民主义·民族主义》,《孙中山全集》第 9 卷,中华书局 1986 年版,第 195 页。
② "乐克里尔"即罗克希尔(W. W. Rockhill),又名柔克义(1854~1914),美国外交官、汉学家。1905 至 1909 年任美国驻华公使。
③ 《三民主义·民族主义》,《孙中山全集》第 9 卷,中华书局 1986 年版,第 196 页。据梁方仲统计,乾隆五十九年(1791 年)人口数曾达到 3.13 亿余,至道光十四年(1834 年)才开始超过 4 亿。见《中国历代户口、田地、田赋统计》,上海人民出版社 1980 年版,第 252、253 页。
④ 《三民主义·民族主义》,《孙中山全集》第 9 卷,中华书局 1986 年版,第 194 页。
⑤ 《在安徽都督府欢迎会的演说》,《孙中山全集》第 2 卷,中华书局 1982 年版,第 533 页。
⑥ 《三民主义·民族主义》,《孙中山全集》第 9 卷,中华书局 1986 年版,第 244 页。
⑦ 《三民主义·民族主义》,《孙中山全集》第 9 卷,中华书局 1986 年版,第 247 页。
⑧ 《三民主义·民族主义》,《孙中山全集》第 9 卷,中华书局 1986 年版,第 251 页。

民生主义"反对少数人占经济之势力,垄断社会之富源"①,自然要以解决土地和资本问题为主要目标。因此孙中山在1921年说,实行民生主义办法,"即归宿到'土地'和'资本'两样"②。在《中国国民党第一次全国代表大会宣言》中则指出:"国民党之民生主义,其最要之原则不外二者:一曰平均地权;二曰节制资本。"③

三、平均地权论

平均地权最初在光绪三十一年(1905年)提出,作为同盟会的纲领之一。

孙中山认为,民主革命成功后,中国的实业得到发展,城市的地价将急剧上涨,如上海的地价在中外通商后已上涨万倍,而革命后50年间中国将要造成数十个上海。这种地价上涨,使地主不劳而获,坐享其利,形成"地权不平均"。因此,他主张平均地权,实行土地公有。他提出土地本应公有的理论说:"人类发生以前,土地已自然存在,人类消灭以后,土地必长此存留。可见土地实为社会所有,人于其间又恶得而私之耶?或谓地主之有土地,本以资本购来,然试扣其第一占有土地之人,又何自购乎?"④

土地公有原是有些英国资产阶级经济学家的主张。1871年美国经济学家亨利·乔治出版《我们的土地和土地政策》,后经修改补充,改名为《进步与贫困》,于1879年出版。他说:"成为现代文明祸根和威胁的财富分配不公的根源在于土地私人占有制度……只要这个制度继续存在,生产能力的增加永远不可能有益于群众,而是恰恰相反,必然使群众的生活条件进一步恶化。"⑤解决的方法是征收单一的地价税以实现土地公有,并把这种办法称为"平均地权"⑥。

孙中山深受亨利·乔治的影响,1912年他将亨利·乔治和马克思并列,认为两者都主张实行社会主义,"一则土地归为公有,一则资本归为公有","主张虽各不同,而其为社会大多数谋幸福者一也"⑦。孙中山认为中国实行土地公有可以防止产生资本主义,因此将它定为社会革命的主要内容,认为

---

① 《在上海南京路同盟会机关的演说》,《孙中山全集》第2卷,中华书局1982年版,第338页。
② 《在中国国民党本部特设驻粤办事处的演说》,《孙中山全集》第5卷,中华书局1985年版,第476页。
③ 《中国国民党第一次全国代表大会宣言》,《孙中山全集》第9卷,中华书局1986年版,第120页。
④ 《在上海中国社会党的演说》,《孙中山全集》第2卷,中华书局1982年版,第514页。
⑤ 亨利·乔治:《进步与贫困》(吴良健、王翼龙译),商务印书馆1995年版,第278页。
⑥ 亨利·乔治:《进步与贫困》(吴良健、王翼龙译),商务印书馆1995年版,第457页。
⑦ 《在上海中国社会党的演说》,《孙中山全集》第2卷,中华书局1982年版,第515、514页。

"若能将平均地权做到,那么社会革命已成七八分了"①。土地"倘不收为社会公有,而归地主私有,则将来大地主必为大资本家,三十年后,又将酿成欧洲革命流血之惨剧。故今日之主张社会主义,实为子孙造福计也。"②孙中山自认为要实行社会主义,他不知道土地公有不仅不能防止资本主义,反而更有利于资本主义的发展。平均地权是反对封建主义的经济纲领。

由于历史条件不同,孙中山与亨利·乔治的主张的社会作用也不一样。列宁在看了孙中山在1912年写的《中国革命的社会意义》(《在南京中国同盟会会员饯别会的演说》的前半部分)后,写了《中国的民主主义和民粹主义》一文,热情赞扬孙中山的"战斗的、真诚的民主主义"精神。他指出孙中山的理论同俄国的民粹派理论很接近,以孙中山为代表的中国革命民主派"在主观上是社会主义者,因为他们反对对群众的压迫和剥削"。他对孙中山的平均地权主张作了如下的评价:"中国社会关系的辩证法就在于:中国的民主主义者真挚地同情欧洲的社会主义,把它改造成为反动的理论,并根据这种'防止'资本主义的反动理论制定纯粹资本主义的、十足资本主义的土地纲领!"③

平均地权的具体办法是增高的地价归于国家。《中国同盟会革命方略》规定:"当改良社会经济组织,核定天下地价。其现有之地价,仍属原主所有;其革命后社会改良进步之增价,则归于国家,为国民所共享。"④《民报》曾发表主张"土地国有"的文章,但孙中山本人从未说过"土地国有"的话,在1912年4月还正式表示:"求平均之法,有主张土地国有的。但由国家收买全国土地,恐无此等力量,最善者莫如完地价税一法。"⑤他提出的具体办法是:在革命政权建立后,由地主自报地价,国家向其抽1‰的地价税,并保有照价收买的权利,以防止地主故意少报地价;以后土地增价部分则全部归国家所有。

这样的平均地权乃是平地主垄断城市土地之权,并不是从解决农民土地问题的角度考虑。孙中山出身于贫苦农民家庭,从小就听过关于太平天国革命的传说,并留下了深刻的印象。之后他常常提到太平天国,说洪秀全已实行过民生主义。可见,他对农民迫切需要土地的情况是有所了解的。

---

① 《在南京同盟会会员饯别会的演说》,《孙中山全集》第2卷,中华书局1982年版,第320页。
② 《在上海中国社会党的演说》,《孙中山全集》第2卷,中华书局1982年版,第522页。
③ 本段引文均见《中国的民主主义和民粹主义》,《列宁全集》第21卷,人民出版社1990年版,第427、429、430页。
④ 《中国同盟会革命方略》,《孙中山全集》第1卷,中华书局1981年版,第297页。
⑤ 《在南京同盟会会员饯别会的演说》,《孙中山全集》第2卷,中华书局1982年版,第321页。

在同盟会成立以前,孙中山曾同章炳麟讨论了田制问题,他指出:"兼并不塞而言定赋,则治其末已";"夫不稼者,不得有尺寸耕土……而田自均"①。但在旧民主主义革命时期,他并没有以此作为平均地权的目标。

在中国共产党的影响下,孙中山对农民在民主革命中的地位有了新的认识,他说:"农民是我们中国人民之中的最大多数,如果农民不参加革命,就是我们革命没有基础。"②在《中国国民党第一次全国代表大会宣言》中,除再次声明"私人所有土地,由地主估价呈报政府,国家就价征税,并于必要时依报价收买之"的平均地权之要旨外,又加上"农民之缺乏田地沦为佃户者,国家当给以土地,资其耕作"③等文字。代表大会以后,孙中山又提出了"耕者有其田"的口号,指出只有这样"才算是彻底的革命"④。他还指出现在的农民都不是耕自己的田,都是替地主耕田,产品大半被地主夺去,很不公平。"假若耕田所得的粮食完全归到农民,农民一定是更高兴去耕田的。大家都高兴去耕田,便可以多得生产。"⑤这是孙中山平均地权理论的重大发展。

孙中山又认为,如果"把所有的田地马上拿来充公,分给农民,那些小地主一定是起来反抗的"⑥。他想用和平的方法解决农民的土地问题,让农民可以得利益,地主不受损失。

四、振兴实业和节制资本论

旧民主主义革命是为发展资本主义扫除障碍,但孙中山主观上却要防止资本主义。他在1912年提出中国要取法于德国,实行国家社会主义政策,"国家一切大实业,如铁路、电气、水道等事务皆归国有,不使一私人独享其利"⑦。实际上,这是要用国家资本主义代替私人垄断资本主义。

孙中山辞去临时大总统后,在袁世凯复辟帝制的面目没有充分暴露以前,他准备投身于振兴实业活动。他认为振兴实业要以铁路为中心,说:"交通为实业之母,铁道又为交通之母。国家之贫富,可以铁道之多寡定之,地

---

① 《訄书重订本·定版籍》,《章太炎全集》(三),上海人民出版社1984年版,第274页。
② 《在广州农民运动讲习所第一届毕业礼的演说》,《孙中山全集》第10卷,中华书局1986年版,第555页。
③ 《中国国民党第一次全国代表大会宣言》,《孙中山全集》第9卷,中华书局1986年版,第120页。
④ 《在广州农民运动讲习所第一届毕业礼的演说》,《孙中山全集》第10卷,中华书局1986年版,第556页。
⑤ 《三民主义·民生主义》,《孙中山全集》第9卷,中华书局1986年版,第400页。
⑥ 《在广州农民运动讲习所第一届毕业礼的演说》,《孙中山全集》第10卷,中华书局1986年版,第556、557页。
⑦ 《在南京同盟会会员饯别会的演说》,《孙中山全集》第2卷,中华书局1982年版,第323页。

方之苦乐,可以铁道之远近计之。"①又提出"民欲兴其国,必先修其路",并以美国为证,指出美国有120万里铁路,"其铁路为世界至多,而其富强亦为世界第一"②。他接受袁世凯给予的督办全国铁路的任命,准备在10年内筑成铁路20万里。他曾为这一计划奔走呼吁。但随着政治形势的变化,建设铁路的计划最终流产。

1918年至1919年,孙中山提出了规模更为宏伟的发展实业的蓝图。他用英文写了《实业计划》(原题为 The International Development of China)。全文先发表于《远东时报》1919年6月号。经朱执信、廖仲恺、林云陔、马君武等译成中文,先在《建设》月刊上连载,题为《发展实业计划》,其他报刊也有刊载。1921年出版英文本和中文本,后又编为《建国方略之二:物质建设》。

在《实业计划》中,孙中山提出开发中国实业分两路进行,一路是个人企业,一路是国家经营:"凡夫事物之可以委诸个人,或其较国家经营为适宜者,应任个人为之,由国家奖励,而以法律保护之……至其不能委诸个人及有独占性质者,应由国家经营之。"③

《实业计划》共分六个计划,另有《篇首》和《结论》。

《第一计划》包括:(1)在渤海湾北岸建北方大港;(2)从北方大港起,建设西北铁路系统,达到北方和西北边境,共建8条铁路;(3)移民蒙古、新疆;(4)开运河联络中国北部、中部河道和北方大港;(5)开发直隶、山西煤铁矿,设立钢铁厂。

《第二计划》包括:(1)在杭州湾北岸乍浦和澉浦间建东方大港,并彻底整治上海港;(2)治理从长江口至汉口一段的长江;(3)建设内河商埠;(4)改良长江水系,包括北运河、淮河、江南水系、鄱阳水系、汉水、洞庭水系、长江上游等;(5)在长江沿岸创建无数水泥厂。

《第三计划》包括:(1)在广州建南方大港,使之成为世界港;(2)改良广州及西江、北江、东江各水系;(3)以广州为起点,建造西南铁路系统,通向四川、云南、广西、贵州、湖南等省,共7条铁路和1条支线;(4)建设4个二等港、9个三等港和15个渔业港;(5)在内河及海岸商埠建立造船厂,以每年造各种船只200万吨为目标。

---

① 《在上海与〈民立报〉记者的谈话》,《孙中山全集》第2卷,中华书局1982年版,第383页。
② 《〈铁路杂志〉题辞》,《孙中山全集》第2卷,中华书局1982年版,第567页。
③ 《建国方略之二》,《孙中山全集》第6卷,中华书局1985年版,第253页。

《第四计划》是建造铁路的明细计划,包括:(1)中央铁路系统,以北方大港、东方大港为各铁路终点,除《第一计划》已提到的铁路外,还建造铁路 24 条,全长共约 16 600 英里;(2)东南铁路系统,以东方大港、南方大港及其中的二、三等港为铁路终点,共建造铁路 13 条,全长共约 9 000 英里;(3)东北铁路系统,在哈尔滨西南约 100 英里处设一中区,拟定名为"东镇",像蜘蛛网一样向四周扩展,共建造铁路 20 条,全长共约 9 000 英里;(4)西北铁路系统,除《第一计划》已提到的铁路外,还建造铁路 18 条,全长共约 16 000 英里;(5)高原铁路系统,共建造铁路 16 条,全长共约 11 000 英里;(6)设机关车、客货车制造厂。第四计划共计造铁路约 62 000 英里,加上第一、第三计划中的约 14 000 英里,因为多数干线当造双轨,合计至少有 10 万英里。

《第五计划》是发展满足衣、食、住、行需要的工业和印刷工业。

《第六计划》是开采铁、煤、石油、铜、特种矿,以及设立采矿机械厂和冶炼厂。

孙中山解释《实业计划》的指导思想说:"予之计划,首先注重于铁路、道路之建筑,运河、水道之修治,商港、市街之建设。盖此皆为实业之利器,非先有此种交通、运输、屯集之利器,则虽全具发展实业之要素,而亦无由发展也。其次则注重于移民垦荒、冶铁炼钢。盖农矿工业,实为其他种种事业之母也。农、矿一兴,则凡百事业由之而兴矣。"[①]他称钢铁为一切实业之体质,以钢铁出产多少作为一国实业发达与否的标志。

《实业计划》是对外开放的计划。它将中国经济的发展完全同国际经济联系在一起,因此十分重视海港的建设。三大港是中国通向世界的主要门户,又是向国内纵深发展的辐射点。第三计划提出要建立一支航行海外的商船队,航行海外及沿岸的商船至少要有 1 000 万吨,达到世界各国拥有海船吨数的人均水平。北方大港通过铁路与西伯利亚铁路连接,使它成为"将来欧亚路线之确实终点,而两大陆于以连为一气"[②]。《实业计划》要使中国完全打破闭关自守的局面,走上与世界各国共同发展的轨道。

对外开放要以维护国家的独立为前提。孙中山指出:"中国富源之发展,已成为今日世界人类之至大问题,不独为中国之利害而已也。惟发展之权,操之在我则存,操之在人则亡,此后中国存亡之关键,则在此实业发展之一事也。"[③]发展实业的权一定要"操之在我",为了这一目的,即使在短期内

---

① 《中国实业如何能发展》,《孙中山全集》第 5 卷,中华书局 1985 年版,第 134 页。
② 《建国方略之二》,《孙中山全集》第 6 卷,中华书局 1985 年版,第 256 页。
③ 《建国方略之二》,《孙中山全集》第 6 卷,中华书局 1985 年版,第 248,249 页。

让外国投资者得到较多的经济利益也值得。

《实业计划》是国有实业的计划,民办实业未包括在内,因此只是孙中山"欲建设新中国之总计划之一部分"①。国家经营实业的收入,一用于摊还借用外资之利息,二用于增加工人工资,三用于改良和推广机器生产,其余留存待用。在另文中,他还提出要防止产生阶级、贫富不均,防之之道为:"凡天然之富源,如煤铁、水力、矿油等,及社会之恩惠,如城市之土地、交通之要点等,与夫一切垄断性质之事业,悉当归国家经营,以所获利益,归之国家公用。如是,则凡现行之种种苛捐杂税,概当免除。而实业陆续发达,收益日多,则教育、养老、救灾、治疗,及夫改良社会,励进文明,皆由实业发展之利益举办。"②

《实业计划》的提出,反映了孙中山的伟大的革命理想和爱国主义精神。它虽然未能实现,但为中国后来的经济建设提供了极为有益的启示。但孙中山对国营经济的作用估计过高,没有预见到国营经济也可能成为维护统治集团利益的经济垄断者,南京国民政府统治时期的国营经济就是如此。

改组国民党时,孙中山正式提出了"节制资本"的原则。他在《中国国民党第一次全国代表大会宣言》中指出:"凡本国人及外国人之企业,或有独占的性质,或规模过大为私人之力所不能办者,如银行、铁道、航路之属,由国家经营管理之,使私有资本制度不能操纵国民之生计,此则节制资本之要旨也。"③这同《实业计划》中的分两路进行的观点基本上是一致的,但在《实业计划》中,他没有提到外资企业问题,这里则明确指出节制资本的范围要包括外资企业。以前孙中山说要防止在中国出现资本主义,这里则指出只是要"使私有资本制度不能操纵国民之生计",也就是要防止产生垄断资本主义。这在理论上是一个进步,他承认了历史要他承认的东西。

节制资本只是节制私人资本,因此孙中山又指出:"中国不单是节制私人资本,还是要发达国家资本……统一之后,要解决民生问题,一定要发达资本,振兴实业。"④振兴实业的重点是交通、矿产和工业这三大实业。

五、利用外资论

孙中山始终认为,中国的建设必须利用外资,实行门户开放主义。1912

---

① 《建国方略之二》,《孙中山全集》第 6 卷,中华书局 1985 年版,第 398 页。
② 《中国实业如何能发展》,《孙中山全集》第 5 卷,中华书局 1985 年版,第 135 页。
③ 《中国国民党第一次全国代表大会宣言》,《孙中山全集》第 9 卷,中华书局 1986 年版,第 120 页。
④ 《三民主义·民生主义》,《孙中山全集》第 9 卷,中华书局 1986 年版,第 391 页。

年,他指出:"利用外资,可以得外资之益,故余主张开放门户,吸收外国资本,以筑铁路、开矿山。"①"国家欲兴大实业,而苦无资本,则不能不借外债。借外债以兴实业,实内外所同赞成的。"②由于中国长期遭受资本主义列强的侵略,国人对利用外资存有戒心,对此孙中山又说:"至中国一言及外债,便畏之如鸩毒,不知借外债以营不生产之事则有害,借外债以营生产之事则有利。"③

1912 年筹办铁路时,孙中山曾准备借外债 60 亿元。考虑到借外债的困难,他准备采取由外国人承包筑路的办法,建成后由外人使用,期限为 40 年。这 40 年路权全归外人,期满后再由国家赎回。这一设想必然要受到人们的怀疑,孙中山反复进行了说服宣传。他说路权不等于国家主权,只要国家主权不丧失,暂时出让路权与我无害。针对有人认为这样做中国吃亏太大的想法,孙中山指出:"倘使此路不能修成,千万年我亦无利可赚,今让他赚四十年以后,归我完全所有,合计尚是便宜。况……各路初修之时,我与外人即先订好合同,俟二十年可以由我备价收赎,凡可以获大利者,我即可以赎回,不获利者即由他们去办,在我也绝不吃亏。"④这样的利用外资办法,实在是出于不得已,当时政府很穷,即使有钱,袁世凯也不会真心支持孙中山。孙中山想建成一些铁路,不得不以出让路权为优惠条件。

第一次世界大战结束后,孙中山考虑到国际经济转入和平轨道,又要面临解决过剩资本的出路问题,需要寻找新的投资场所和商品销售市场。而中国要进行经济建设,迫切需要资本,孙中山认为利用外资的有利时机已经来到,借此来发展中国的实业,"使外国之资本主义以造成中国之社会主义"⑤。他估计世界大战中的费用,最后一年各国的战费每天需 2.4 亿美元,其中直接用于战争的费用为 1.2 亿美元。战争结束后,如果以 6 000 万美元用于经济恢复,则还有 6 000 万美元的物资无处消纳,一年就是 219 亿美元。孙中山认为中国是消纳各国剩余物资的大海洋,至少可以消费其一大半,希望国际资本把中国作为理想的投资场所。他说:"所幸中国天然财源极富,如能有相当开发,则可成为世界中无尽藏之市场;即使不能全消费此一年二百十九万万之战争生产剩余,亦必能消费其大半无疑。"⑥国际资本的投资是

---

① 《在上海报界公会欢迎会的演说》,《孙中山全集》第 2 卷,中华书局 1982 年版,第 498 页。
② 《在南京同盟会员饯别会的演说》,《孙中山全集》第 2 卷,中华书局 1982 年版,第 321、322 页。
③ 《在南京同盟会员饯别会的演说》,《孙中山全集》第 2 卷,中华书局 1982 年版,第 322 页。
④ 《在北京招待报界同人时的演说和谈话》,《孙中山全集》第 2 卷,中华书局 1982 年版,第 458 页。
⑤ 《建国方略之二》,《孙中山全集》第 6 卷,中华书局 1985 年版,第 398 页。
⑥ 《建国方略之二》,《孙中山全集》第 6 卷,中华书局 1985 年版,第 250 页。

受利益驱动的,所以孙中山在《实业计划》中提出开发计划的四原则,第一条就是"必选最有利之途以吸外资"①。

《实业计划》是利用外资的计划,首先是给外国人看的,所以用英文撰写。为了吸引外资,在撰写的过程中,孙中山陆续将写好的部分寄给国外的有关机构和人士。如先曾将《篇首》寄给各国政府和巴黎和会,后又将全文寄给美国驻华公使芮恩施,美国商务总长刘飞尔,意大利陆军大臣嘉域利亚,美国名人安得生等,还寄给国际有关人士,希望得到国际资本的支持。

引进外资的方法,孙中山提出分三步走。第一步,由投资的各国政府共同行动,统一政策,组成一国际团体,派在战时任组织、管理的人才及各种熟练技师参加,做到设计有系统,用物有标准,以免浪费,以便工作。第二步,必须得到人民的信任,热心支持。在这两步办到以后再进行第三步,由中国政府正式召开会议,议定最后契约。孙中山认为第二步很重要,如不顾中国的民意,仅与中国政府商妥,就会蹈盛宣怀铁路国有的覆辙。

1921年,孙中山在《实业计划·自序》中指出:"惟发展之权,操之在我则存,操之在人则亡"②。政府要"操之在我"地利用外资。1924年,他批评清政府借了许多外债,与列强订立了许多不平等的条约,把主权都送了外国人。"他们所立的那些条约,就是我们的卖身契一样",清政府虽已推翻多年,"但是卖身契还没有收回,所以现在还要做各国的奴隶"③。这样的引进外资是"操之在人",自然应该反对。

孙中山始终认为振兴实业必须利用外资和外才,并强调只有这样才有可能在较短的时间内赶上先进的资本主义国家。1924年他仍说:"我们要拿外国已成的资本,来造成中国将来的共产世界,能够这样做去,才是事半功倍。"④然而,他的积极利用外资的愿望,在当时根本不可能实现。利用外资、对外开放的原则,经过了历史的曲折发展,终于成为了当代中国人的共识。

六、钱币革命论

辛亥革命后,袁世凯政府的财政非常困难,向六国(英、法、俄、德、日、美)银行团借款没有成功。同时,北方强邻沙俄则乘机炮制蒙古假独立,进

---

① 《建国方略之二》,《孙中山全集》第6卷,中华书局1985年版,第254页。另外三原则为"必应国民之所最需要"、"必期抵抗之至少"和"必择地位之适宜"。
② 《建国方略之二》,《孙中山全集》第6卷,中华书局1985年版,第248页。
③ 《在广州市工人代表会的演说》,《孙中山全集》第10卷,中华书局1986年版,第144页。
④ 《三民主义·民生主义》,《孙中山全集》第9卷,中华书局1986年版,第393页。

行分裂中国领土的罪恶活动。1912年12月,孙中山发表了《倡议钱币革命对抗沙俄侵略通电》(简称《钱币革命》)一文。《钱币革命》曾题为《救亡策》[①],可见这是孙中山为了解决上述危机而提出的重要对策。《钱币革命》一开头就指出:"窃闻遇非常之变,当出非常之方以应之。今者俄人乘我建设未定,金融恐慌,而攫我蒙古。"[②]非常之方一是行钱币革命,以解决财政之困难;二是谋不败之战略,以抗强邻而保领土。孙中山认为解决财政困难是抗俄的前提条件,而要解决财政困难则必须实行钱币革命。

所谓钱币革命,就是实行纸币制度。孙中山设想的办法有这样几点:

(一)以国家法令所制定的纸票为钱币,国家收支,市廛交易,全用纸币。纸币本位可仿日本,以金为定制,分1元、10元、100元、1 000元四种,另有5毫、1毫的银币和5仙、1仙的铜币为辅币。贬金银为货物,金银只准向纸币发行局兑换纸币,不准在市面流行。过期仍用旧币者,如数没收充公,并严罚授受之人。

(二)国家预算制定后,税务处根据预算中的赋税收入额发行数字相同的债券交纸币发行局,发行局如数发给纸币以供使用。等税务处通过税收收回纸币,再将纸币缴还纸币销毁局以赎回债券,纸币即由销毁局销毁。如果赋税的实际收入超过预算收入,超过部分的纸币可继续在市场流通,不必销毁。

(三)供社会通融之纸币,全由发行局兑换而出。人民拿金银、货物或产业向纸币发行局兑换纸币,发行局将兑换到的货物交入公仓,由公仓就地或转运他处发售,收回纸币。收回的纸币也交纸币销毁局销毁。

(四)如国家遇有非常之需,由国民代表议决增加预算,或增加税额,或论口捐输,亦先由纸币发行局如数发出纸币,按期由税务局收回。

孙中山认为实行这样的钱币革命,可以收到以下效果:

第一,市面永无金融恐慌之患。如果用金银,金银数量有限,一遇减少,必成恐慌。中国人或更埋于地中,外国人必然输出海外,使中国穷上加穷。"金银既贬为货物,则金银出口毫无影响于经济界。因我不以此物为钱币,纵全国无金银,我之经济事业亦能如常活动。"[③]

第二,国家财政困难立可纾。发行纸币,解决财政困难,不必再借外债。

第三,社会之工商事业必一跃千丈。"既行纸币,则财货必流通,工商必

---

① 《钱币革命与建设》,《廖仲恺集》(增订本),中华书局1983年版,第39页。
② 《倡议钱币革命对抗沙俄侵略通电》,《孙中山全集》第2卷,中华书局1982年版,第544页。
③ 《倡议钱币革命对抗沙俄侵略通电》,《孙中山全集》第2卷,中华书局1982年版,第547页。

发达,出口货必多于入口货,而外货不能相敌,必有输出其金银珠宝以为抵者。"①金银对中国没有用处,不是制作器皿,就是借给外国以收利息。

中国历史上主张纸币流通的不乏其人,但孙中山的钱币革命论则是新的历史条件下的产物。钱币革命的目的是为了反对帝国主义侵略和发展民族经济,钱币革命的内容除了吸收中国封建社会的纸币流通经验外,更主要的是参考了资本主义国家的货币流通情况。马克思指出:"全部现代产业史都表明,如果国内的生产已经组织起来,事实上只有当国际贸易平衡暂时遭到破坏时,才要求用金属来结算国际贸易。国内现在已经不需要使用金属货币了,这已由所谓国家银行停止兑现的办法所证明。"②孙中山正是看到了资本主义国家的这一实际情况,才创立了他的钱币革命论。然而他的理论比当时的实际走得更远,因此既有现实的依据,也有空想的成分。

在纸币发行符合流通需要的限度内,纸币不会贬值。在这一前提条件下,纸币制度有其优越性。它既能节约大量的金属流通工具和节省流通费用,又能使商品经济的发展突破金属货币的限制,还能弥补一部分财政赤字。孙中山把这些优越性夸大了,以致得出了过分乐观的结论。

孙中山主观上反对通货膨胀,但是他设想的办法中已经孕育着通货膨胀的可能性。如国家遇有非常之需,可以追加预算,追加预算后就可以发行纸币,这就为弥补财政赤字的发行开了方便之门。总的来说,孙中山所设想的纸币流通办法还是很不成熟的。纸币不像一般债券,没有必要收回后即予销毁。既然是不兑现纸币,又说本位可仿日本,以金为定制。纸币的发行应根据社会对纸币的需要量,而不应从国家财政收入和国家所掌握的商品量出发。这些都是不成熟的表现。

《钱币革命》"发表以后,非难四起。由于北京党派之煽动,资为政争攻击之具者有之。起于外人之嫉忌中国改革,恐失其把持玩弄之具者有之"③。"闻者哗然,以为必不可能之事。"④

在《钱币革命》中,孙中山对货币作了一些初步的理论分析。他说,货币是"交换之中准"和"货财之代表"。他用进化的观点来说明货币的历史变迁,指出货币从布、帛、刀、贝发展到金银,再从金银发展到纸币,是"天然之进化,势所必至,理有固然"。中国还没有发展到完全用纸币的阶段,现在要

---

① 《倡议钱币革命对抗沙俄侵略通电》,《孙中山全集》第 2 卷,中华书局 1982 年版,第 547 页。
② 马克思:《资本论》第 3 册,《马克思恩格斯全集》第 46 卷,人民出版社 2003 年版,第 585 页。
③ 《钱币革命与建设》,《廖仲恺集》(增订本),中华书局 1983 年版,第 39 页。
④ 《建国方略之一》,《孙中山全集》第 6 卷,中华书局 1985 年版,第 175 页。

人为地"速其进行,是谓之革命"。他指出,金银本身有价值,纸币本身没有价值,因此,后者必须有被代表的货物,才能"防其流弊"。他设想的纸币发行、收毁办法,就是"防弊之法"。①

1919年,孙中山在《建国方略之一》的第二章《以用钱为证》中,把人们对于用钱的知和行列为知难行易的例证之一,进一步阐述了他的货币理论。

孙中山给货币下了一个定义:"钱币者,百货之中准也。""中准"包含有两方面的意思,即"百货交易之中介"和"百货价格之标准",也就是货币的流通手段和价值尺度职能。他指出货币并没有什么神奇的地方,不过是一种商品。"能为钱币者,固不止一物,而各种族则就其利便之物,而采之为钱币而已……古今中外,皆采用金银铜为钱币者,以其物适于为百货之'中准'也。"②

对于货币的能力,孙中山指出:"金钱本无能力,金钱之能力乃由货物之买卖而生也。倘无货物,则金钱等于泥沙矣。倘有货物,而无买卖之事,则金钱亦无力量矣。"③这是对货币拜物教思想的一种批判。三年后,他也像严复一样,把货币说成是一种筹码:"钱可以说是一种筹码,用来记货物价值之数的。譬如赌钱人,不必用钱去赌,用瓜子作筹码,可以代表钱;用火柴作筹码,也可以代表钱。简单地说,钱不过是货物的代表,所以钱不是万能的。"④把金属货币也看成是价值符号,则是名目主义的观点。

西方学者将人类的生活程度分为需要程度、安适程度、繁华程度三级。孙中山用它来代表人类进化的三个时代,并将它同货币的发展联系起来。

第一是需要时代。这时,人类"最大之欲望无过饱暖而已,此外无所求,亦不能求"⑤;且已有分工,因此需要进行物物交换。物物交换不一定能交换到各人需要的货物。"神农氏有见于此,所以有教民日中为市,致天下之民,聚天下之货,交易而退,各得其所也。"⑥日中为市之制,解决了物物交换的困难,因此是"以日中为市,为百货之中介"。

第二是安适时代。这时,"人类之欲望始生",也"始得有致安适之具"⑦;

---

① 本段引文均见《倡议钱币革命对抗沙俄侵略通电》,《孙中山全集》第2卷,中华书局1982年版,第545页。
② 本段引文均见《建国方略之一》,《孙中山全集》第6卷,中华书局1985年版,第170、171页。
③ 《建国方略之一》,《孙中山全集》第6卷,中华书局1985年版,第171页。
④ 《在桂林学界欢迎会的演说》,《孙中山全集》第6卷,中华书局1985年版,第76页。
⑤ 《建国方略之一》,《孙中山全集》第6卷,中华书局1985年版,第177页。
⑥ 《建国方略之一》,《孙中山全集》第6卷,中华书局1985年版,第173页。神农氏日中为市之说见《周易·系辞下》。
⑦ 《建国方略之一》,《孙中山全集》第6卷,中华书局1985年版,第177页。

交易进一步扩大,使"文饰玩好之物,如龟、贝、珠、玉者,转成为百货之'中准'"①,产生了货币。后来又以金钱为货币。孙中山充分肯定货币的积极作用,他说:"人类自得钱币之利用,则进步加速,文明发达,物质繁昌,骎骎乎有一日千里之势矣……钱币者,文明之一重要利器也。世界人类自有钱币之后,乃能由野蛮一跃而进文明也。"②

第三是繁华时代。使用机器以后,社会进步和生产发达更超越于前代。由于大宗买卖,用金钱做交换媒介很不方便,市场上又没有那么多金钱,金钱之力至此已失其效。这样,契券就取金钱的地位而代之。"乃今次大战,世界各国多废金钱而行纸币,悉如作者七年前所主张之法。盖行之得其法,则纸币与金钱等耳。"③

根据这一划分,中国还处于安适时代,用纸币代替金钱流通的条件还不具备,但事实上中国早在宋代就已经产生纸币。孙中山也注意到了这个矛盾,所以又补充说,三个时代交替存在着"相并而行"的交叉现象。"但在今日,则非用契券,工商事业必不能活动也。而同时兼用金钱亦无不可也,不过不如用契券之便而利大耳。"④这时他不再强调立即实行钱币革命,他的货币思想更加符合中国当时的实际,是理论上进一步成熟的表现。

在国民政府于1935年实行法币政策以前,孙中山的钱币革命主张常被主张实行纸币制度的人们作为立论的依据。

第十二节　章炳麟、刘师培的经济思想

一、章炳麟的田制论和货币论

章炳麟(1869~1936),初名学乘,曾改名绛,字梅叔、枚叔,号太炎,浙江余杭人。从小受外祖父朱有虔的启蒙教育。光绪十六年(1890年)到杭州诂经精舍受业于经学大师俞樾。甲午战争后开始参加政治活动。光绪二十一年参加强学会。二十三年曾任《时务报》撰述。同年在杭州办《经世报》,发表《变法箴言》等鼓吹变法的文章,又参加上海的译书公会。二十四年,受湖广总督张之洞之聘赴湖北。因对张之洞《劝学篇》的意见中表达了反清思

---

① 《建国方略之一》,《孙中山全集》第6卷,中华书局1985年版,第173页。
② 《建国方略之一》,《孙中山全集》第6卷,中华书局1985年版,第174页。
③ 《建国方略之一》,《孙中山全集》第6卷,中华书局1985年版,第175页。
④ 《建国方略之一》,《孙中山全集》第6卷,中华书局1985年版,第177页。

想,而遭到张的斥逐。戊戌政变后避往台湾。次年东渡日本,经梁启超介绍认识孙中山。二十五年回国。二十六年在上海举行的"国会"上剪辫表示与改良派决裂。二十七年冬再到日本,三个月后回国。二十九年为邹容的《革命军》作序并发表《驳康有为论革命书》,因而被捕。次年在狱中参与发起成立光复会。三十二年刑满出狱,同盟会派人迎至日本。在日本加入同盟会,并任《民报》主编,著文宣传革命。后同孙中山发生分歧,曾策动罢免孙中山同盟会总理的职务,未成。宣统二年(1910年)任光复会会长。武昌起义后返国,提出了"革命军起,革命党消"的口号。1912年先后任孙中山总统府枢密顾问、中华民国联合会会长、袁世凯总统府高等顾问、东三省筹边使等职。1913年宋教仁被暗杀后,反对袁世凯。同年被袁软禁,及至袁死。1917年任孙中山护法军政府秘书长。1918年以后脱离民主革命运动。1924年反对国共合作。"九一八"事变后,公开谴责蒋介石的不抵抗政策。1935年支持"一二·九"运动。著作编有《章太炎政论选集》、《章太炎全集》等。

章炳麟是古文学家,在学术思想上与康、梁的今文学派对立。他起初赞成改良,戊戌政变后成为坚强的资产阶级革命家,但同孙中山的主张仍存在着深刻的分歧。晚年脱离革命,成为国学大师,在民族危机深重时则坚持了爱国主义者的立场。

光绪三十四年,章炳麟在《民报》发表《代议然否论》,批评了代议制(议会制)。他指出议员不可能代表人民,当选的只能是土豪。中国人多,要由更多的人选一名议员,则更加会如此。"是故选举法行,则上品无寒门,而下品无膏粱。名曰国会,实为奸府,徒为有力者傅其羽翼……甚无谓也。"①因此他对共和政府也持否定的态度,认为"当时言共和政体者,徒见肤表,不悟其与民族、民生二主义相抵牾也。"②他主张国家只设一总统,下设司法和学校,三者互相独立,总统不能按己意任意决定政策。这一主张的深刻之处是揭露资产阶级的议会制并不是真正的民主,但进而否定共和制则又走向了极端。他甚至宣称"代议政体必不如专制为善,满洲行之非,汉人行之亦非,君主行之非,民主行之亦非"③,否定议会制取代封建制是历史的进步。

章炳麟的经济思想主要有田制论和货币论。此外,还有其他零星经济观点,如主张重农;主张"官立工场,使佣人得分赢利"④;主张侈靡具有相对

---

① 《代议然否论》,《章太炎全集》(四),上海人民出版社1985年版,第302页。
② 《代议然否论》,《章太炎全集》(四),上海人民出版社1985年版,第305、306页。
③ 《代议然否论》,《章太炎全集》(四),上海人民出版社1985年版,第304页。
④ 《五无论》,《章太炎全集》(四),上海人民出版社1985年版,第430页。

性,认为"天下无所谓侈靡","适其时之所尚,而无匮其地力人力之所生,则趎(是)已"①等。

(一)田制论

光绪二十六年(1900 年),章炳麟刊行其政论集《訄书》。"訄"意为迫,表示这是当时形势迫使他非说不可的话。三十年刊行《訄书》重订本,其中有新加的《定版籍》一篇,表明了他的田制思想。

《定版籍》中首先记述了章炳麟和孙中山关于平均地权的讨论,这是按章炳麟的文字表达方式阐述的。然后他表示:"善哉! 田不均,虽衰(差)定赋税,民不乐其生,终之发难。有帑廥而不足以养民也。"他也批评了冯桂芬:"桂芬特为世族减赋,顾勿为农人减租……今不正其本,务言复除,适足以资富强也。"②

文中有章炳麟拟订的均田法,其中说:"凡露田,不亲耕者使鬻之。不雠(售)者鬻诸有司。"③即耕地必须自己耕种,否则就出卖。池沼也像露田一样对待。园地可以不亲耕,但不得再买。新开垦的土地可以不亲耕,保持专利50 年,期满仍要出卖,限 10 年卖出。坑冶的占有不受数量限制。

在《代议然否论》中,章炳麟也提到了土地政策:"田不自耕植者,不得有;牧不自驱策者,不得有;山林场圃不自树艺者,不得有;盐田池井不自煮暴者,不得有;旷土不建筑穿治者,不得有;不使枭雄拥地以自殖也。"④原来说园地和开垦的荒地可以不亲耕,这里已无此优待。这样的平均地权主张比孙中山的更加激进。

但到 1912 年,章炳麟已经改变了观点。他不仅不再谈有地必须亲耕,而且批评了土地国有主张。他说:"至若土地国有,夺富者之田以与贫民,则大悖乎理;照田价而悉由国家买收,则又无此款,故绝对难行。"⑤他提出的解决土地的方案有以下三点:一是限制田产。这是回复到了中国历史上多人提出过的限田主张。二是行累进税。对农、工、商都实行这一政策。三是限制财产相续。家主死后,遗产以足供教养子弟及其终身衣食为限,有余则收归国家。

1914 年至 1915 年间,章炳麟增删《訄书》而为《检论》,后者仍有《定版

---

① 《喻侈靡》,《章太炎全集》(三),上海人民出版社 1984 年版,第 42、43 页。
② 《定版籍》,《章太炎全集》(三),上海人民出版社 1984 年版,第 275 页。
③ 《定版籍》,《章太炎全集》(三),上海人民出版社 1984 年版,第 275 页。
④ 《代议然否论》,《章太炎全集》(四),上海人民出版社 1985 年版,第 307 页。
⑤ 《中华民国联合会第一次大会演说辞》,《章太炎政论选集》(下册),中华书局 1977 年版,第 533 页。

籍》，但内容有了很大的变动。譬如，取消了其中的均田法，而代之以："宽乡宜代田①，狭乡宜区田②，独宽狭适者，可均田耳。辅自然者重改作。今欲惠佣耕，宜稍稍定租法。"③代田、区田是耕作方法问题，只是在人口适中的地区保留了均田的提法，再也没有以前强调亲耕的文字了。除一般提到均田外，又提出了减租主张，这又回到了唐人陆贽首次提出的主张。

章炳麟的田制主张十年间发生如此巨大的变化，这在近代思想家中是少见的。它同孙中山坚持平均地权的主张形成了鲜明的对照。

(二) 货币论

章炳麟的货币理论是逐步明确起来的金属主义货币理论。

在《訄书》初刻本和重订本中都有《制币》篇，文字基本相向。当时章炳麟还没有从货币价值的角度讨论适宜的币材问题，而提出一个"革"字做标准："从革而下，皆可以为币；从革而上，皆不可以为币。"④"革"在这里是指能否改变其形状。"革而下"是能够改变形状之物，可以作为币材；"革而上"则反之。

中国古代曾以贝为货币，但贝不能改变形状，属于"革而上"，按照章炳麟的理论就不应成为货币。因此他又补充说：它不需要雕镂，故可以用来救急。玉也属"革而上"，一则不能随意统一形状；二则破碎就"直（值）千者不当一"；三则琢玉费功"劳于铸金十倍，必有定形，则旷日持久"，现成的佩环又"贵贱无所准"⑤。有此三条，故不宜用作币材。他批评了魏源以玉为币的主张。

章炳麟又用有用无用来解释币材，认为谷帛为民生至急，不可以为币，用作币材的应是至无用者。所以开始用金、银、铜，而其极至于用纸币。纸币属于"革而下"，裁制容易，携带轻便。但现在中国官无现钱，纸币不能取信于民。"是故今之制币者，将先取夫有用无用之间。"⑥即先以金、银为币，待金、银币充足，人民相信官府，然后发行纸币。纸币久行以后，如暂时无现钱，就可以纸币相代。他把这种情况称为"必先取于有用无用之从革，而至

---

① 西汉武帝时赵过行代田法，将田亩分为三沟三垄，作物种在垄上，明年垄、沟互易。
② 西汉成帝时法氾胜之行区田法，将作物种在带状低畦或方形浅穴小区内，便于蓄水保墒和田间管理。
③ 《定版籍》，《章太炎全集》（三），上海人民出版社1984年版，第569页。
④ 《制币》，《章太炎全集》（三），上海人民出版社1984年版，第276页。
⑤ 《制币》，《章太炎全集》（三），上海人民出版社1984年版，第276、277页。
⑥ 《制币》，《章太炎全集》（三），上海人民出版社1984年版，第277页。

无用者从之如形景(影)"①。

光绪三十三年(1907年),章炳麟否定了纸币流通。他说:"夫钱刀金币,实使民扰攘之阶。然黄金、白金、赤金三品,视之有光,击之有声,取之甚艰,藏之不朽,其质性诚有可宝者。因其可宝而以为币,犹民之公心也。及夫径寸赫蹄(薄纸,指纸币),与故纸初非有异,而足以当百金,则政府所以愚弄其民者至矣。"②这里的政府是指设立议会的共和政府。他认为这种政府用纸币欺骗人民,还不如专制之国,钱币一出于国家,民间还可以用碎银贸易。国家尚很少发行纸币,更何况商人?实际上中国宋以后的封建政府就常常发行纸币,章炳麟的话并不符合历史。在《代议然否论》中,他提出:"政府造币惟得用金银铜,不得用纸,所以绝虚伪也。凡造币,不得以倍见(现)有之钱者等于一钱,不使钱轻而物益重,中人以下皆破产也。"③即反对发行纸币及铸造不足值大钱。

《检论》中已无《制币》,而代之以《惩假币》。"假币"不是指伪造货币,而是指超过准备金额而发行的纸币。在《惩假币》中章炳麟提出了典型的金属主义货币理论。

章炳麟把币材的自然属性称为"素"。金、银、铜"上者久薶(污)不生衣,百炼不轻;次亦光泽稹(细密)坚……非人主钱府能贵之,性自贵也"④。除了自身的素质外,它们还是劳动的产品。他肯定一切商品的价值都源于劳动:"诸有直者,皆拟其役作(劳动)……悉以手足腾踔搏取得也。腾踔之,搏取之,之谓'功'。功有少多,故直有贵贱。"⑤金、银、铜也因此而具有自身的价值。商品和货币相交换是"功以拟功,直以拟直",就像"以布贸丝"一样。金、银、铜"性又从革"⑥,故适宜作为货币。

纸币则不同,所花的劳动少,"造一金之币,与造十金之币",所花的劳动差不多。"度自有其长,故准长。权自有其重,故准重。量自有其积,故准积。币以准直,而纸之体与其直不相应,造纸之役与成物之功不相应。"⑦纸币破损,即丧失其票面价值。因钱重不便携带,用券授受,可以为行旅取便。"其券则以征(取)币,非直以代币也,固不可倍币而张其数";就像商人发出

---

① 《制币》,《章太炎全集》(三),上海人民出版社1984年版,第278页。
② 《五无论》,《章太炎全集》(四),上海人民出版社1984年版,第431页。
③ 《代议然否论》,《章太炎全集》(四),上海人民出版社1985年版,第307页。
④ 《惩假币》,《章太炎全集》(三),上海人民出版社1985年版,第571、572页。
⑤ 《惩假币》,《章太炎全集》(三),上海人民出版社1985年版,第572页。
⑥ 《惩假币》,《章太炎全集》(三),上海人民出版社1985年版,第573页。
⑦ 《惩假币》,《章太炎全集》(三),上海人民出版社1985年版,第573页。

期票、会票,"未有能以一币为二券者矣"①。政府不能发行超过金属准备数量的纸币。"故夫以一币为数券者,是特政府欲笼天下之利,以奸道诬民也。"②实际上纸币流通不需要十足准备,章炳麟对此提出了过高的要求。

章炳麟的金属主义货币论同魏源有同样性质的错误,但对劳动价值的分析在当时的中国还是比较新的观点。他批评了政府的滥发纸币,这在民国初年具有很强的针对性,反映了人民的呼声。

二、刘师培的废财论、悲佃论和均力论

刘师培(1884~1919),字申叔,号左盦,江苏仪征人。家有汉学传统,自幼读经。光绪二十八年(1902年)考中举人。次年会试未中,在上海认识章炳麟、蔡元培等,受到影响,改名光汉,取"光复汉族"之意,作《攘书》16篇。三十年,主编《警钟日报》,参加光复会。三十三年,与母亲及妻子何震同去日本,加入同盟会,成为《民报》的作者之一,参与反对孙中山。同时又信奉无政府主义,以何震名义创办无政府主义刊物《天义报》。三十四年,《天义报》被封禁,改出《衡报》。同年和章炳麟闹翻,回国后投入两江总督端方幕府。宣统元年(1909年)向端方告密,致使江浙革命党人策划的起义遭到破坏。三年,随端方入蜀,端方被起义新军所杀,他逃往成都,任教于四川国学院。1913年任四川国学院副院长,又至山西任阎锡山高等顾问。1914年到北京投靠袁世凯。1915年任公府参议,署参政院参政,列名筹安会。1917年被蔡元培聘为北京大学教授。1919年创办《国故》月刊,任总编辑,同《新青年》对抗。同年病逝。著作有《左盦集》、《刘申叔先生遗书》、《刘师培论学论政》、《刘师培全集》等。

光绪二十四年,《天义报》第16至19卷合册曾刊有民鸣译的《共产党宣言》,刘师培为其作序。他从无政府主义立场对宣言作评价说:"观此宣言所叙述,于欧洲社会变迁纤悉靡遗,而其要归,则在万国劳民团结,以行阶级斗争,固不易之说也。惟彼之所谓共产者,系民主制之共产,非无政府制之共产也……此马氏学说之弊也。若此宣言,则中所征引,罔不足以备参考。"③

刘师培的经济思想都以无政府主义立论,主要有废财论、悲佃论和均力主义。无政府主义是一种错误的思潮,其中虽表现了对人民疾苦的关心,但

---

① 《惩假币》,《章太炎全集》(三),上海人民出版社1985年版,第572页。
② 《惩假币》,《章太炎全集》(三),上海人民出版社1985年版,第573页。
③ 《〈共产党宣言〉序》,《刘师培论学论政》,复旦大学出版社1990年版,第430、431页。

并不反映社会发展的正确方向。以下对刘师培的经济思想作简要的介绍,其错误之处极易看出,故不多作评析。

(一)废财论

光绪三十三年,刘师培作《废兵废财论》。"废兵废财"即否定"自强、图利之目的",理由是:"强者恃兵,富者恃财。有兵然后有强弱之分,有财然后有贫富之分。强弱悬殊,贫富迥隔,遂与平等之公理大相背驰。是则富强二字,非惟为人之大敌也,且为公理之大敌。"①

刘师培说上古之时,人人都有自私之心,有用之物,都欲据为己有。开始时,不过欲保存固有之物,后来更欲占有非自己之物。于是通过战争,而有强弱、贵贱、贫富之分,形成了阶级制度。"君主恃兵以迫人,即恃财以役人,故君主恃兵、财二大权,而人人之生命权均操于其手。"②兵、财不废,则人类生命处于危险之中。"世人不察,妄谓善用兵者谓有功,善理财者为计学家,岂知功利二字,即杀人劫财之异名。杀人劫财谓之大盗,侈言富强,均大盗之术也。"③

按照上述观点,刘师培也反对商贾,称商贾是劫财者,废财以后,可使商贾无所施其劫财之方。他说中国自三代至秦汉,商贾之行"为学士所羞称","故以农为本,以商为末,其制迥胜于今"④。

刘师培也反对资本家,他说,今日之资本家,为人民中最富之人,兼有昔日贵族、官吏、教士特权。资本家利用机器,独占生产之机关,人民之失业者,不得不为资本家工作。最大多数平民为彼等所役使,"今日所谓佣工,实劳力卖买之奴隶制度"⑤。"故资本家之道德最为腐败,进网市利,退拥良畴,不耕而食,坐收其税,以奢淫相尚,以纵乐为生。"⑥对于中国的资本家,刘师培也持否定态度。他说光绪二十九年商部奏准《奖励华商章程折》,三十三年改订《办理实业爵赏章程》,农工商部又奏订《奖励华商公司章程》。"观此章程,则知集财愈多,其爵愈贵,得官之人悉属于豪富,较中国昔日捐纳之制,其弊尤甚。"⑦其结果有二:一是一切利源均为资本阶级所吸收,"富者以母金而剥子金,愈趋于富,小商小农(兼作工者)则因经富民之兼并而愈趋于

---

① 《废兵废财论》,《刘师培论学论政》,复旦大学出版社1990年版,第356页。
② 《废兵废财论》,《刘师培论学论政》,复旦大学出版社1990年版,第359页。
③ 《废兵废财论》,《刘师培论学论政》,复旦大学出版社1990年版,第360页。
④ 《废兵废财论》,《刘师培论学论政》,复旦大学出版社1990年版,第360页。
⑤ 《无政府主义之平等观》,《刘师培论学论政》,复旦大学出版社1990年版,第391页。
⑥ 《无政府主义之平等观》,《刘师培论学论政》,复旦大学出版社1990年版,第392页。
⑦ 《论中国资本阶级之发达》,《刘师培论学论政》,复旦大学出版社1990年版,第439页。

贫";二是一切劳民均为资本阶级所役使,"势必人民舍农作工,舍本逐末,以俯就赁银奴隶之制度"①。

(二)悲佃论

光绪三十三年,刘师培在《民报》发表《悲佃篇》(署名韦裔)。此文批判中国的封建土地所有制,为佃农的处境而悲哀,宣传平均地权主张。

《悲佃篇》开宗明义即提出:"中国自古迄今,授田之法均属失平。"②然后对从古代的井田制直到近代的田制一一作了评述。

刘师培指出:"世之论者,均以井田之法为至公……然就当时之阶级言之,则有君子、野人之别,以君子治野人,即以野人养君子。"③"盖贵贱之级不除,虽民无贫富之差,不足以禁在上者之不富,不得以此为共财之制也……孟子言:'公事毕,然后敢治私事,以别野人。'非专制之朝,安有此失平之言乎?"④他认为佃农之制开始于周朝。

秦汉时"富者田连阡陌,贫者无立锥之地","贫富悬隔,判若霄汉"。董仲舒、师丹等因而提出了限田主张。针对这一情况,刘师培说:"如谓汉政为仁,吾不信也。"⑤北魏行均田制,隋、唐继之。"均田之法,仅行于平民,不能推行于巨室。"⑥宋以后,"田主佃人,其级日严,而民之为佃者亦愈众"⑦。

在分析了宋至清的田制后,刘师培总结说:"嗟乎!土地者,一国之所共有也,一国之地当散之一国之民。今同为一国之民,乃所得之田有多寡之殊,兼有无田有田之别,是为地权之失平。"⑧他还讨论了清初顾炎武、颜元、王源的土地主张,并指出:"且王氏之说果行,亦不过仅复井田之制耳。"⑨

最后,刘师培指出解决地权失平问题,不能靠复井田。"必尽破贵贱之级,没豪富之田,以土地为国民所共有,斯能真合于至公……然欲籍豪富之田,又必自农人革命始。"刘师培批评地主说:"夫今之田主,均大盗也。"又将他们比为"暴君"。因此主张:"今也夺其所有,以共之于民,使人人之田均有定额,此则仁术之至大者也。"⑩

---

① 《论中国资本阶级之发达》,《刘师培论学论政》,复旦大学出版社1990年版,第441、442页。
② 《悲佃篇》,《刘师培论学论政》,复旦大学出版社1990年版,第362页。
③ 《悲佃篇》,《刘师培论学论政》,复旦大学出版社1990年版,第362页。
④ 《悲佃篇》,《刘师培论学论政》,复旦大学出版社1990年版,第363页。
⑤ 《悲佃篇》,《刘师培论学论政》,复旦大学出版社1990年版,第364页。
⑥ 《悲佃篇》,《刘师培论学论政》,复旦大学出版社1990年版,第365页。
⑦ 《悲佃篇》,《刘师培论学论政》,复旦大学出版社1990年版,第366页。
⑧ 《悲佃篇》,《刘师培论学论政》,复旦大学出版社1990年版,第372页。
⑨ 《悲佃篇》,《刘师培论学论政》,复旦大学出版社1990年版,第373页。
⑩ 本段引文均见《悲佃篇》,《刘师培论学论政》,复旦大学出版社1990年版,第373页。

《悲佃篇》综合中国历代有关地权不平均的史料,以证明平均地权的必要性。但他的平均地权主张与孙中山的平均地权主张是不同的,前者比后者更为激进。刘师培的办法是要进行"农人革命",也称"农民革命",其目标是实行无政府主义。在另文中他又提出"劳民革命","劳民"是指农民和工人。他说:"今中国劳民困苦既达极端,而各大都市复集数十万劳民于一境,则劳民叛乱,势必为期甚迩。故组织劳民协会以促叛乱于速生,乃当今之急务,而吾党唯一之天职也。"①

(三) 均力论

在发表《悲佃篇》的同年(光绪三十三年),刘师培又发表《人类均力说》,提出了如何实现人类平等的主张。他认为不平等是由于不能独立。"共产主义者"(实指无政府主义)主张财产公有,人人作工。"夫人人作工,固属平等,然同一作工,而有难易苦乐之不同"②。工作苦乐不均,就会产生嫉忌之心,争端岂能骤弭。只有实行均力主义,才能消弭争端,实现人类平等。

刘师培解释均力主义说:"夫均力主义者,即以一人而兼众艺之谓也。"每一个人都要轮流做各种工作。他主张"破坏固有之社会,破除国界",凡人口达千人以上为一乡,每乡设老幼栖息所。"人民自初生以后,无论男女,均入栖息所。老者年逾五十,亦入栖息所,以养育稚子为职务。"③每人自6至20岁学习,20岁开始工作。21至36岁从事农业。农业用机器,每年劳动不过数十天,其余时间还要从事其他职业,每日工作2小时:21岁筑路,22岁开矿伐木,23至26岁建房,27至30岁制造铁器、陶器及杂物,31至36岁纺织及制衣。37岁以后不再从事农业;37至40岁从事烹饪,41至45岁运输货物,46至50岁为工技师及医师。力农作工之暇则进行学习。20岁以上的残疾者免除上述劳动,"瞽者司奏乐,喑者聋者司排印书籍,跛者则司校勘,每日应役亦仅以二小时为限。"④每人的工作都先难后易,年纪大的工作轻。产品置于公共市场,为人民公有。住房长短阔狭一律,人各一室。读书吃饭每乡均有固定场所。

刘师培称赞他的均力主义说:"依此法而行,则苦乐适均,而用物不虞其缺乏。处于社会,则人人为平等之人;离于社会,则人人为独立之人。人人

---

① 《论中国宜组织劳民协会》,《刘师培论学论政》,复旦大学出版社1990年版,第450、451页。
② 《人类均力说》,《刘师培论学论政》,复旦大学出版社1990年版,第375页。
③ 本段以上引文均见《人类均力说》,《刘师培论学论政》,复旦大学出版社1990年版,第376页。
④ 《人类均力说》,《刘师培论学论政》,复旦大学出版社1990年版,第377页。

为工,人人为农,人人为士,权利相等,义务相均,非所谓大道为公之世耶?"①

均力主义是刘师培无政府主义的纲领之一。在同年发表的《无政府主义之平等观》中,他胪列了无政府主义的四条纲领,第三条即均力主义:"甲、废灭国家,不设政府;乙、破除国界、种界;丙、不论男女,及若何之年,即服若何之工役,递次而迁,实行人类均力之说,以齐人类之苦乐;丁、实行男女上绝对之平等。"②

社会分工是社会进步的动力,现代社会必须建立在细密的分工上。均力主义否定社会分工,要求每个人都依次从事同样的职业,这种主张不仅实现不了,而且与社会进步的要求完全背道而驰。

第十三节　朱执信的经济思想

一、曾在《民报》上宣传马克思主义的朱执信

朱执信(1885～1920),名大符,广东番禺人。光绪二十八年(1902年)从私塾进入教忠学堂学习,开始接触《天演论》、《原富》、《民约论》等西方名著,在校中组织进步团体群智社。三十年留学日本,学习经济学。次年加入同盟会,担任评议部议员兼书记。三十二年回国,先后在广东高等学堂、广东法政学堂和方言学堂教书,并积极从事革命活动。在宣统三年(1911年)的黄花岗之役中负伤,起义失败后逃亡香港。武昌起义后广东光复,朱执信先后任广东军政府总参议、广阳军务处督办和广东核计院长。讨袁战争失败后到日本,加入中华革命党。1914年至1915年间,在广东进行反对军阀龙济光的斗争。1917年孙中山组织军政府,朱执信任大元帅军事联络和掌管机要文书。1919年在上海编辑《建设》杂志,并协助孙中山编写《建国方略》。1920年9月去广东策动桂系军队反正,在虎门被桂系军队杀害。著作有《朱执信集》。

朱执信是资产阶级革命派的著名理论家。他在加入同盟会后,一直写文章宣传革命派的纲领和理论,批评错误思想,参加了同资产阶级改良派的论战。辛亥革命后袁世凯当政时,他批判了袁世凯的一些谬论,如"开明专制论"等。1919年至1920年间是他写作的高峰时期,现在留下来的文字写于这两年的就有近40万字,内容极为广泛。

---

① 《人类均力说》,《刘师培论学论政》,复旦大学出版社1990年版,第377、378页。
② 《无政府主义之平等观》,《刘师培论学论政》,复旦大学出版社1990年版,第396页。

朱执信的思想比较激进。早在光绪三十二年,他就在《民报》上发表《德意志社会革命家列传》,介绍马克思、恩格斯、拉萨尔的生平,文中摘译了《共产党宣言》的若干段落,对马克思的《资本论》也作了简单的评论。他不完全同意马克思的资本起于掠夺的观点,认为劳动所得的储蓄也可能成为资本。在孤立经济时代,就有把储蓄用于生产的,这是"资本之始",当时"资本家与劳动为同一人"①。这反映了朱执信对"资本"概念的误解。不过他又强调指出,在经济发达之世,资本家乘时射利,坐致巨万,细析其资本由来,已无纤毫出自于自己的储蓄。"故马尔克(马克思)之谓资本基于掠夺,以论今之资本,真无毫发之不当也。"②对于阶级斗争,朱执信也作了肯定的分析。他明确指出:"阶级斗争,本来是现存的事实,不是想出来的手段。"③

1920年2月《正报》发表评论,说辛亥革命和丙辰革命(1916年推翻"洪宪皇帝")都没有杀清政府和袁朝一个人,不配称为革命。朱执信著文反驳。他说辛亥革命有三个目的:第一个目的是由民族间不平等生出来的,清帝退位可以算已成功,本来不要杀人;第二个目的是由政府组织不完善的原因生出来的;第三个目的是由经济组织不完善的原因生出来的。"这两个原因都没有除去,所以不能免以后的革命,纵然多杀几个人也不中用。"④

朱执信认为:"凡有一个革命,都是破坏一种不合用的制度";"革命的目的,就是建立一个秩序。"⑤他列举中国需要恢复和创造的秩序。应恢复的秩序以民尊官卑、言论自由、集会结社自由为最基本的秩序。"我们想创造的秩序很多,现在先提出两个来:一个是直接民权的政治上秩序;一个是平均地权的经济上秩序。"⑥

二、社会革命与政治革命并行论

光绪三十二年(1906年)五月,朱执信在《民报》上发表《论社会革命当与政治革命并行》(署名县解),批评《新民丛报》反对社会革命的论点,宣传孙中山的主张。他在文中首先指出社会革命的含义有广狭之分:广义的社会革命,凡社会上组织发生急剧大变动都可言之,"故政治革命,亦可谓社会革

---

① 《德意志社会革命家列传》,《朱执信集》上集,中华书局1979年版,第18页。
② 《德意志社会革命家列传》,《朱执信集》上集,中华书局1979年版,第20页。
③ 《新文化的危机》,《朱执信集》下集,中华书局1979年版,第879页。
④ 《杀人不是革命的要素》,《朱执信集》下集,中华书局1979年版,第770页。
⑤ 《恢复秩序与创造秩序》,《朱执信集》下集,中华书局1979年版,第861页。
⑥ 《恢复秩序与创造秩序》,《朱执信集》下集,中华书局1979年版,第869、870页。

命之一种";而狭义的社会革命仅指"社会经济组织上之革命"①。并且声明,他所说的是后者。

朱执信指出:"社会革命之原因,在社会经济组织之不完全也……而今日一般社会革命原因中最普通而可以之代表一切者,则放任竞争,绝对承认私有财产权之制度也。今日之社会主义,盖由是制度而兴者也。"②他说世之言社会主义者(俄国是例外),都将问题归之于社会贫富悬隔,但他不说社会贫富悬隔,而说社会经济组织不完全,其理由有三:

(一)贫富悬隔是社会经济组织不完全的结果。造成贫富悬隔的本原在于放任竞争,绝对承认私有财产制。朱执信认为绝灭竞争,废除私有财产制不能立即实行,但可以加以限制,改为"相对承认"则是无可非难的。"贫富悬隔,由资本跋扈;不放任竞争,则资本无由跋扈也。"③另一方面,如没有私有财产制,也不能产生贫富,加以相当的限制,则资本亦无由跋扈。"故言社会经济组织不完全,而放任竞争,绝对承认私有财产制,为社会革命之原因,非过也。"④

(二)虽未至贫富悬隔,可为社会革命。社会革命并不是要夺富民的财产散之于贫民。如果这样做,可谓之动乱,不可谓之革命。革命者是要改变造成不平的制度,使其逐渐复归于平。如果不平之形尚未表现,而已有不平之制度存,则革去其制度,这也是一种社会革命。"中国今日固不无贫富之分,而决不可以谓悬隔,以其不平不如欧美之甚,遂谓无为社会革命之必要。"这是天下最大的谬误。"当其未大不平时行社会革命,使其不平不得起,斯其功易举也。"⑤

(三)社会革命尚有不因于贫富悬隔者。社会革命的名称还可用于前代的经济制度的变更,如封建时代的经济制度变为放任竞争的制度,也可称为社会革命。所以社会经济组织不完全的概念可以无所不包。

关于社会革命与政治革命的关系,朱执信指出,如不存在社会革命的原因,则进行政治革命即可。如只有社会革命原因存在的场合,则不必进行政治革命。欧洲列强,今日大抵处此地位。至于两个原因并存,则两种革命必须并行。"凡政治革命之主体为平民,其客体为政府(广义);社会革命之主

---

① 《论社会革命当与政治革命并行》,《朱执信集》上集,中华书局1979年版,第54页。
② 《论社会革命当与政治革命并行》,《朱执信集》上集,中华书局1979年版,第56页。
③ 《论社会革命当与政治革命并行》,《朱执信集》上集,中华书局1979年版,第57页。
④ 《论社会革命当与政治革命并行》,《朱执信集》上集,中华书局1979年版,第58页。
⑤ 《论社会革命当与政治革命并行》,《朱执信集》上集,中华书局1979年版,第58页。

体为细民,其客体为豪右。"①("细民"指工人阶级,"豪右"指资产阶级。)两种革命并行,成则俱成,败则俱败。俄国革命即属于两种革命并行者。中国也是两个原因并存,故社会革命宜与政治革命并行。有人认为中国贫富还没有大悬隔,不相信中国也需要社会革命。对此朱执信指出:"贫富已悬隔,固不可不革命;贫富将悬隔,则亦不可不革命。既有此放任竞争,绝对承认私有财产制之制度,必生贫富悬隔之结果……而中国今日固已放任竞争,绝对承认私有财产制者也,故不得不言中国有社会革命之原因也。"②他还认为,中国的贫富尚不甚悬隔,大生产事业不兴,资本掠夺之风不盛,故"社会革命之业轻而易举"③。

梁启超在批评社会革命论时,攻击社会革命主张是"冀赌徒、光棍、大盗、小偷、乞丐、流氓、狱囚之悉为我用"④。朱执信对此作了驳斥。他强调社会革命是为了改革制度,使"富之分配,自趋平均,决无损于今日之富者";"社会革命富人所失者,为将来可幸致之巨获,而非已集积之富"⑤。社会革命要改革旧的经济制度,但经济制度是以生产资料所有制为基础的,改革经济制度必然要侵犯一定阶级或社会集团的既得利益。朱执信说社会革命"决无损于今日之富者",只是一种主观的想象。

朱执信的社会革命与政治革命并行论是从理论上解释孙中山的"举政治革命、社会革命毕其功于一役"的主张,把社会革命的原因归之于"社会经济组织之不完全",社会经济组织不完全表现为"放任竞争,绝对承认私有财产权之制度",其结果是造成"社会贫富悬隔"。这是理论上的创造。他没有区分不同的"社会经济组织",把在不同社会制度下造成贫富两极分化的原因都归之于同样的弊病。他在"竞争"前面加上"放任","私有财产制"前面加上"绝对承认",表明他认为弊病还不在竞争和私有财产制本身,而是在于对竞争的放任和对私有财产制的绝对承认。放任的对称是限制,绝对承认的对称是相对承认,而资本主义所有制也属于相对承认的范围。因此,虽然朱执信主观上认为他的社会革命论适用于一切社会,但实际上它只是中国特定社会条件下的产物。把平均地权作为社会革命的内容,只是限制了地主的竞争,相对承认地主的土地所有制(只承认地主可以收回原地价)。对

---

① 《论社会革命当与政治革命并行》,《朱执信集》上集,中华书局1979年版,第60页。
② 《论社会革命当与政治革命并行》,《朱执信集》上集,中华书局1979年版,第63页。
③ 《论社会革命当与政治革命并行》,《朱执信集》上集,中华书局1979年版,第66页。
④ 梁启超:《开明专制论》,《饮冰室合集·文集》,中华书局1989年版,(17)第74页。
⑤ 《论社会革命当与政治革命并行》,《朱执信集》上集,中华书局1979年版,第65页。

第三章　甲午战争后至五四运动时期的经济思想

于资本家来说,却仍然是放任竞争和绝对承认私有财产制。即使加上大实业国有和孙中山后来提出的节制资本,对资本家的竞争也作了限制,资本家的私有财产制还是得到了绝对的承认。所以,朱执信的社会革命论仍是一种资产阶级民主革命的理论,而被他主观上当作了社会主义的理论。

朱执信的社会革命与政治革命并行论的要点已见上述,以下附带介绍他的一些相关论点。

1920 年,朱执信从经济组织上分析了产生流氓和土匪的根源。他说:"流氓和土匪的发生根源,完全在这中国的经济组织和经济状况上头。如果是世界上没有掠夺劳动阶级的资本家,决不会生出掠夺资本家的土匪,也养不起许多变形掠夺的流氓。"①如果原来由三个人做的工,现在只要两个人做,就有一个人要做流氓、土匪。"假如四万万人里头本来有一万万人做工,那至少要有三千多万人因此要做流氓土匪。如果是由两个人变做一个人,那就有五千万人要做流氓土匪。"②因此,他强调一定要注意解决分配问题:"振兴实业,如果不注目在他分配一方面,决没有好结果。"③

朱执信对本国资本家也持批评态度,他说:"讲起……提倡实业的人,就像已经有大功德于民",实际上"提倡来,提倡去,还是他自己有利的实业"④。朱执信指出这样来提倡实业,那些资本家,"个个都在那里面团团得意,而一般工人,求荐觅保,仍旧是每月八元的工,中国并不算是富了。况且物价跟着采矿冶金术的进步来腾贵,是现在货币制度里头免不了的趋向,将来这些工人恐怕实际上比现在更苦,就是中国一般国民比现在更穷。"⑤孙中山认为中国的资产阶级没有能力压迫工人,朱执信则指出:"现在中国虽然没有雄厚的资本家,这小资本家的取得余剩价值的手段,要比欧美的大资本家凶十倍。中国的劳动者虽然没有力量,他所受的痛苦压迫,比别的国民也要加多几倍。"⑥

所谓注意解决分配问题,就是提倡实业要以是否增加工人就业机会为衡量标志。朱执信说:"提倡实业,能够令得工做的人比较失业的人更多,就应该赞成。如果能够令失业的人比新得工做的多,就应该反对。"⑦他反对资

---

① 《没有工做的人的"生存权"和"劳动权"》,《朱执信集》下集,中华书局 1979 年版,第 691 页。
② 《没有工做的人的"生存权"和"劳动权"》,《朱执信集》下集,中华书局 1979 年版,第 692 页。
③ 《没有工做的人的"生存权"和"劳动权"》,《朱执信集》下集,中华书局 1979 年版,第 694 页。
④ 《实业是不是这样提倡》,《朱执信集》下集,中华书局 1979 年版,第 698 页。
⑤ 《实业是不是这样提倡》,《朱执信集》下集,中华书局 1979 年版,第 698 页。
⑥ 《野心家与劳动阶级》,《朱执信集》下集,中华书局 1979 年版,第 724 页。
⑦ 《实业是不是这样提倡》,《朱执信集》下集,中华书局 1979 年版,第 700、701 页。

本家延长工人的劳动日,因为这会增加失业的人数。虽然这还不是根本解决分配问题的办法,但反映了他对劳动人民的深切同情。

三、货币论

1919年9月,朱执信作《中国古代之纸币》,对孙中山的钱币革命论作了理论上的支持。另外,1920年又作《千贺博士之金本位废止论》和《米本位说之批评》,前者只是客观介绍,后者则对米本位持否定态度,两文的对象是同一日本学者。

朱执信认为中国古代货币的起源有两路:"一种是由装饰的奢侈品发达来的,就是贝壳……另一种是由直接满足生存欲望的东西发达来的,就是布帛……所以关于经济上所用名词,都用贝、巾两个部首来表示出来。货币这两个字,便是代表。钱字却是后起的,代表金属货币。金属货币形成的时候,还是偏在奢侈品一路。却是到了钞法行了之后,那做钞的准备的东西,成了茶、盐、矿产、香、药等等东西,就是奢侈品和必要品混起来了。"[①]这是朱执信的中国货币起源论。他的说法有其合理之处,就是货币的产生应是多元的,包括奢侈品和必需品。但说"钱"字是后起的,则是一种失误。《诗经·臣工》中已有"庤乃钱镈"的话,这里的"钱"是一种铲形农具,是农业生产的必需品,也可以说是一种"直接满足生存欲望的东西"。随着作为重要的交换对象而发展成为货币,"钱"也变成了货币义。至于中国古代的纸币,本来就是代表金属货币的,在贬值时,政府为了维持纸币的币值,才用金属货币或其他商品来收兑纸币,不能说只以"茶、盐、矿产、香、药等等东西"为准备。他提出这一观点,是为了增加孙中山的钱币革命论的说服力。

关于货币的价值,朱执信承认金属货币有"自体之价",但他解释自体之价为"即其最后之效用购买力所自出也"[②],也就是以这些金属回复到普通商品地位时的效用为购买力。这是一种效用价值论。他又根据美国经济学家费雪(I. Fisher)的货币数量论,说:"从近代学者之所研究,则凡货币之价值,当以货币流通额,流通速率,及其流通区域内之交易额参定:以流通额与速率相乘得数,除交易额,则得货币之价。"[③]他没有感到这两种理论存在着矛盾,大概他认为当金属作为货币时,它的"自体之价"就不起作用了。

朱执信把飞钱、交子、会子、盐钞、茶引都作为纸币的起源,并将它们分

---

① 《米本位说之批评》,《朱执信集》下集,中华书局1979年版,第778页。
② 《中国古代之纸币》,《朱执信集》上集,中华书局1979年版,第451页。
③ 《中国古代之纸币》,《朱执信集》上集,中华书局1979年版,第445页。

成两类：一类是代表货币而产生的（前三种），一类是代表货物而产生的（后两种）。而代表货币的兑现纸币后来也用货物来收兑。这样，"一切纸币，无论所代表者为钱币，抑为货物，其收回之际，必为以易货物，而非易钱币。故实际代表钱币之纸币，仍为代表货物"①。实际上中国历史上的纸币流通失败后，有的仍用金属货币折价收回，有的就完全成为废纸，并不一定都用商品收回。

在这里，朱执信混淆了纸币代表什么流通与它的购买力如何得到保证这样两个不同性质的问题。在存在金属货币的社会，纸币只能代表金属货币的价值流通，政府用某种商品来收兑纸币，实际上是为了维持单位纸币所应代表的金属货币的价值，以此为价值尺度来衡量其他商品的价值，而并不是直接代表交换对象的价值②。

朱执信强调纸币最后都代表商品，是为了说明孙中山钱币革命论的可行性。所以他说："然则假令有一确实之保证，令人信其不换纸币经过一定期间，可以换取一定之货物，则其纸币虽为不换，固无伤其价值也。"③他认为中国 500 年的纸币流通史所得出的"至可宝贵"的结果就是"对于兑换制尚无迷信是也"④。对于民国时纸币贬值的毛病，他提出："故救今日纸币之穷，惟有置纸币之基础于所代表之货物，而于其兑现一层，可以置之不问。"⑤他不同意日本经济学家千贺鹤的以米为货币本位的主张，指出这样仍不能建立稳定的货币制度，认为只有以多种商品作兑换品，才能避免以一种商品作兑换品的弊病。朱执信假定以米、棉布、丝、茶、盐、油、煤、糖八种生活必需品作为纸币的兑换品，以后如果还有别的商品成为重要的生活必需品，也可以加入兑换品的行列。"于是量着社会上的纸币流通需要总额，来贮准备的物件，一面按月收进，一面按月兑出，不一定要把全部的纸币同时发出流通。就没有流通货币总额忽多忽少的毛病。"⑥将兑换商品加权制成物价指数，政府收兑纸币时的商品价格就以指数为依据。

朱执信关于纸币的论文比孙中山发表《钱币革命》的时间迟了七八年，中间又有第一次世界大战期间欧洲各国实行纸币制度的经验，因此关于纸币流通的设想比孙中山当时的设想成熟得多。但是他的思想仍受着金属货

---

① 《中国古代之纸币》，《朱执信集》上集，中华书局 1979 年版，第 449 页。
② 现代社会纸币已不代表金属货币的价值，代表的只是一定的价值量，以此来实行价值尺度职能，也不是直接代表交换对象的价值。
③ 《中国古代之纸币》，《朱执信集》上集，中华书局 1979 年版，第 452 页。
④ 《中国古代之纸币》，《朱执信集》上集，中华书局 1979 年版，第 454 页。
⑤ 《中国古代之纸币》，《朱执信集》上集，中华书局 1979 年版，第 457、458 页。
⑥ 《米本位说之批评》，《朱执信集》下集，中华书局 1979 年版，第 773、774 页。

币流通制度下所形成的观念的束缚。他要把纸币的基础建立在所代表的货物上,这如同把纸币的基础建立在金属货币上,只有量的不同而无质的区别。因此,金属货币及其兑换券流通的缺点,在这种制度下也仍然存在,甚至更有过之。兑现纸币的发行量要受准备金数量的限制,朱执信所设想的纸币流通制度下的纸币发行量则要受商品准备数量的限制。只要纸币处于流通中,这些商品就不能动用。而从社会着眼,总有相当数量的纸币是处于流通中的,这也就使相当数量的生活必需品经常处于仓库中而不能进入消费。这是一个很大的浪费,更何况商品贮存还有损耗问题。金属货币流通制度下的兑换券发行,不需要有十足的金属准备,而朱执信却主张有十足的商品准备。这样,浪费就会更大。朱执信提出了"纸币流通需要总额"的概念,这是正确的,但根据兑换商品的数量来发行不可能达到这一要求。资本主义国家在金属货币流通时,由于受到准备金数量的限制,在危机时期市场上需要更多的兑换券时不能增加发行,使危机更为加剧。朱执信的主张也同样存在着这个问题。

朱执信认为以多种商品作准备,可以避免纸币购买力的波动。但事实并非如此。各种商品的市场价格是经常变动的,加权的指数也必然会变动。在物价上涨或下跌时,供兑换用的商品的加权指数也因此而提高或降低。按指数的变动来决定政府买卖兑换商品的价格,就是承认纸币贬值或升值,并不能达到稳定物价的目的。如果指数提高了一倍,则纸币的购买力也下降了一半。在这种情况下,因准备商品的价格已上涨一倍,纸币发行量与兑换商品的准备量仍然是相适应的。所以按指数来兑换准备商品,并不能稳定物价。

第十四节　廖仲恺的经济思想

一、孙中山的得力助手廖仲恺

廖仲恺(1877~1925),原名恩煦,又名夷白,字仲恺,广东惠阳人。父亲是赴美华工,后来成为商人。廖仲恺在美国旧金山出生,光绪十九年(1893年)回国。二十八年去日本留学。三十一年参加同盟会,任总部会计长。以后曾潜回中国从事革命活动,还曾被选为中国留学生会会长。辛亥革命后回国,任广东军政府总参议,兼管财政。1913年讨袁战争失败后到日本,任中华革命党的财政部副部长,协助孙中山进行反袁、护法斗争。1919年在上海办《建设》杂志,任中国国民党的财政部长。1921年任孙中山大元帅府的财政部次长兼广东省财政厅长。次年陈炯明叛变,他被关押了两个月。1922年受孙中山委托,同苏俄代表越飞去日本会谈。1923年任孙中山大元帅府的财政部长,国民党临时中央委员。1924年国民党改组后,被选为中央执行常委,并先后担任黄埔军校党代表、广东省长、国民党中央政治委员、财政部长兼军需总监、广东省财政厅长、工人部长、农民部长等职。1925年7月1日广东国民政府成立,廖仲恺任委员,不久被国民党右派暗杀。著作和文件编为《廖仲恺集》。

1919年,廖仲恺著文宣传"三大民权",即立法权、行政权和司法权。他说:"我们中国既然叫做中华民国,主权的主体,当然就是人民。现在在法律上、制度上人民的主权,中途被强盗抢了去,所以人民的主权很不完全。"[1]他还指出现在美洲、欧洲、澳洲有些地方的人民享有创制权、复决权、罢官权这三大民权。"国民有了这三种的民权,民国的主权才算是实在回复到原本国民的身上,中国政治上的毛病,虽不敢说是完全救治好,也就差不多要好了八九分了。"[2]

廖仲恺指责"帝国资本主义之侵略实为万恶之源",造成中国"人人有朝不保夕之痛苦"[3]。提出"我们不独要革军阀与帝国主义者的命,我们并且要革'反革命派'的命"[4]。并指出:"国民革命不成功,则实业之发展绝无希望。"[5]在列宁逝世的时候,他在追悼大会上发表演说,赞扬列宁"为被压迫民族奋斗,为无产阶级而奋斗"[6]的革命精神。他坚决支持孙中山的联俄、联共、扶助农工三大政策。他说农民是国民中的最多数,国民革命必须有农民参加,"如农民不了解与不集中本党旗帜之下,则革命断无成功之可言"[7]。他把农民协会比作农民的"救生圈",鼓励农民参加农民协会,"团结起来,自己救自己"[8]。

二、平均地权论

为了宣传民生主义,廖仲恺在光绪三十二年翻译了亨利·乔治《进步与

---

[1] 《三大民权》,《廖仲恺集》(增订本),中华书局1983年版,第11页。
[2] 《三大民权》,《廖仲恺集》(增订本),中华书局1983年版,第13页。
[3] 《农民运动所当注意之要点》,《廖仲恺集》(增订本),中华书局1983年版,第192页。
[4] 《革命派与反革命派》,《廖仲恺集》(增订本),中华书局1983年版,第251页。
[5] 《农民运动所当注意之要点》,《廖仲恺集》(增订本),中华书局1983年版,第193页。
[6] 《追悼列宁大会演说》,《廖仲恺集》(增订本),中华书局1983年版,第156页。
[7] 《农民运动所当注意之要点》,《廖仲恺集》(增订本),中华书局1983年版,第190页。
[8] 《农民解放的方法》,《廖仲恺集》(增订本),中华书局1983年版,第197页。

贫困》的部分内容,在《民报》上发表。后来他自己也写文章进行宣传。

1919年的武昌起义纪念日,廖仲恺在《星期评论》发表纪念文章《革命继续的工夫》。他说三民主义"除了民族一个主义行了之外,其余民权、民生两个主义,到今连一点影响也寻不出来,而同盟会这三个字,已经变了过去历史上的名词!"①。他对民权主义和民生主义都作了解释,以下仅介绍其关于民生主义的部分。

廖仲恺指出:"民生主义这四个字,我们是有个具体的内容给他的,这就是我们'平均地权'一个目的,就是我们要拿土地政策来做解决社会经济问题的手段。"②在太古时代人少地多,各人自己生产,自己消费,没有分工,没有交易,没有雇主、工人、地主、资本家的区别。所以只有个人经济问题,没有社会经济问题。后来人口渐多,分工渐细,交易越来越发达,经济组织由简单而变复杂,就产生了阶级。"其中一个阶级,拿他所占得的便宜,不绝的欺骗抢夺别个阶级劳动的结果。"③于是就产生了阶级战争和社会经济问题,而且斗争越来越激烈,社会问题越来越难以解决。

廖仲恺指出,能令人独占社会经济的利益坐享其成、不劳而得的就是土地。土地有以下性质:第一,土地是有定限的东西,这叫做物理上的限制。第二,山顶的旷地和远离人类的孤岛,没有经济价值,这叫做经济上的限制。但是,地主能打破土地物理上和经济上的限制,每人占了可以养活几千人、几万人的地皮,农工商资本家去生产,他们去收生产所得最大部分的利益,一般社会就替他们当牛作马了。廖仲恺还解释了地价的上涨和级差地租的形成,并指出:"人口陆续增加,物价陆续腾贵,耕地陆续由最好、最近的开到最坏、最远的,地价就由原始价值推升到无穷无尽……人口越发达,社会的建设越宏大,国民经济越进步,大地主不劳而得的利益越占得多。"④

廖仲恺认为,中国的大地主还没有产生,除商埠外,"百分之九十九的地价,差不多是原始价格,小地主不劳而得的地租很有限。到交通设备好,大地主一定产生"⑤。为了防止"大地主"的产生,他提出要把建设新城市和铁路、运河所经过的,在经济上有重大价值的地方收归国有或归地方公有,其他土地则征土地增价税。1923年,他拟订了《广东都市土地税条例草案》,呈大元帅批准

---

① 《革命继续的工夫》,《廖仲恺集》(增订本),中华书局1983年版,第63页。
② 《革命继续的工夫》,《廖仲恺集》(增订本),中华书局1983年版,第66页。
③ 《革命继续的工夫》,《廖仲恺集》(增订本),中华书局1983年版,第67页。
④ 《革命继续的工夫》,《廖仲恺集》(增订本),中华书局1983年版,第68页。
⑤ 《革命继续的工夫》,《廖仲恺集》(增订本),中华书局1983年版,第69页。

后公布。在《理由书》中指出:"土地增价,实为社会之产品。地价贵则地租随之,地主不劳,坐收增益;而商贾劳工,勤劳终岁,反博得负担之增加。物之不平,孰有过于此者!"又说:"夫地价税,良税也,重征之不以为苛。由社会道德方面言之,重税土地,则地价贱,地价贱则地租低落,而使用土地之权得以平均。"①"地价既减,人人得以贱租使用土地,故曰平均地权。"最后他还指出:"倘土地价税全国举办,以四百万方英里之土地,其间名城大邑,何止千百,每年收入,当以百兆计。行之有效,则所有不良之税,自可一律废除,舍繁归简,即整理税制之道也。"②草案规定对土地征普通地税和土地增价税:普通地税对不同用途的土地分别征地价的 4‰ 至 15‰;土地增价税行累进税制,税率自 10% 至 30%。

1925 年出版的《孙文主义讨论集》中收有廖仲恺的《孙中山平均地权释》,大旨与上述《革命继续的工夫》相同。文中说:"土地这一件东西,就是能令人独占社会经济的利益,坐享其成,不劳而得的事物中的一种。"③"所以民生主义者主张新都市所在和铁道、运河所经过的,经济上有重大价值的地方,收归国有,或归地方公有。其他土地,经过测量报价之后,颁行土地增价税。这一来土地自然增殖的利益……归民国的国家,拿这宗款项做扩张教育、交通改良、社会改良等费,这就叫做以社会经济发达的结果归还社会。土地的权利就是国民大家平均了。土地问题解决之后,社会别种问题,可以循着次序想方法解决,到这个地步,中华民国就是'民之所有'、'民之所治'、'民之所享'的国家,可以光耀于天下后世了。"④

三、人口论

1919 年,廖仲恺发表《中国人民和领土在新国家建设上之关系》,其中讨论了马尔萨斯的《人口论》和中国的人口问题。

马尔萨斯认为人口每 25 年增加一倍,将以 1、2、4、8、16、32、64、128、256 的几何级数增加,而食物则只能以 1、2、3、4、5、6、7、8、9 的数学级数增加。在两个世纪之内,人口和食物的比例将为 256∶9。亨利·乔治在《进步与贫困》中曾对这一观点进行批评,他举中国孔子的例子说:"孔夫子的后代……享有特殊的权利和尊敬,形成事实上唯一的世袭贵族。根据人口每 25 年加一倍的假设,在孔子死后

---

① 《广东都市土地税条例草案》,《廖仲恺集》(增订本),中华书局 1983 年版,第 125 页。
② 《广东都市土地税条例草案》,《廖仲恺集》(增订本),中华书局 1983 年版,第 126 页。
③ 《孙中山平均地权论释》,《廖仲恺集》(增订本),中华书局 1983 年版,第 235 页。
④ 《孙中山平均地权论释》,《廖仲恺集》(增订本),中华书局 1983 年版,第 237 页。

2 150年中,孔家人数应达到859 559 193 106 709 670 198 710 528人。事实上……在他死后2 150年,孔子的子孙在清朝康熙年间计有男丁11 000人,或者说共有人口22 000名。"①廖仲恺在文章中也引用了这个例子②。

关于中国的人口数,廖仲恺指出,宣统二年(1910年),民政部的统计是342 639 000人,但同年的海关预计表说是438 425 000人,两者相差9 000多万,相差数等于一个美国的人口。他说,外国的大学者卢梭认为大国难治,亚里斯多德(亚里士多德)也是如此,而美国开国时的大政治家汉密尔顿(A. Hamilton)则认为大国容易做成民国。卢梭时还没有机器,所以以小国为理想。现在有蒸气、电器、水力应用、空气压榨的机器,发明众多,只要大家努力去干,没有不能除去的障碍。中国领土大,第一要紧的是改良交通机关,交通机关中第一要紧的是铁路。中国现有铁路只有6 467公里,按18 省人口32 700万计算,每1 万人只有0.19 公里,加上东三省、蒙古、西藏,那更微乎其微。"社会上所有一切现象,一言以蔽之,不过是时间上、空间上的运动。而时间上、空间上的障碍,只有铁路交通能减除他。"③

廖仲恺说,从美国建设后一天天发达的情形来看,广土众民这两件事,对国家建设当然是利而不是害。因此,他反对中国存在"人满之患"之说。他批评持这种观点的人说:"但世上常有些志行薄弱的人,自己不想个正当方法奋斗去,却敛着手等候那黄金时代来碰他。或是受了现在国家社会种种恶制度的恩惠,发了无数不义之财,对于国家社会里悲惨的状况,不认为自家的责任,却想归咎于天然不可抗力。所以开口就说什么'人满之患',闭口就说什么'中国不得了,为的是这人满的缘故。'"④

廖仲恺认为,在文明进步的国家里,断不会遇到土地所出的东西不够养人的。因为科学发达,人类利用土地的本领大了许多。比方农学进步,就会改良种子,改良肥料,改良灌溉、栽培方法,都可以战胜天然。很多从前的所谓不毛之地,也可以用来种东西。交通便利以后,地下的矿物都可挖出来给人类享用。无论怎么远的地方,都可以拿有余的来换所要的东西。所以一个地方有饥荒,人不至于会饿死。另一方面人口增加是有个很自然的限度的。一般国民生活容易了,人民的平均寿命自然会高些,养的儿女自然会多

---

① 亨利·乔治:《进步与贫困》,商务印书馆1995年版,第101页。
② 《中国人民和领土在新国家建设上之关系》,《廖仲恺集》(增订本),中华书局1983年版,第23页。
③ 《中国人民和领土在新国家建设上之关系》,《廖仲恺集》(增订本),中华书局1983年版,第21页。
④ 《中国人民和领土在新国家建设上之关系》,《廖仲恺集》(增订本),中华书局1983年版,第21页。

些。但一般男女知识程度的提高,男的会不娶亲或晚娶亲,女的会怕嫁人或嫁人后不想多生育。多妻的毛病自然消灭,道德上的限制很有效力。用脑筋研究学问的人生殖力比较薄弱,差不多是各国的共同现象。医学发达,预防和治病的方法多了,人类抵抗疾病的力量也差了。"照这几个相对抗的自然趋势看来,人口增加,断不会到可怕的程度,用不着那些灾害、罪恶、战争种种为人道之敌的东西来制限他。也不怕国家发达,文明进步了之后,人口会弄到领土装不下的。所以'人满之患'终归是一句傻话罢了。人满的患,在中国是不成问题的。成问题的,倒是'民穷财尽'这四个字。"①

对于民穷财尽,即妨害国家社会经济发达的原因,廖仲恺提出了三点:

(一)人民没有移动的自由。这不是指法律上的,乃是事实上的。由南一省跑到北一省,花费银子不知多少。同一省里,如由重庆到成都,由梧州到桂林,要10天工夫。四川行商结队到广东,往返要一年。广东、福建人想去外洋,一是外洋到处有生活的好机会,二是比向内地跑容易、舒服得多。由广东、福建去外洋的苦力,有的成了大小资本家。中国深入的省份,等待人们去开发,机会很多,可是人民去不了。

(二)生产没有调剂的方便。各处地方应依天然最有利的条件来生产东西,有无相通。但中国各省和省里的各地方,四面有大山,把它分成无数自足经济的小团体。食、穿、用通要在这一块地长出来,不然就会饥寒。别处来的东西贵得厉害,自家有余的东西只能便宜卖。矿产(如煤铁)是离海岸、江边远的地方所出,它的价钱就是禁止人家使用它。近代机械生产的特色以多用原料、多造、多卖为宗旨,中国却难以实行。"亏本的勾当,未有人干。只有干那自足经济范围里的买卖,还可赚些微利。所以大部分的产业,是个停滞的,生活是个濒死的了。"②

(三)思想没有传播的效力。中国内地的居民,不止不能利用天然,却到处被天然困着。不止物质上是如此,连思想上也是如此。他们望见茫茫大海,就真信海里有海龙王;望见重重大山,就说山里有什么神仙妖怪。风、雨、雷、电、水、火,凡是他们没法对付的,都要拜拜。只有爱乡的心,没有国家思想。甲地方出了大大的变故,于乙地方没有什么影响。像这种情形,新思想怎么能传播!

---

① 《中国人民和领土在新国家建设上之关系》,《廖仲恺集》(增订本),中华书局1983年版,第25页。
② 《中国人民和领土在新国家建设上之关系》,《廖仲恺集》(增订本),中华书局1983年版,第29页。

廖仲恺说:"这三个大毛病,就是中国民穷财尽最普遍的原因,也就是新国家建设上最大的阻碍,这都是从交通不便产生出来的……所以要救中国,要建设中国,非从交通上着手不可。"①这就是他的结论。

廖仲恺反对中国有"人满之患"说,主要是从发展经济上考虑问题。当时中国人口是否过多,当然不能用今天的观点来看待,因为那时中国还只有4亿多人。他只看到中国发展经济的潜力无穷,而没有想到资源是会枯竭的,这不是当时的人们所考虑的问题,对此后人不能苛求。

四、货物本位论

廖仲恺也著文宣传孙中山的钱币革命论,在1919年和1920年先后发表了《钱币革命与建设》和《再论钱币革命》。他同朱执信同时在同一杂志,即《建设》上发表讨论同一问题的文章,但提法上并不完全一致。

关于货币的职能,廖仲恺指出:"夫钱币之用,其要有三,曰:交易之媒介,价格之标准,购买力之贮藏是也。"适宜于担当这三项职能的货币材料须具有四美质:"必物之有定值、便取携、能耐久、易分割者,始足充数。"金银因为具有这四美质,所以成为古今中外的钱币之上选。"近代以还,生产方法日新月异,机械之力用代人工;物质文明,挟人类欲望以俱进;贸易之巨,亘古未闻。"②于是货币充流通之用者,金银硬币不及1%,而纸币、银行券、支票、期单等类,超过99%。本位货币不是堆积于银行,就是存储于国库,成为不流通的准备金。"此乃进化之程序使然,非人力所能如何者也。"③

关于商品的价格,廖仲恺认为"以各别之物品论,从主观则因乎其物所致之效用,从客观则因乎其物之供求暨生产所需之用费"。这是一种多元的价值论。"以总体之物品论,则因乎流通泉币(currency)之总额,加以泉币流通之速度,以与当时所行贸易之总量较,而互相推移。一般物价之涨落,其原因盖本乎此。"④这里的"泉币"包括金属货币和纸币,是典型的货币数量理论。根据这种理论,他认为金银不一定能保持物价的平衡,"倘使多如洪水,亦足以泛滥为害于天下"⑤。因此"徒恃金银钱币为购买力之贮藏,以定量之

---

① 《中国人民和领土在新国家建设上之关系》,《廖仲恺集》(增订本),中华书局1983年版,第30、31页。
② 本段以上引文均见《钱币革命与建设》,《廖仲恺集》(增订本),中华书局1983年版,第52页。
③ 《钱币革命与建设》,《廖仲恺集》(增订本),中华书局1983年版,第53页。
④ 《钱币革命与建设》,《廖仲恺集》(增订本),中华书局1983年版,第53页。
⑤ 《钱币革命与建设》,《廖仲恺集》(增订本),中华书局1983年版,第54页。

元而代表百货价值,决非无上之制度,明矣"①。他还用资本主义国家在危机时期由于受到金本位制的束缚,不能增加纸币发行而加剧了危机的事例,来说明金属本位制度不是一种好的货币制度。

金银是商品,也有"本体之价值"。但廖仲恺认为金银"本体之价值"和它们作为货币时的购买力无关,"顾钱币自身实无价值可言"②。"凡以钱币本身金属一定量之价值为钱币单位之价值者,统名之金属论者……今者纸币之用大宏,此论已不适切。""所谓钱币单位之价值者,正确言之,实钱币个数单位之购买力。"③他认为货币的购买力,"或起于公众之认定,或由于国家之圜法,不必有赖于有价值之物"。它是"历史的产物,必从物价史上观察,然后乃有所得……溯流穷源,至于原始以货物为交易媒介之第一例而止"④。

根据币材四美质的要求,廖仲恺指出纸币、银行券等"信用钱币"符合取携便、分割易两条。对能耐久一条虽不符合,但可以回收更换,这同金银币因磨损而收回改铸没有大的区别。所差的是纸币、银行券本身"无价值可言,代表金银本位钱币者,则以金银本位钱币之价值为价值";既然金银本身的价值也不稳定,"曷如以金银暨其他社会最所需要之货物为本位,而以纸为之代表"⑤。朱执信没有将他设想的纸币流通制度定名为什么本位,廖仲恺则提出"货物本位"的名称;朱执信的兑换商品中不包括金银,廖仲恺则把金银也作为货物本位的构成部分。

廖仲恺假定以12种货物,即金、银、铜、铁、煤、米、麦、豆、糖、盐、丝、棉作为"钱币之本位",实际上不作为交易媒介。政府掌握多少这类货物,就发行多少购买力与之相当的纸币。纸币的单位叫"圆",也可以叫别的什么。一毫以上都用纸币。市场上的银币收回熔为银锭,可供兑换用,但不准流通。对旧纸币进行清理,由国家发行公债收回。新纸币不能用来弥补财政赤字。用准备货物兑换收回的纸币,除去盈余部分,都要销毁。盈余部分则拨归国库作为行政和生产费用。国家设立钱币部,下设制币、生产、供给、销毁四局。制币局负责纸币的印刷、发行,生产局负责发展生产以供纸币兑换需要,供给局负责准备货物的保管、运输和兑换,销毁局负责纸币的销毁和损益的计算,并将盈余部分拨交国库。

---

① 《钱币革命与建设》,《廖仲恺集》(增订本),中华书局1983年版,第55、56页。
② 《再论钱币革命》,《廖仲恺集》(增订本),中华书局1983年版,第99页。
③ 《再论钱币革命》,《廖仲恺集》(增订本),中华书局1983年版,第98页。
④ 《再论钱币革命》,《廖仲恺集》(增订本),中华书局1983年版,第99页。
⑤ 《钱币革命与建设》,《廖仲恺集》(增订本),中华书局1983年版,第55页。

朱执信只指出按物价指数确定政府买卖兑换商品的价格,并没有说明买卖何种兑换商品是否要有选择。廖仲恺则主张国家在买卖准备货物时,"价低者多购,价高者少购",以维持它们的"平价"①。而当某种准备货物供不应求时,则将它们抛出以满足社会的需要。这是采取中国历史上均输、平准的办法。他认为政府买卖准备货物必有盈余,代表这种盈余的纸币可用来发展生产。"准备货物之赢余愈多,国家所能处分之纸币愈多,则利国福民之事业愈多,即以之偿还公债亦可。"②

廖仲恺并不认为钱币革命是万能的,他指出:"若对于重要之一般经济问题无所关涉,单就钱币施若干之改良,于全局无甚大之益。故中国钱币革命,当并经济革命——产业革命、交通革命——一举而完成之,然[后]钱币革命能大有造于中国。"③但他仍表现了过分的乐观,认为通过纸币把社会上赢余之物产"尽化为流动、固定之资本,用以筑道路、开运河、产百物,物产与纸币为同比例之消长";继续10年,中国就可以实现经济独立,"断不至为资本国之牺牲,竭国民之脂膏,肥外人之囊橐矣"④。

廖仲恺对纸币流通制度进行了认真的思考,做了精心的设计。但受传统货币制度的影响,他仍不能完全摆脱金属本位制度的束缚,因此定了一个"货物本位"的名称。既称"本位",就有一个以什么商品作为价值尺度的问题。价值尺度是排他的,金银复本位制尚且实际上时而成为金本位制,时而成为银本位制,更何况多达12种商品,岂能作为货币的本位!纸币可以用多种商品保证它的购买力,但这些商品并不能同时成为纸币所代表的价值的载体。"货物本位"的名称混淆了价值尺度与货币购买力保证的区别。这是时代造成的认识局限。

---

① 《再论钱币革命》,《廖仲恺集》(增订本),中华书局1983年版,第96页。
② 《再论钱币革命》,《廖仲恺集》(增订本),中华书局1983年版,第97页。
③ 《钱币革命与建设》,《廖仲恺集》(增订本),中华书局1983年版,第56页。
④ 《钱币革命与建设》,《廖仲恺集》(增订本),中华书局1983年版,第57、58页。